LES MOTS ANGLAIS

et les locutions anglaises

A LA MÊME LIBRAIRIE

du même auteur

EXERCICES

SUR

LES MOTS ANGLAIS

COMPLÉMENT DU LIVRE

LES MOTS ANGLAIS

F. NOVION

Agrégé d'anglais, Docteur ès lettres,
Maître de Conférences à l'École Polytechnique
et à l'École Nationale Supérieure des Mines,
Professeur au Collège Stanislas.

LES MOTS ANGLAIS

et les locutions anglaises

GROUPÉS D'APRÈS LE SENS

Dessins de J. Touchet

CLASSIQUES HACHETTE
79, Boulevard Saint- Germain, Paris-VIe

AVANT-PROPOS

Ce *recueil est une adaptation méthodique à la langue anglaise du plan adopté par* MM. J. Barnier *et* E. Delage *dans leur excellent ouvrage :* Les Mots allemands et les Locutions allemandes.

Il a été rédigé pour les élèves des lycées, collèges, institutions et grandes Écoles, des établissements primaires supérieurs, techniques et commerciaux.

Destiné aux élèves de toutes les classes, cet ouvrage contient un vocabulaire suffisamment abondant pour leur permettre d'affronter sans crainte les épreuves des grands concours et du baccalauréat. Il sera d'ailleurs facile aux professeurs d'en soustraire provisoirement les mots qu'ils ne jugeront pas utiles à leur classe particulière.

Les élèves des grandes Écoles, Militaires, Navale, des Mines, Centrale, Commerciales, etc., y trouveront un vocabulaire qui sera pour eux une initiation fructueuse au vocabulaire spécial nécessaire dans leurs diverses carrières.

La notation de l'accent tonique et de la prononciation a été l'objet d'une attention toute particulière et facilitera grandement l'acquisition d'une prononciation correcte.

Enfin nous n'avons pas voulu nous restreindre à une simple énumération de mots. La langue anglaise est extrêmement riche en expressions d'usage courant, dont la connaissance est indispensable à qui veut la bien comprendre et la bien parler. Aussi, — et c'est une des caractéristiques de ce recueil, — avons-nous joint à chaque chapitre d'abondantes « locutions » qui, par leur emploi idiomatique, leur originalité ou simplement leur utilité pratique, présentent un grand intérêt. Elles font de ce vocabulaire le reflet de la vie quotidienne anglaise, de cette vie intense qui s'exprime dans une langue répandue dans le monde entier.

Le volume **Exercices sur les Mots anglais** *est le complément nécessaire du présent ouvrage; il fournit aux élèves le moyen de pratiquer logiquement et avec fruit ce qu'ils ont appris dans* **Les Mots anglais**

F. N.

LES MOTS ANGLAIS

Contents

XIII. Moyens de transport. — Means of conveyance.

XIV. Jeux, Distractions et Sports. — Games. Amusements, and Sports.

XV. L'Ame. La Vie morale. — The Soul. Moral life.

XVI. Les Lettres et les Sciences. — Letters and Sciences.

XVII. L'art. — Art.

XVIII. La vie économique. — Economic life.

ACCENTUATION ET PRONONCIATION

Accentuation. — La syllabe accentuée est imprimée en **caractères gras.**

Quand un mot a plusieurs syllabes accentuées, l'accent principal est indiqué en **caractères gras**, les autres *en italique.*

Prononciation. — Le signe ¯ est placé au-dessus d'une voyelle qui a le son *long* ou *alphabétique*, c'est-à-dire :

ā = eï, eil (verm*eil*), et ê devant un *r*.
ē = î (abîme).
ī = aï, ail (*ail*, bét*ail*).
ō = ô (môle, drôle), précédé d'un son léger de *a* ou *e*.
ū = iou (bin*iou*), quelquefois *ou*, particulièrement après *r* initial et après *l* ou *r* précédés d'une consonne.
ȳ = aï, ail (bét*ail*).

Le signe ˘ est placé au-dessus d'une voyelle qui a *un son bref*, c'est-à-dire autre que le son alphabétique.

Diphtongues. — La voyelle surmontée d'un signe ¯ ou ˘ est seule prononcée; l'autre est muette. Ex. :

obtāin (*pr.* obteïn),
āilment (*pr.* eïlment),
swĕat (*pr.* swett),
greāt (*pr.* greït),
breāk (*pr.* breïk),
sēize (*pr.* sîz),
disēase (*pr.* dizîz),
scrēam (*pr.* skrîm),
cēiling (*pr.* sîling),
chiēf (*pr.* tchîf),
fiēld (*pr.* fîld),
shriēk (*pr.* chrîk),
shōulder (*pr.* chôl-de),
cōat (*pr.* kôt).

Signes phonétiques. — Nous avons, de plus, indiqué la prononciation de certains mots difficiles, en recourant aux signes phonétiques suivants :

a = a bref, comme dans *patte.*
ae = a bref, comme dans *cat,*— entre *a* et *è* français.
aː = â long, comme dans *âme.*
e = è dans “ *pen* ”, entre é et è français.
ɛ = è comme dans *très, mais.*
ɛː = ê comme dans *hêtre.*
ə = e comme dans *je, me, te, se.*
əː = e guttural, comme dans *fleur, cœur.*
i = i très bref, presque *é*, — entre *i* et *é* français.
iː = î long, comme dans *abîme.*
j = i ou y, comme dans *yes, piano, youyou, cahier.*
o = o bref, comme dans *moquer.*
ou = ô long, comme dans *môle, vôtre, rôle, jaune.*
ɔ = o bref et un peu guttural, comme dans *grotte.*
ɔː = o guttural, comme dans *fort, cor, mort.*
u = ou bref, comme dans *fou, doux, tout.*
uː = oû long, comme dans *cour, lourd.*
ʌ = e comme dans « *tub* », « *love* », — entre *e* et *a* français.
ʒ = j comme dans *Jean, gilet, manger.*
ʃ = ch comme dans *chou, chaleur, échoir.*
ŋ = ng comme dans *sing, longing.*
θ = th dur comme dans *thin.*
ð = th doux comme dans *this.*

L'astérisque indique que l'*r* final se prononce devant un mot commençant par une voyelle.

QUATRE RÈGLES D'ACCENTUATION

1. — Règle CiV = Consonne + i + Voyelle.

Quand un mot contient un *i*, précédé d'une *consonne* et suivi d'une *voyelle*, la *syllabe précédente* est toujours *accentuée*.

Ex. : acācia, pro**ver**bial, pa**vi**lion, mūsician, suf**fi**cient, obēdience, sōldier, in**fē**rior, vorācious, nātional, ex**pē**rience, etc.

Nota. — La règle **CiV** ne s'applique pas dans les mots tels que :

1° be**liēf**, be**liē**ve, re**liēf**, re**liē**ve, où l'i et l'ē ne forment qu'un son, et qui pourraient aussi bien s'écrire : *beleef*, *releeve*, etc.

2° de**nī**al, de**fī**ance, où l'ī remplace devant une voyelle l'**y** du radical de**nȳ**, de**fȳ**.

2. — Mots en *ety* et *ity*. — Quand un mot se termine par *ety* ou *ity*, la *syllabe précédente* est toujours *accentuée*.

Ex. : so**cī**ety, va**rī**ety, ac**tua**lity, hū**ma**nity.

3. — Mots en *ic* et *ical*. — Quand un mot se termine par *ic* ou *ical*, la *syllabe précédente* est toujours accentuée.

Ex. : ma**jes**tic, re**pub**lic, ter**ri**fic, geo**gra**phical, po**li**tical, ty**ran**nical, etc.

Exceptions : a**rith**metic, a **lu**natic, **po**litic (adj.), **po**litics (la politique), **ca**tholic, et quelques autres.

3 *bis*. — *Les adverbes de manière* dérivés des adjectifs en *ic* ou *ical* gardent l'accent tonique de ces adjectifs.

Ex. : geo**me**trically, ma**jes**tically, theo**re**tically.

4. — Mots à *terminaison grecque*. — Les substantifs dérivés du grec, terminés par *cracy*, *crisy*, *etry*, *gony*, *graphy*, *logy*, *lysis*, *nomy*, *pathy*, *phony*, *pody*, *polis*, *poly*, *sophy*, *thesis*, *thropy*, *tony* ont l'accent tonique sur la *syllabe précédente*.

Ex. : gē**o**logy, **a**nalysis, as**tro**nomy, me**tro**polis, te**le**phony, mo**no**poly, pho**to**graphy, gē**o**metry, phi**lo**sophy, mo**no**tony, aris**to**cracy, hy**po**crisy, etc.

4 *bis*. — Les substantifs terminés par *er*, *eter*, *ist*, désignant des gens exerçant des *occupations* afférentes aux substantifs ci-dessus, gardent l'accent de ces substantifs.

Ex. : gē**o**logist, as**tro**nomer, gē**o**grapher, pho**to**grapher, gē**o**meter, physi**o**gnomist, etc.

5. — Les mots terminés par :

ĭcant	ĭcous	cūlar	ferous	mĭnous
ĭcent	ĭtous	cūlous	vorous	nĭmous
ĭtant	ĭtūde			
ĭtive	ĭcism			

ont l'accent sur la syllabe précédente.

Ex. : sig**ni**ficant (significatif), mū**ni**ficent (très généreux), in**tū**itive, **le**nitive, cir**cū**itous (détourné, indirect), fa**nā**ticism, cā**tho**licism, perpen**di**cūlar, mi**rā**cūlous, ri**dĭ**cūlous, som**nĭ**ferous, car**nĭ**vorous, **ŏ**minous (menaçant, inquiétant), ū**nā**nimous, etc.

Nota. — Quand deux de ces règles trouvent leur application dans un même mot c'est la seconde qui détermine l'accent tonique principal.

Ex. : *na*tio**na**lity, in**fē**riority, *na*tionalī**zā**tion.

TROIS RÈGLES DE PRONONCIATION

I. — Quand une *voyelle accentuée* est suivie d'une *consonne*, elle-même suivie d'une *voyelle*, la voyelle accentuée a *généralement* le son *long* ou *alphabétique* (voir p. IX).

Ex. : **pā**per, **fā**tal, **cā**pable, **fā**vourable, **ē**vil, to comp**lē**te, **fī**nal, **tī**ger, **nō**table, **mō**ment, am**ū**sing, st**ū**pid, h**ū**man.

II. — Quand une *voyelle accentuée* est suivie de *deux consonnes* dont la seconde est un *l* ou un *r*, la voyelle accentuée a *généralement* le son long.

Ex. : **tā**ble, **Bī**ble, ent**ī**tled, **Ā**pril, **nō**ble, **crā**dle.

III. — Quand une *voyelle*, accentuée ou non, est suivie d'une *consonne double* (bb, cc, dd, ll, nn, pp, tt, etc.) ou de *plusieurs consonnes* différentes, la voyelle a *généralement* un *son bref*.

Ex. : lĕsson, bŏttle, rŭbber, exămple, măster, căptain, thĭck, pĭcture.

QUELQUES INDICATIONS SUR LA PRONONCIATION

1. — **ee** se prononce *ii* (iː).

Ex. : *to feed, — to sleep, — to keep, — to meet, — a street.*

2. — **oo** se prononce *ou* (phon. u).

Ex. : *a room, — a fool, — a school, — a roof, — the moon, — cool, — soon, — the foot.*
Exceptions : *the door* (dɔː*), — *the floor* (flɔː*)
blood (blʌd), — *flood* (flʌd)
a brooch (broutʃ).

3. — **i.** Quand la *deuxième* lettre d'un mot est un *i* précédé d'une *consonne* et suivi d'une *voyelle*, cet *i* est toujours *accentué* et a toujours le *son long*.

Ex. : **dī***al*, — **fī***ery*, — **vī***olet*, — **vī***olence*, — **dī***et*, — **pī***ous*, — **pī***ety*, — **vī***aduct*, — **dī***alect*, — **dī***adem*, — **lī***able to*.

Except. : **pia***no*, — fiēld, — fiēnd, — **fierce** (iː), — **pier** (iː), — **tier** (iː).

4. — **o** se prononce ô dans les mots : *mōst, — pōst, — ghōst, — a hōst, — ōnly.*

5. — **o** se prononce ə (je, me, te, se) dans les mots :
above, — glove, — dove, — love, —
a word, — work, — the world, — a worm, — worse, —
the worst, — worship, — to be worth, — worthy

6. — **y** 1° *accentué*, dans le corps ou à la fin d'un mot, se prononce *aï* (phon. ai), (bét*ail*).

Ex. : *a tȳre, — to flȳ, — a* **tȳ***pist, — to b[u]y.*
2° *non accentué*, il se prononce *é* (phon. i).

Ex. : **pit***y*, — **dens***ity*, — **short***ly*.

7. — h Au début d'un mot, est toujours fortement aspiré.

Ex. : *a hen, — a hill, — a horse, — a hundred, — he had a heavy hammer in his hand.*

Exceptions : 1° *heir, — heiress, — honour, — hour.*

2° Certains mots, dans les radicaux desquels l'accent est sur la première syllabe, mais où, par suite de modifications, l'accent primitif se trouve déplacé.

Ex. : **harm**ony, — *an [h]armōnious song,* — **hist**ory, — *an [h]is***tor***ical e***vent**, — *a* **hēr**o, — *an [h]eroic deed.*

8. — r. Quand un *r* est *précédé d'une voyelle* et *suivi d'une consonne*, ne prononcez pas l'*r* du tout; allongez la syllabe en lui donnant un son guttural.

Ex. : **gar***den*, — *warm,* — *bird,* — *storm,* — *church.*

9. — w 1° *Devant une voyelle*, a généralement le son *ou* (phon. u).

Ex. : *want,* — *a re***ward**, — *we were.*

2° A la fin d'un mot, ne se prononce jamais; — mais :

aw = ɔː (très guttural comme dans le mot français *mort*).

Ex. : *law,* — *to draw.*

ew = iou (phon. ju ː).

Ex. : *new,* — *view.*

Après un *l* ou un *r* précédé d'une consonne, *ew* se prononce généralement *ou* (phon. u). Ex. : *a screw,* — *a crew,* — *to brew,* — *Lewis.*

ow se prononce tantôt *ô*, tantôt *aô* (phon. aou).

Ex. : *to row* = rô, — *to sow* = sô, — *low* = lô, — *a row* (une rangée) = rô.

now = naô, — *a cow* = kaô, —

a row (vacarme, dispute) = raô (phon. raou).

3° Ne se prononce pas dans les mots commençant par *who*, — mais, dans tous ces mots, l'*h* se prononce très fortement.

Ex. : *who* (hu), — *whose* (huz), — *whom* (hum), — *the whole* (houl).

4° Se prononce *hou* (phon. **hu**) dans les autres mots commençant par *wh*.

Ex. : *which,* — *why,* — *where,* etc...

10. — ar, er, etc. — Les désinences *ar, er, ir, or, ur, our,* se prononcent ə (je, me, te, se).

Ex. : **gram**mar, — **reg**ūlar, — **pā**per, — **car**penter, — **tāil**or, — **doc**tor, — **col**our.

11. — ind. A la fin d'un mot, se prononce toujours *aïnd* (phon. aind).

Ex. : *be***hīnd**, — *blīnd,* — *a kīnd,* — *to bīnd,* — *to fīnd,* — *the mīnd.* — Exception unique : *the wĭnd.*

12. — old. A la fin d'un mot, se prononce toujours *ôld* (phon. ould)

Ex. : *ōld,* — *bōld,* — *cōld,* — *to fōld,* — *gōld,* — *sōld.*

13. — ower. A la fin d'un mot, se prononce (phon.) **auə*.**

Ex. : *power,* — *tower,* — *shower.*

14. — **ch.** Se prononce *tch* (phon tʃ).
Ex. : *chain,* — *chair,* — *cheese,* — *to choose,* — *church.*
Dans les mots dérivés du grec, ch = k.
Ex. : *Chrĭst,* — **chris***tian,* — **chĕm***ist,* — **ar***chitect,* etc.
Dans quelques mots, il a le son du *ch* français :
Ex. : *ma***chine** (pr. məʃiːn), — **chi***valry* (pr. ʃivəlri).

15. — **gh.** Ne se prononce pas dans les syllabes *igh, eigh.*
Ex. : *hīgh* = hai, — *heīght* = hait, — *neighbour* = neibə.
Ne se prononce pas dans les syllabes *aught, ought,* mais les diphtongues *au* et *ou* prennent alors le son guttural de la lettre *o* dans le mot français *fort.*
Ex. : *caught,* — *taught,* — *nought,* — *bought,* — *daughter.*

Remarque. — Les syllabes *augh* et *ough* ont, dans beaucoup de mots, une prononciation spéciale, que nous avons indiquée au cours du présent ouvrage.

16. — **gn.** 1° Dans les mots commençant par *gn,* le *g* ne se prononce pas.
Ex. : to [g]naw, — a [g]nat.
2° Dans le corps d'un mot, le *g* se prononce séparément de l'*n.*
Ex. : *mag***nif***icent,* — *a* **sig***nal.*

17. — **kn.** Dans les mots commençant par *kn,* le *k* ne se prononce pas.
Ex. : [*k*]*nife,* — [*k*]*nee,* — *to* [*k*]*now,* — *to* [*k*]*nock,* — *to* [*k*]*nit.*

18. — **mb.** Dans les mots finissant par *mb,* le *b* ne se prononce pas.
Ex. : *lam*[*b*], — *lim*[*b*], — *cōm*[*b*], — *thum*[*b*], — *to clīm*[*b*].

19. — **mn.** Dans les mots finissant par *mn,* l'*n* ne se prononce pas.
Ex. : **aut***um*[*n*], — *hym*[*n*], — **col***um*[*n*].

20. — **qu.** Se prononce généralement *kou* (phon. kw.).
Ex. : to in**quīre** (*pr.* inkwaiə*), — a **question** (*pr.* kwestʃən).

21. — **sh.** Se prononce **ch** (phon. ʃ).
Ex. : *ship,* — *to push.*

22. — **sch.** Se prononce *sk.*
Ex. : *a school,* — *a schēme* (*pr.* skiːm).

23. — **wr.** Dans les mots commençant par *wr,* le *w* ne se prononce pas.
Ex. : *to* [*w*]*rite* = rait, — [*w*]*rĭtten,* — *to* [*w*]*ring.*

24. — **asm, ism.** A la fin d'un mot, se prononcent *azəm. izəm.*
Ex. : *a chasm,* un gouffre, — **bap***tism.*

25 — **ange.** Quand un mot *contient* le groupe *ange,* la voyelle ā est prononcée avec le son long (phon. ei).
Ex. : *to chānge,* changer (phon. tʃeindʒ), — *dānger,* le danger (phon. deindʒə*), — *strānge,* étrange (phon. streindʒ), — *a rānge* (phon. reindʒ) *of mountains,* une chaîne de montagnes.

ABRÉVIATIONS EMPLOYÉES DANS CET OUVRAGE

abr., abrev.	abréviation.
adj., adj^{t}.	adjectif, adjectivement.
aff., affir.	affirmatif.
am., amér.	américain.
av.	avec.
comp.	complément.
ds.	dans.
empl.	employé.
env.	environ.
fam., fam^{t}.	familier, familièrement.
fig.	figuré.
gén., gén^{t}.	général, généralement.
imp.	imparfait.
inf.	infinitif.
litt^{t}.	littéralement.
opp.	opposé, opposition.
p., part.	participe.
phon.	phonétiquement.
pl.	pluriel.
poét.	poétique.
p. p.	part. passé.
pr.	prononcez.
prés.	présent.
prop.	propre.
qch.	quelque chose.
qcq.	quelconque.
qq.	quelqu'un.
qqf.	quelquefois.
rég.	régulier.
s., sg., sing.	singulier.
sb.	somebody.
ss.	sans.
sth.	something.
subj.	subjonctif.
subs.	substantif.
tjs., bouj.	toujours.

L'astérisque * indique les verbes irréguliers (sauf *to be* et *to have*).

( ) entourent des lettres qui constituent une orthographe différente, ou des lettres ou mots qui peuvent être omis.

[ ] renferment des lettres qu'on ne prononce pas.

LES MOTS ANGLAIS

I

NOMBRES. POIDS ET MESURES. MONNAIES.

Numbers. Weights and Measures. Money.

I. CHIFFRES ET NOMBRES

Figures and numbers.

NOMS DE NOMBRES

nou[gh]t[1]	*zéro.*	first	*premier.*
one	*un.*	**sĕ**cond	*second, deuxième.*
two[2]	*deux.*	third	*troisième.*
three	*trois.*	fourth	*quatrième.*
four[3]	*quatre.*	fifth	*cinquième.*
fīve	*cinq.*	sixth	*sixième.*
six	*six.*	**sĕ**venth	*septième.*
sĕven	*sept.*	eighth	*huitième.*
eight[4]	*huit.*	nīnth	*neuvième.*
nīne	*neuf.*	tenth	*dixième.*
ten	*dix.*	**elĕ**venth	*onzième.*
elĕven	*onze.*	twelfth	*douzième.*
twelve	*douze.*	thirteenth	*treizième.*
thirteen	*treize.*	fourteenth	*quatorzième.*
fourteen	*quatorze.*	fifteenth	*quinzième.*
fifteen	*quinze.*	sixteenth	*seizième.*
sixteen	*seize.*	**se**venteenth	*dix-septième.*
sĕventeen	*dix-sept.*	ei[gh]teenth	*dix-huitième.*
ei[gh]teen	*dix-huit.*	nīneteenth	*dix-neuvième.*
nīneteen	*dix-neuf.*	twentieth	*vingtième.*
twenty	*vingt.*	twenty-first	*vingt et unième.*
twenty-one	*vingt et un.*	twenty-second	*vingt-deuxième.*
twenty-two	*vingt-deux.*	thirtieth	*trentième.*
thirty	*trente.*	thirty-first	*trente et unième.*
thirty-one	*trente et un.*	thirty-third	*trente-troisième.*
thirty-three	*trente-trois.*	fortieth	*quarantième.*
forty	*quarante.*	fiftieth	*cinquantième.*
fifty	*cinquante.*	sixtieth	*soixantième.*
sixty	*soixante.*	seventieth	soixante-dixième.
sĕventy	*soixante-dix.*	eightieth	*quatre-vingtième.*
eighty	*quatre-vingts.*	nīnetieth	quatre-vingt-dixième.
nīnety	*quatre-vingt-dix.*		
a *or* one } **hun**dred	*cent.*	**hun**dredth	*centième.*
one hundred and one	*cent un.*	hundred and first	*cent-unième.*

1. nɔːt. — 2. tuː. — 3. fɔː*. — 4. eit.

two hundred,	*200,*
three hundred, etc.	*300,* etc.
a *or* one } **thou**sand	*1000.*
thousandth	*millième.*
two thousand	*2000.*
one million men	*un million d'hommes.*
one thousand million	*1000 millions.*
a milliard	*un milliard, un billion.*
first, firstly / in the first place	*premièrement.* / *en 1er lieu.*
secondly, / in the second place	*deuxièmement.* / *en 2e lieu.*
thirdly / in the third place	*troisièmement.* / *en 3e lieu.*
tenthly / in the tenth place	*dixièmement.*
Once	*Une fois.*
twīce	*deux fois.*
three times / thrīce (*poét.*)	*trois fois.*
two or three times / twice or thrice (*poét.*)	*2 ou 3 fois.*
ten times	*10 fois.*
a hundred times	*100 fois.*
a thousand times	*1000 fois.*

NOMS

a **figure**	*un chiffre.*
a **number**	*un nombre.*
a **ū**nit	*une unité.*
a **dŏ**zen	*une douzaine.*
ha[l]f a dozen	*une demi-douzaine.*
a score	*une vingtaine* (1).
a [w]hōle number	*un nombre entier.*
the whole	*le tout.*
a part	*une partie.*
a **fraction**	*une fraction.*
a (*or* one) ha[l]f[1]	*la* (*une*) *moitié.*
a third / the third part	*un* / *le* } *tiers.*
a quarter / the tourth part	*un* / *le* } *quart.*
one fifth / the fifth part	*un* / *le* } *cinquième.*
one tenth / the tenth part	*un* / *le* } *dixième.*
a hundredth / one hundredth / the hundredth part	*un* / *le* } *centième.*
a thousandth / one thousandth / the thousandth part	*un* / *le* } *millième.*

LOCUTIONS

In one thousand nine hundred and forty-one. *or* in nineteen hundred and forty-one.	*En 1941.*
200 in number.	*Au nombre de 200.*
To live at number **4**.	*Demeurer au numéro* **4**.
In equal numbers.	*En nombre égal.*
Countless,—numberless.	*Sans nombre, innombrable.*
Marked in plain figures.	*Marqué en chiffres connus.*
Roman, Arabic numerals.	*Chiffres romains, arabes.*
They fell by scores.	*Ils tombaient par vingtaines.*
Three dozen eggs.	*Trois douzaines d'œufs.*

1. ha:f.

(1) Les mots *dizaine, trentaine, quarantaine,* etc., n'ont pas d'équivalent en anglais. On les remplace par : environ 10, 30, 40, etc. : *about* 10, 30, 40, etc.

3 or 4 scores **of** them.	*60 ou 80 d'entre eux.*
On the whole.	*Dans l'ensemble, somme toute.*
Reduced by half.	*Réduit de moitié.*
Half and half.	*Moitié, moitié.* / *Moitié l'un, moitié l'autre.*
Two halves make a whole.	*2 moitiés font un entier.*

■ ADJECTIFS

single	*simple, unique.*	manifold	*multiple.*
double[1], twofōld	*double.*	ēven (number)	*pair (nombre).*
trĕble, trīple, threefold	*triple.*	odd (number)	*impair.*
fourfold, **quad**ruple[2]	*quadruple.*	ex**act**, **acc**ūrate	*exact, précis.*
fīvefold, **quint**uple[3]	*quintuple.*	R**o**man	*romain.*
tenfold	*décuple.*	**Ar**abic	*arabe.*
hundredfold, **cent**ūple, cent**ū**plicate	*centuple.*	(in)**def**inite	*(in)défini.*
		[w]hōle	*entier.*
		single	*seul, unique.*
		ap**pro**ximate	*approximatif.*
		half	*demi, à moitié.*
		bōth	*les deux (ensemble).*

■ LOCUTIONS

A good many people.	*Bon nombre de gens.*
Half-dead. — Half-naked.	*A moitié mort. — A demi nu.*
Half laughing, half crying.	*Moitié riant, moitié pleurant.*
The barrel was half empty. / three quarters full.	*Le tonneau était à moitié vide.* / *aux trois quarts plein.*
To stop half way.	*S'arrêter à moitié chemin.*
Phrase with a double meaning.	*Expression à double entente.*
To fold a sheet of paper into three.	*Plier une feuille de papier en triple.*
It's one thing to promise and another to perform.	*Promettre et tenir sont deux.*
First come, first served.	*Premier arrivé, premier servi.*

■ VERBES

to count	*compter.*	to trĕble, to trīple, to incr**ē**ase threefold	*tripler.*
to **calc**ūlāte	*calculer.*	to **quad**ruple, to increase fourfold	*quadrupler.*
to en**ū**merāte	*énumérer.*	to **quint**ūple, to increase fivefold	*quintupler.*
*to [k]now	*savoir (les nombres, sa leçon, un fait.)*	to increase tenfold	*décupler.*
*can (could)	*savoir, être capable de.*	to increase a hundredfold	*centupler.*
to be āble to	*pouvoir.*		
to re**pēat**, *to say ag**ā**in	*répéter.*		
to **sim**plify	*simplifier.*		
to single out	*choisir, séparer. distinguer.*		

1. dʌbl. — 2. kwɔdrupl. — 3. kwintjupl.

■ LOCUTIONS

To count up to twelve.	*Compter jusqu'à 12.*
To count from 10 to 20.	*Compter de 10 à 20.*
Mind! we are going to count.	*Attention! nous allons compter.*
All together!	*Tous ensemble, en chœur!*
You alone.	*Vous tout seul.*
Say it again, please.	*Répétez, s'il vous plaît.*
Several thousand inhabitants.	*Plusieurs milliers d'habitants.*
Thousands of dead and wounded.	*Des milliers de morts et de blessés.*
They came in thousands.	*Ils vinrent par milliers.*
In hundreds of thousands.	*Par centaines de mille.*
Number 13.	*Le numéro 13.*
To take care of number one.	*Prendre soin de sa propre personne.*
One Mr. Smith.	*Un certain M. Smith.*
One man in a thousand.	*Un homme sur mille.*
The Thousand and one Nights.	*Les Mille et une Nuits.*
One by one.	*Un à un, un par un.*
It is one thing or the other.	*De deux choses l'une....*
To walk two and two, — by twos. To walk two by two, — in twos.	*Marcher 2 par 2.*
There were ten of us.	*Nous étions dix.*
It's all one,—all the same....	*C'est tout un.*
One... the other.	*L'un... l'autre....*
Some... others....	*Les uns... d'autres....*
Some... the others....	*Les uns... les autres....*
On all fours.	*A quatre pattes.*
To be on all fours with....	*Aller de pair avec....*
To be at sixes and sevens.	*Etre sens dessus dessous, en désordre.*
In the nineties.	*Entre 1890 et 1900.*
In the early eighties.	*Dans les années qui suivirent immédiatement 1880.*
James the First.	*Jacques Ier.*
Henry the Eighth.	*Henry VIII.*
The first three houses.	*Les trois premières maisons.*
At first.	*Dans les premiers temps.*
To go first.	*Passer le premier.*
First-rate, second-rate, third-rate.	*De 1er, 2e, 3e ordre.*
He is a nonentity, a nobody.	*C'est un zéro.*
I can't do two things at a time.	*Je ne peux pas faire deux choses à la fois.*
Once more,—once again.	*Encore une fois.*
Once for all.	*Une fois pour toutes.*
To look (*or* think) twice before doing sth.	*Y regarder à deux fois avant de faire quelque chose.*
Nine times out of ten.	*Neuf fois sur dix.*
I have told you so a hundred times, heaps of times,—again and again.	*Je vous l'ai dit cent fois.*
Whenever....	*Toutes les fois que....* *Chaque fois que....*
Most... (devant un substantif indéterminé). Most of... (devant un substantif déterminé).	*La plupart de....*

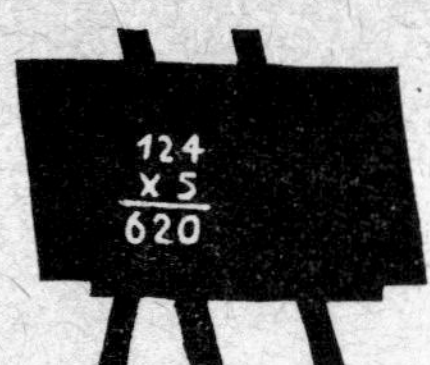

2. LE CALCUL

Reckoning.

■ NOMS

the addition	*l'addition.*
the tōtal sum	*le total, la somme.*
the subtraction	*la soustraction.*
the remāinder	*le reste.*
the *mul*tiplicā-tion	*la multiplication.*
the *mul*tiplicā-tion table	*la table de multiplication.*
the result	*le résultat.*
the product	*le produit.*
the division	*la division.*
the quōtient	*le quotient.*
an example	*un exemple.*
arithmetic	*l'arithmétique.*
mental arithmetic	*le calcul mental.*
an *op*erātion	*une opération.*
the colum[n]	*la colonne.*
the sī[g]n	*le signe.*
a sum / a problem	*un problème.*
the solution	*la solution.*
the ans[w]er	*la réponse.*
the difference	*la différence.*
the factor	*le facteur.*
the multiplicand	*le multiplicande.*
the *mul*tiplīer	*le multiplicateur.*
the dividend	*le dividende.*
the divīsor	*le diviseur.*
the (decimal) fraction	*la fraction (décimale).*
the nūmer*ā*tor	*le numérateur.*
the denomin*ā*tor	*le dénominateur.*
a decimal point	*une virgule.*
10.5 (*pr.* ten point five)	*10,5* (1).
the rule of three	*la règle de trois.*

■ ADJECTIFS

(un)known (to)	*(in)connu (à ou de).*
rīght	*exact, juste.*
ēqual (to)	*égal (à).*
divisible	*divisible.*
ordinary	*ordinaire.*
proportional	*proportionnel.*
common	*commun.*
[w]rong	*faux, inexact.*
different (from)	*différent (de).*
non divisible / indivisible	*indivisible.*
divīded by	*divisé par.*
following	*suivant.*

■ VERBES

to reckon (mentally)	*calculer (mentalement).*
to add (to)	*additionner, ajouter (à).*
to subtract (from)	*soustraire (de)*
to multiplȳ (by)	*multiplier (par).*
to divīde (by)	*diviser (par).*
to remāin	*rester.*
to consist of	*consister en.*
to be compōsed of	*se composer de.*
to contāin	*contenir.*
*to draw a līne	*tirer un trait.*
*to put down (a number)	*poser (un nombre).*
to borrow	*emprunter.*
dans les calculs :	*retenir.*
*to bring down	*abaisser (un nombre).*
to prove (a multiplication)	*faire la preuve d'une multiplication.*

(1) Dans les nombres, les Anglais emploient un *point* là où nous employons une virgule, et une *virgule* là où nous employons un point.

Ex. : 1 mile = 1,760 yards.

$\frac{1}{2} = 0.5$ or 0·5

*to cast out the nīnes	*faire la preuve par neuf.*	*to draw up	*établir.*
*to māke a mistāke	*faire une erreur.*	to chānge into	*convertir en.*
		to turn into	*transformer en.*
		to solve	*résoudre.*

■ LOCUTIONS

1 + 6 = 7	one and six are / ēqual seven; one plus six is seven	*un et six font sept.*
16—11 = 5	sixteen mīnus eleven is five; eleven from sixteen is five	*seize moins onze font cinq.*
2 × 2 = 4	twice two are four	*deux fois deux font quatre.*
7 × 3 = 21	seven multiplied by three is twenty-one; seven times three is twenty-one	*7 multiplié par 3 font 21. 7 fois 3 font 21.*
15 : 3 = 5	fifteen divided by three is five	*quinze divisé par trois = 5.*
5 %	= five per cent	*cinq pour cent.*
$2\frac{1}{2}$	= two and a half	*deux et demi.*
$4\frac{3}{4}$	= four and three quarters	*quatre trois quarts.*
$8\frac{3}{5}$	= eight and three fifths	*huit trois cinquièmes.*

For instance,—for example.	*Par exemple.*
In addition to....	*En plus de....*
The grand total.	*Le total général.*
To amount to (a total of...).	*S'élever à (un total de...).*
To give an example.	*Donner un exemple.*
To set an example.	*Donner l'exemple.*
Take example by your father.	*Prenez exemple sur votre père.*
To be out in one's reckoning.	*S'être trompé dans ses calculs.*
Short reckonings make long friends.	*Les bons comptes font les bons amis.*

3. POIDS ET MESURES

Weights and measures.

■ NOMS

A. Mesures en général.

the mĕasure[1]	*la mesure.*
the metric system	*le système métrique.*
the sīze	*la grandeur, dimension.*
the length	*la longueur.*
the heīght	*la hauteur.*
the { wīdth / brĕadth }	*la largeur.*
the depth	*la profondeur.*
the thickness	*l'épaisseur.*
the area[2]	*la surface.*
the volūme	*le volume.*
the weight	*le poids.*
a mētre	*un mètre.*
a centimētre	*un centimètre.*
a kilomētre	*un kilomètre.*
the standard	*l'étalon.*
a mĕasuring instrument	*un instrument de mesure.*
a yardstick	*un « mètre » pour mesurer.*
a rule[3] / a yard[4]	*une règle graduée.*
fōlding rule	*« mètre » pliant.*
a tāpe-measure	*un « mètre » à ruban.*
a quīre (of pāper)	*une main (24 feuilles).*
a rēam	*une rame (20 mains).*
the horse-power (HP)	*le cheval-vapeur.*
the atmosphēre	*l'atmosphère.*
the { calorie / calory }	*la calorie.*
the ōhm	*l'ohm.*
the ampere	*l'ampère.*
the vōlt	*le volt.*
the watt[5]	*le watt.*
the wei[gh]ing-machine	*la bascule.*
a balance / a pair of scāles	*une balance.*
the pan / the scāle	*le plateau (de balance).*
the bēam / the arm	*le fléau (de balance).*
the index / the pointer	*l'aiguille (de balance).*

B. Mesures de longueur.

an inch	= (0 m. 0254)		*un pouce.*
a foot (*pl.* feet)	= 12 inches (0 m. 3048)		*un pied.*
a yard	= 3 feet (0 m. 9143)		
a fathom (1)	= 2 yards (1 m. 829)		
a mīle	= 8 furlongs	= 1 760 yards (1 609 m.)	*un mille.*
a (k)not	= (15 m. 43)		*un nœud de la ligne de loch.*
(*par extension*) : mille marin		=	*1 852 mètres.*
a lēague	= 3 nautical miles	=	*5 556 mètres.*

1. meʒə*. — 2. ɛəriə. — 3. ruːl. — 4. jaːd. — 5. wɔt.

(1) S'emploie uniquement pour mesurer la profondeur de l'eau.

C. Surface, volume, capacité

a square inch, foot, yard, etc.	*un pouce, pied, yard, etc., carré.*
an ăcre	*env. 40 ares.*
a cūbic, inch, foot, yard, etc.	*un pouce, pied, yard, etc., cube.*

a gill	en Angl.	(*0 l. 14*).
	en Amér.	(*0 l. 12*).
a pīnt	= 4 gills	(*0 l. 567*).
a quart	= 2 pints	(*1 l. 135*).
a gallon	= 4 quarts	(*4 l. 541*).

D. Poids.

Avoirdupois System (1)	*Système « Avoirdupois*
a dram (1 gr. 77)	
an ounce (*abr.* oz.) (28 gr. 35)	*une once.*
a pound (*abr.* : lb.) = 16 oz. (453 gr.)	*une livre.*
a stōne = 14 lbs	(*env.* 6 kg. 350)
a quarter = 2 stones	(*env.* 12 kg. 700)
a **hund**redweight (*abr.* cwt.) =	4 quarters (50 kg. 500)
a ton = 20 cwt. (1016 kg.)	*une tonne.*

■ ADJECTIFS

long	*long.*
short	*court.*
hī[gh]	*haut.*
lōw	*bas.*
broad, wīde	*large.*
narrow	*étroit.*
large, greāt	*grand.*
small	*petit.*
hollow	*creux.*
flat	*plat.*
deep	*profond*
shallow	*peu profond.*
hĕavy	*lourd.*
lī[gh]t	*léger.*
tall	*grand (taille).*
short	*petit (taille).*
sensitive	*sensible.*
horizontal	*horizontal.*
perpen**di**cūlar	*perpendiculaire.*
ūseful (s = ss)	*utile.*
ūseless	*inutile (sans usage).*
practical	*pratique.*
necessary	*nécessaire.*
un**nec**essary	*inutile (non nécessaire).*
mĕasurable, **men**surable	*mesurable.*
incom**men**surable	*incommensurable.*
of**fĭ**cial	*officiel.*
ūsual (s = ʒ), **cur**rent	*courant.*
in ūse (s = ss)	*usité.*
com**pul**sory	*obligatoire.*
hall-marked	*contrôlé.*

■ VERBES

to **mĕa**sure	*mesurer.*
to wei[gh]	*peser.*
to **es**timāte at	*évaluer à.*
to **reck**on at	*calculer à.*
to fix, to settle	*déterminer. fixer.*
to repre**sent**	*représenter.*
to **in**dicāte	*indiquer.*
*to show	*montrer.*
to di**vīde** into	*diviser en.*
to con**sist** of	*consister en*
to com**pāre** to, with	*comparer (à).*
to check	*vérifier (opération). contrôler (facture, etc.).*
to hall-mark	*contrôler (or, argent).*
to re**new**	*renouveler.*
to **war**rant, to g[u]**ar**antee	*garantir.*

(1) *Pr.* ævədəpɔis. — Nous ne donnons ici que les mots *vraiment utiles* et ne mentionnons que pour mémoire le « *Troy System* » dont les poids ne sont en usage que pour les matières précieuses et la pharmacie.

LOCUTIONS

More convenient than....	*Plus commode que....*
As convenient as....	*Aussi commode que....*
Not so convenient as....	*Pas si commode que....*
The most convenient of all.	*Le plus commode de tous.*
How { wide / long } is this room?	*Quelle est la { largeur / longueur } de cette chambre?*
It is 12 feet wide (*or* in width) and 15 feet long (*or* in length).	*Elle a 12 pieds de largeur et 15 pieds de longueur.*
The garden is 200 yards by 75.	*Le jardin a 200 yards sur 75.*
How tall is your brother?	*Quelle taille a votre frère?*
He is 6 feet 2.	*Il a six pieds 2 pouces (1 m. 85).*
How far is it from Croydon to London?	*Quelle distance y a-t-il de Croydon à Londres?*
It is about 9 miles.	*Il y a environ 9 milles.*
Crushed by the weight of years.	*Ecrasé sous le poids des ans.*
To hold the balance even between two parties.	*Tenir la balance égale entre deux parties.*
To be worth one's weight in gold.	*Valoir son pesant d'or.*
That's a great weight off my mind.	*Cela me soulage l'esprit d'un grand poids.*
To a certain extent. In some degree.	*Dans une certaine mesure. Jusqu'à un certain point.*
To what extent?	*Dans quelle mesure? Jusqu'à quel point?*
By degrees, gradually.	*Par degrés, graduellement.*
To a degree.	*Au plus haut degré.*
In proportion as....	*Au fur et à mesure que....*
As a measure of economy.	*Par mesure d'économie.*
To overstep the line. To overdo it.	*Dépasser la mesure.*
That box does not weigh much.	*Cette caisse ne pèse pas lourd.*
To sell sth. by the pound, by the yard.	*Vendre quelque chose à la livre, au mètre.*
He is far and away above the rest.	*Il est à cent pieds au-desssus des autres.*

4. LA MONNAIE ANGLAISE

English currency.

NOMS

money	*de l'argent.*
currency	*l'argent en cours.*
a **coin**	*une pièce.*
chānge	*de la (petite) monnaie.*
the Mint	*l'Hôtel de la Monnaie.*
a gōld, **sil**ver, copper coin	*une pièce d'or, d'argent, de bronze.*
coppers	*des sous.*
pāper-money	*le papier-monnaie.*
a bank-nōte	*un billet de banque.*
the { valūe / worth[1] }	*la valeur.*
the prīce	*le prix.*
the cost (price)	*le prix coûtant.*
the dāte	*le millésime.*
the ins**crip**tion	*l'inscription.*
the **mot**to	*la devise.*
coinage, **min**ting	*la frappe.*
a **coun**terfeiter[2]	*un faux-monnayeur.*
the al**loy**	*l'alliage.*
the **precious metal**	*le métal précieux.*
the **standard** weight	*le poids légal.*
the prē-war value	*la valeur d'avant-guerre.*
the dēprē**ciā**tion	*la dépréciation.*
the rāte of ex**chānge**	*le cours du change.*
the *stabi*lī**zā**tion	*la stabilisation.*
the fluctū**ā**tion	*la fluctuation.*
the gold standard	*l'étalon d'or.*
a **lott**ery-**tick**et	*un billet de loterie.*
the first-prīze	*le gros lot.*
the draw	*le tirage.*
a **winn**ing-ticket	*un billet gagnant*
a blank-ticket	*un billet perdant.*

a **sov**[e]re[ig]n (*abr.* £) (1) / a pound-sterling	{ *un souverain* / *une livre sterling* } *= 20 shillings.*
a half-sovereign	*un demi-souverain = 10 shillings.*
a crown	*une couronne = 5 shillings.*
half-a-crown	*une demi-couronne = 2 shillings 6 pence.*
a **flo**rin	*un florin = 2 shillings.*
a shilling	*un shilling = 12 pence.*
a six-penny piece, — a sixpence	*une pièce de 6 pence.*
a three-penny bit	*une pièce de 3 pence.*
a penny (*abr.* d.) (2)	*un penny = 1/12 de shilling.*
a half-penny[3]	*un demi-penny.*
a **far**thing	*1/4 de penny.*
a pound nōte	*un billet de 1 livre.*
a ten-pound / a five-pound } (bank-)nōte	*un billet de* { *10 livres.* / *5 livres.* }
a **doll**ar (3)	*un dollar.*
a cent	*un cent (1/100 de dollar).*

1. wəːθ. — 2. kauntəfiːtə. — 3. heip-ni.

(1) Abr. de *libra*, livre.
(2) Abr. de *denarius*, denier. Plur. *pence* (désignant la valeur) et *pennies* (désignant des pièces).
(3) Les mots *Thaler* et *Dollar* ont la même origine. Le thaler est l'abréviation de *Joachimsthaler Gulden* (florin de Joachimstal (Bohême). Ce mot a pris, en Amérique, la forme de « *dollar* ».

■ ADJECTIFS

vălid	*valable.*	forged	*faux, contrefait.*
sterling	*de bon aloi.*	worth[3]	*qui vaut....*
debāsed	*déprécié.*	ōld	*vieux.*
spūrious, base[1] / counterfeit[2]	*faux.*	āncient[4]	*ancien.*
		(il)lēgal	*(il)légal.*

■ VERBES

to be worth	*valoir.*	to be in / to put into circulation	*être / mettre en circulation.*
*to cost	*coûter.*	to issūe	*émettre (billets, emprunt, etc.).*
*to pay	*payer.*	to earn / *to lose money	*gagner / perdre de l'argent.*
*to rīse	*monter (prix).*	to sāve	*économiser.*
*to fall	*baisser (prix).*	*to win a prize	*gagner un lot.*
to fluctūāte	*osciller.*		
to mint (*or* coin) money	*frapper monnaie.*		

■ LOCUTIONS

Give me the change for a pound.	*Donnez-moi la monnaie d'une livre.*
To get one's money's worth.	*En avoir pour son argent.*
At all costs.	*A tout prix.*
At any cost,—at any price.	*Coûte que coûte.*
At a high price.—At a low price.	*A un prix élevé. — A bas prix.*
Not at any price.	*A aucun prix.*
To set a high value upon sth. / To prize something highly.	*Attacher un grand prix à quelque chose.*
He made a pretty penny out of it.	*Il y a fait un joli bénéfice.*
Hard cash.	*Espèces (sonnantes et trébuchantes).*
To be in cash.	*Être en fonds.*
To be short of (*or* out of) cash.	*Être à court d'argent.*
To turn everything into cash.	*Faire argent de tout*
To be legal tender.	*Avoir cours.*
Heads or tails.	*Pile ou face.*
Let us toss up for it.	*Jouons-le à pile ou face.*
To pay somebody back in his own coin.	*Rendre à quelqu'un la monnaie de sa pièce.*
Take care of the pennies; the pounds will take care of themselves.	*Prenez soin des sous; les francs prendront soin d'eux-mêmes.*
A penny saved, a penny gained.	*Sou économisé, sou gagné.*
Beggars can't be choosers.	*Ne choisit pas qui emprunte.*
How much is it worth?	*Combien cela vaut-il?*
It is not worth much.	*Cela ne vaut pas grand-chose.*
To be worth (+ pres. part.)	*Valoir la peine d'être (+ part. passé)*
It is worth seeing.	*Cela vaut la peine d'être vu.*
It is not worth while.	*Cela ne vaut pas la peine.*
How much does it cost?	*Combien cela coûte-t-il?*
It costs 1/6 (one and six).	*Cela coûte 1 sh. 6 pence.*
To pay a bill, a sum.	*Payer une facture, une somme.*
To pay for some goods.	*Payer des marchandises.*
To buy sth. 2 pence a pound.	*Acheter qch. 2 pence la livre.*

1. beis. — 2. kauntəfit. — 3. wəːθ. — 4. einʃənt.

II
LE TEMPS
Time.

I. DIVISIONS DU TEMPS
Divisions of Time

A. Heures et jours.

tīme	*le temps.*	to-day	*aujourd'hui.*
a whīle	*un (certain) temps.*	yesterday	*hier.*
		to-morrow	*demain.*
a mōment	*un moment.*	the day before yesterday	*avant-hier.*
an instant	*un instant.*		
a second	*une seconde.*	the day after to-morrow	*après-demain.*
a minute[1]	*une minute.*		
an [h]our	*une heure.*	the day before	*la veille (de).*
a day	*un jour, une journée.*	two days before	*l'avant-veille (de).*
a week	*une semaine.*	the day after	*le lendemain (de).*
a fortnight	*une quinzaine.*		
a month	*un mois.*	two days after	*le surlendemain (de).*
a year	*un an, une année.*		
the morning	*le matin, la matinée.*	a calendar	*un calendrier.*
		an almanac[2]	*un almanach.*
the afternoon	*l'après-midi.*	a block-calendar	*un calendrier à effeuiller.*
the ēv[e]ning	*le soir, la soirée.*		
the nīght	*la nuit.*	the prōgress	*le cours (du temps.)*

B. La semaine, les mois et les saisons.

Sunday	*dimanche.*	a winter-month	*un mois d'hiver.*
Monday	*lundi.*		
Tūesday	*mardi.*	St. Martin's *or* Indian summer	*l'été de la St-Martin.*
Wednesday[3]	*mercredi.*		
Thursday	*jeudi.*	Janūary	*janvier.*
Frīday	*vendredi.*	February	*février.*
Saturday	*samedi.*	March	*mars.*
		Āpril	*avril.*
a sēason	*une saison.*	May	*mai.*
		Jūne	*juin.*
		Jūlȳ	*juillet.*
spring	*le printemps.*	August[5]	*août.*
summer	*l'été.*	September	*septembre.*
autum[n][4] (*amér.* : fall)	*l'automne.*	Octōber	*octobre.*
		November	*novembre.*
winter	*l'hiver.*	December	*décembre.*

1. minit. — 2. ɔːlmənæk. — 3. wenzdi. — 4. ɔːtəm. — 5. ɔːgəst.

at the beginning	*au commencement.*	at the end	*à la fin.*
in the middle	*au milieu.*	a week-day	*un j. de semaine.* / *un j. ouvrable.*

C. Années et périodes.

e**ter**nity	*l'éternité.*	a **decāde**	*une décade.*
the past	*le passé.*	a **cen**tury	*un siècle.*
the **prēs**ent	*le présent.*	the **cen**tenary	*le centenaire.*
the **fū**ture[1]	*l'avenir.*	a **pē**riod	*une période.*
the **ci**vil year	*l'année civile.*	a spell (of time)	*une durée,* *une période,* *un intervalle.*
the **sō**lar year / the astro**nom**ical year	*l'année solaire.*	an **ē**ra (1)	*une ère.*
the school year	*l'année scolaire.*	an **ē**poch[3]	*une époque.*
a quarter[2]	*un trimestre.*		
a term	*un trimestre scolaire.*	an **ā**ge (1)	*un âge.* *un siècle (au fig.).*
a ha[l]f-year	*un semestre.*	the dū**rā**tion	*la durée.*
a **lē**ap-year	*une année bissextile.*	the expi**rā**tion	*l'expiration.*
		a dē**lay**	*un délai.*

■ ADJECTIFS

dāily	*quotidien.*	prē**cē**ding	*précédent,*
weekly	*hebdomadaire.*	**prē**vious	*d'avant.*
fortnī[gh]tly	*bi-mensuel.*		*d'autrefois,*
monthly	*mensuel.*	former	*antérieur.*
yearly	*annuel.*		*précédent.*
quarterly	*trimestriel.*	**fol**lowing	*suivant.*
half-yearly (2)	*semestriel.*	**mō**mentary	*passager.*
prēsent	*présent.*	e**phem**eral	*éphémère.*
past	*passé.*	lasting	*durable.*
fūture[1]	*futur.*	fleeting	*fugitif.*
last	*dernier.*	e**ter**nal	*éternel.*
last but one	*avant-dernier.*	ĕver**last**ing	*éternel.*
next	*prochain.*	un**tīme**ly	*prématuré.*

■ VERBES

*to be**gin** to	*commencer à.*	*to spend time in doing sth.	*passer du temps à faire qch.*
*to be**gin** with	*commencer par.*	to whīle away time	*(faire) passer le temps.*
to **fin**ish / to end (+ part. pres.)	*finir de.*	to wāste one's time	*perdre son temps.*
to **fin**ish / to end (with)	*finir par.*	to trīfle away time	*gaspiller le temps.*
to stop, to cēase	*cesser.*	to ūse[4]	*employer.* *utiliser.*
to last	*durer.*	to ēqualīze	*égaliser.*
to **ē**lapse, *to flȳ / *to go by	*passer.* *s'écouler.*		
to ap**point**, to fix	*fixer (jour, date).*		

■ LOCUTIONS

Take your time.	*Prenez votre temps.*
To kill time.	*Tuer le temps.*
To have time to do sth.	*Avoir le temps de faire qch.*
You have plenty of time.	*Vous avez bien le temps.*
I've no time.	*Je n'ai pas le temps.*

1. fjuːtʃə*. — 2. kwɔːtə*. — 3. iːpɔk. — 4. juːz.

(1) Voir aussi ch. XVI, 3 : l'Histoire.
(2) Cet adjectif et les précédents s'emploient aussi comme adverbes : *daily*, quotidiennement, par jour, tous les jours; *yearly*, annuellement, par an, tous les ans, etc.

To gain time.	*Gagner du temps.*
It is high time to....	*Il est grand temps de....*
There was once upon a time....	*Il y avait une fois.....*
Wait a moment! (*or* a bit).	(*Attendez*) *un instant!*
To turn night into day and day into night.	*Faire de la nuit le jour et du jour la nuit.*
To live from day to day,—from hand to mouth.	*Vivre au jour le jour.*
To-morrow is another day.	*Demain il fera jour.*
It is the height of the season.	*La saison bat son plein.*
There's no end to it.	*Cela n'en finit pas.*
To talk the night away.	*Passer la nuit à causer.*
It will only last for a while.	*Cela ne durera qu'un temps.*
Let us begin at the beginning.	*Commençons par le commencement.*
To begin with, I must say that...	*Pour commencer, je dois dire que....*
Months and months elapsed.	*Des mois et des mois passèrent.*
It's a waste of time.	*C'est une perte de temps.*
Good-morning!	*Bonjour* (*le matin*).
Good-afternoon!	*Bonjour* (*l'après-midi*).
Good-day!	*Bonjour* (*surtout en partant*).
Good-bye!	*Au revoir.*
Farewell!	*Au revoir; adieu!*
Good evening! — Good-night!	*Bonsoir! — Bonne nuit!*
To wish sb. good-night.	*Souhaiter à qq. une bonne nuit.*
To wish sb. good-bye.	*Faire ses adieux à qq.*
A farewell glance.	*Un dernier regard.*
A farewell speech.	*Un discours d'adieu.*

A. Question : Quand... ?

I. — Le temps passé est 1° *demandé* ou 2° *fini et spécifié* } = **Preterit.**

When did you see your brother? — *Quand avez-vous vu votre frère?*

I saw him.	Je l'ai vu
yesterday.	*hier.*
last Tuesday.	*mardi dernier.*
on the twelfth of April.	*le 12 avril.*
a week ago.	*il y a 8 jours.*
a fortnight ago.	» *15 jours.*
a year ago.	» *un an.*
a long time ago.	» *longtemps.*
a short time ago.	» *peu de temps.*
a good long time ago.	» *pas mal de temps.*
four years ago to-day.	» *4 ans jour pour jour.*
yesterday week (*ou* fortnight)	*il y a eu hier 8 jours* (ou *15 jours*).
last Sunday week.	» *dimanche 8 jours.*
last Tuesday fortnight.	» *mardi 15 jours.*

II. — Le temps passé n'est *ni demandé, ni spécifié* = **Passé composé.**

Have you seen your brother?	*Avez-vous vu votre frère?*
Has your mother arrived?	*Votre mère est-elle arrivée?*
Where have you learnt English?	*Où avez-vous appris l'anglais?*
I have been told that...	*On m'a dit que...*

III. — Le temps n'est *pas terminé* = **Passé composé.**

I have bought a suit to-day.	*J'ai acheté un costume aujourd'hui.*
We have not seen him this week.	*Nous ne l'avons pas vu cette semaine.*
She has not written to us this month.	*Elle ne nous a pas écrit ce mois-ci.*

this morning	*ce matin.*
this evening	*ce soir.*
to-night	*ce soir, cette nuit.*
yesterday morning	*hier matin.*
last night	*hier soir* (ou) *la nuit dernière.*
to-morrow morning	*demain matin.*
to-morrow night	*demain soir.*
by day, in the day-time	*de jour.*
by night, in the night-time	*de nuit.*
in the morning	*le matin.*
in the afternoon	*l'après-midi.*
in the evening	*le soir.*
from morningto night	*du matin au soir.*
one day	*un jour.*
one of these days	*un de ces jours.*
some day or other	*un jour ou l'autre.*
one day as...	*un jour que....*
one day when	*un jour où....*
on the day when	*le jour où.*
the morning before	*la veille au matin.*
the morning after	*le lendemain matin.*
the evening before	*la veille au soir.*
the evening after	*le lendemain soir.*
the next day in the evening	*le lendemain soir.*
now	*maintenant.*
just now	*à présent.*
nowadays / in these days	*de nos jours.*

in those days	*à cette époque-là.*
formerly	*autrefois.*
in times past / in the ōlden time	*(au temps) jadis.*
soon	*bientôt, tôt.*
early[1]	*de bonne heure.*
lāte	*tard.*
sooner or later	*tôt ou tard.*
always, (ĕver)	*toujours.*
ever	*jamais* (affir.).
never	*ne... jamais*
for ever	*à jamais.*
before long / shortly	*sous peu.* / *d'ici peu.*
first	*d'abord.*
after	*après.*
then	*alors.*
next	*ensuite, puis.*
often	*souvent.*
seldom	*rarement.*
at once / right away / immēdiately	*tout de suite.* / *sur l'heure.* / *immédiatement.*
all at once	*tout d'un coup.*
at times / occăsionally	*parfois.*
sometimes	*quelquefois.*
at all times	*de, en tout temps.*
at the same time	*en même temps.*
mēantīme / mēanwhīle	*dans l'intervalle.*
in the end	*à la fin.*
at last	*enfin.*
lastly	*enfin, finalement.*
at length	*finalement, à la longue.*

Off and on.	*Par moments, par instants.*
From time to time. / Now and then.	*De temps en temps.*
Once in a while.	*Une fois de temps en temps.*
After a while.	*Au bout de quelque temps.*
In time. — In due time.	*A temps. — En temps voulu.*
For the present. / For the time being.	*Pour le moment.*
Day by day.	*De jour en jour.*
Day after day.	*Pendant des jours et des jours.*
From day to day.	*D'un jour à l'autre.*
In future.	*A l'avenir.*
In the near future.	*Dans un avenir très proche.*
From now on.	*A partir de maintenant.*
Henceforth.	*Désormais.*
Hitherto.	*Jusqu'à maintenant.*
Day in, day out.	*D'un bout à l'autre de la journée.*
Week in, week out.	*D'un bout à l'autre de la semaine.*
Year in, year out.	*D'un bout à l'autre de l'année.*

1. əːli.

Little by little.	*Petit à petit.*
In no time.	*En un rien de temps.*
In the course of the year.	*Au cours de l'année.*
What day is this? (*or* to-day?)	*Quel jour est-ce aujourd'hui?*
What day was it yesterday?	*Quel jour était-ce hier?*
What day will to-morrow be?	*Quel jour sera-ce demain?*
To-day is / Yesterday was / To-morrow will be } Thursday, the 3rd. of February.	*Aujourd'hui c'est / Hier c'était / Demain ce sera* } *jeudi le 3 février.*
On what day...?	*Quel jour...?*
On the first, twenty-second, thirtieth of January.	*Le 1er, le 22, le 30 janvier.*
On Sunday.	*Dimanche (prochain ou dernier).*
On Sundays.	*Le dimanche (chaque dimanche).*
On the Sunday.	*Le dimanche (d'une certaine semaine).*
On Sundays and Bank holidays.	*Les dimanches et jours fériés.*
May-day.	*Le 1er mai.*
In what month? In July.	*En quel mois? En juillet.*
In the month of August.	*Dans le mois d'août.*
In what season?	*En quelle saison?*
In spring, summer, etc....	*Au printemps, en été, etc.*
In early summer.	*Dans les premiers jours de l'été.*
Late in autumn.	*Dans les derniers jours d'automne.*
On a hot summer day.	*Par une chaude journée d'été.*
At the coming of winter.	*A l'approche de l'hiver.*
At what time?	*A quelle époque?*
In what century?	*En (dans) quel siècle?*
At the time of....	*A l'époque de....*
In the twentieth century.	*Au XXe siècle.*
In the days of....	*Au temps de....*
At the time when....	*A l'époque où....*
The Elizabēthan age.	*Le siècle d'Elisabeth.*
In the good old days.	*Au bon vieux temps.*
To the end of (all) time.	*Jusqu'à la fin des siècles.*
In my day, in my time.	*De mon temps.*
In these days,—as times go.	*Par le temps qui court.*
I've not seen him for ages.	*Il y a des siècles que je ne l'ai vu.*
This time last year.	*L'an dernier à pareille époque.*

B. Question : (Pendant) combien de temps?

For four months.	*Pendant quatre mois.*
For hours and hours.	*Pendant des heures (entières)*
Throughout / All through } the summer.	*Pendant tout l'été.*
The whole day, all day long.	*Toute la journée.*
The whole week.	*Toute la semaine.*
The whole month.	*Tout le mois.*
All the year round. / The whole year.	} *Toute l'année.*
How long does it take to....?	*Combien de temps faut-il pour...?*
From year's end to year's end.	*D'un bout à l'autre de l'année.*
Far into the night.	*Jusqu'à une heure avancée de la nuit.*

C. Question : Depuis quand ? Combien de temps y a-t-il que ?

Pour une action complètement passée.	*depuis quand...?* *combien de temps y a-t-il que...?*	How long ago...? How long is it since...? (*avec prétérit*)
Avec le présent français, pour une action qui dure encore.	*depuis combien de temps...?* *combien de temps y a-t-il que...?*	How long...? (*avec passé composé*)
Avec l'imparf. français, pour une action qui durait encore quand....	*depuis combien de temps...?* *combien de temps y avait-il que...?*	How long...? How long was it since...? (*avec pl.-q.-parf.*).

For some time past.	*Depuis quelque temps.*
Since his arrival.	*Depuis son arrivée.*
Since the 25th. of December.	*Depuis le 25 décembre.*
How long is it since he settled in London?	*Combien de temps y a-t-il qu'il s'est installé à Londres?*
He settled there three years ago.	*Il s'y est établi il y a trois ans.*
I told you so a long time ago.	*Il y a beau temps que je vous l'ai dit.*
How long have you learnt (*ou mieux* : have you been learning) English?	*Depuis combien de temps apprenez-vous l'anglais?*
I have learnt it (*ou mieux* : I have been learning it) for 3 years, — since 1954.	*Je l'apprends depuis 3 ans, — depuis 1954.*
How long had they lived (*ou mieux* had they been living) in London when their mother died?	*Depuis combien de temps habitaient-ils Londres quand leur mère mourut?*
They had lived (*ou mieux* : they had been living) in London for ten years when she died.	*Ils habitaient Londres depuis 10 ans quand elle mourut.*

D. Question : Combien de fois... ? Tous les combien... ?

how many times?	*combien de fois?*
how often?	*tous les combien?*
once, twice, three times a day.	*une, deux, trois fois par jour.*
Two or three times a year.	*Deux ou trois fois par an.*
every day, month, year, etc.	*tous les jours, mois, an, etc.*
Every week *or* fortnight.	*Tous les 8* ou *15 jours*
Every other day.	*Tous les deux jours.*
Every four years.	*Tous les 4 jours.*
At all hours of the day.	*A toutes les heures du jour.*

Proverbes.

Time is money.	*Le temps, c'est de l'argent.*
Time lost is never found.	*Le temps perdu ne se rattrape jamais.*
Better late than never.	*Mieux vaut tard que jamais.*
It is never too late to mend.	*Il n'est jamais trop tard pour bien faire.*
Never put off till to-morrow what you can do to-day.	*Ne remettez jamais à demain ce que vous pouvez faire aujourd'hui.*
All is well that ends well.	*Tout est bien qui finit bien.*

2. LE TEMPS ET LA FAÇON DE LE MESURER

Time and how to measure it.

NOMS

the dīal	*le cadran.*
a sun-dial	*un cadran solaire.*
a sand-glass / an hour-glass	*un sablier.*
a clock	*une horloge.* / *une pendule.*
the church-tower clock	*l'horloge du clocher.*
a wall-clock	*un cartel.*
a grandfather clock	*une pendule normande.*
a Dutch clock	*un coucou.*
an **alarm**-clock	*un réveil.*
a chrono**m**eter	*un chronomètre.*
a watch	*une montre.*
the minute- / the second- hand	*l'aiguille des minutes, des secondes.*
a key-watch (*pr.* kiː)	*une montre à clé.*
a keyless watch	*une montre à remontoir.*
a **repēater**	*une montre à sonnerie.*
a [w]rist-watch	*un bracelet-montre.*
the spring	*le ressort.*
the watch-chain	*la chaîne de montre.*
the watch-key	*la clé de montre.*
the wīnder	*le remontoir.*
the watch-cāse	*le boîtier.*
the **clock**work	*le mécanisme.* / *le mouvement d'horlogerie.*
the works	*les rouages.*
the **pend**ūlum	*le pendule.* / *le balancier.*
the **strīking mech**anism (ch = k)	*la sonnerie.*
the chīme(s)	*le carillon.*
a chīming clock	*une horloge à carillon.*
lōcal time	*l'heure locale.*
summer time	*l'heure d'été.*
an hour	*une heure.*
half-an-hour	*une 1/2 heure.*
a quarter of an hour	*un 1/4 d'heure.*
midday, noon, twelve o'clock	*midi.*
midnight, twelve o'clock at night	*minuit.*

LOCUTIONS

What time is it? / What o'clock is it? (*moins fréquent*)	*Quelle heure est-il?*
What time do you make it?	*Quelle heure avez-vous?*
It is four o'clock (1).—It is four.	*Il est 4 heures.*
It is midday, noon, (2) twelve o'clock.	*Il est midi.*
It was midnight (twelve o'clock at night).	*Il était minuit.*
It was four o'clock in the morning.	*Il était 4 heures du matin.*

(1) *o'clock* (contraction de : *of the clock*) ne s'emploie guère que dans l'énonciation des heures entières.
(2) *midday, noon, midnight,* ne s'emploient que pour indiquer *midi* ou *minuit* précis.

It was four o'clock in the afternoon.	*Il était 4 heures de l'après-midi.*
It was 11 (o'clock) at night.	*Il était 11 heures du soir.*
It was 4 a. m. (1).	*Il était 4 heures (du matin).*
It was 4 p. m.	*Il était 4 heures (du soir) ou 16 heures.*
It was 11 p. m.	*Il était 11 heures (du soir) ou 23 heures.*
It is half past seven.	*Il est 7 h. 1/2.*
At half past eight sharp.	*A 8 h. 1/2 précises.*
It is a quarter to three.	*Il est 3 heures moins le quart ou 2 h. 3/4.*
It is ten (minutes) past eleven.	*Il est 11 h. 10.*
It is twenty (minutes) to three.	*Il est 3 heures moins 20 minutes.*

(*En énonçant les heures d'un horaire, de chemin de fer, par exemple*) :

The train starts at eleven twenty.	*Le train part à 11 h. 20.*
We shall take the 10.30 p. m. (ten thirty p. m.) train.	*Nous prendrons le train de 10 h. 30 du soir (de 22 h. 30).*

■ ADJECTIFS ET ADVERBES

quick, fast	*rapide.*	**about**	environ, à peu près.
quickly, fast	*rapidement.*	still	*encore (maintenant ou à ce moment-là).*
slow	*lent.*		
slowly	*lentement.*		
worn out	*usé.*	not...yet	*pas... encore.*
brōken	*cassé, brisé.*	at mōst	*tout au plus.*
almōst	*presque.*	at lēast	*au moins.*
nēarly	*presque.*	past	*passé.*

■ VERBES

*to go	*aller, marcher.*
*to keep good **time**	*bien aller, être à l'heure.*
to **indic**āte	*indiquer.*
*to swing	*se balancer.*
*to strīke the hours, half-hours, and quarters	*sonner les heures, la demie et le quart.*
to be fast, to gāin	*avancer.*
to be slow, *to lose	*retarder.*
to stop	*s'arrêter.*
to be out of order	*être dérangé.*
*to wīnd up	*remonter.*
*to set a watch right,	*mettre une montre à l'heure.*
*to set a watch on, *ou* ahead,	*avancer une montre.*
*to set a watch back.	*retarder une montre.*
to **repair**, to mend	*réparer.*

(1) Les appellations 13 h., 14 h., 15 h. sont inusitées en anglais. On y supplée par les abréviations *a. m.* (ante meridiem, avant midi) et *p. m.* (post meridiem, après midi).

■ LOCUTIONS

It is nearly eight (o'clock).	*Il est presque 8 heures.*
It will soon be nine.	*Il va être 9 heures.*
It is about six.	*Il est environ 6 heures.*
It is { at most / at least } half past four.	*Il est { au plus / au moins } 4 h. 1/2.*
It is not eleven yet.	*Il n'est pas encore 11 heures.*
It is striking ten. Ten o'clock is striking.	*10 heures sonnent.*
Twelve o'clock has just struck. It has just struck (*or* gone) twelve.	*Midi vient de sonner.*
It is going to strike eight. Eight o'clock is going to strike.	*8 heures vont sonner.*
At what time...?	*A quelle heure...?*
At 6, at half past ten.	*A 6 heures, à 10 h. 1/2.*
At 10 o'clock sharp.	*A 10 heures précises.*
By my watch it is ten o'clock.	*A ma montre, il est 10 heures.*
I have set my watch by the Town-Hall clock.	*J'ai mis ma montre à l'heure de l'Hôtel de Ville.*
My watch { gains / loses } 5 minutes a day.	*Ma montre { avance / retarde } de 5 minutes par jour.*
To set the alarm for 5 o'clock.	*Mettre le réveil à 5 heures.*
This time to-morrow.	*Demain à cette heure-ci.*
At the appointed time.	*A l'heure dite, fixée.*
I'll be with you { in a minute. / in two seconds. }	*Je suis à vous dans un instant.*
I have been waiting for a full hour.	*Il y a une bonne heure que j'attends.*
To be paid by the day, by the hour.	*Être payé à la journée, à l'heure.*
To be paid a shilling an hour.	*Être payé un shilling l'heure.*
To be, to come in time.	*Être, arriver à l'heure.*
To come in the nick of time.	*Arriver au bon moment, tomber à pic.*
Clock-wise.	*Dans le sens des aiguilles d'une montre.*
With clockwork precision.	*Avec une précision mécanique.*
As regular as clockwork.	*Réglé comme une horloge.*
To sleep the clock round.	*Faire le tour du cadran (en dormant 12 heures de suite).*
It was { a near thing. / a close call. }	*Il était moins 5 (il s'en est fallu de peu).*
To be early.	*Être en avance.*
To be late.	*Être en retard.*
At the earliest.	*Au plus tôt.*
At the latest.	*Au plus tard.*
Most often. More often than not.	*La plupart du temps.*
What is the use of a clock or a watch?	*A quoi sert une pendule ou une montre?*
They are used to indicate the time.	*Elles servent à indiquer l'heure.*

3. AGE ET DATE

Age and date.

■ NOMS

līfe	*la vie.*
the āge	*l'âge.*
the birth[1]	*la naissance.*
the birth-day	*le jour de la naissance.* / *l'anniversaire*
man	*l'homme (en général).*
a man (*pl.* men)	*un homme.*
a woman[2] (*pl.* women[3])	*une femme.*
a chīld (*pl.* chīldren)	*un enfant.*
the sex	*le sexe.*
a māle child / a fēmāle child	*un enfant du sexe masc.* / *fém.*
a nurs[e]ling	*un nourrisson.*
a bāby, an **in**fant	*un bébé.*
a boy	*un garçon.*
a girl	*une fille, j. fille.*
infancy	*le premier âge.*
childhood / **boy**hood / **girl**hood	*l'enfance.*
the years of discrētion	*l'âge de raison (14 ans).*
youth	*la jeunesse.*
a **young**ster	*un jeune garçon.* / *un gamin.*
a young man / a youth, a lad	*un j. homme.*
a young lady	*une j. fille.*
a young woman	*une j. femme.*
manhood	*l'âge d'homme.*
womanhood	*la maturité (chez une femme).*
ōld āge	*la vieillesse.*
an ōld man	*un vieillard.*
an ōld woman	*une vieille femme.*
young pēople / the young	*les jeunes, la jeunesse.*
ōld people / the ōld	*les vieux.*
a *quad*rage**nā**rian	*un quadragénaire.*
a *quin*quage**nā**rian	*un quinquagénaire.*
a *cente***nā**rian	*un centenaire.*
a con**tem**porary	*un contemporain.*
the lon**gev**ity	*la longévité.*
the age līmit	*la limite d'âge.*
the dāte	*la date.*

■ LOCUTIONS

To save sb.'s life.	*Sauver la vie à qq.*
In after life.	*Plus tard dans la vie.*
To come to life again.	*Revenir à la vie.*
To run for (dear) life.	*Chercher son salut dans la fuite.*
Never in (my) life.	*Jamais de la vie.*
A lifetime of....	*Toute une vie de....*
Once in a lifetime.	*Une fois dans la vie.*
In your father's lifetime.	*Du vivant de votre père.*
He is not the man to....	*Il n'est pas homme à....*
Now! old man!—Now! old chap!	*Alors! mon vieux!*

---

1. bəːθ. — 2. wumən. — 3. wimin.

To speak to sb. as man to man.	*Parler à qq. d'homme à homme.*
The fair sex.—The weaker sex.	*Le beau sexe. — Le sexe faible.*
How old are you?	*Quel âge avez-vous?*
I am twelve (years old).	*J'ai 12 ans.*
I am eleven and a half.	*J'ai 11 ans et demi.*
How old is your father?	*Quel âge a votre père?*
He is only 35.	*Il n'a que 35 ans.*
He is { over 40. / turned 40. }	*Il a { 40 ans passés. / dépassé la quarantaine. }*
A twelve-year old girl.	*Une fillette de 12 ans.*
How old do you take her to be?	*Quel âge lui donnez-vous?*
She is on the { wrong / shady } side of 50.	*Elle a dépassé la cinquantaine.*
She does not look her age.	*Elle ne paraît pas son âge.*
He has passed the sixty mark.	*Il a doublé le cap de la soixantaine.*
Harry is the elder brother.	*Henri est l'aîné des 2 frères.*
He is { 2 years older than I. / my elder by 2 years. }	{ *Il a deux ans de plus que moi.* / *Il est de 2 ans mon aîné.* }
Jane is the eldest.	*Jeanne est l'aînée (d'au moins 3 enfants).*
She is just out of her teens.	*Elle vient d'avoir 20 ans.*
Mary is still in her teens.	*Marie n'a pas encore 20 ans.*
When I was a child (a boy, a little girl).	*Quand j'étais enfant.*
When I was your age.	*Quand j'avais votre âge.*
At my time of life.	*A mon âge.*
From his { earliest childhood. / early years. }	*Dès sa { plus tendre enfance. / jeunesse. }*
He is old in body, but young in mind.	*Il est vieux de corps, mais jeune d'esprit.*
As old as Adam, *or* as the hills.	*Vieux comme le Pont Neuf.*
To { reach / exceed } the age limit.	*{ Atteindre / Dépasser } la limite d'âge.*
To be of an age to do sth.	*Être d'âge à faire qch.*
He is in his { second childhood. / dotage. }	*Il est retombé en enfance.*
She is in the prime of life.	*Elle est à la fleur de l'âge.*
Youth will have its fling.	*Il faut que jeunesse se passe.*

■ ADJECTIFS

alīve	*vivant, en vie.*
chīldish / **boy**ish / **girl**ish	*enfantin, puéril.*
young	*jeune.*
elder	*aîné de deux.*
the **el**dest	*l'aîné de plus de deux.*
jūvenīle	*juvénile.*
adult / grō[w]n up	*adulte.*
ma**tūre**	*mûr (âge)*
venerable / re**spect**able	*respectable.*
middle-āged	*entre 2 âges.*
elderly	*d'un certain âge.*
ōld	*vieux, âgé.*
ōldish	*vieillot.*
full of years	*chargé d'ans.*
antiquāted / ōld-**fash**ioned / out-of-dāte	*suranné.*
well-pre**serv**ed	*bien conservé.*
brōken-down	*affaibli (par l'âge ou la maladie).*
wīzened	*desséché, ratatiné.*
crippled	*infirme, perclus.*
lifeless	*sans vie, inanimé.*
de**crep**it, se**nīle**	*décrépit, sénile.*
dĕad	*mort.*

■ VERBES

to be born	*naître.*
to lĭve	*vivre.*
*to grow / to develop	*se développer.*
*to grow { up / tall }	*grandir.*
to be under age	*être mineur.*
*to come of age	*atteindre sa majorité.*
to be of age	*être majeur.*
to { *get on / advance } in years	*avancer en âge.*
to be getting old / *to grow old	*vieillir.*
to **shrĭvel** / *to shrink	*se ratatiner.*
to **drĭvel**	*radoter.*
to dīe	*mourir.*

■ LOCUTIONS

When and where were you born?	*Quand et où êtes-vous né?*
I was born in Paris on the 1st. of March, nineteen hundred and thirty.	*Je suis né à Paris le 1er mars 1930.*
I was not born yesterday.	*Je ne suis pas né d'hier.*
Still-born.	*Mort-né.*
He is { German-born. / a German by birth. }	*Il est allemand de naissance.*
To give birth to....	*Donner la vie à....*
To live { a quiet life. / in a small way. }	*Mener une vie { calme. / modeste. }*
The standard of living.	*Le niveau de vie.*
The cost of living.	*Le coût de la vie.*
Living is dear in big towns.	*La vie est chère dans les grandes villes.*
To work for one's living.	*Travailler pour vivre.*
To earn one's living.	*Gagner sa vie.*
To take life easy. / To take it easy.	*Se laisser vivre.*
A friendship of long-standing.	*Une amitié de vieille date.*
To my dying day.	*Jusqu'à mon dernier jour.*
Short-lived.	*De courte durée, — éphémère.*
As innocent as the child unborn.	*Innocent comme l'agneau qui vient de naître.*
While there is life, there is hope.	*Tant qu'il y a de la vie, il y a de l'espoir.*
Age before honesty.	*Les gens âgés ont droit au respect, avant les autres.*

4. LES JOURS DE FÊTE

Holidays.

■ NOMS

a **fest**ival / a festivity	*une fête.*
a **hol**iday	*un jour de fête.*
a bank **hol**iday (1)	*un jour férié légal.*
a ha[l]f holiday	*une 1/2 journée de congé.*
the **birth**day (2)	*l'anniversaire (de naissance).*
Christmas (7)	*Noël.*
Christmas-ēve	*la veille de Noël.*
Father Christmas / Santa Claus (3)	*le Père Noël.*
the **Chris**[t]mas tree	*l'arbre de Noël.*
the Christmas log (ou yūle-log)	*la bûche de Noël.*
a gift, a **prĕ**sent	*un cadeau.*
a Christmas present (ou gift)	*un cadeau de Noël.*
a Christmas-box (4)	*des étrennes.*
the Christmas **stock**ings	*les sabots (les bas) de Noël.*
the Christmas **hol**idays	*les vacances de Noël.*
a Christmas **car**ol (5)	*un chant de Noël.*
a wish	*un souhait.*
a congratūlātion	*une félicitation.*
a Christmas card	*une carte de Noël.*
a New Year's card	*une carte de Nouvel an.*
Boxing-Day (6)	*le 26 décembre.*
the New Year	*la nouvelle année.*
New Year's Day (7)	*le nouvel an, le 1er janvier.*
New Year's eve	*la veille du nouvel an.*
Twelfth Day (Jan. 6th)	*le jour des Rois (le 6 janv.).*
Shrōve Tuesday	*le Mardi gras.*
Ash Wednesday	*le Mercredi des Cendres.*
Mid-Lent (8)	*la mi-carême.*
Carnival (8)	*Carnaval.*
Lent	*le Carême.*
Pa[l]m-Sunday	*le dimanche des Rameaux.*

(1) Les 4 *Bank Holidays* fixés par un vote du Parlement en 1871 sont : le lundi de Pâques, le lundi de la Pentecôte, le 1er lundi d'Août et le 26 décembre. Les banques et la Bourse sont fermées ces jours-là, d'où leur nom de *bank-holidays.*

(2) La coutume anglaise n'est pas de « souhaiter la fête » de quelqu'un, mais de lui « souhaiter » son anniversaire.

3. Déformation de *St. Nicholas.*

4. D'où le nom de *Boxing-Day.*

(5) Chants ou cantiques que des enfants pauvres vont chanter de porte en porte dans l'espoir de recevoir quelque aumône — souvent chantés de nos jours par des étudiants ou ecclésiastiques désireux de préserver cette musique religieuse datant parfois du Moyen Age.

(6) Christmas étant un jour de fête religieuse, c'est le lendemain que l'on échange des cadeaux et distribue des étrennes.

(7) Les noms de fêtes ne prennent jamais l'article.

(8) Aucune réjouissance en Angleterre.

Autres fêtes : *St. Valentine's Day* (Feb. 14th), la St-Valentin (14 fév.), — *All Fools Day* (April 1st.), le 1er avril, — *Guy Fawkes'Day*, l'anniversaire de la Conspiration des Poudres (5 nov. 1605), — *Lord Mayor's Day*, la fête du Lord-Maire de Londres (9 nov.).

Aux États-Unis : *Lincoln's birthday* (Feb. 12th), l'anniversaire de Lincoln, — *Washington's birthday* (Feb. 22d), l'anniversaire de Washington, — *Memorial Day* (May 30th), en mémoire des soldats tombés dans la guerre civile, — *Independence Day* (July 4th), en mémoire de la Déclaration d'Indépendance de Jefferson (1775), — *Labour Day*, premier lundi de septembre, jour férié légal, — *Columbus Day* (Oct. 12th), anniversaire du débarquement de Christophe Colomb (1492), — *Armistice Day*, 11 novembre, — *Thanksgiving Day*, dernier jeudi de novembre, en mémoire de l'arrivée des « Pilgrim Fathers » au Massachusetts sur le « Mayflower » en 1620.

Hōly Week	*la Semaine Sainte.*	**Whit**suntīde	*l'époque de la Pentecôte.*
Good Friday	*le Vendredi Saint.*	Whitsun (day)	*la Pentecôte.*
Easter (Sunday)	*Pâques.*	Whitmonday	*le lundi de la Pentecôte.*
Easter Monday	*le lundi de Pâques.*	August Bank holiday	*le 1er lundi d'août.*
an **Ēast**er-egg	*un œuf de Pâques.*	Assum**p**tion Day	*l'Assomption.*
Ascension Day	*l'Ascension.*	All Saints' Day	*la Toussaint.*
		All Souls' Day	*le Jour des Morts.*

■ ADJECTIFS

plēased with	*content de.*	Easter (**adj.**)	*pascal (de Pâques).*
happy / glad } of	*heureux de.*	**pas**chal (ch = k)	*pascal (religieux).*
merry	*joyeux.*	**so**lem[n]	*solennel.*
hearty (haːti)	*cordial.*		

■ VERBES

*to fall on....	*tomber (tel ou tel jour).*
to **cele**brāte	*célébrer.*
to recall { to mind / to **memory**	*rappeler... à la mémoire.*
*to take plāce	*avoir lieu.*
to pre**pāre** for sth.	*se préparer à qqch.*
to **deco**rate (with)	*décorer (de).*
to wish	*désirer, souhaiter.*
to ex**press**	*exprimer.*
to prē**sent** sb. with sth. / *to make sb. a **prē**sent of sth. / *to give sb. sth. as a **prē**sent	*donner qch. en cadeau à qq.*
to en**joy** sth.	*1. jouir de qch.* / *2. éprouver un plaisir à qch.*
to enjoy oneself	*s'amuser, se divertir.*
to thank sb. for sth.	*remercier qq. de qch.*

■ LOCUTIONS

(I wish you) many happy returns (of the day).	*Souhait d'anniversaire* (litt. : *je vous souhaite de nombreux retours de ce jour*).
I wish you a merry Christmas! / A merry Christmas to you!	*Je vous souhaite un joyeux Noël.*
I wish you a happy and prosperous New Year.	*Je vous souhaite une heureuse et prospère nouvelle année.*
Thank you; the same to you.	*Merci; à vous de même.*
At Easter, at Whitsuntide, at Xmas.	*A Pâques , à la Pentecôte, à Noël.*
On New Year's day.	*Au jour de l'An.*
On Xmas eve.	*La veille de Noël.*
About Easter.	*Vers Pâques.*
Christmas falls on a Monday this year.	*Noël tombe un lundi cette année.*
To make an April-fool of sb.	*Faire un poisson d'avril à qq.*
Christmas comes but once a year.	*Ce n'est pas tous les jours fête — ou La fête passée, adieu le saint.*
After Christmas comes Lent.	*Les jours se suivent et ne se ressemblent pas.*

III

L'ÉDUCATION

Education.

I. L'UNIVERSITÉ

The University (1).

■ NOMS

the **Chancellor**	*le Chancelier (de l'Université).*
the vīce-chancellor	*le recteur.*
the **gove**rning-body (2)	*le conseil des gouverneurs.*
the hĕad the **prin**cipal the **prŏ**vŏst	*le directeur d'un Collège.*
the dēan	*le doyen d'une faculté.*
a **fell**ow	*un professeur (agrégé) du « collège ».*
a pro**fess**or	*un professeur (Univer^té ou enseign^t sup^r).*
a **lec**turer	*un maître de conférences.*
the pro**fess**orship *or* **lec**tureship of	*la chaire de....*
a **tū**tor (3) a cōach	*un professeur particulier.*
a **proc**tor (4)	*un préfet de discipline.*
the lī**brā**rian	*le bibliothécaire.*
the **bur**sar the **trĕa**surer	*l'économe.*
the **jan**itor the porter	*le portier.*
a course (of lectures)	*un cours.*
the lecture-room	*la salle de conférences.*
the **au**dience[1]	*l'assistance.*
the ma*tri*cū**lā**tion	*l'inscription (à l'université).*
an *un*der**grad**ūate	*un étudiant dans un « collège ».*
an Ox**ō**nian	*un étudiant d'Oxford.*
a **Can**tab	*un étudiant de Cambridge.*
an Et**ō**nian	*un étudiant d'Eton.*
a Har**rō**vian	*un étudiant de Harrow.*

1. ɔːdjəns.

---

(1) Oxford (littérature et histoire), Cambridge (sciences), London, Manchester, Birmingham, Bristol, Durham, Liverpool, Leeds, Sheffield, Cardiff; — Aberdeen, Edinburgh, Glasgow, St. Andrews; — Belfast (Queen's College), Dublin. — Chaque université se compose d'un certain nombre de « collèges » : 22 à Oxford, 17 à Cambridge.

(2) Appelé *the Congregation* à Oxford et *the Senate* à Cambridge.

(3) Les *tutors* font partie du corps enseignant du « Collège ».

(4) Deux professeurs par collège sont chargés de la discipline, non seulement à l'intérieur, mais aussi à l'extérieur.

a **Rug**beian	*un étudiant de Rugby.*	a dēgree (1)	*un grade universitaire.*
a **med**ical **stū**dent	*un étudiant en médecine.*	the **doc**tor's degree (2) (3)	*le doctorat.*
		the **thē**sis	*la thèse.*

---

(1) Voir Chapitre III. 5 : Les examens.
(2) Tous les grades universitaires s'expriment de préférence par leurs initiales : « He is a D. Sc. » : il est docteur ès Sciences.
(3) Doctor of Literature (D. Litt.), *docteur ès lettres*; — Doctor of Sciences (D. Sc.), *docteur ès sciences*; — Doctor of Divinity (D. D.), *docteur en théologie*; — Doctor of Civil Law (D. C. L.), *docteur en droit civil*; — Doctor of Philosophy (Ph. D.), *docteur en philosophie*; — Doctor of Music (Mus. D.), *docteur en musique*; — Doctor of Law (LL. D.), *docteur en droit*; — Doctor of Medicine (M. D., *docteur en médecine*: — Doctor of Dental Surgery (D. D. S.), *docteur en chirurgie dentaire.*

2. ÉCOLES PRIMAIRES ET SECONDAIRES

Elementary and secondary schools.

■ NOMS

A. Les écoles.

the Board of Edūc**ā**tion	*le Ministère de l'Education Nationale.*
the school-board	*le Comité des Ecoles.*
a board-school	*une école publique, une école communale.*
a grant	*une subvention.*
a **prī**vate school	*une école libre.*
a de*nomi*n**ă**tional school	*une école confessionnelle.*
the *kin*der**gar**ten	*le jardin d'enfants.*
the **in**fant school	*l'école maternelle.*
an ele**men**tary school	*une école primaire.*
a high school	*une école secondaire.*
a **gramm**ar-school	*un collège.*
an **ō**pen-air school	*une école en plein air.*
a **pub**lic school (1)	*un (grand) collège.*
a **col**lege (2)	*un collège d'Université, — un établissement d'enseignement supérieur.*
a **trai**ning -school / -college	*une école normale.*
a school of trade / a schoool of commerce / a trade school.	*une école de commerce.*
a **tĕch**nical school	*une école professionnelle.*
a boys' / a girls' / a mixed school	*une école de garçons, de filles, mixte.*
a day-school	*un externat.*
a boarding-school	*un internat.*
a contin**ūā**tion-school	*un cours d'adultes.*
the **ē**vening-school	*le cours du soir*
obligatory education / com**pu**lsory schooling	*l'instruction obligatoire.*
the ad**mis**sion	*l'admission.*
the school-room / the prep-room	*la salle d'étude*
the class-room	*la classe.*
the yard	*la cour.*
the play-ground	*le terrain de jeux*
the **dī**ning-hall / the re**fec**tory	*le réfectoire.*
the **dor**mitory	*le dortoir.*
the gym**nā**sium	*le gymnase.*
the **vis**iting-room / the parlour	*le parloir.*
the **in**firmary[1]	*l'infirmerie.*
the holidays	*les vacances.*

1. infəːməri.

---

(1) Tel que Charterhouse, Dulwich, Harrow, Rugby, St Paul's, Westminster, Winchester, etc.

(2) Eton et Dulwich portent exceptionnellement le nom de *colleges.* — Les mots *college* et *academy* sont souvent employés abusivement pour désigner certains établissements privés.

B. Le personnel.

the headmaster / principal	*le directeur.*
the headmistress	*la directrice.*
the headmastership	*la direction (fonction).*
the headmaster's office	*la direction (bureau).*
the (school) master	*l'instituteur.*
the (school) mistress	*l'institutrice.*
the assistant	*l'adjoint.*
the sūpervīsion	*la surveillance.*
the prefect	*le surveillant.*
the tūtor	*le précepteur.*
the governess	*la gouvernante.*
a school-boy	*un élève, écolier.*
a school-girl	*une élève, écolière.*
a stūdent	*un étudiant.*
a day-boy	*un externe.*
a boarder	*un pensionnaire.*
a day-boarder	*un demi-pensionnaire.*
the tēacher	*le professeur (en général).*
the teacher of languages	*le professeur de langues.*
the English teacher	*le professeur d'anglais.*
the drawing-master	*le professeur de dessin.*
the singing-master	*le professeur de chant.*
the 6th form (1)	*la classe de 1re.*
the upper forms	*les hautes classes.*
the lō[w]er forms	*les basses classes.*
the sēnior boys	*les grands.*
the jūnior boys	*les petits.*
a new boy	*un nouveau.*
a school-fellow	*un condisciple.*

VERBES

To matricūlāte.	*Entrer, s'inscrire à l'Université.*
To keep one's terms.	*Prendre ses inscriptions successives.*
To attend a course of lectures on.	*Suivre un cours de....*
To lecture on....	*Faire un cours de....*
To be rusticāted *ou* suspended.	*Être renvoyé temporairement.*
To gradūāte. / To take one's B. A. degree.	*Passer son B. A.*
To take one's Doctor's degree.	*Passer son doctorat.*
To manage.	*Diriger, administrer.*
To accommodāte.	*Loger, abriter.*
To dēpend on.	*Dépendre de....*

LOCUTIONS

To keep a school.	*Tenir une école.*
To go to school.	*Aller à l'école.*
To play truant (from school).	*Faire l'école buissonnière.*
The Christmas term.	*Le 1er trimestre (oct.-Noël).*
The Easter term.	*Le 2e trimestre (janv.-Pâques).*
The summer term.	*Le 3e trimestre.*
He is top of his class.	*Il est le 1er de sa classe.*
To hold a professorship *or* mastership in mathematics.	*Tenir une chaire de mathématiques.*
The long (*or* summer) vacation.	*Les grandes vacances.*
Black Monday.	*Le jour de la rentrée des classes.*

(1) Dans les écoles primaires, l'appellation « standard » est employée au lieu de « form ».

Les classes sont numérotées en commençant par la plus basse. La plus élevée est généralement le « 6th form », et, dans les écoles primaires, le « standard seven ».

3. LA SALLE DE CLASSE

The class-room.

■ NOMS

a tāble	*une table.*
a bench, a form	*un banc.*
the sēat	*la place, le siège.*
the desk	*le pupitre, la chaire.*
the **plat**form	*l'estrade.*
a board[1]	*une planche.*
a blackboard	*un tableau noir.*
a sponge	*une éponge.*
a **sat**chel	*une gibecière. / un cartable.*
a portfōlio	*une serviette.*
a book	*un livre.*
a **cŏp**y-book / an **ex**ercīse-book	*un cahier.*
a nōte-book	*un carnet.*
a sheet of pāper	*une feuille de papier.*
cardboard	*du carton.*
the **cŏv**er	*la couverture.*
the back	*le dos.*
a pen	*une plume.*
a pen-**hōl**der	*un porte-plume.*
a **foun**tain-pen	*un stylo.*
a **pen**cil	*un crayon.*
a pencil-box	*un plumier.*
a duster	*un chiffon.*
a piēce of chalk[2]	*un morceau de craie.*
a **pic**ture[3]	*une image, / un tableau.*
a map	*une carte.*
a map of the world	*une mappemonde.*
ink	*de l'encre.*
an inkstand	*un encrier.*
a ruler[4]	*une règle.*
(a pair of) **com**passes	*un compas.*
a pen[k]nīfe	*un canif.*
an e**rā**ser	*un grattoir.*
an **in**dia-rubber	*une gomme.*
a **blott**ing-pad / a [w]**rīt**ing-pad	*un sous-main. / un buvard.*
blotting-paper	*du buvard.*
a slāte	*une ardoise.*
the **col**our	*la couleur.*
the shāpe	*la forme.*

■ COULEURS, FORME, POSITION, ETC.

whīte (1)	*blanc.*
black	*noir.*
gray, grey	*gris.*
red	*rouge.*
pink	*rose.*
purple	*pourpre.*
brown	*brun.*
chestnut	*châtain.*
orange	*orange.*
yellow	*jaune.*
green	*vert.*
blue[5]	*bleu.*
vīolet	*violet.*
indigo (blue)	*indigo.*
lī[gh]t	*clair (2).*
dark	*foncé (2).*
snow-white	*blanc comme neige.*
ink-black	*noir comme de l'encre.*
skȳ-blue	*bleu ciel.*
nāvy-blue	*bleu marine.*
pearl[6]-grey	*gris perle.*
steel-grey	*gris d'acier.*
ī[r]on-grey	*gris fer.*
blood-red	*rouge sang.*

1. bɔːd. — 2. tʃɔːk. — 3. piktʃə*. — 4. ruːlə*. — 5. bluː. — 6. pəːl.

(1) A la terminaison française *âtre* pour les couleurs correspond la terminaison anglaise *ish* : *whitish, reddish, blackish,* etc.; blanchâtre, rougeâtre, noirâtre.
(2) Ex. : *light grey,* gris clar; *dark blue,* bleu foncé.

IV

L'HOMME

Man.

I. LE CORPS HUMAIN

The hūman body.

■ NOMS

A. La tête.

The hĕad	*la tête.*
the skull	*le crâne.*
the brāin(s)	*le cerveau.* *la cervelle.*
the hair	*les cheveux.* *la chevelure.*
a curl	*une boucle.*
a lock	*une mèche.*
the fāce	*la figure.*
the **fore**head (*or* brow[1])	*le front.*
the eye[2]	*l'œil.*
the eyebrow	*le sourcil.*
the eyelashes	*les cils.*
the eyelid	*la paupière.*
the eyeball	*la prunelle.*
the temple	*la tempe.*
the nōse	*le nez.*
the **nos**tril	*la narine.*
the ēar	*l'oreille.*
the cheek	*1. la joue.* *2. l'aplomb, le toupet.*
the cheek-bōne	*la pommette.*
a dimple	*une fossette.*

the mouth	*la bouche.*
the lip	*la lèvre.*
the tongue	*la langue.*
the tooth (*pl.* teeth)	*la dent.*
the gums	*les gencives.*
the **pal**ate[3]	*le palais.*
the chin	*le menton.*
the jaw[4]	*la mâchoire.*
the upper lip / jaw	*la lèvre, mâchoire supérieure.*
the lower lip / jaw	*la lèvre, mâchoire inférieure.*
the **bē**ard	*la barbe.*
the mous**tache**[5]	*la moustache.*
the **whis**kers	*les favoris.*
a **fē**ature[6]	*un trait (du visage).*
a [w]rinkle	*une ride.*
the neck	*le cou.*
the nāpe (of the neck)	*la nuque.*
the thrōat	*la gorge.*

■ LOCUTIONS

Who put that into your head?	*Qui vous a mis cela dans la tête?*
An idea was running through his head.	*Une idée lui trottait dans la tête.*

1. brau. — 2. ai. — 3. pælət. — 4. dʒɔː. — 5. mustaːʃ. — 6. fiːtʃə*.

To get it into one's head to....	*Se mettre dans la tête de....*
His head felt heavy.	*Il avait la tête lourde.*
To keep one's head.	*Garder son sang-froid.*
To go off one's head.	*Perdre la tête.*
To be off one's head.	*Avoir perdu l'esprit.*
Head foremost (*ou* first).	*Tête la première, — tête baissée.*
To rack one's brains.	*Se creuser la tête, la cervelle.*
To part one's hair.	*Se faire une raie.*
To have one's hair cut.	*Se faire couper les cheveux.*
Enough to make your hair stand on end.	*Assez pour vous faire dresser les cheveux sur la tête.*
To tear one's hair.	*S'arracher les cheveux.*
We had a hairbreadth escape.	*Nous l'avons échappé belle.*
To be within a hairbreadth of...	*Être à un cheveu de....*
It was only a hairbreadth short.	*Il s'en est fallu d'un cheveu.*
To laugh in sb.'s face.	*Rire au nez de qq.*
To make faces at sb.	*Faire des grimaces à qq.*
To pull a long face.	*Faire triste figure.*
To mop one's brow.	*S'éponger le front.*
To knit one's brow.	*Froncer le sourcil.*
As far as the eye can reach (*or* see).	*A perte de vue.*
It can be seen with half an eye.	*Cela saute aux yeux.*
To keep an eye on....	*Avoir l'œil sur....*
To set eyes on....	*Jeter les yeux sur....*
To shut one's eyes to sth.	*Fermer les yeux sur qch.*
To cherish sb. like the apple of one's eyes.	*Chérir qq. comme la prunelle de ses yeux.*
Under my nose.—In my face.	*A mon nez et à ma barbe.*
To speak, to sing through one's nose.	*Parler, chanter du nez.*
To blow one's nose.	*Se moucher.*
My nose is bleeding.	*Je saigne du nez.*
To lead sb. by the nose.	*Mener qq. par le bout du nez.*
To turn up one's nose at...	*Faire fi de....*
To poke one's nose into....	*Fourrer son nez dans....*
To prick up one's ears.	*Dresser l'oreille.*
To stop one's ears.	*Se boucher les oreilles.*
To have the cheek to....	*Avoir le toupet de....*
What cheek!	*Quel toupet!*
By word of mouth.	*Verbalement* (opp. à : *par écrit*).
It makes your mouth water.	*Cela vous fait venir l'eau à la bouche.*
I had the word on the tip of my tongue.	*J'avais le mot sur le bout de la langue.*
To purse (*or* screw) up one's lips.	*Pincer les lèvres.*
With parted lips.	*La bouche entrouverte.*
His teeth were chattering.	*Il claquait des dents.*
To grind one's teeth.	*Grincer des dents.*
To set sb.'s teeth on edge.	*Faire grincer des dents à qq.*
To escape by the skin of one's teeth.	*L'échapper belle.*
To lend an ear to....	*Prêter l'oreille à....*
To close one's ears to....	*Fermer l'oreille à....*
To turn a deaf ear.	*Faire la sourde oreille.*
It goes in at one ear and out at the other.	*Cela entre par une oreille et sort par l'autre.*
Tit for tat.	*Œil pour œil, dent pour dent.*

NOMS

B. Le tronc.

the trunk	*le tronc.*
the bust	*le buste.*
the shōulder	*l'épaule.*
the shoulder-blāde	*l'omoplate.*
the chest / the brĕast[1]	*la poitrine.*
the belly (*plus correct*ᵗ : abdomen *ou* stomach[5].)	*le ventre. l'estomac.*
the back	*le dos.*
the sīde	*le côté.*
the hip	*la hanche.*
the wāist	*la taille, la ceinture.*
the heart[2]	*le cœur.*
the blood[3]	*le sang.*
a vein	*une veine.*
an artery	*une artère.*
the circūlātion	*la circulation.*
the pulse	*le pouls.*
the lung	*le poumon.*
brēathing	*la respiration (action de respirer).*
brĕath	*l'haleine, le souffle.*
the wīnd-pīpe	*la trachée.*
dīgestion	*la digestion.*
salīva	*la salive.*
a gland	*une glande.*
bīle, gall	*la bile, le fiel.*
the līver	*le foie.*
the bowels[4]	*les intestins, les entrailles.*
the kidney	*le rein, le rognon.*
the loins	*les reins (bas du dos).*
swĕat	*la sueur.*
perspirātion	*la transpiration.*

LOCUTIONS

To hold sb. round the neck (the waist).	*Tenir qq. par le cou (la taille).*
To fall on sb.'s neck.	*Se jeter au cou de qq.*
To wring sb.'s neck.	*Tordre le cou à qq.*
To take sb. by the scruff of the neck.	*Prendre qq. par la peau du cou.*
Neck and crop.	*A corps perdu.*
I had him by the throat.	*Je le tenais à la gorge.*
To have a lump in one's throat.	*Avoir la gorge serrée.*
To clear one's throat.	*Se gratter la gorge.*
It catches your throat.	*Cela vous prend à la gorge.*
To shrug one's shoulders.	*Hausser les épaules.*
Shoulder to shoulder.	*Coude à coude.*
To stand shoulder to shoulder against....	*Unir ses efforts contre....*
The chest-measurement.	*Le tour de poitrine.*
To lie, to fall flat on one's stomach.	*Se coucher, tomber à plat ventre.*
To fall on one's back.	*Tomber à la renverse.*
To turn one's back to sb.	*Tourner le dos à qq.*
She wore her hair down her back.	*Elle portait ses cheveux dans le dos.*
I had only a back-view of him.	*Je le voyais seulement de dos.*
To put one's back into sth.	*Se mettre de tout cœur à qch.*
On the back of....	*En plus de, par-dessus, s'ajoutant à, venant après....*
Side by side.	*Côte à côte.*
She was sitting by my side.	*Elle était assise à côté de moi.*
On all sides.	*De tous (les) côtés.*
From side to side.	*D'un côté à l'autre.*
To put aside.	*Mettre de côté.*
To look on the bright side of things.	*Prendre les choses du bon côté.*

1. brest. — 2. haːt. — 3. blʌd. — 4. banelz. — 5. stʌmək.

To jump, to lean sideways.	*Sauter, pencher de côté.*
To seize sb. round the waist.	*Saisir qq. à bras le corps.*
To have an empty stomach.	*Avoir le ventre creux.*
To turn sb.'s stomach.	*Soulever le cœur à qq.*
To have sth. at heart.	*Prendre qch. à cœur, s'intéresser à qch.*
To take sth. to heart.	*Prendre qch. à cœur, s'affecter de qch.*
With a light heart.	*Le cœur léger, de gaieté de cœur.*
With open heart.	*A cœur ouvert.*
It cuts me to the quick.	*Cela me fend le cœur.*
To wear one's heart on one's sleeve.	*Avoir le cœur sur la main.*
In one's heart of hearts.	*Au fond du cœur.*
My heart leapt into my mouth.	*Mon sang n'a fait qu'un tour.*
It runs in their blood.	*Ils ont cela dans le sang.*
To feel sb.'s pulse.	*Tâter le pouls à qq.*
To be short of breath.	*Avoir le souffle court.*
To hold one's breath.	*Retenir sa respiration.*
To get out of breath.	*Perdre haleine.*
To run oneself out of breath.	*Courir à perdre haleine.*
To recover one's breath.	*Reprendre haleine.*
To be in a sweat, in perspiration.	*Être en sueur.*
To be in a bath of perspiration.	*Être en nage.*
By the sweat of his brow.	*A la sueur de son front.*

NOMS

C. Les membres.

a lim[b]	*un membre.*
the arm	*le bras.*
the elbow	*le coude.*
the fore-arm	*l'avant-bras.*
the arm-pit	*l'aisselle.*
the [w]rist	*le poignet.*
the hand	*la main.*
the pa[l]m	*la paume.*
a finger	*un doigt.*
the thum[b]	*le pouce.*
the forefinger	*l'index.*
the middle finger	*le majeur, le médius.*
the ring-finger	*l'annulaire.*
the little finger	*le petit doigt.*
the [k]nuckle	*l'articulation du doigt.*
a nāil	*un ongle.*
the fist	*le poing.*
the leg	*la jambe.*
the thī[gh]	*la cuisse.*
the [k]nee	*le genou.*
the ca[l]f[1]	*le mollet.*
the shin	*le devant de la jambe. le tibia.*
the foot (*pl.* feet)	*le pied.*
the ankle	*la cheville.*
the heel	*le talon.*
a tōe[2]	*un doigt de pied.*
the big toe	*le gros orteil.*
the sōle	*la plante du pied.*
a kick	*un coup de pied.*

LOCUTIONS

Arm in arm.	*Bras dessus bras dessous.*
To have a long arm.	*Avoir le bras long.*
To hold sth. at arm's length.	*Tenir qch. à bras tendu, à bout de bras.*
To cross / fold one's arms across one's chest.	*Croiser les bras sur la poitrine.*
With folded arms.	*Les bras croisés.*
To stretch one's arms.	*Etendre les bras.*
To stretch oneself.	*S'étirer.*

1. kaːf. — 2. tou.

With arms akimbo.	*Les poings sur les hanches.*
By sheer strength of arm.	*A la force des poignets.*
By sheer hardwork.	*A la force des poignets (fig.).*
Leaning on his elbow.	*Appuyé sur son coude, accoudé.*
To have elbow-room.	*Avoir les coudées franches.*
With a little elbow-grease.	*Avec un peu d'huile de bras.*
To elbow one's way through the crowd.	*Se frayer un chemin à travers la foule.*
Hands up!—Hands down!	*Haut les mains! — Bas les mains!*
Hand in hand.	*La main dans la main.*
In both hands, with both hands.	*A deux mains.*
To hold in one's hand.	*Tenir à la main.*
To hold, to lead by the hand.	*Tenir, mener par la main.*
Done by hand, — hand-made.	*Fait à la main.*
To take in hand.	*Prendre en main, se charger de.*
I wash my hands of it.	*Je m'en lave les mains.*
To lay hands on....	*Mettre la main sur, s'emparer de....*
At hand.	*Très proche, sous la main.*
To have sth. on one's hands.	*Avoir qch. sur les bras.*
To be sb.'s right-hand man.	*Être le bras droit de qq.*
To bear sb. a hand.	*Donner à qq. un coup de main.*
On the one hand... on the other hand.	*D'un côté... de l'autre.*
With a high hand.	*Avec arrogance.*
In an underhand way.	*En dessous main.*
The back of the hand.	*Le dos, le dessus de la main.*
I would not stir a finger for....	*Je ne remuerais pas le petit doigt pour....*
To { wag / shake } one's { finger / fist } at sb.	*Menacer qq. { du doigt. / du poing.*
To lay one's finger on....	*Mettre le doigt sur....*
To have sth. at one's finger-tips.	*Savoir qch. sur le bout du doigt.*
To bite one's nails.	*Se ronger les ongles.*
To fight tooth and nail.	*Se battre avec acharnement.*
To pay on the nail.	*Payer rubis sur l'ongle.*
To clench one's fists.	*Serrer les poings.*
A punch.	*Un coup de poing.*
To punch sb.	*Donner un coup de poing à qq.*
To rap sb. over the knuckles.	*Taper sur les ongles à qq.*
To stretch one's legs.	*Se dégourdir les jambes.*
To fall on one's feet.	*Retomber sur ses pieds (fig.).*
To stand on one's legs (*fig.*).	*Se tirer d'affaire tout seul.*
To pull sb.'s leg.	*Monter un bateau à qq.*
To hold a child on one's knees (*or* lap).	*Tenir un enfant sur ses genoux.*
To drop on one's knees.	*Tomber à genoux.*
To be sure of foot.	*Avoir le pied sûr.*
To go on foot.	*Aller à pied.*
To have a light foot.	*Avoir la démarche légère.*
To tread (*or* to trample) under foot.	*Fouler aux pieds.*
To set sth. on foot.	*Organiser, mettre en train qch.*
To put one's best foot foremost.	*Partir du pied gauche, du bon pied.*
To put one's foot in it.	*Mettre les pieds dans le plat.*
Nobody had ever set foot on that island.	*Personne n'avait jamais mis les pieds dans cette île.*
To tread on sb.'s toes.	*Marcher sur les pieds à qq.*
To kick sb. or sth. out.	*Jeter qq. ou qch. dehors à coups de pied.*
To take to one's heels. To show a clean pair of heels.	*Prendre ses jambes à son cou.*

To fall { heels over head. / head over heels.	*Faire la culbute.*
From top to toe.	*De pied en cap.*
From head to foot.	*De la tête aux pieds.*

NOMS

D. Les os et les muscles. La silhouette.

the skin	*la peau.*
the flesh	*la chair.*
a **mus**[c]le[1]	*un muscle.*
a nerve	*un nerf.*
a **sĭ**new	*un tendon.*
a bōne	*un os.*
the **skel**eton	*le squelette.*
the spīne / the backbōne	*la colonne vertébrale.*
a **ver**tebra	*une vertèbre.*
the **marr**ow	*la moelle.*
a rib	*une côte.*
the **fi**gure[2]	*la silhouette.*
the aspect, ap**pēar**ance	*l'aspect, l'air.*
the look	*la mine.*
the com**plex**ion	*le teint.*
the heī[gh]t, sīze	*la taille. / la stature.*
strength	*la force.*
wēakness	*la faiblesse.*
charm	*le charme.*
b[ea]ūty[3]	*la beauté.*
stoutness	*l'embonpoint.*
ŭgliness	*la laideur.*
a **gī**ant (ess)	*un(e) géant(e)*
a dwarf[4]	*un nain.*
an **at**titūde	*une attitude.*
mōtion	*le mouvement.*
a **ges**ture[5]	*un geste.*
the gāit, bearing, **carr**[i]age	*la démarche. / le maintien.*
a step	*un pas.*
the pāce	*le pas, l'allure.*
a jump	*un saut.*
a lēap	*un bond.*
a fall	*une chute.*

LOCUTIONS

She has a fine figure.	*Elle est bien faite.*
To cut a pitiable figure.	*Faire triste figure.*
To assume the appearance of....	*Prendre l'aspect de....*
In order of height.	*Par rang de taille.*
To set in motion.	*Mettre en mouvement.*
To be always on the move.	*Être toujours en mouvement.*
Step by step.	*Pas à pas.*
To take a step forward, backward.	*Faire un pas en avant, en arrière.*
One could not see three steps ahead.	*On n'y voyait pas à trois pas.*
To turn one's steps to....	*Se diriger vers....*
To retrace one's steps.	*Revenir sur ses pas.*
To follow in sb.'s (foot)steps.	*Suivre les pas (l'exemple) de qq.*
At a rapid pace.—At a slow pace.	*D'un pas rapide. — A pas lents.*
To quicken or to slacken one's pace.	*Presser ou ralentir le pas.*
To keep pace with....	*Se maintenir à la même allure que....*
To advance with giant strides.	*Avancer à pas de géant.*
To take the necessary steps.	*Faire les démarches nécessaires*
To have a fall.	*Faire une chute.*

ADJECTIFS

rī[gh]t	*droit.*
left	*gauche.*
upper	*supérieur.*
lōwer	*inférieur.*
hūman	*humain.*
inner	*intérieur.*
outer	*extérieur.*
front, fore (1)	*de devant.*
back (1)	*de derrière.*
ghastly[6]	*livide.*

(1) Ces adjectifs ne s'emploient guère qu'en composition. Ex. : the front-garden, — the back-garden, — the front-door, — the back-door, — the forearm (*l'avant-bras*), — the fore-legs (*les pattes de devant*), a front-seat, — a back-seat.

1. mʌsl. — 2. figə.* — 3. bjuːti. — 4. dwɔːf. — 5. dʒestʃə*. — 6. gaːstli.

bodily	*corporel.*
strong, stur**dy**	*fort, vigoureux.*
square-b[u]ilt	*trapu.*
wēak (1)	*faible.*
fat	*gras.*
stout, portly	*corpulent.*
thin, lēan	*maigre.*
slender, slim	*mince, svelte.*
out of brĕath / **brĕath**less	*essoufflé.* / *hors d'haleine.*
līvely	*vif, animé.*
lĭthe, **lissom**	*souple.*
clĕver, skilful	*adroit, habile.*
hĕavy	*lourd (poids).*
clumsy, awkward	*lourd, maladroit.*
nākĕd, bāre	*nu.*
ŭgly, plāin (2)	*laid.*
good-looking	*beau.*
handsome	*très beau.*
pretty, nīce	*joli, gentil.*
grāceful	*gracieux.*
lovely[1], charming	*charmant.*
fresh	*frais.*
ruddy	*vermeil.*
blooming	*florissant, épanoui.*
pāle	*pâle.*
līvid, wan	*blême.*
bright, bēaming	*radieux, rayonnant.*
gloomy, drēary	*sombre, morne.*
scraggy, lank	*décharné.*
bēarded	*barbu.*
bēardless	*imberbe.*
prominent	*saillant.*
[w]rinkled	*ridé.*
fine, soft	*fin.*
coarse[2]	*grossier.*
vulgar	*vulgaire, commun.*
sharp	*perçant (regard).*
haggard	*hagard.*
curly	*bouclé.*
thick, bushy[3]	*épais (cheveux, sourcils, etc.).*
thin	*mince, clairsemé.*
woolly, frizzy	*crépu.*
crisp, frizzled	*frisé.*
ruffled, **tous**led	*ébouriffé.*
fair	*blond.*
dark	*brun.*
chestnut, auburn	*châtain.*
grey	*gris.*
whīte	*blanc.*
red, sandy, ginger	*rouge, roux.*

dark-haired	*aux cheveux bruns.*
fair-haired	*aux cheveux blonds.*
blue-eyed	*aux yeux bleus.*
long-ēared	*aux longues oreilles.*
thin-legged	*aux jambes maigres.*
broad-chested	*à la poitrine large.*
bare-headed	*tête nue.*
bare-footed	*pieds nus.*
fresh-complexioned	*au teint frais.*
sallow-complexioned	*au teint jaune.*
pāle-fāced	*au visage pâle.*
ruddy-fāced	*au teint vermeil.*

LOCUTIONS

The upper, lower part.	*La partie supérieure, inférieure.*
A human being.	*Un être humain.*
A fat-head.	*Un sot, un niais.*
A decayed tooth.	*Une dent gâtée.*
Sharp (*or* hard) features.	*Des traits anguleux.*
In a very awkward situation.	*Dans une situation très genante.*
An awkward silence.	*Un silence embarrassé.*
Lank hair.	*Des cheveux longs et raides.*
Almost bent double.	*Presque courbé en deux.*
Bowed with age.	*Courbé par l'âge.*
To be thick-headed.	*Avoir la tête dure.*
Bloodshot eyes.	*Des yeux injectés de sang.*

1. lʌvli. — 2. kɔːs. — 3. buʃi.

(1) Et aussi *feeble*, qui, cependant, s'emploie plutôt au sens intellectuel.
(2) Euphémisme pour ne pas dire *ugly*.

Bloodstained hands.	*Des mains tachées de sang.*
To be tongue-tied.	*Etre contraint au silence.*
To be round-shouldered.	*Avoir le dos bombé.*

■ VERBES

to brēathe	*respirer.*
to pant	*haleter.*
to chōke to **suff**ocāte	*étouffer.*
to chew[1] to **mas**ticāte	*mâcher*
to swallow	*avaler.*
to dĭ**gest**	*digérer.*
*to bēat	*battre, palpiter.*
to throb to thump	*palpiter violemment.*
to move[2]	*(se) mouvoir.*
*to lēan	*(se) pencher.*
to turn	*tourner.*
to stretch	*(s')étendre en longueur.*
*to spread[3]	*(s')étendre en surface.*
to rāise	*lever, élever.*
to lō[w]er	*baisser.*
*to bend	*(se) courber.*
*to rīse *to get up	*se lever.*
*to bend down to bow[4] down	*se baisser.*
*to sit to be sitting	*être assis.*
*to sit down	*s'asseoir.*
*to stand to be standing	*être debout.*
*to stand up	*se lever, se mettre debout.*
*to [k]neel to be [k]neeling	*être à genoux.*
*to [k]neel down	*s'agenouiller.*
*to līe to be lȳing	*être couché.*
*to līe down	*se coucher, s'étendre.*
*to go	*aller.*
*to come	*venir.*
to go *or* to come up	*monter.*
to go *or* to come down	*descendre.*
to go *or* to come in	*entrer (ss. complémt).*
to go *or* to come into	*entrer (av. complémt).*
to go *or* to come out (of)	*sortir (de).*
to go *or* to come again	*retourner.*
to go *or* to come back	*revenir.*
to go *or* to come away	*s'en aller.*
to wa[l]k	*marcher.*
to step	*faire qq. pas.*
to adv**ance**	*avancer.*
*to go on doing sth.	*continuer à faire qch.*
to step back	*reculer.*
*to strīde **along**	*marcher à grands pas.*
*to run	*courir.*
to **hurr**y *to māke hāste	*se dépêcher.*
to **hā**s[t]en	*se hâter.*
to rush	*se précipiter.*
to jump	*sauter.*
*to lēap	*sauter, bondir.*
to hop	*sautiller.*
to skip	*sauter sur un pied.*
to stop	*(s')arrêter.*

■ LOCUTIONS

To run (*or* to knock, *or* to bump) one's head against....	*Donner de la tête contre....*
To fold sb. { to one's breast. / in one's arms.	*Serrer qq. { contre sa poitrine. / dans ses bras.*
To take a false step.	*Faire un faux pas.*
Hurry up!—Don't hurry!	*Pressez-vous! Ne vous pressez pas!*
To stop short.	*S'arrêter court.*
Live and learn. — Wait and see.	*Qui vivra verra.*
Beauty is only skin-deep.	*La beauté n'est qu'à fleur de peau.*
Take time by the forelock.	*Il faut saisir l'occasion aux cheveux.*
Blood is thicker than water.	*La voix du sang parle toujours plus haut que les autres.*
Give them an inch and they will take an ell (*une aune*).	*Donnez-leur-en long comme le doigt, ils en prendront long comme le bras.*

1. tʃuː. — 2 muːv. — 3. sprɛːd. — 4. bau.

2. LES CINQ SENS

The five senses.

NOMS

(eye)sī[gh]t	*la vue.*
hēaring	*l'ouïe.*
smell, smelling	*l'odorat.*
spectacles	*des lunettes.*
eyeglasses	*un lorgnon.*
a **mon**ocle	*un monocle.*
opera-glasses	*une jumelle de théâtre.*
fiēld-glasses	*une jumelle de campagne.*
a spȳ-glass	*une longue-vue.*
a look	*un regard.*
a glance	*un coup d'œil.*
a glimpse	*un coup d'œil rapide.*
the **as**pect, the look	*l'aspect.*
tāste	*le goût.*
touch[1], feel, feeling	*le toucher.*
an **or**gan	*un organe.*
a view[2]	*une vue (panorama).*
a sīght	*une vue (spectacle).*
a noise	*un bruit.*
a sound	*un son.*
a din, an **up**roar[3]	*un vacarme.*
a crash	*un fracas.*
a smell	*une odeur.*
the scent	*l'odeur, senteur.*
a **per**fūme	*un parfum.*
a tāste	*un goût.*
the **rel**ish	*la saveur.*
a sens**ā**tion	*une sensation.*

LOCUTIONS

To spoil one's eyesight.	*S'abîmer la vue.*
Within hearing.	*A portée de l'oreille.*
Out of hearing.	*Hors de portée de l'oreille.*
To be sharp, hard of hearing.	*Avoir l'oreille fine, dure.*
It's a matter of taste.	*C'est une affaire de goût.*
At the sight of....	*A la vue de....*
At first sight.	*A première vue.*
In sight of....	*En vue de....*
Out of sight of....	*Hors de vue de....*
To know sb. by sight.	*Connaître qq. de vue.*
To catch sight of....	*Apercevoir, découvrir....*
To lose sight of sb. *or* sth.	*Perdre qq. ou qch. de vue.*
To come in sight.	*Apparaître aux yeux.*
To go out of sight.	*Disparaître aux yeux.*
To cast a glance at....	*Jeter un regard sur....*
To have a glance at....	*Prendre rapidement connaissance de....*
At a glance.	*D'un coup d'œil.*
A side-long glance.	*Un regard de côté.*
Out of sight, out of mind.	*Loin des yeux, loin du cœur.*

1. tʌtʃ. — 2. vjuː. — 3. ʌprɔːʳ.

To cast a sidelong glance at sb.	*Regarder qq. du coin de l'œil.*
By the look of him, you would think....	*A le voir, vous croiriez....*
To be on the look out.	*Être en éveil, sur le qui-vive.*
To be on view.	*Être visible, être exposé.*
Hidden from view.	*Caché aux regards.*
From the point of view of....	*Au* (ou *du*) *point de vue de....*
To take a gloomy view of everything.	*Voir tout en noir.*
With a view to....	*En vue de, dans le but de....*
In view of....	*Vu, étant donné....*

■ ADJECTIFS

(in)visible	*(in)visible.*	long-sīghted	*presbyte.*
obvious	*évident.*	short-sīghted	*myope.*
perceptible	*perceptible.*	one-eyed	*borgne.*
colourless	*incolore.*	sharp-sī[gh]ted	*qui a la vue perçante.*
blīnd	*aveugle.*		
audible[1]	*perceptible(ouïe).*	noisy	*bruyant.*
sharp	*aigu, perçant.*	noiseless	*silencieux. insonore.*
shrill	*strident, pointu.*		
deep	*grave (son).*	dĕaf	*sourd.*
dull	*vague, sourd.*	dum[b]	*muet.*
*in*distinct	*confus.*	deaf and dum[b]	*sourd-muet.*
sweet-smelling	*qui sent bon.*	smell-less, scentless	*inodore.*
fragrant	*embaumé, parfumé.*		
		tāsteless	*insipide.*
plĕasant, nice	*agréable.*	bitter	*amer.*
lovely[2]	*exquis, délicieux.*	sour[4]	*sûr, aigre.*
unplĕasant	*désagréable.*	ăcid	*acide.*
sāvoury, tāsty	*savoureux.*	soft	*doux, mou.*
sweet	*doux, sucré.*	smooth	*lisse.*
salt[3]	*salé.*	hard	*dur.*
pungent	*âcre, piquant.*	rough[5]	*rugueux.*

■ LOCUTIONS

Invisible to the naked eye.	*Invisible à l'œil nu.*
It was the obvious thing to do.	*C'était tout indiqué.*
Blind in one eye.	*Aveugle d'un œil.*
He is deaf in one ear and won't hear with the other.	*Il fait la sourde oreille.*
To be blind to....	*Être aveugle sur....*
To shut one's eyes to....	*Fermer les yeux sur....*
« Pity the blind! »	« *Ayez pitié d'un pauvre aveugle!* »
He will read himself blind.	*Il se rendra aveugle à force de lire.*
As deaf as a post.	*Sourd comme un pot.*
As dumb as a fish.	*Muet comme une carpe.*
As silent as the grave.	*Muet comme la tombe.*
As blind as a bat.	*Aveugle comme une taupe.*
To the bitter end.	*Jusqu'à la dernière extrémité.*
Soft, rough to the feel.	*Mou, rude au toucher.*
A soft light.	*Une lumière douce.*
A soft heart.	*Un cœur sensible.*

1. ɔːdibl. — 2. lʌvli. — 3. sɔːlt. — 4. sauə — 5. rʌf.

■ VERBES

*to see	*voir.*
to percēive	1. *percevoir (vue, son, odeur).* 2. *apercevoir.*
to descrȳ	*apercevoir (de loin), découvrir.*
*to catch a glimpse of....	*apercevoir, entrevoir.*
to rēalīze sth.	*s'apercevoir, se rendre compte de qch.*
to rāise one's eyes to look up	*lever les yeux.*
*to cast down one's eyes to look down	*baisser les yeux.*
to look at sb. *or* sth.	*regarder qq. ou qch.*
to look (+ adj.)	*avoir l'air (+ adj.).*
to look like (+ subs.)	*avoir l'air de (+ subs.).* *ressembler à.*
to look after { sb. / sth.	*s'occuper de qq.* *veiller sur qch.*
to look for sb. *or* sth.	*chercher qq. ou qch*
to look into sth.	*examiner, étudier attentivement qch.*
to look upon sb. *or* sth. as....	*considérer qq. ou qch. comme....*
to look out	1. *regarder dehors.* 2. *prendre garde, être en éveil.*
to glance at....	*jeter un coup d'œil rapide sur....*
to gaze at *or* on....	*regarder longuement (admiration, surprise).*
to stare at....	*regarder fixement (sottise, effroi, curiosité).*
to glare at....	*regarder furieusement.*
to peep { at / into } sth.	*regarder furtivement { qch. / dans qch.*
to peer { into / at } sth.	*plonger ses regards, scruter qch.*
*to hēar sb. speak, sing, etc....	*entendre qq. parler, chanter, etc.*
*to hēar sb. speaking, singing....	*entendre qq. en train de parler, chanter.*
*to hēar of sb. *or* sth.	*entendre parler de qq. ou de qch.*
*to hēar from sb.	*recevoir des nouvelles de qq.*
*to hēar that....	*entendre dire que....*
*to overhēar.	*entendre par hasard.* *surprendre une conversation.*
to lis[t]en to sb. *or* sth.	*écouter qq. ou qch.*

to watch	*observer, considérer.*
to consider	*considérer.*
to examine	*examiner.*
to *con*templāte *to behōld	*contempler.*
to nōtice	*remarquer.*
to remark	*faire remarquer.* *faire une remarque.*
to discern *to māke out	*distinguer.* *discerner.*
to wink	*cligner des yeux.*
to twinkle	*clignoter.*
*to smell nīce, bad	*sentir bon, mauvais.*
*to smell of { vīolet / gas	*sentir { la violette. / le gaz.*
to exhāle *to gīve out	*exhaler, répandre.*
to reek of (tobacco, etc.)	*empester (le tabac, etc.).*
*to stink (of)	*puer.*
to tāste	*goûter.*
to taste { of / like	*avoir un goût de....*
to relish	*goûter, déguster.*
to touch.	*toucher.*

*to feel	1. *sentir, tâter.* 2. *sentir, éprouver (sensation).* 3. *sentir, éprouver (sentiments).*
*to feel (+ adj.)	*éprouver une sensation de ..., se sentir....*
*to feel like....	*donner au toucher l'impression de...*
to tickle	*chatouiller.*

■ LOCUTIONS

There is nothing to be seen.	*Il n'y a rien à voir.*
He can't see further than the end of his nose.	*Il ne voit pas plus loin que le bout de son nez.*
See for yourself.	*Voyez (par) vous-même.*
Let me see!	*Voyons (un peu)!*
As far as I can see.	*Autant que je puisse voir (en juger).*
From what I can see.	*A ce que je vois.*
That remains to be seen.	*C'est ce que nous verrons.*
It's for him to see that....	*C'est à lui de s'assurer que....*
Seeing that....	*Vu que, considérant que....*
Well! I'll see about it.	*Eh bien! nous verrons!*
To see one's way to do sth.	*Voir la possibilité de faire qch.*
He ought to have seen to it.	*Il aurait dû s'en occuper.*
See to it that....	*Voyez à ce que....*
To see things in a big way.	*Voir grand.*
To look back.	*Regarder en arrière.*
To look sb. in the eye.	*Regarder qq. dans les yeux.*
To look out of the window.	*Regarder par la fenêtre.*
To look askance at sb.	*Regarder qq. de travers.*
To look away (from).	*Détourner ses regards (de).*
To look round for sb.	*Chercher qq. du regard.*
I've looked it up in my dictionary.	*Je l'ai cherché dans mon dictionnaire.*
Look sharp!	*Dépêchez-vous!*
I watched them ploughing their fields.	*Je les regardais labourer leurs champs.*
You will soon notice it.	*Vous ne serez pas long à vous en apercevoir.*
Allow me to remark to you that....	*Permettez-moi de vous faire remarquer que....*
In a twinkle. In the twinkling of an eye.	*En un clin d'œil.*
Hear! Hear!	*Bravo! Très bien!* (*pour approuver l'orateur*).
To hear sb. out.	*Ecouter qq. jusqu'au bout.*
By hearsay, from hearsay.	*Par ouï-dire.*
If I were listened to.	*Si l'on m'écoutait.*
To be only half listening.	*N'écouter que d'une oreille.*
To feel the ground,	*Tâter le terrain.*
To feel for the door.	*Chercher la porte à tâtons.*
To feel cold.	*Avoir froid.*
To feel sick.	*Se sentir mal à l'aise.*
To feel an insult.	*Ressentir une insulte.*
I don't feel like it to-day.	*Cela ne me dit rien aujourd'hui.*
It does not smell at all.	*Cela ne sent rien.*
There is a smell of gas here.	*Cela sent le gaz ici.*
To taste bitter, sweet, etc.	*Avoir un goût amer, sucré, etc.*
To stink (*or* to reek) of whisky.	*Empester le whisky.*

3. LE LANGAGE, LA PAROLE

Speech.

■ NOMS

the voice	*la voix.*	a crȳ	*un cri.*
speech	*la parole (faculté de parler).*	a shout	*un cri, une acclamation, une clameur.*
a speech	*un discours.*	a shriēk	*un cri perçant.*
the tōne	*le ton.*	a scrēam	*un cri aigu (rire, douleur).*
a word	*une parole.*	a whisper	*un chuchotement.*
a *con*versātion / a ta[l]k	*une conversation.*	a sīgh	*un soupir.*
sīlence	*le silence.*	a sob	*un sanglot.*
a call	*un appel.*		

■ LOCUTIONS

The correctness of speech (*or* language).	*La correction du langage.*
He used very strong / bad language.	*Il s'exprimait en termes violents. / en gros mots.*
In a loud, low voice.	*A voix haute, basse.*
In a harsh, soft voice.	*D'une voix dure, douce.*
In a shrill, sharp voice.	*D'une voix pointue, perçante.*
In a sobbing voice.	*D'une voix pleine de sanglots.*
With one voice.	*D'une seule voix, à l'unanimité.*
To raise one's voice.	*Élever la voix.*
To have a voice in the matter.	*Avoir voix au chapitre.*
To give voice to one's feelings.	*Exprimer ses sentiments.*
He has an impediment in his speech.	*Il a de la difficulté à s'exprimer.*
It sounds well in a speech.	*Cela fait bien dans un discours.*
To be an easy speaker.	*Avoir la parole facile.*
With these words.	*Ce disant..., à ces mots.*
To take sb. at his word....	*Prendre qq. au mot.*
To enter into conversation with...	*Entrer en conversation avec....*
In colloquial language.	*Dans le langage de la conversation.*
To utter a cry	*Pousser, proférer un cri.*
To give a shriek.	*Pousser un cri perçant.*
A long-drawn, heavy sigh.	*Un long, profond soupir.*
To talk in a whisper.	*Causer à voix très basse.*

■ ADJECTIFS

ta[l]kative[1]	*bavard.*	mūte, sīlent	*muet, silencieux.*
gossipy	*cancanier.*	**speech**less	*muet (émotion, colère).*
dum[b]	*muet (infirmité).*		

1. tɔːkətiv.

clēar, **son**orous hīgh-sounding	*clair.* *sonore.*	hoarse[1]	*enroué, rauque.*
nāsal	*nasillard.*	**tōne**less	*blanche (voix).*
harsh	*rude, dur.*	veiled	*voilé.*
dull	*sourd (son, voix).*	trembling **fal**tering	*tremblant.*

■ VERBES

to sound	*sonner, résonner.*	to prattle	*babiller.*
*to spēak of sb. *or* sth.	*parler de qq. ou de qch.*	to lisp	*zézayer.*
to chatter to chat	*bavarder.*	to sīgh	*soupirer.*
to **gos**sip	*bavarder, papoter.*	to crȳ / *to weep — ōver / for	*pleurer sur. / pour.*
*to say (1) *to tell (1)	*dire.*	to blubber	*pleurnicher.*
to ta[l]k {to / with} sb. about sth.	*causer avec qq. de qch.*	to **whim**per	*geindre*
*to tell	*raconter.*	to call	*appeler.*
*to hōld one's tongue, *to keep sīlent	*se taire.*	to **ad**dress sb.	*adresser la parole à qq.*
to mumble	*balbutier.* *marmotter.*	to ex**clāim**	*s'écrier.*
to stammer to stutter	*bégayer.*	to crȳ (out) to shout	*crier.*
to **whis**per	*chuchoter.*	to scrēam to shriēk	*pousser des cris perçants, aigus.*
to **re**pēat	*répéter.*	*to keep sth. **sē**cret, to con**cēal** sth.	*taire qch.*
		to sob	*sangloter.*
		to con**verse** with sb.	*converser, avoir une conversation avec qq.*

■ LOCUTIONS

It sounds like Shelley's poetry.	*On dirait des vers de Shelley.*
To request leave to speak.	*Demander la parole.*
It is a way of speaking.	*C'est une façon de parler.*
To speak in sb.'s ear.	*Parler à l'oreille de qq.*
Roughly speaking.	*Grosso modo.*
So to speak. — So to say.	*Pour ainsi dire.*
(Be it said) by the way.	*Soit dit en passant.*
That goes without saying.	*Cela va sans dire.*
There's not much to be said to that.	*Il n'y a pas grand-chose à dire à cela.*
That is to say.	*C'est-à-dire.*
No sooner said than done.	*Aussitôt dit, aussitôt fait.*
What do you say to that?	*Qu'est-ce que vous en dites?*

1. hɔɪs.

(1) *To say* prend la préposition *to* devant le complément indirect.
He said to me that.... *Il me dit que....*
To tell ne prend pas la préposition *to.*
He told me that.... *Il me dit que....*
Il s'ensuit que, dans la conversation courante, *to tell* s'emploie beaucoup **plus que** *to say* :
Tell me.... *Dites moi....* — I cannot tell you.... *Je ne peux pas vous dire.* — I had told you so before. *Je vous l'avais déjà dit....* — Will you tell me the way to.... *Voulez-vous me dire le chemin de....* — Do as you are told. *Faites ce qu'on vous dit.*

Let us say no more about it.	*N'en parlons plus.*
As you might say... As who should say....	*Comme qui dirait....*
You don't say so!	*Pas possible!*
I say!	*Dites donc!*
As the saying goes.	*Comme on dit.*
We have been told that....	*On nous a dit que....*
To talk sth. over with sb.	*Discuter qch. avec qq.*
To get talked about.	*Faire parler de soi.*
Do you call that work?	*Vous appelez cela du travail?*
To call upon sb. to speak.	*Donner la parole à qq.*
To cry for mercy.	*Crier grâce.*
To cry out to sb.	*Appeler qq. en criant.*
To scream with laughter.	*Rire aux éclats.*
To shake with laughter.	*Se tordre de rire.*
To shriek with fright.	*Pousser des cris d'effroi.*
To shout out at the top of one's voice.	*Crier à gorge déployée.*
There was a general outcry.	*Il y eut un tolle général.*
To have a glib tongue.	*Avoir la langue bien pendue.*
He was a bit of a stammerer.	*Il était un peu bègue.*
To sigh for sth.	*Désirer ardemment, soupirer après qch.*
To weep for joy, for rage.	*Pleurer de joie, de rage.*

4. LE SOMMEIL ET L'HYGIÈNE

Sleep and hȳgiene.

NOMS

fatigue[1]	*la fatigue.*
wēariness	*la lassitude.*
sleep	*le sommeil.*
a nap / a dōze	*un (petit) somme.*
a **siesta**	*une sieste.*
rest	*le repos.*
wāking up / awākening	*le réveil.*
insomnia / **sleep**lessness	*l'insomnie.*
a sleeping drug / draught[2]	*un soporifique.*
a drēam	*un rêve.*
a nīghtmāre	*un cauchemar.*
a snore	*un ronflement.*
a som**nam**būlist / a sleepwa[l]ker	*un somnambule.*

cāre	*le soin.*
dressing	*la toilette.*
the **dress**ing-room	*le cabinet de toilette.*
the **toi**let-table	*la table de toilette.*
a **dress**ing-table	*une coiffeuse.*
a wash-hand **bā**sin	*un lavabo.*
the **toi**let-set	*la garniture de toilette.*
a (wash-) **bā**sin	*une cuvette.*
the **wa**ter-can	*le broc.*
the water-jug	*le pot à eau.*
the (slop-) pāil	*le seau (de toilette).*
a sponge	*une éponge.*
sōap	*du savon.*
a **mirr**or	*un miroir.*
a looking-glass	*une glace.*
a towel[3]	*une serviette de toilette.*
the towel-rāil	*le porte-serviette.*
a cōm[b]	*un peigne.*
a brush	*une brosse.*
the hair- brush	*la brosse à cheveux.*
the tooth- brush	*la brosse à dents.*
the nāil- brush	*la brosse à ongles.*
the clōthes- brush	*la brosse à habits.*
the tooth-pāste	*la pâte dentifrice.*
(fāce-) powder	*de la poudre.*
päint, māke up	*du fard.*
the lip-stick	*le rouge à lèvres.*
a nāil-fīle	*une lime à ongles.*
a bath[4]	*un bain.*
the bath	*la baignoire.*
the bath-room	*la salle de bain.*
a tap	*un robinet.*
the tub / the sponge-bath	*le tub.*
a shower-bath	*une douche.*
a bath -robe / -[w]rap	*un peignoir.*
the **scis**sors[5]	*les ciseaux.*
the **clipp**ers (*pl.*)	*la tondeuse.*
the **curl**ing-tongs	*le fer à friser.*
a hair-pin	*une épingle à cheveux.*
the (stȳle of) **hair**dressing	*la coiffure.*
the **par**ting	*la raie.*
a permanent wave / waving	*une ondulation permanente.*
a plāit, a brāid	*une natte.*
a wig	*une perruque.*
a (**sā**fety) rāzor	*un rasoir (de sûreté).*
a blāde	*une lame.*
the **rā**zor-strop	*le cuir à rasoir.*
the **shā**ving-sōap	*le savon à barbe.*
the shaving-brush	*le blaireau.*
the **lā**ther	*la mousse.*
a scent-spray	*un vaporisateur.*

1. fəti:g. — 2. dra:ft. — 3. tauəl. — 4. ba:θ. — 5. sizəz.

■ ADJECTIFS

tīred	*fatigué.*
tīred out	*harassé, mort de fatigue.*
dĕad-tīred	
wēary	*las.*
sleepy	*qui a sommeil.*
drowsy[1]	*somnolent.*
asleep	*endormi.*
(un)clēan	*(mal)propre.*
nēat	*à la fois simple et soigné.*
trim	*soigné et coquet.*
well-tubbed	*méticuleusement propre, soigné.*
well-groomed	
dirty	*sale.*

awāke	*éveillé.*
pēaceful	*paisible.*
restful	*reposant.*
refreshing	
restless	*agité.*
sleepless	*sans sommeil. privé de sommeil.*
slŏvenly	*sale et négligé.*
clēan-**shāven**	*entièrement rasé.*
filthy	*sale, crasseux.*
unkempt	*inculte (cheveux, barbe).*
māde **up**	*fardé.*
wāved	*ondulé.*

■ VERBES

*to sit up	*veiller.*
*to keep **awāke**	*1. rester éveillé. 2. tenir éveillé.*
to be sleepy	*avoir sommeil.*
to yawn[2]	*bâiller.*
*to go to bed	*(aller) se coucher.*
(*fam.*) to turn in	
to be in bed	*être au lit.*
*to līe in bed	
to dōze	*somnoler.*
to nap	*sommeiller.*
*to fall into a doze	*s'assoupir.*
*to sleep	*dormir.*
*to go to sleep	*s'endormir.*
* to fall **asleep**	
to **slumber**	*dormir d'un sommeil calme.*
*to put (a child) to bed	*mettre (un enfant) au lit.*
to lull, to rock	*bercer.*
to rest	*(se) reposer.*
to snore[3]	*ronfler.*
*to drēam (of)	*rêver (à, de).*
to toss (in one's sleep)	*s'agiter (dans son sommeil).*
*to **ōversleep** oneself	*dormir trop longtemps.*
to wāke sb. up	*(r)éveiller qq.*
to call sb. (up)	
to rouse	*éveiller (sentiments). provoquer.*
*to wāke **up**	*s'éveiller.*

*to **awāke**	*se réveiller.*
to wash (oneself)	*(se) laver.*
to wash one's hands, one's fāce	*se laver les mains, la figure.*
to brush one's teeth	*se laver les dents.*
to sōap,	*savonner.*
to wash with soap and water	
to wīpe	*essuyer.*
to drȳ	*sécher.*
to clēan	*nettoyer.*
to fill up with...	*remplir de....*
to empty of...	*vider de...*
to cōm[b]	*peigner.*
to cōm[b] one's hair	*se peigner.*
to brush	*brosser.*
*to do one's hair	*se coiffer.*
to dress one's hair	
to curl	*friser, boucler.*
to wāve	*onduler.*
to clip	*couper (avec des ciseaux).*
to plāit	*natter, tresser.*
to brāid	
to shave	*(se) raser.*
*to get shāved	*se faire raser.*
to **powder**	*poudrer.*
*to māke up	*se farder.*

1. drauzi. — 2. jɔːn. — 3. snɔːʳ.

LOCUTIONS

Overcome with fatigue.	*Accablé de fatigue.*
To take a day's rest.	*Prendre un jour de repos.*
Set your mind at rest!	*Tranquillisez-vous!*
A sound, broken, sleep.	*Un sommeil profond, irrégulier.*
She was dying with sleep.	*Elle tombait de sommeil.*
To rouse sb. from his sleep.	*Arracher qq. au sommeil.*
To start out of one's sleep.	*Se réveiller en sursaut.*
To walk in one's sleep.	*Être somnambule.*
To take a nap.—To have a doze.	*Faire un petit somme.*
He did not have a wink of sleep all night. / He did not sleep a wink all night.	*Il n'a pas fermé l'œil de la nuit.*
To have a dream.	*Faire un rêve.*
You've seen it in a dream.	*Vous avez vu cela en rêve.*
Midsummer Night's Dream.	*Le Songe d'une Nuit d'été.*
Dreamland.	*Le pays des rêves.*
To have a wash and brush-up.	*Faire un brin de toilette.*
To give sb. a brush.	*Donner un coup de brosse à qq.*
To brush off the mud.	*Enlever la boue, avec une brosse.*
The parting { in the middle. / on the left.	*La raie { au milieu. / à gauche.*
« The big wigs ».	*« Les grosses légumes ».*
A jolly old blade.	*Un joyeux luron.*
A cunning blade.	*Un malin, un fin matois.*
As clean as a new pin.	*Propre comme un sou neuf.*
To be fast asleep.	*Être profondément endormi.*
To be wide awake.	*Être bien éveillé.*
To keep sb. awake.	*Tenir qq. éveillé.*
To be fully awake to sth.	*Se rendre pleinement compte de qch.*
I'll sit up for you till twelve.	*Je vous attendrai jusqu'à minuit.*
To yawn one's head off.	*Bâiller à s'en décrocher la mâchoire.*
To lie abed late.	*Faire la grasse matinée.*
To sleep with one eye open.	*Ne dormir que d'un œil.*
To sleep { on / over } a question.	*Laisser passer la nuit avant de décider d'une question.*
To lull / To sing } sb. to sleep.	*Endormir qq. { en le berçant. / en chantant.*
To sleep like a log.	*Dormir à poings fermés.*
To be a light, heavy, sleeper.	*Avoir le sommeil léger, dur.*
To keep { early / late } hours.	*Se coucher (habituellement) de bonne heure, — tard.*
Little did she dream that....	*Elle ne se doutait guère que.....*
Her eyes washed with tears.	*Ses yeux baignés de larmes.*
To wipe one's eyes.	*S'essuyer les yeux.*
To pare, to file one's nails.	*Se faire, se limer les ongles.*
To grow a beard.	*Laisser pousser sa barbe.*
To wear a (full) beard.	*Porter (toute) la barbe.*
He had a week's beard.	*Il avait une barbe de huit jours.*
To strop the razor.	*Repasser le rasoir.*
He has shaved off his moustache.	*Il s'est rasé la moustache.*
She is made up.	*Elle est fardée.*
He clips half of his words.	*Il avale la moitié des mots.*
To dream the hours away.	*Passer les heures à rêver.*

5. LA SANTÉ, LA MALADIE, LA MORT

Health, illness, death.

■ NOMS

A. La maladie.

hēalth	*la santé.*
exhaustion[1]	*l'épuisement.*
breākdown	*la dépression. / la défaillance.*
an in*dis*position / an **ail**ment	*une indisposition.*
illness / **sick**ness	*la maladie.*
a com**plāint**	*une maladie, un mal.*
a dis**ēase** (s = z)	*une maladie grave (souvent contagieuse).*
pāin, **suff**ering	*la douleur.*
a fit	*un accès.*
a strōke	*une attaque.*
a touch[2] of...	*une légère attaque de....*
the **pā**tient	*le ou la malade.*
the sick	*les malades (collf)*
the sick-room	*la chambre du ou des malade(s).*
a chill	*un refroidissement.*
a cōld	*un rhume*
in the head	*de cerveau.*
on the chest	*de poitrine.*
cough[3], coughing	*la toux.*
(w) hooping cough	*la coqueluche.*
bron**chī**tis (ch = k)	*la bronchite.*
a head**ā**che (ch = k)	*un mal de tête* (1).
a tooth-āche	*un mal de dents.*
tū*ber*cū**lō**sis / con**sump**tion	*la tuberculose.*
an *in*flam**mā**tion of the lungs	*une fluxion de poitrine.*
[p]n[e]**ū**mō**nia**[4]	*la pneumonie.*
fēver	*la fièvre.*
āgue, malaria	*la fièvre intermittente.*
typhoid fēver	*la fièvre typhoïde.*
scarlet fēver	*la fièvre scarlatine.*
hay-fēver	*le rhume des foins.*
a heart-disēase	*une maladie de cœur.*
con**ges**tion (of the lungs)	*la congestion (pulmonaire).*
an apo**plec**tic fit *ou* stroke	*une attaque d'apoplexie.*
the sleeping-sickness	*la maladie du sommeil.*
dizziness / **gidd**iness	*le vertige.*

1. igzɔːstʃən. — 2. tʌtʃ. — 3. kɔːf. — 4. njumounjə.

(1) La langue anglaise semble réserver la dénomination :

a) *ache* à un malaise sourd et persistant : *to have a head-ache, a tooth-ache, a stomach-ache, ear-ache.*

b) *sore* (adj.) à un malaise causé par une plaie ou par l'inflammation d'une partie du corps : *to have a sore throat, a sore knee, a sore finger, sore eyes.*

c) Les mots *bad* ou *a pain* s'emploient plus généralement pour désigner une douleur rhumatismale ou causée par un effort violent : *I have a bad arm, a bad leg, a pain in my back.*

d) Les mots *sick, sickness*, donnent souvent l'idée de *nausée : she felt sick*, elle avait mal au cœur, — *they were sea-sick*, ils avaient le mal de mer, — *sea sickness*, le mal de mer.

Notez : *home-sickness*, la nostalgie, — *to be home-sick*, avoir le mal du pays.

a fāint, a swoon	*un évanouissement.*	an **abscess**	*un abcès.*
a **fāint**ing-fit		a pimple	*un bouton.*
epilepsy	*l'épilepsie.*	a boil	*un clou.*
con**vul**sions	*les convulsions.*	a bruise[5]	*une contusion.*
gout[1]	*la goutte.*	a **blis**ter	*une ampoule.*
rheumatism[2]	*le rhumatisme.*	swelling	*l'enflure.*
poisoning	*l'intoxication.*	a bump, a lump	*une bosse.*
*in*flū**en**za	*l'influenza.*	a **chil**blāin	*une engelure.*
« the flū »	*la grippe.*	a sprāin	*une foulure.*
the mēasles[3]	*la rougeole.*	a [w]rench	
the mumps	*les oreillons.*	a twist	
small pox	*la petite vérole.*	a **frac**ture	*une fracture.*
the plāgue	*la peste.*	pa**ral**ysis	*la paralysie.*
cholera (ch = k)	*le choléra.*	an in**firm**ity	*une infirmité.*
an *ep*i**dem**ic	*une épidémie.*	a cripple	*un infirme.*
con**tā**gion	*la contagion.*	a hunchback	*un bossu.*
leprosy	*la lèpre.*	in**san**ity	*la démence.*
a **lep**er	*un lépreux.*	**mad**ness	*la folie.*
a wound[4]	*une blessure.*	**blīnd**ness	*la cécité.*
a scar	*une cicatrice.*	**lāme**ness	*la claudication.*

■ NOMS

B. Le remède. La mort.

a **doc**tor	*un docteur.*	an arm-sling	*une écharpe.*
a physĭcian		the **ef**fect	*l'effet.*
a **sur**geon[6]	*un chirurgien.*	the **ac**tion	
a **den**tist	*un dentiste.*	an im**prove**ment[7]	*une amélioration.*
a quack	*un charlatan.*	a chānge for the better	
a **chem**ist	*un pharmacien.*		
the **chem**ist's shop (ch = k)	*la pharmacie.*	the re**cŏv**ery	*la guérison, le rétablissement.*
a pre**scrip**tion	*une ordonnance.*		
a **med**icine	*un médicament.*	the **hēal**ing	*la guérison (d'une plaie).*
a **rem**edy	*un remède,*		
a cūre	*une cure.*	*con*va**les**cence	*la convalescence.*
a pill	*une pilule.*	a re**lapse**	*une rechute.*
a **trēat**ment	*un traitement.*	**ăg**ony	*l'agonie.*
the **dī**et	*le régime.*	dĕath	*la mort.*
an *op*er**ā**tion	*une opération.*	a dĕad man	*un mort.*
a dressing	*un pansement.*	the dĕad	*les morts.*
cotton-wool	*l'ouate.*	a corpse	*un cadavre.*

■ LOCUTIONS

I hope my letter will find you in the best of health.	*J'espère que ma lettre vous trouvera en parfaite santé.*
He looks the picture of health.	*Il respire la santé.*
To restore sb. to health.	*Rendre la santé à qq.*
To drink sb.'s health.	*Boire à la santé de qq.*
Your very good health!	*A votre santé!*
Through ill-health.	*Par suite de maladie.*
A skin disease.	*Une maladie de peau.*
To cry out with pain.	*Pousser un cri de douleur.*
A patient that coddles himself.	*Un malade qui s'écoute.*

1. gaut. — 2. ruːmətizəm. — 3. miːzlz. — 4. wuːnd. — 5. bruːz. — 6. səːdʒən. — 7. impruːvmənt.

To have a touch of rheumatism.	*Avoir un peu de rhumatisme.*
To have a temperature.	*Avoir de la température.*
Brain fever.	*La fièvre cérébrale.*
A sun-stroke.	*Un coup de soleil, une insolation.*
A fit of hysterics.	*Une attaque de nerfs.*
To go into hysterics.	*Avoir une attaque de nerfs.*
A fit of coughing.	*Une quinte de toux.*
A bout of fever, of influenza.	*Une attaque de fièvre, d'influenza.*
A dry cough,—a loose cough.	*Une toux sèche, — une toux grasse.*
An old woman's cure.	*Un remède de bonne femme.*
To be on low diet.	*Être à la diète.*
To diet oneself.	*Se mettre à la diète.*
To put a patient on milk-diet.	*Mettre un malade au régime lacte.*
The operating-room.	*La salle d'opération.*
To carry one's arm in a sling.	*Porter le bras en écharpe.*
To take effect.	*Avoir ou faire de l'effet.*
It was of no effect.	*Cela n'a eu aucun effet.*
To fall down in a faint (*or* swoon).	*Tomber évanoui.*
Smelling-salts.	*Des sels.*
A marked improvement.	*Une amélioration sensible.*
The patient is { on the way to recovery. / past recovery. }	*Le malade est { en voie de guérison. / désespéré. }*
To find one's death in....	*Trouver la mort dans....*
As white as death.	*Pâle comme la mort.*
At the point of death.	*Sur le point de mourir.*
It is a matter of life and death.	*C'est une question de vie ou de mort.*
To be at death's door.	*Être à deux doigts de la mort.*
To run to certain death.	*Courir à la mort.*
It will be the death of him.	*Ce sera sa mort.*
A deathlike sleep *or* silence.	*Un sommeil* ou *un silence de mort.*
To sham dead.	*Faire le mort.*

■ ADJECTIFS

hĕalthy	*sain, plein de santé.*
sāne	*sain (d'esprit).*
sound	*sain, solide, sûr.*
[w]hōlesome	*sain, bon pour la santé.*
un[w]hōlesome	*malsain.*
well	*bien portant.*
unwell, āiling, poorly	*indisposé, souffrant.*
delicate	*délicat*
pūny	*chétif.*
ill, sick	*malade.*
sickly	*maladif.*
depressed	*abattu (physt).*
prostrāted, dejected, downcast, downhearted, low-spirited	*abattu (moralt).*
paralÿsed	*paralysé.*
lāme	*boiteux.*
crippled	*estropié.*
hunch-backed, hump-backed	*bossu.*
mad	*fou.*
fēverish	*fiévreux.*
in a { faint / swoon }	*évanoui.*
unconscious, in a dĕad fāint	*sans connaissance.*
exhausted	*épuisé.*
pāinful	*douloureux.*
pāinless	*sans douleur.*
āching (ch = k)	*douloureux, endolori.*
sore	*douloureux, enflammé.*
infectious, contāgious	*contagieux.*
cūrable	*guérissable.*
incūrable	*incurable.*
unhurt	*sans blessure*
unscāthed, scātheless	*indemne. sain et sauf.*
dizzy, giddy	*qui a le vertige.*

LOCUTIONS

A healthy (*or* wholesome) climate.	*Un climat sain.*
He was not quite sane.	*Il n'avait pas tout son bon sens.*
Sound in mind.	*Sain d'esprit.*
To be sound in wind and limb.	*Avoir les poumons et les membres en excellent état.*
A sound doctrine, argument.	*Une doctrine, un argument solide.*
The bridge was not sound.	*Le pont n'était pas solide, sûr.*
I am as sick as a dog.	*Je suis malade comme un chien.*
It makes me sick to....	*Cela me soulève le cœur de....*
To be heart-sick, sick at heart.	*Avoir la mort dans l'âme.*
Feeble-minded.	*Faible d'esprit.*
My weak side, my weak point.	*Mon côté faible.*
Weak-sighted.	*Qui a la vue faible.*
He was sore (*or* aching) all over.	*Il était endolori de partout.*
To become dizzy.	*Être pris de vertige.*
It makes you feel dizzy (*or* giddy).	*Cela vous donne le vertige.*
Paralysed in both legs.	*Paralysé des deux jambes.*
A lame objection.	*Une piètre objection.*
To become convalescent.	*Entrer en convalescence.*
To go mad.	*Devenir fou.*
To drive sb. mad.	*Faire perdre la tête à qq.*
It makes one mad to see that.	*C'est exaspérant de voir cela.*
Raving mad.	*Fou à lier, fou furieux.*

VERBES

to be { well / unwell	*se porter { bien. / aller { mal.*
*to fall ill / to be tāken ill	*tomber malade.*
to sicken	*dépérir, s'affaiblir.*
to declīne	*baisser, décliner.*
to perspīre	*transpirer.*
to swĕat	*suer.*
*to catch { a chill	*se refroidir.*
*to catch { a cold	*attraper un rhume.*
to sneeze	*éternuer.*
*to get hoarse	*s'enrouer.*
to cough	*tousser.*
*to hurt	*faire mal à.*
to āche (ch = k) / to be sore / to be āching	*faire mal, être endolori.*
*to swell	*enfler, gonfler.*
*to bleed	*saigner.*
to relīeve	*soulager.*
to soothe	*(se) calmer.*
to suffer from...	*souffrir de...* (1).
to suffer	*souffrir, endurer.*
*to bear[1]	*supporter.*
*to spread	*se propager.*
*to fall	*tomber.*
*to put out / to dislocāte	*démettre.*
*to breāk	*casser.*
to wound	*blesser.*
to faint / to swoon	*s'évanouir.*
to tend	*panser (un malade).*
to dress	*panser (une blessure).*
to operāte on...	*opérer (un malade).*
to nurse	*soigner.*
to trēat	*traiter.*
to vaccināte	*vacciner.*
to cūre	*guérir { un malade. / une maladie.*
to hēal	*(se) guerir (une plaie).*
*to get cūred	*se guérir (le malade).*
*to get rid of...	*se débarrasser de....*
to recŏver from..	*se remettre de....*
*to get worse / *to grow worse	*s'aggraver, empirer.*
to dīe	*mourir.*
to perish	*périr.*

1. bɛə*.

(1) Notez : to complain *of*, — to cure sb. *of*, — to die *of*, — to suffer *from*, — to recover *from*, — to relieve from.

to kill	*tuer.*
*to get killed	*se tuer* (*accident*).
to drown[1]	*noyer.*
to get drowned	*se noyer* (*accident*).
to get **poisoned**	*s'empoisonner* (*accident*).

to drown oneself	*se noyer* (*suicide*).
to poison oneself	*s'empoisonner* (*suicide*).
to kill oneself	*se tuer* (*suicide*).
*to hang oneself	*se pendre* (*suicide*).

■ LOCUTIONS

How are you? How do you do?	*Comment allez-vous?*
I am very well (*or* all right).	*Je vais très bien.*
How is your father?	*Comment va (Monsieur) votre père?*
He is very bad.	*Il va très mal.*
To break one's arm.	*Se casser le bras.*
He nearly broke his neck.	*Il a failli se casser la tête.*
To sprain (*or* to twist) one's wrist.	*Se fouler le poignet.*
He has { twisted his ankle. / a sprained ankle. }	*Il s'est foulé la cheville.*
I put my knee out (of joint).	*Je me démis le genou.*
Severely, slightly, fātally wounded.	*Grièvement, légèrement, mortellement blessé.*
Wounded in the leg.	*Blessé à la jambe.*
To hurt one's foot.	*Se faire mal au pied.*
My head aches.	*La tête me fait mal.*
To fall off a ladder.	*Tomber à bas d'une échelle.*
To fall off a horse.	*Tomber de cheval.*
To fall into sb.'s hands.	*Tomber entre les mains de qq.*
The soldier has a blistered foot.	*Le soldat a des ampoules au pied.*
His body was all black and blue.	*Il avait le corps couvert de bleus.*
The epidemic spread with frightful rapidity.	*L'épidémie se propagea avec une rapidité effrayante.*
To get vaccinated.	*Se faire vacciner.*
To call in { the doctor.	*Appeler le médecin.*
To send for { the doctor.	*Envoyer chercher le médecin.*
To take medical advice.	*Consulter un médecin.*
To sound the patient's chest.	*Ausculter le malade.*
What is the matter with him, her?	*Qu'est-ce qu'il* ou *elle a?*
There is { not much / nothing } the matter with you.	*Vous n'avez { pas grand-chose. / rien.*
To fill a prescription.	*Rédiger une ordonnance.*
To compound a prescription.	*Exécuter une ordonnance.*
To sugar the pill for sb.	*Dorer la pilule à qq.*
To have a tooth pulled out.	*Se faire arracher une dent.*
To stop (*or* fill) a tooth.	*Plomber, obturer une dent.*
To perform an operation on sb.	*Faire une opération à qq.*
To undergo an operation.	*Subir une opération.*
To be operated on for appendicitis.	*Être opéré de l'appendicite.*
To apply a dressing.	*Faire un pansement.*
The wound is slowly healing.	*La blessure se referme lentement.*
To die a natural, violent death.	*Mourir de mort naturelle, violente.*
To die before one's time.	*Mourir avant l'âge.*
It is three years since he died.	*Il y a trois ans qu'il est mort.*
Health is better than wealth.	*Santé passe richesse.*
Never say die.	*Il ne faut jamais désespérer.*
Prevention is better than cure.	*Mieux vaut prévenir que guérir.*

1. draun.

V
NOURRITURE. — REPAS
Food. — Meals.

NOMS

A. Les aliments.

hunger	*la faim.*
appetīte	*l'appétit.*
thirst	*la soif.*
food	*la nourriture. / les aliments.*
supplīes / victuals[1]	*les vivres.*
a dish	*un mets.*
a mēal	*un repas.*
a repast[2] / a fēast	*un festin.*
a banquet	*un banquet.*
breākfast	*le petit déjeuner.*
lunch	*le déjeuner.*
dinner	*le dîner.*
supper	*le souper.*
a hors-d'œuvre / a sīde-dish	*un hors-d'œuvre.*

clēar soup	*le consommé.*
thick soup	*la soupe épaisse.*
brŏth	*le bouillon.*
fish (1)	*le poisson.*
mēat	*la viande.*
the rōast / the joint	*le rôti.*
beef	*du bœuf.*
rōast beef	*du rôti de bœuf.*
a rib of beef	*une côte de bœuf.*
a beefsteāk	*un bifteck.*
vēal	*du veau.*
a veal-cutlet	*une côte de veau.*
veal-kidneys	*rognons de veau.*
mutton	*du mouton.*
leg / shōulder } of mutton	*gigot / épaule } de mouton.*
a mutton-chop	*une côtelette.*
a lam[b]-chop	*une côtelette d'agneau.*
Īrish stew	*ragoût de mouton.*
pork	*du porc.*
ham	*du jambon.*
a sausage[3]	*une saucisse.*
bācon	*du lard.*
a piēce	*un morceau.*
a slīce	*une tranche.*
gāme	*du gibier.*
a chicken	*un poulet.*
a rōast-goose	*une oie rôtie.*
a pīe	*un pâté.*
the grāvy	*la sauce (du rôti).*
the sauce[4]	*la sauce (blanche, piquante, etc.).*

milk	*du lait.*
an egg	*un œuf.*
the yo[l]k[5] / the whīte	*le jaune / le blanc } d'œuf.*
crēam	*de la crème.*
butter	*du beurre.*
cheese	*du fromage.*
crēam cheese	*from. à la crème.*

frīed eggs	*œufs sur le plat.*
scrambled eggs	*œufs brouillés.*
soft-boiled egg	*œuf à la coque.*
hard-boiled egg	*œuf dur.*
an omelet	*une omelette.*
ham and eggs	*œufs au jambon.*
eggs and bācon	*œufs au lard.*
pōached eggs	*œufs pochés.*

1. vitəlz. — 2. ripaːst. — 3. sɔsidʒ. — 4. sɔːs. — 5. jouk.

(1) Voir ch. IX. 4 : Les poissons.

vegetables	*des légumes.*
a pot**ā**to	*une pomme de terre.*
chip pot**ā**toes / chips	*des pommes de terre frites.*
mashed pot**ā**toes	*des pommes en purée.*
tinned vegetables	*légumes en conserve.*
bottled fruits	*fruits en conserve.*
bread	*du pain.*
a lōaf (*pl.* lōaves)	*un pain.*
white bread	*du pain blanc.*
brown bread	*du pain bis.*
rȳe bread	*du pain de seigle.*
tōast	*du pain grillé.*
the crust	*la croûte.*
the crum[b]	*la mie.*
a crum[b]	*une miette.*
the dough[3]	*la pâte*
spīces	*les épices.*
sēasoning / flāvouring	*l'assaisonnement.*
salt[4]	*le sel.*
pepper	*le poivre.*
(ŏlive-) oil	*l'huile (d'olive).*
vĭnegar	*le vinaigre.*
pickles	*des conserves au vinaigre.*
mustard	*la moutarde.*
comp**ō**te (of fruit[1])	*de la marmelade de fruits.*
marmalāde[2]	*de la confiture d'oranges.*
jam	*de la confiture.*
strawberry jam	*de la confiture de fraises.*
āpricot jam	*de la confiture d'abricots.*
pāstry	*la pâtisserie. les gâteaux.*
a rōll	*un petit pain.*
a cāke	*un gâteau.*
an apple-tart	*une tarte aux pommes.*
gingerbread	*du pain d'épices.*
a **pud**ding (1)	*un entremets.*
a **cus**tard	*une crème (lait et œufs).*
parsley	*le persil.*
chervil	*le cerfeuil.*
mint	*la menthe.*
van**ill**a	*la vanille.*
the des**sert**[5]	*le dessert.*
sugar[6]	*du sucre.*
sweets	*les entremets.*
a sweet / (*amér.*) a **can**dy	*un bonbon.*
a sugar-lōaf	*un pain de sucre.*

■ LOCUTIONS

What have we got for dinner?	*Qu'est-ce que nous avons à dîner?*
To give an appetite.	*Donner de l'appétit.*
To spoil sb.'s appetite.	*Couper l'appétit à qq.*
To eat with an appetite.	*Manger de bon appétit.*
To pick at one's food.	*Manger du bout des dents.*
The affair is in the soup!	*L'affaire est dans le lac!*
Here is a pretty kettle of fish!	*Nous voilà dans de beaux draps!*
Beet sugar.—Cane sugar.	*Sucre de betterave, — de canne.*
Castor sugar.—Lump sugar.	*Sucre en poudre, — en morceaux.*
To cut off sb.'s supplies. / To stop sb.'s allowance.	*Couper les vivres à qq.*
High meat.	*De la viande faisandée.*
To fear for one's bacon.	*Craindre pour sa peau.*
To save one's bacon.	*Sauver sa peau.*
Whipped cream.	*De la crème fouettée.*
A new-laid egg.	*Un œuf frais.*
A stale egg.	*Un œuf pas frais.*

1. fruːt. — 2. maːməleid. — 3. dou. — 4. sɔːlt. — 5. dizəːt. — 6. ʃugə*.

(1) Ce que nous appelons communément *pudding* en français est le ***plum-pudding*** ou *Christmas pudding*, fait de graisse de bœuf, farine, raisins de Corinthe, etc., et qui est la grande attraction des dîners de Noël. Mais il existe une quantité d'autres puddings (bread and butter pudding, — milk pudding, — semolina pudding, — sultana pudding, — apple-pudding, etc.), — qui jouent le rôle d'entremets ou de dessert.

(Slices of) bread and butter.	*Des tartines beurrées.*
To begin with the cake.	*Manger son pain blanc en premier.*
It sells like hot cakes.	*Cela se vend comme des petits pains.*
He had a finger in the pie.	*Il a trempé dans l'affaire.*

NOMS

B. Les boissons.

water	*l'eau.*	a **liquor**[1]	*une boisson forte, alcoolique.*
mīneral water	*eau minérale.*		
āerāted water }	*eau gazeuse.*	a **liqueur**[2]	*liqueur sucrée.*
sōda-water }	*de l'eau de Seltz.*	**spirits**	*les spiritueux.*
beer	*la bière.*	brandy	*l'eau-de-vie.*
āle	*la bière blonde.*	rum	*le rhum.*
stout	*la bière brune.*	whisky	*le whisky.*
porter	*la bière noire et épaisse.*	gin	*le gin, genièvre.*
		lemon-squash	*la citronnade.*
whīte wīne	*du vin blanc.*	**lem**onāde	*la limonade (gazeuse).*
red wīne	*du vin rouge.*		
cīder	*le cidre.*	**coffee**[3]	*le café.*
champā[g]ne	*le champagne.*	coffee and milk	*du café au lait.*
sparkling-wine	*le vin mousseux.*	tēa	*le thé.*
burgundy	*le bourgogne.*	**chocolate**[4]	*du chocolat.*
claret	*le bordeaux.*	īce	*de la glace.*
mulled wīne	*du vin chaud.*	an ice (-crēam)	*une glace.*
alcohol	*l'alcool.*	a water-ice	*un sorbet.*

LOCUTIONS

To be on bread and water.	*Être au pain et à l'eau.*
Addicted to drink.	*Adonné à la boisson.*
He was the worse for drink.	*Il avait trop bu.*
To be in hot water.	*Être dans une fâcheuse position.*
To throw cold water on....	*Refroidir (l'enthousiasme, etc.).*
He thinks no small beer of himself	*Il ne se prend pas pour de la petite bière.*
« Drinking water ».	*« Eau potable ».*

NOMS

C. Dans la salle à manger.

the **dī**ning-room	*la salle à manger.*	**dinner**-plate	*assiette plate.*
the lādy *or* mistress } of the house	*la maîtresse de la maison.*	a dish	*un plat.*
		the soup-**tureen**[5]	*la soupière.*
		a **vege**table-dish	*un légumier.*
the tāble-cŏver	*le tapis de table.*	the **sal**ad-bō[w]l	*le saladier.*
the tāble-clŏth	*la nappe.*	a spoon	*une cuiller.*
a **serviette**	*une serviette.*	table-spoon	*cuiller à soupe.*
a serviette-ring	*un rond de serviette.*	tēa-spoon	*cuiller à café.*
		the (soup-)lādle	*la louche.*
the table-set	*le service de table.*	a fork	*une fourchette.*
a plāte	*une assiette.*	a [k]nīfe (*pl.* [k]nīves)	*un couteau.*
soup-plate	*assiette creuse.*		

1. likə. — 2. lik-juː-ə. — 3. kɔfi. — 4. tʃɔklit. — 5. tʌriːn.

a glass	*un verre.*
a bottle	*une bouteille.*
a water-bottle	*une carafe à eau.*
the decanter	*la carafe à vin.*
a cork	*un bouchon* (liège).
a stopper	*un bouchon (verre, etc.)*
the cork-screw	*le tire-bouchon.*
a cup	*une tasse.*
a tēa-cup	*une tasse à thé.*
an egg-cup	*un coquetier.*
a **saucer**[1]	*une soucoupe.*
the sauce-boat / the grāvy-boat	*la saucière.*
a bō[w]l	*un bol.*
the coffee-pot	*la cafetière.*
the tēa-pot	*la théière.*
the tea-cōsy	*le couvre-thétère.*
the fruit-bō[w]l	*la coupe à fruits.*
the sugar-bāsin	*le sucrier.*
the **cruet**[2]	*la burette.*
the cruet-stand	*l'huilier.*
the salt-cellar.	*la salière.*
the pepper-box	*le poivrier.*
the bread-basket	*la corbeille à pain.*
the **butter-dish**	*le beurrier.*
a milk-jug	*un pot à lait.*
a smōker	*un fumeur.*
tobacco	*du tabac.*
tobacco-pouch	*blague à tabac.*
a pīpe	*une pipe.*
a **cigar**[3]	*un cigare.*
a *cigarette*[4]	*une cigarette.*
a cigar-cāse	*un étui à cigares.*
a cigarette-cāse	*un étui à cigarettes.*
a match	*une allumette.*
a lī[gh]ter	*un briquet.*
snuff	*du tabac à priser.*
a snuff-box	*une tabatière.*

■ ADJECTIFS

hungry	*qui a faim.*
on an empty **stomach**	*à jeun.*
abstēmious	*sobre.*
sōber	*1. sobre.* *2. non ivre.*
greedy	*gourmand.*
dainty / fastĭdious (about)	*difficile* (*sur*).
thirsty	*qui a soif.*
intemperate	*intempérant.*
drunk (1) / (*fam.*) tipsy	*ivre, gris.*
unquenchable	*insatiable* (*soif*).

sōlid	*solide* (*aliments*).
liquid	*liquide.*
ĕdible	*comestible.*
(un) **ēatable**	(*im*) *mangeable.*
drinkable	*buvable, potable.*
dĭgestible	*facile à digérer.*
undrinkable	*imbuvable.*
indĭgestible	*indigeste.*
plāin	*simple.*
nourishing[5] / **substantial** / rich	*nourrissant.*
cōpious, lĭberal	*copieux.*
abundant, **plentiful**	*abondant.*
beneficial / beneficent	*salutaire* (*régime*).
appetīzing	*appétissant.*
tāsty	*qui a bon goût.*
excellent	*excellent.*
exquisite	*exquis.*
(in) sufficient	(*in*) *suffisant.*
mēagre[6]	*maigre.*
harmful	*nuisible.*
lōathsome	*exécrable.*
rotten	*gâté, pourri.*
raw[7]	*cru.*
well-done	*bien cuit.*
*un*der**done**	*pas assez cuit.* *saignant.*
ōverdone	*trop cuit.*
smōked / smōked-cūred	*fumé.*
drīed	*séché.*
rōast, rōasted	*rôti.*
salt	*salé.*
cooked, bāked	*cuit, cuit au four.*
tender	*tendre.*
tough[8]	*coriace.*
grilled, broiled	*grillé.*
peppery	*poivre.*
larded	*lardé.*
new	*frais* (*le pain*).
crisp	*croustillant.*
stāle	*rassis.*
mōuldy	*moisi.*
pūre	*pur.*
nēat	*pur* (*sans eau*).

1. sɔːsə*. — 2. kruet. — 3. sigaː*. — 4. sigəret. — 5. nʌriʃiŋ. — 6. miːgə. — 7. rɔː — 8. tʌf.

(1) A drunken man, un homme ivre. A drunkard, un ivrogne.

acidūlāted, sour[1]	*acidulé, sûr.*
invigorāting	*fortifiant.*
tŏnic	*tonique.*
watered (down)	*étendu d'eau.*
generous	*généreux (vin).*
sparkling	*pétillant.*
adulterāted	*frelaté, falsifié.*
cooling	*rafraîchissant.*
strong / **intoxicāting**	*capiteux, enivrant.*
stāle	*éventé (vin, bière).*

■ LOCUTIONS

To eat out of a plate.	*Manger dans une assiette.*
To drink out of a glass.	*Boire dans un verre.*
To wash up (the plates).	*Laver la vaisselle.*
To raise one's glass to **sb.**	*Lever son verre en l'honneur de qq.*
To puff at one's pipe.	*Tirer sur sa pipe.*
To strike a match.	*Frotter une allumette.*
Fresh water.—Salt **water.**	*De l'eau douce. — De l'eau salée.*
Fresh butter.—Salt **butter.**	*Du beurre frais.— Du beurre salé.*
Salt fish.	*Du poisson salé (gén^t morue).*
Smoked ham.	*Du jambon fumé.*
Plain cooking.	*Une cuisine bourgeoise.*
To drink one's wine **neat.**	*Boire son vin pur.*
As drunk as a lord.	*Ivre comme un Polonais.*
He was quite sober when they arrested him.	*Il n'était pas ivre du tout quand on l'a arrêté.*

■ VERBES

to be hungry / *to feel hungry	*avoir faim.*
*to ēat	*manger.*
*to feed	*(se) nourrir.*
*to feed on / to līve on	*se nourrir de.*
*to ēat up / to dev**our**	*dévorer.*
to satisfȳ the hunger	*apaiser la faim.*
to be thirsty	*avoir soif.*
*to drink	*boire.*
to sip	*siroter.*
to pour (out)	*verser.*
to fill with	*remplir de...*
to quench the thirst / to slāke the thirst	*apaiser la soif.*
to sēason with / to **flā**vour with	*assaisonner (un plat) de....*
to dress	*assaisonner (salade).*
to stuff with	*farcir de.*
to salt	*saler.*
to pepper	*poivrer.*
to sugar	*sucrer.*
to prep**āre**	*apprêter (repas).*
to dress	*apprêter (plat).*
to cook	*cuire, faire cuire.*
to b**āke**	*(faire) cuire au four.*
to tāste nīce	*être bon au goût.*
to tāste nasty	*être mauvais au goût.*
to prē**fer** (to) / to līke... better than	*préférer (à).*
to intoxicāte	*enivrer, griser.*
***to become intoxicāted** / *to get drunk / *to get tipsy	*s'enivrer, se griser.*
to abstāin from	*s'abstenir de.*
to starve	*1. affamer. 2. mourir de faim.*
to dīe of starvātion	*mourir de faim (litt^t).*
to rōast	*(faire) rôtir.*
to grill, to broil	*(faire) griller.*
to tōast	*rôtir du pain.*
to boil	*(faire) bouillir.*
to lard	*larder.*
*to let the tea draw	*laisser infuser le thé.*
to **breākfast** / to have one's breakfast / *to take one's breakfast	*déjeuner (matin).*
to lunch / to have lunch	*déjeuner (midi).*

1. sauo.

*to { take / have } tea	*prendre le thé.*
to dīne / to have dinner	*dîner.*
(to sup) / to have supper	*souper.*
*to lay the cloth / *to set / to dress } the table	*mettre le couvert.*
to wait (at table)	*servir (à table).*
to serve / *to set } the dishes	*servir les plats.*
to help sb. to sth.	*servir qch. à qq.*
to help oneself to sth.	*se servir qch.*
*to sit down to table	*se mettre à table.*
to be at table	*être à table.*
to offer	*offrir.*
to pass	*passer.*
to pass round	*faire circuler.*
*to māke the first cut in...	*entamer.*
to ōpen a bottle	*déboucher une bouteille.*
to carve	*découper (rôti).*
*to spread (on, over)	*étendre (du beurre) sur....*
to chānge	*changer.*
to uncork	*déboucher.*
*to take away	*enlever.*
to clēar (the table)	*desservir (la table).*
*to rīse from the table	*se lever de table.*
to fill (up)	*bourrer (la pipe).*
to smōke	*fumer.*

■ LOCUTIONS

To { hunger / thirst / long } for revenge.	{ *Avoir faim, soif* / *Etre affamé, assoiffé* } *de vengeance.*
To give sb. sth. to eat, to drink.	*Donner à qq. qch. à manger, à boire.*
To eat like a wolf (*or* a horse).	*Manger comme un ogre.*
To eat humble pie.	*Mettre de l'eau dans son vin (fig.).*
To drink sth. { at one gulp. / at one draught. }	*Boire qch. d'un trait.*
A feeding-bottle.	*Un biberon.*
To feed a baby on the bottle.	*Nourrir un enfant au biberon.*
To feed on bread and milk.	*Se nourrir de pain et de lait.*
It tastes like fish.	*Cela a un goût de poisson.*
To lunch (*or* to dine) out.	*Déjeuner* (ou *dîner*) *en ville.*
To have, to give a dinner-party.	*Avoir, donner un dîner.*
To invite (*or* to ask) sb. to dinner.	*Inviter qq. à dîner.*
Dinner is served, Madam!	*Madame est servie!*
Can you carve? / Are you a good carver?	*Savez-vous découper?*
Let me help you to a little more meat.	*Laissez-moi vous servir encore un peu de viande.*
Help yourself (to some more vegetables).	*Servez-vous (encore un peu de légumes).*
" No smoking ".	" *Défense de fumer* ".
" Smoking strictly prohibited ".	" *Défense absolue de fumer* ".
Hunger is the best sauce.	*L'appétit est la meilleure des sauces.*
Enough is as good as a feast.	*Suffisance vaut abondance.*
What is one man's meal is another man's poison.	*Ce qui convient aux uns ne convient pas aux autres.*
Don't put all your eggs in one basket.	*Il ne faut pas mettre tous ses œufs dans le même panier.*
It's no use crying over spilt milk.	*Inutile de se lamenter sur ce qui est irréparable.*
Half a loaf is better than no bread.	*Mieux vaut peu que rien.*
The proof of the pudding is in the eating.	*C'est à l'usage que l'on se rend compte de la qualité des choses.*
A hungry man, an angry man.	*Ventre affamé n'a point d'oreilles.*
As you brew, so you must drink.	*Comme on fait son lit, on se couche.*

VI

L'HABILLEMENT

Clothing.

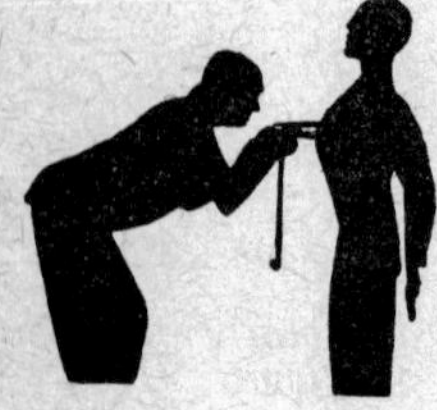

NOMS

A. Les vêtements.

clōthing	*l'habillement.*
dress	*le costume.* / *la tenue.*
clōthes	*les vêtements.*
a **gar**ment	*un vêtement.*
morning-dress	*tenue de ville.*
ēvening-dress	*tenue de soirée.*
mo[u]rning clōthes	*des vêtements de deuil.*
head-gēar (g dur) / head-dress	*la coiffure (en gén.).*
a hat	*un chapeau.*
a sūit[1] of clōthes	*un complet.*
lounge sūit	*complet veston.*
a **jacket** / a lounge-cōat	*un veston.*
a frock-coat	*une redingote.*
an ēvening-coat / a dress-coat	*un habit de soirée.*
a dinner-jacket (*amér.* tux**ē**do)	*un smoking.*
a **waist**coat	*un gilet.*
(a pair of) trousers	*un pantalon.*
breeches, *knick*er**bock**ers	*une culotte.*
ōveralls (*pl.*)	*une salopette.*
a **pock**et	*une poche.*
a **butt**on	*un bouton.*
a *button***hōle**	*une boutonnière.*
the **lī**ning	*la doublure.*
a belt	*une ceinture (en gén.).*
a **bō[w]**ler (hat)	*un melon.*
a silk hat / a top-hat	*un chapeau haut de forme.*
felt hat	*ch. de feutre.*
straw hat	*ch. de paille.*
opera-hat	*chapeau-claque.*
the brim	*le bord (du chapeau).*
a tam-o'-shanter	*un béret (écossais).*
a cap	*une casquette.*
the pēak	*la visière.*
(a pair of) brāces	*des bretelles.*
a swĕater / a pullōver	*un chandail.*
an ōvercōat	*un pardessus.*
a **wat**erproof / a **mack**instosh / a rāin-cōat	*un imperméable.*
(a sūit of) py**ja**mas	*un pyjama.*
a sleeve	*une manche.*
a **coll**ar	*un col.*
a de**tach**able collar	*un faux col.*
the f**ā**cing / the la**pel**	*le revers (d'un veston, etc.).*
a sash	*une ceinture (en étoffe).*
a buckle	*une boucle.*
a clasp	*une agrafe.*
a hook	*un crochet.*

1. sju.

lĭnen	*le linge.*
*un*derwear / *un*derclōthing	*les vêtements de dessous.*
a shirt	*une chemise (d'homme).*
a nīght-shirt	*une ch. de nuit.*
a **flann**el vest *or* *un*der**vest**	*un gilet de flanelle.*
the front	*le plastron.*
a cuff	*une manchette.*
a stud	*un bouton de chemise.*
a collar-stud	*un bouton de col.*
sleeve / cuff -links	*des boutons de manchettes.*
(a pair of) drawers *or* pants	*un caleçon.*
a (neck-) tīe	*une cravate.*
a knot	*un nœud (ficelle, cravate).*
a bō[w] (-tīe)	*un nœud.*
a (pocket) **hand**kerchĭef	*un mouchoir (de poche).*
a fancy handkerchĭef	*une pochette*
a sock	*une chaussette.*
a **stock**ing	*un bas.*
the sock-sus**pen**ders	*les jarretelles.*
footwear[1] / foot**gē**ar (g *dur*)	*la chaussure (en gén.).*
a pair of boots / shoes[2]	*une paire de chaussures, de souliers.*
pātent (-lĕather) shoes	*des souliers vernis.*
a (boot-) lāce	*un lacet.*
lāce-up boots	*bottines à lacets.*
button-boots.	*— à boutons.*
a button-hook	*un tire-bouton.*
spats	*guêtres de ville.*
gāiters	*guêtres longues.*
a slipper	*une pantoufle.*
a **san**dal	*une sandale.*
a **woo**den shoe / a clog	*un sabot.*
the sōle	*la semelle.*
the heel	*le talon.*
an um**brell**a	*un parapluie.*
a (wa[l]king-) stick	*une canne.*
a pocket-book	*un portefeuille.*
a purse[3]	*un porte-monnaie.*

■ LOCUTIONS

In plain clothes, **in mufti.**	*En civil, en bourgeois.*
Evening dress compulsory.	*Tenue de soirée obligatoire.*
A broad-brimmed hat.	*Un chapeau à larges bords.*
To raise one's hat to sb.	*Saluer qq. d'un coup de chapeau.*
To take off one's hat to sb	*Saluer qq. chapeau bas.*
To talk through one's hat.	*Raisonner comme une pantoufle.*
The man in the blue suit.	*L'homme au costume bleu.*
The man in the grey hat.	*L'homme au chapeau gris.*
The man in the green tie	*L'homme à la cravate verte.*
To turn a suit, a pocket, inside out.	*Retourner un costume, une poche.*
To roll up one's sleeves.	*Retrousser ses manches.*
to turn up one's collar.	*Relever son col.*
to turn up one's trousers.	*Relever le bas de son pantalon.*
To laugh in one's sleeve.	*Rire sous cape, dans sa barbe.*
To be out at elbows.	*Être troué aux coudes.*
A stand-up collar.	*Un col droit.*
A turn-down collar.	*Un col rabattu*
To pay for sth. from one's own pocket.	*Payer qch. de sa poche.*
I am out of pocket by it.	*J'y suis de ma poche.*
To buttonhole sb.	*Retenir qq. par le revers du veston.*
To tighten one's belt.	*Se serrer la ceinture.*
To turn one's coat.	*Tourner casaque.*
A made-up tie.	*Une cravate toute faite.*
To tie a knot in one's handkerchief.	*Faire un nœud à son mouchoir.*

1. futwɛə*. — 2. ʃuːz. — 3. pəːs.

The seven-league boots.	*Les bottes de sept lieues.*
That's another pair of shoes.	*C'est une autre paire de manches.*
To wait for a dead man's shoes.	*Compter sur les souliers d'un mort.*
I would not like to be in his shoes.	*Je ne voudrais pas être à sa place.*
To follow close on sb.'s heels.	*Marcher sur les talons de qq.*
His shoes are down at the heels.	*Il a des souliers éculés.*
An ivory-headed stick.	*Une canne à pomme d'ivoire.*
To have a long,—light, purse.	*Avoir la bourse bien garnie, — plate.*

■ NOMS

dress	*la toilette, la mise.*	a **jack**et	*une jaquette.*
costūme	*1. le costume, la mise. 2. un costume.*	the trāin	*la traîne.*
a dress	*une robe* (1).	a trāin-dress	*une robe à traîne.*
a gown[1]	*1. une robe* (*gén*t. *peu ajustée*). *2. une robe* (*de professeur*).	a cōat	*un manteau.*
a frock	*une robe* (*gén. de fillette*).	a fur-coat	*un manteau de fourrure.*
dressing-gown	*robe de chambre.*	a clōak / a mantle	*un grand manteau.*
wa[l]**k**ing-dress	*robe de ville.*	an āpron	*un tablier.*
tēa-gown	*robe d'intérieur.*	a **pĭn**afore	*un tablier d'enfant.*
ēvening-dress	*robe de soirée.*	a muff	*un manchon.*
a nīght -dress / -gown	*une chemise de nuit.*	a che**mise**[3]	*une chemise de femme.*
a skirt	*une jupe.*	a shawl	*un châle.*
a **pett**icōat	*un jupon.*	a scarf	*une écharpe.*
a **bŏd**ice	*un corsage.*	a **neck**erchĭef	*un fichu.*
a blouse[2] / a **jump**er	*une blouse. / une chemisette.*	a glove[4]	*un gant.*
		a veil	*un voile.*
		a(hat-)veil	*une voilette.*
		a **bonnet**	*un bonnet.*

a(dress-) **fab**ric *or* **mat**ērial	*une étoffe.*	plush	*la peluche.*
wool	*la laine.*	**lĕa**ther	*le cuir.*
woollens	*des lainages.*	the **mĕa**sure[5]	*la mesure.*
silk	*la soie.*	the cut	*la coupe.*
silks / silk goods	*des soieries.*	the **trȳ**ing on	*l'essayage.*
cotton	*le coton.*	an *al*terātion	*une retouche, modification.*
lĭnen	*la toile.*	a sēam	*une couture.*
flannel	*la flanelle.*	a patch	*une pièce* (*cousue*).
velvet	*le velours.*	a rag	*un haillon, une loque.*
satin	*le satin.*		

1. gaun. — 2. blauz. — 3. ʃimiːz .— 4. glʌv. — 5. meʒə*.

(1) Cf. : *a robe* : 1. robe (poétique), — 2. robe de juge, avocat, etc. — 3. robe de cour.

tatters (*pl.*)	*des lambeaux.*	the zip-fastener	*le fermoir-éclair.*
the **trimming**	*la garniture.*	the zipper	*la fermeture-éclair.*
a **ribb**on	*un ruban.*	a **powder-box**	*une boîte poudre.* / *un poudrier.*
lāce	*de la dentelle.*	a powder-puff	*une houppe(tte).*
em**broi**dery	*(de) la broderie.*	a pin	*une épingle.*
fāshion	*la mode.*	a **sā**fety-pin	*une épingle de sureté.*
a sun**shāde** / a **pa**rasol	*une ombrelle.*	a needle	*une aiguille.*
a hand-bag	*un sac à main.*		
the **fas**[t]ener	*le fermoir.*		

■ LOCUTIONS

To be fond of dress.	*Aimer la toilette.*
A high-necked dress.	*Une robe montante.*
A low-necked dress.	*Une robe décolletée.*
It's the wife who wears the trousers. / He is under petticoat-government	*C'est sa femme qui porte la culotte.*
A henpecked husband.	*Un mari qui se laisse mener par sa femme.*
An evening-cloak.	*Un manteau de soirée.*
Tied to his mother's apron-strings	*Pendu aux jupes de sa mère.*
To set thefashion.	*Donner le ton.*
To bring sth. into fashion.	*Mettre qch. à la mode, lancer la mode de qch.*
To be in fashion,—out of fashion.	*Être à la mode, — passé de mode.*
In the latest fashion.	*A la dernière mode.*
The latest word in fashion.	*Le dernier cri de la mode.*
You could hear a pin drop.	*On entendrait une mouche voler.*
To take sb.'s measure.	*Prendre mesure à qq.*

■ NOMS

B. Les bijoux et la parure.

the at**tīre**	*la parure.*	a pearl necklace (2)	*un collier de perles.*
a **jewel**[1]	*un bijou.*	a **brā**celet	*un bracelet.*
jewels, **jew**eiry / **jew**ellery	*les bijoux,* / *la bijouterie.*	a brooch[2]	*une broche.*
a jewel-cāse	*un coffret à bijoux.*	a ring	*une bague, un anneau.*
a set of...	*une parure de... (diamants, etc.).*	ēar-rings	*des boucles d'oreilles.*
an **or**nament	*un ornement.*	a **dī**adem	*un diadème.*
the **set**ting	*la monture.* / *le sertissage.*	a **pen**dant	*un pendentif.*
a gem (1)	*une pierre précieuse.*	a tīe-pin	*une épingle de cravate.*
a **neck**lāce	*un collier.*	pāste	*du strass, des pierres fausses.*
		a fan	*un éventail.*

1. dʒuːəl. — 2. broutʃ.

(1) Voir XI ch. 1 : Les pierres précieuses.
(2) Les noms de métaux, pierres précieuses, étoffes, etc., — comme d'ailleurs tous les noms de matières, — peuvent s'employer comme adjectifs. — *A gold watch*, une montre en or: — *a diamond ring*, une bague en diamants.

LOCUTIONS

The Crown jewels.	*Les joyaux de la Couronne.*
A rough diamond.	*Un diamant brut.*
A cut diamond.	*Un diamant taillé.*
She is a jewel of a wife.	*C'est la perle des épouses.*
To cast pearls before swine.	*Jeter des perles aux pourceaux.*
To wear a ring on one's finger.	*Porter une bague au doigt.*
Fan-shaped.—Fan-wise.	*En (forme d') éventail.*

ADJECTIFS

woollen	*en laine.*
worsted[1]	*de laine.*
plāin	*simple.*
elaborate	*fini, soigné.*
nēat	*simple et élégant.*
smart, **stȳlish**	*coquet, chic.*
dāinty, **refīned**	*recherché, distingué.*
dapper, trim, well-groomed, spick and span	*pimpant. tiré à quatre épingles.*
tāsteful	*de bon goût.*
tāsteless	*de mauvais goût.*
new	*neuf.*
bran(d) new	*flambant neuf.*
worn out	*usé.*
shabby	*usé, râpé.*
thrĕadbare	*râpé, élimé.*
făshionable	*à la mode.*
new-**făsh**ioned	*dernier cri.*
out of **făsh**ion	*démodé.*
ōld-**făsh**ioned	*à l'ancienne mode.*
tīght	*étroit, serré.*
ample, loose, (s = ss)	*ample.*
soft, limp	*souple, flasque.*
puffed	*bouffant (manches, etc.).*
clōse-fitting (s = ss), skintī[gh]t	*collant.*
baggy	*déformé (pantalons).*
fīne	*fin.*
plāin	*uni.*
strīped	*rayé.*
check	*à carreaux.*
velvety	*velouté.*
stiff	*raide.*
rough[2]	*rugueux, rêche.*
torn	*déchiré.*
(c)rumpled	*chiffonné, fripé.*
pressed	*pressé.*
ī[r]oned	*repassé.*
be**com**ing	*seyant.*
sūitable	*qui convient.*
lustrous, glossy	*brillant. luisant.*
fāded	*passé (couleur).*
sho[w]y	*voyant.*
gaudy[3], loud[4], **gā**rish[5]	*criard.*
to **mĕa**sure	*sur mesure.*
rĕady-māde	*tout fait.*
single-brĕasted	*droit (veston, gilet).*
double-brĕasted	*croisé (veston, gilet).*

VERBES

to clōthe	*vêtir, habiller.*
to dress (one**self**)	*(se) vêtir. (s')habiller.*
to un**dress**	*(se) déshabiller.*
*to put on	*mettre, revêtir (un vêtement).*
to slip on	*passer, enfiler.*
*to tāke off	*ôter, enlever. retirer.*
to button (up)	*boutonner.*
to un**button**	*déboutonner.*
to lāce (up)	*lacer.*
to un**lāce**	*délacer.*
to tīe (up)	*nouer.*

1. wustid. — 2. rʌf. — 3. gɔːdi. — 4. laud. — 5. gɛəriʃ.

to untīe	*dénouer.*
*to wear[1]	*porter :* *1. un vêtem[t] qcq.* *2. un bijou qcq.* *3. lunettes, lorgnon, etc.* *4. favoris, barbe, moustache.* *5. cheveux, longs, courts, en raie, etc.*
*to wear out	*user complètement.*
to **order**	*commander.*
to have / *to get (+ p. passé)	*faire (+ inf. à sens passif).*
*to get... / to have... māde	*faire faire.*
to trȳ on	*essayer.*
to touch[2] up	*retoucher.*
to **alter**	*modifier, retoucher.*
to **fas**[t]en	*attacher*
to un**fas**[t]en	*détacher*
to (dis)plēase sb.	*(dé)plaire à qq.*
to sūit / *to be**come** sb.	*aller, convenir, seoir à qq.*
to fit sb.	*(bien) aller à qq. / être bien ajusté.*
to **adorn** / to **attire** (with)	*parer / orner (de).*
to trim (with)	*garnir (de).*
*to bēat	*battre.*
to fōld up	*plier.*
to **unfōld**	*déplier.*
*to put **away**	*ranger.*
*to tear[3]	*déchirer.*
to mend	*raccommoder.*
to **repair**	*réparer.*
to crumple	*chiffonner, froisser.*
*to shrink	*rétrécir.*
to press	*presser.*
to ī[r]on (up, out)	*repasser.*

■ LOCUTIONS

To buy { ready-made clothes. / clothes to measure.	*Acheter des vêtements { tout faits. / sur mesure.*
A soft, — stiff shirt.	*Une chemise souple, — empesée.*
A soft, — stiff collar.	*Un col souple, — dur.*
Warmly clad.	*Chaudement vêtu.*
To dress up as....	*S'habiller, se déguiser en....*
A bodice that buttons up at the back.	*Un corsage qui se boutonne par derrière.*
I am going to have a suit made.	*Je vais me faire faire un costume.*
It fits you { like a glove. / to perfection.	*Cela vous va { comme un gant. / à la perfection.*
To tear to ribbons, to tatters.	*Déchiqueter, mettre en lambeaux.*
To be in one's Sunday best.	*Avoir ses habits du dimanche.*
Cut your coat according to your cloth.	*Il faut régler ses dépenses selon ses moyens.*
It is not the gay coat (that) makes the gentleman.	*Il ne faut pas juger les gens sur l'apparence.*
The shoemaker's wife is always the worst shod.	*Les cordonniers sont les plus mal chaussés.*
Every one knows best where his own shoe pinches.	*Chacun sait où le bât le blesse.*
Ne'er cast a clout till May is out.	*En avril, n'ôtez pas un fil.*
A velvet glove on an iron hand.	*Une main de fer dans un gant de velours.*

1. wɛə*. — 2. tʌtʃ. — 3. tɛə*.

VII
LA FAMILLE ET LA MAISON
The family and the house.

I. LES MEMBRES DE LA FAMILLE
The members of the family.

■ NOMS

man**kīnd**	*le genre humain, l'humanité.*
the **family**	*la famille.*
the **pā**rents	*les parents (père et mère).*
the **fa**ther	*le père.*
the **mŏ**ther	*la mère.*
a son	*un fils.*
a **dau**[gh]ter	*une fille.*
a **brŏ**ther	*un frère.*
a **sis**ter	*une sœur.*
the twins	*les jumeaux.*
the grand**pā**rents	*les grands-parents.*
the grand**fa**ther	*le grand-père.*
the grand**mo**ther	*la grand-mère.*
the grandson	*le petit-fils.*
the granddaughter	*la petite-fille.*
the greāt-grandfather	*l'arrière-grand-père.*
the great-grandson	*l'arrière-petit-fils.*
the **an**cestors / the **fore**fathers	*les ancêtres.*
a de**scen**dant	*un descendant.*
the **fa**mily-tree	*l'arbre généalogique.*
the de**scent**	*la descendance. l'origine.*
the **pe**digree	*le lignage.*
the **pā**rent	*le père ou la mère.*
a kinsman / a kinswoman / a **re**lative / a rel**ā**tion	*un parent. une parente.*
an uncle	*un oncle.*
an aunt[4]	*une tante.*
a **ne**phew[1]	*un neveu.*
a niēce[2]	*une nièce.*
a grand-nephew	*un petit-neveu.*
a **cou**sin[3]	*un cousin.*
a (girl-) cousin	*une cousine.*
father-in-law	*beau-père.*
mother-in-law	*belle-mère.*
son-in-law	*gendre.*
daughter-in-**law**	*bru.*
brother-in-**law**	*beau-frère.*
sister-in-law	*belle-sœur.*
the step-father	*le beau-père* (1).
the step-mother	*la belle-mère.*
the step-son	*le beau-fils.*
step-daughter	*belle-fille.*

the **mas**ter	*le maître.*
the **mis**tress	*la maîtresse.*
the **house**hōld	*la domesticité. les domestiques.*
the **but**ler	*le maître d'hôtel.*
a man-**ser**vant	*un domestique.*
a servant-girl / a māid	*une domestique. une bonne.*
a maid-of-all-work / a **ge**neral (servant)	*une bonne à tout faire.*
a lādy's maid	*une femme de chambre.*
a **kit**chen maid	*une fille de cuisine.*

1. nevjuː. — 2. niːs. — 3. kʌzin. — 4. aːnt.

(1) Par second mariage.

the cook	le cuisinier. / la cuisinière.	the **valet** / the man (-servant)	le valet de chambre.
a **char**woman	une femme de ménage.	the **foot**man	le valet de pied.
the nurse	la bonne d'enfants.	the **por**ter	le portier.
the **cōach**man	le cocher.	the cāre**tā**ker	le concierge (1).
the chauff**eur**[1]	le chauffeur.	the lodge-keeper	le concierge (château).

■ LOCUTIONS

To become a member of / To join an association.	*Devenir membre d'une association.*
The Thompson family.	*La famille Thompson.*
The Thompsons.	*Les Thompson.*
A large family.	*Une famille nombreuse.*
Has he any family?	*A-t-il de la famille?*
He has a family of eight.	***Il a (une famille de) huit enfants.***
It runs in the family.	*Cela tient de famille.*
A sort of family-likeness.	*Un faux air de famille.*
From father to son.	*De père en fils.*
The father of the family.	*Le père de famille.*
The head of the family.	*Le chef de famille.*
He is the father of six (children).	*Il est le père de six enfants.*
Our fathers.	*Nos aïeux.*
He was a father to them.	*C'était un vrai père pour eux.*
Mr. Smith senior.	*M. Smith père.*
Mr. Smith junior.	*M. Smith fils.*
Old John.—Father John.	*Le père Jean.*
Old Mrs. Smith.	*La mère Smith.*
The foster-father.—The foster mother.	*Le père nourricier. — La mère nourricière.*
A foster-brother (*or*-sister).	*Un frère* (ou *une sœur*) *de lait.*
A foundling.	*Un enfant trouvé.*
Come along, boys, girls, children!	*Venez, mes enfants!*
Every mother's son of us.	*Tous, tant que nous sommes!*
The three Sisters, —the fatal Sisters.	*Les Parques.*
Robinson Bros. and C°.	*Robinson frères et Cie.*
He is no relation / relative of ours.	*Il n'est pas de notre famille.*
To claim kinship with sb.	*Se prétendre parent avec qq.*
The next of kin.	*Le (s) proche (s) parent (s).*
A relation by marriage.	*Un parent par alliance.*
He was of noble descent.	*Il était d'origine noble.*
You are your own master.	*Vous êtes libre de vos actes.* / *Vous savez ce que vous avez à faire*
To meet one's master.	*Trouver son maître.*
To put a baby out to nurse.	*Mettre un enfant en nourrice.*

■ ADJECTIFS

paternal	*paternel.*	**fatherly**	*paternel (comme un père).*
maternal	*maternel.*		

1. ʃoufə.

(1) **D'une maison louée en appartements ou en bureaux d'affaires.**

motherly	*maternel* (*comme une mère*).	trust**wor**thy	*digne de confiance.*
filial	*filial.*	devōted	*dévoué.*
frater**nal** / **broth**erly	*fraternel.*	po**lite** / **court**eous (to)	*poli* (*envers*).
respec**table**	*respectable, honorable.*	*im*po**līte** / rude	*impoli.*
(dis)**hon**est	(*mal*)*honnête.*	well-bred	*bien élevé.*
faithful	*fidèle.*	ill-bred	*mal élevé.*
dis**hon**ourable / disrĕpūtable	*de mauvaise réputation, louche.*	oblīging	*serviable.*
		willing	*complaisant.*
		kīnd	*aimable.*

■ VERBES

to des**cend**, to be **descend**ed, to pro**ceed** (from...)	*descendre de.*	to *ven*erāte	*vénérer.*
*to go back to...	*remonter à....*	to be**long** to...	*appartenir à....*
to love	*aimer* (*amour*).	to dis[h]**on**our / to dis**grāce**	*déshonorer.*
to like / to be fond of...	*aimer* (*affection*).	*to tāke into service	*prendre à son service.*
to [h]**on**our	*honorer.*	*to get into service	*entrer en service.*
to res**pect**	*respecter.*	to help	*aider*
to bring up	*élever.*	*to get used to	*s'habituer à....*
to es**teem**	*estimer, considérer.*	to dismiss / to turn out	*renvoyer, congédier.*

■ LOCUTIONS

On my, his, etc. father's / mother's side.	*Du côté paternel. / maternel.*
The maternal line.	*La branche maternelle.*
The elder / younger branch of our family.	*La branche aînée / cadette de notre famille*
A nēar (*or* clōse) / distant relative. / relation.	*Un*(*e*) *parent*(*e*) *proche. / éloigné*(*e*).
To be related to sb.	*Être parent avec qq.*
A cousin german.—A first cousin.	*Un*(*e*) *cousin*(*e*) *germain*(*e*).
It's very kind (*or* nice) of you to....	*Vous êtes bien aimable de....* / *C'est très aimable à vous de....*
Will you be so kind as to.... / kind enough to....	*Voulez-vous avoir l'amabilité de....*
She is very kind to her servants.	*Elle est très bonne pour ses domestiques.*
A most respectable family.	*Une famille des plus honorables.*
A respectable girl.	*Une honnête fille.*
Honour thy father and mother.	*Tes père et mère honoreras.*
To make oneself respected. / To command respect.	*Se faire respecter.*
Like father, like son.	*Tel père, tel fils.*
The boy is father to the man.	*Tel est l'enfant, tel sera l'homme.*
Like master, like man.	*Tel maître, tel valet.*
No man can serve two masters.	*On ne peut pas servir deux maîtres à la fois.*
Spare the rod and spoil the child.	*Qui aime bien, châtie bien.*
What is bred in the bone cannot come out of the flesh.	*Chassez le naturel, il revient au galop.*

2. LA VIE DE FAMILLE

Home life.

■ NOMS

A. Fiançailles et mariage.

the **sūit**or	*le prétendant.*
the be**trō**thal the en**gā**gement	*les fiançailles.*
the fiancé	*le fiancé.*
the **fiancée**	*la fiancée.*
an en**gā**gement-ring	*une bague de fiançailles.*
a wedding-ring	*une alliance.*
a **bach**elor	*un célibataire.*
a **spin**ster	*une célibataire.*
an ōld māid	*une vieille fille.*
celibacy single līfe	*le célibat.*
married līfe	*la vie conjugale.*
marr[i]age[1] **wed**lock	*le mariage (état).*
the pro**pō**sal of marr[i]age	*la demande en mariage.*
the *pub*li**cā**tion of the banns	*la publication des bans.*
the marr[i]age **settl**ement	*le contrat de mariage.*
the dowry[2] the marr[i]age-**por**tion	*la dot.*
the **wedd**ing the **nup**tials	*le mariage (cérémonie).*
the marr[i]age **cer**emony	*la bénédiction nuptiale.*
the **civ**il mar-r[i]age	*le mariage civil.*
the **brīde**groom	*le marié.*
the brīde (**elect**)	*la mariée.*
the **brī**dal [w]rēath	*la couronne de la mariée.*
the brīde and brīdegroom	*les nouveaux mariés.*
a newly-married couple	*des jeunes mariés.*
the marr[i]age cer**tif**icate	*le certificat, l'acte de mariage.*
the brīdesmaid	*la demoiselle d'honneur.*
the best man	*le garçon d'honneur.*
a wedding party	*une noce.*
the wedding cāke	*le gâteau nuptial.*
the **hus**band	*le mari, l'époux.*
the wīfe	*la femme, l'épouse.*
the **hon**eymoon	*la lune de miel.*
the wedding-trip the honeymoon trip	*le voyage de noce.*
silver wedding	*noces d'argent.*
gōlden wedding	*noces d'or.*
dīamond wedding	*noces de diamant.*
the (jū**di**cial) *sep*a**rā**tion	*la séparation (judiciaire).*
a **divorce**	*un divorce.*

B. Naissance et baptême.

the birth	*la naissance.*
the *nō*ti*f*i**cā**tion of birth	*le faire-part de naissance.*
the god**fa**ther	*le parrain.*
the god**mo**ther	*la marraine.*
the godson	*le filleul.*
the goddaughter	*la filleule.*
the **bap**tism the **chris**[t]ening	*le baptême.*
bringing up	*l'éducation.*
a **prin**ciple	*un principe.*
tra**dī**tion	*la tradition.*

1. mæridʒ. — 2. dauri.

C. La mort.

dĕath	*la mort.*
a decēase[1]	*un décès.*
the death certificate	*l'acte de décès.*
the *nō*tificātion of dĕath / the death-card	*le faire-part de décès.*
the decēased	*le défunt.*
the death-bed	*le lit de mort.*
the shroud, the wīnding-sheet	*le linceul, suaire.*
the *un*dertāker	*l'entrepreneur de pompes funèbres.*
the **coffin**	*le cercueil.*
the **burial** / the **fū**neral	*l'enterrement.*
the hearse[3]	*le corbillard, le catafalque.*
mo[u]rning	*le deuil.*
a fūneral-[w]rēath	*une couronne mortuaire.*
the grāve-digger	*le fossoyeur.*
the tom[b][2]	*le tombeau.*
the grāve	*la tombe.*
the tom[b]stōne / the grāvestōne	*la pierre tombale.*
the **epi**taph	*l'épitaphe.*
crēmātion	*l'incinération.*
the *crem*atorium	*le four crématoire.*
the ashes	*les cendres.*
the urn	*l'urne.*
condōlence	*les condoléances.*
a wĭdower	*un veuf.*

a wĭdow	*une veuve.*
an **or**phan	*un orphelin.*
an orphan-girl	*une orpheline.*
a **fa**therless child / a **mo**therless child	*un enfant orphelin de père, de mère.*
the g[u]ardian	*le tuteur. / la tutrice.*
the guardianship	*la tutelle.*
the ward[4]	*le, la pupille.*
nōnage	*la minorité.*
coming of āge / majority	*la majorité.*
to be under age	*être mineur.*
to be of age	*être majeur.*
to come of age	*atteindre sa majorité.*
the will	*le testament.*
the execūtor / the execūtrix	*l'exécuteur testamentaire.*
a lĕgacy / a bequest	*un legs.*
an [h]eir	*un héritier.*
an [h]eiress	*une héritière.*
the in**her**itance	*l'héritage.*
the sēal	*le cachet*
the sēals	*les scellés.*
the **es**tāte	*la succession.*
the partition	*le partage, la répartition de la succession*
a **for**tune[5]	*une fortune.*

■ LOCUTIONS

To live as a bachelor.	*Vivre en garçon.*
A love-match.	*Un mariage d'amour.*
A money marriage.	*Un mariage d'argent.*
A fortune-hunter.	*Un coureur de dots.*
The marriage will be celebrated at...	*La bénédiction nuptiale sera donnée à....*
The wedding-day.	*Le jour,* (et aussi) *l'anniversaire du mariage.*
To attend a wedding.	*Assister à un mariage.*
To leave for the honeymoon.	*Partir en voyage de noce.*
Separation from bed and board.	*Séparation de corps et de biens.*
To sue for a divorce.	*Demander le divorce.*
To give... in marriage.	*Donner... en mariage.*
To take... in marriage. / To take sb. to wife.	*Epouser. / Prendre qq. pour femme.*
To publish (*or* put up) the banns.	*Publier les bans.*

1. disiːs. — 2. tuːm. — 3. həːs. — 4. wɔːd. — 5. fɔːtʃən.

To give birth to a child.	*Donner naissance à un enfant.*
To give rise to a rumour.	*Donner naissance à une rumeur.*
Of low birth.	*De basse extraction.*
Birthright.	*Le droit d'aînesse.*
To stand godfather to....	*Être parrain de....* / *Tenir... sur les fonts baptismaux.*
A matter of principle.	*Une question de principe.*
To make it a matter of principle to....	*Avoir pour principe de....*
To do sth. on principle.	*Faire qch. par principe.*
It is traditional that....	*Il est de (c'est la) tradition que....*
She was left a widow at 35.	*Elle resta veuve à 35 ans.*
A grass-widow.	*Une femme dont le mari est momentanément absent.*
A child under guardianship.	*Un enfant en tutelle.*
To make one's will.	*Faire son testament.*
This is my last will and testament.	*Ceci est mon testament.*
To set one's seal to sth.	*Apposer son cachet sur qch.*
To leave a legacy to sb.	*Faire un legs à qq.*
To come into a legacy.	*Hériter d'un legs.*
To be the heir to....	*Être l'héritier de....*
To come into { an inheritance. / an estate.	*Recueillir { un héritage. / une succession.*
The estate-duties (*or* death-duties).	*Les droits de succession.*
How much is he worth?	*A combien se monte sa fortune?*
He is worth £ 200 000.	*Il a une fortune de £ 200 000.*
It is worth a fortune.	*Cela vaut une fortune.*

■ ADJECTIFS

single / unmarr[i]ed	*célibataire.*	chrĭs[t]ened / baptīzed	*baptisé.*
marr[i]ed	*marié.*	engāged (to)	*fiancé (à).*
chīldless	*sans enfants.*	portionless	*sans dot.*
dēar	*cher.*	devōted	*dévoué.*
affectionate	*affectueux.*	shȳ, tīmid / bashful	*timide.*
loving	*aimant.*	fēarful	*craintif.*
fond	*épris, affectueux.*	āble, cāpable	*capable.*
belovĕd	*aimé, bien-aimé.*	gifted	*doué*
hearty	*cordial.*	intelligent, sharp	*intelligent.*
heartfelt	*ressenti du fond du cœur. profond, sincère.*	silly, stūpid / foolish	*sot, bêta.*
good	*sage (enfant).*	spoilt, pampered	*gâté.*
nau[gh]ty[1]	*pas sage, méchant.*	boisterous	*tapageur.*
		incorrigible	*incorrigible.*

■ VERBES

to prōpōse (marriage) to sb.	*offrir le mariage à qq.*	to refūse	*refuser.*
to accept	*accepter.*	*to become engāged	*se fiancer.*

1. nɔːti.

to ūnīte in **wed**lock to join in marriage	marier (*cérémonie*).
*to give one's daughter in marriage	*marier sa fille.*
to marry sb., *to get married to *or* with sb.	*se marier avec qq.* *épouser qq.*
to an**nounce**	*annoncer.*
to have the **hon**our of...	*avoir l'honneur de....*
to **congratū**lāte sb. on sth.	*féliciter qq. de qch.*
*to bring up	*élever.*
*to tāke care of...	*prendre soin de....*
to **flat**ter	*flatter.*
to spoil to **pam**per	*gâter.*
to yiēld[1] *to give way	*céder.*
to chas**tīse**	*punir, châtier*
to ob**tāin**	*obtenir.*
to **bu**ry[2]	*enterrer*
to in**her**it (sth. from sb.)	*hériter (qch. de qq.).*
to be**quēath**	*léguer.*
*to lēave	*laisser.*
to con**sōle** (for) to **com**fort (for)	*consoler (de).*
*to get ōver...	*se consoler de....*
to shāre sth. out	*partager qch.*
to *dis*in**her**it	*déshériter.*
*to give up to re**nounce** *to for**go**	*renoncer à.*

■ LOCUTIONS

In the first year of their married life.	*Dans la première année de leur mariage.*
My dear fellow!	*Mon cher! Mon ami!*
You naughty boy!	*Vilain petit garçon!*
Fondly, lovingly.	*Avec tendresse.*
Devotedly.	*Avec dévouement.*
Sadly.	*Avec tristesse.*
Don't be silly!—Don't be stupid!	*Ne faites pas le sot!*
To marry for love.	*Faire un mariage d'amour.*
They were married last Thursday.	*Ils se sont mariés jeudi dernier.*
Whom did she marry?	*Qui a-t-elle épousé?*
An action for breach of promise.	*Un procès en rupture de promesse de mariage.*
He'll strike your name out of his will.	*Il vous déshéritera.*
Every little helps.	*Un peu d'aide fait grand bien.*
Once bit, twice shy.	*Chat échaudé craint l'eau froide.*
God helps those who help themselves.	*Aide-toi, le ciel t'aidera.*

1. jiːld. — 2. beːi.

3. NOMS DE PERSONNES (1)

Names of persons.

■ NOMS ET VERBES

a nāme	*un nom.*	a stāge-name	*un pseudonyme d'acteur.*
the **sur**nāme	*le nom de famille.*	a pen-name, a nom-de-plume	*un pseudonyme d'écrivain.*
the **Ch**ristian name	*le prénom.*	a **nick**name	*un surnom.*
the māiden name	*le nom de jeune fille.*	*to choose	*choisir.*
a pet name	*un nom d'amitié.*	to nāme	*nommer.*
an assūmed name	*un nom d'emprunt.*	to be called, to be nāmed	*être appelé, s'appeler.*
		to **nick**name	*surnommer.*

A. Prénoms masculins.

Albert (Bertie)	*Albert.*	**J**ōseph (Jōe)	*Joseph.*
Alex**an**der	*Alexandre.*	**Law**rence (Larry)	*Laurent.*
Alfred (Alf)	*Alfred.*	**Lew**is (*pr.* **Lu**is)	*Louis.*
Andrew (Andy)	*André.*	Mark	*Marc.*
Anthony (Tony)	*Antoine.*	**Mat**thew	*Mathieu.*
Arthur	*Arthur.*	**M**īchael (Micky)	*Michel.*
Augustus (Gus, Gussie)	*Auguste.*	**Nich**olas (Nick)	*Nicolas.*
Bernard	*Bernard.*	**Ol**iver (Noll)	*Olivier.*
Bartholomew (Bart)	*Barthélémy.*	**Pat**rick (Pat, Patty)	*Patrick.*
Benjamin (Ben)	*Benjamin.*	Paul	*Paul.*
Charles (Charlie)	*Charles.*	**P**ēter	*Pierre.*
Daniel (Dan)	*Daniel.*	**Phil**ip (Phil)	*Philippe.*
Dāvid (Dāvy)	*David.*	Ralph	*Raoul.*
Edmund (Ned)	*Edmond.*	**Rich**ard (Dick)	*Richard.*
Edward (Ned, Teddie)	*Edouard.*	**Rob**ert (Bob, Bobby)	*Robert.*
Francis (Frank)	*François.*	**Sam**uel (Sam, Sammy)	*Samuel.*
Frederick (Fred, Freddie)	*Frédéric.*	**St**ēphen (ph=v)	*Etienne.*
George	*Georges.*	**Thom**as (Tom, Tommy)	*Thomas.*
Gregory	*Grégoire.*	**Tim**othy (Tim)	*Timothée.*
Henry (Harry, Hal)	*Henri.*	**Wal**ter (Wat)	*Gauthier.*
Jāmes (Jim, Jimmy)	*Jacques.*	**Wil**liam (Will, Willie, Bill, Billy)	*Guillaume.*
John (Johnny, Jack)	*Jean.*		

(1) Les noms entre parenthèses sont des diminutifs, employés par les parents et amis.

B. Prénoms féminins.

Amēlia	*Amélie.*
Anne. Anna (Nancy, Nan)	*Anne.*
Bēatrix (Bē)	*Béatrice.*
Carolīne (Cary)	*Caroline.*
Catherine(Kāte, Kātie, Kit, Kitty)	*Catherine.*
Cecily (Cis)	*Cécile.*
Charlotte (Lottie)	*Charlotte.*
Clāra	*Claire.*
Dorothy (Dolly)	*Dorothée.*
Elizabetn (Bess, Bessie, Betsy, Lizzy)	*Elisabeth.*
Emily	*Emily.*
Florence (Flo, Flossie)	*Florence.*
Frances(Fanny)	*Françoise.*
Gertrūde (Gertie)	*Gertrude.*
Harriet (Hatty)	*Henriette.*
Helen, Ellen (Nel, Nellie)	*Hélène.*
Isabella (Bella)	*Isabelle.*
Jāne (Jēan, Jenny) Jōan	*Jeanne.*
Laura	*Laure.*
Lucy	*Lucie.*
Magdalen(e) (Maud, Madge)	*Madeleine.*
Margaret (Marjory, Madge, Mag, Peg, Peggy)	*Marguerite.*
Martha	*Marthe.*
Māry (May, Moll, Mollie, Pol, Pollie)	*Marie.*
Sārah (Sallie)	*Sarah.*
Sōphia	*Sophie.*
Susan, **Susanna** (Sue, Susie)	*Suzanne.*
Thērēsa	*Thérèse.*
Wilhelmina (Minnie, Winnie)	*Wilhelmine.*

■ LOCUTIONS

What is your name?	*Comment vous appelez-vous?*
My name is....	*Je m'appelle....*
To go by the name of....	*Etre connu sous le nom de....*
He is my namesake.	*Il a le même nom que moi.*
To make a name for oneself.	*Se faire un nom.*
I know him only by name.	*Je ne le connais que de nom.*
To have a good name.	*Avoir une bonne réputation.*
To bear the name of....	*Porter le nom de....*
To call sb. names.	*Dire des injures à qq.*
To write down one's full name on...	*Inscrire ses nom et prénoms sur....*
What is ... called in French? What is the French for...?	*Comment s'appelle.... en français?*

4. LA MAISON

The house.

■ NOMS

A. La maison. — Distribution.

a **b**[u]**il**ding	*un bâtiment, une construction.*
a house	*une maison.*
a **dwelling**-house	*une maison d'habitation.*
a **cott**age	*une maisonnette.*
a hut	*une cabane.*
a shanty	*une bicoque.*
a booth	*une baraque.*
a country-house	*une maison de campagne.*
a **prī**vate-house	*une maison particulière.*
a **man**sion / a town-house	*un hôtel particulier.*
a **tĕ**nement-house	*une maison de rapport.*
a skȳ-**scrā**per	*un gratte-ciel.*
the ō[w]ner / the landlord / the landlādy	*le ou la propriétaire.*
the **tĕ**nant	*le locataire.*
the rent	*le loyer.*
the a**gree**ment	*l'engagement.*
the lēase	*le bail.*
a bill	*un écriteau.*

the plan	*le plan.*
the out**sīde**	*l'extérieur.*
the in**sīde**	*l'intérieur.*
a yard	*une cour.*
the foun**dā**tions	*les fondations.*
a wall	*un mur.*
a slāted roof / a tīled roof	*un toit d'ardoises, un toit de tuiles.*
the ēaves	*le rebord du toit.*
a partition	*une cloison.*
the front	*la façade.*
the gāble	*le pignon.*
the gutter	*la gouttière.*
the rāin-pīpe	*le tuyau de descente.*
the **chim**ney	*la cheminée.*
a chimney-pot	*un pot de cheminée.*
a chimney-sweep	*un ramoneur.*
a **wĕa**ther-cock / a vāne	*une girouette.*
the door	*la porte (de maison, chambre).*
the gāte	*la porte (de ville, château, jardin).*
a **win**dow	*une fenêtre.*
the **carr**[i]age-door *or* gate	*la porte-cochère.*
the **plan**ning	*la distribution.*
the **en**trance	*l'entrée.*
the lock	*la serrure.*
a key (*pr.* ki:)	*une clef.*
a bōlt	*un verrou.*
a (window-)pāne	*un carreau. une vitre.*
a frāme	*un cadre.*
the window-frāme	*le châssis de la fenêtre.*
the door-frāme	*l'encadrement de la porte.*
the hinge	*le gond, la charnière.*
the ī[r]on-gāte	*la grille (porte).*
the **rāi**lings	*la grille (clôture).*
the [k]nocker (1)	*le marteau.*

(1) La porte des maisons particulières est généralement pourvue d'un marteau; les fournisseurs frappent un coup; les facteurs deux coups; les visiteurs plusieurs petits coups.

the bell	*la sonnette.*	the hoist	*le monte-charge.*
the front-steps	*le perron.*	the **corr**idor	*le corridor.*
the **cellar**	*la cave.*	the **pass**age	
the wash-house	*la buanderie.*	the lobby	*le couloir.*
the cōach-house	*la remise.*	the **bal**cony	*le balcon.*
the ve**ran**dah	*la véranda.*	an a**part**ment	*un petit appartement.*
a floor, a story	*un étage.*		
the ground-floor	*le rez-de-chaussée.*	a flat	*un appartement.*
		the drawing-room (1)	*le salon.*
the hall	*le vestibule.*		
a room	*une chambre.*	the **par**lour	*le boudoir.*
the **lĭ**ving-room	*la salle commune.*	the **stŭ**dy[1]	*le bureau de travail.*
the *an*te**chām**ber	*l'antichambre.*	the **dī**ning-room	*la salle à manger.*
the floor	*le plancher.*	the **kit**chen	*la cuisine.*
the **cē**[i]ling	*le plafond.*	the **pan**try	*l'office.*
the stair**cāse**	*l'escalier (l'ensemble).*	a bed-room	*une chambre à coucher.*
the steps	*l'escalier (les marches).*	a spāre-room	*une ch. d'ami.*
the stairs		the **nur**sery	*la chambre d'enfants.*
up**stairs**	*en haut (de l'escalier).*		
		the bath-room	*la salle de bain.*
down**stairs**	*en bas (de l'escalier).*	the **at**tic	*le grenier.*
		the **gar**ret	
the **bă**nister	*la rampe.*	a garret-room	*une mansarde.*
the lift (*amér.* *e*le**vā**tor)	*l'ascenseur.*	an attic-room	
		a neighbour	*un(e) voisin(e).*

B. La construction.

b[u]ilding	*la construction.*	a **raf**ter[2]	*un chevron.*
st**ō**ne	*la pierre.*	a lath[3]	*une latte.*
a brick	*une brique.*	a tīle	*1. une tuile. 2. un carreau (de carrelage).*
sand	*le sable.*		
līme	*la chaux.*		
mortar	*le mortier.*	slāte	*l'ardoise.*
c**ē**ment	*le ciment.*	the **scaf**folding	*l'échafaudage.*
(ferro-)con**crēte**	*le béton (armé).*	the **ar**chitect[4]	*l'architecte.*
ī[r]on	*le fer.*	the b[u]ilder	*l'entrepreneur.*
sheet-**ī**[r]on	*la tôle.*	the excav**ā**tor	*le terrassier.*
corrūgāted-īron	*la tôle ondulée.*	the brick**lay**er	*le maçon.*
wood	*le bois (en gén.).*	the **mā**son	
timber	*le bois (de construction).*	the **car**penter	*le charpentier.*
		a slāter, a tīler	*un couvreur.*
a bēam	*une poutre.*	the joiner	*le menuisier.*
a **gir**der	*une poutre en fer.*	the **lock**smith	*le serrurier.*

LOCUTIONS

The building trade.	*Les industries du bâtiment.*
A master-builder.	*Un entrepreneur de bâtiment.*
Rent-day.	*Le jour du terme.*
The rent-collector.	*Le receveur de loyers.*
To build on sand.	*Bâtir sur le sable.*
Quick-lime.—Slaked-lime.	*Chaux vive. — Chaux éteinte.*

1. stʌdi. — 2. raːftəʳ. — 3. laːθ. — 4. aːkitekt.

(1) Abréviation de *withdrawing-room*, la salle où l'on *se retire* après le repas.

A mortar-board.	1. *Une planche à mortier.* 2. *Toque carrée des professeurs et étudiants.*
A timber-yard.	*Un chantier de bois.*
As thin as a lath.	*Maigre comme un échalas.*
Slate-coloured.—Slate-blue.	*Couleur d'ardoise.*
Galvanized, enamelled iron.	*De la tôle galvanisée, émaillée.*
To lay the first stone of....	*Poser la première pierre de....*
To leave no stone unturned.	*Remuer ciel et terre.*
He is stone-deaf.	*Il est sourd comme un pot.*
To hang sth. on the wall.	*Accrocher qch. au mur.*
To run one's head against a wall.	*Se heurter à une impossibilité.*
To proclaim sth. from the house-tops.	*Crier qch. sur les toits.*
From top to bottom.	*De haut en bas; de fond en comble.*
The front-door, the street-door.	*La porte d'entrée.*
The back-door.	*La porte de derrière, de service.*
The house next door.	*La maison d'à côté.*
We live next door to each other.	*Nous habitons porte à porte.*
To lay sth. at sb.'s door.	*Rendre qq. responsable de qch.*
The fault will lie at his door.	*C'est lui qu'on accusera, blâmera.*
A sash-window.	*Une fenêtre à guillotine.*
A French-window.	*Une fenêtre à deux battants.*
A bay-window.	*Une fenêtre en saillie.*
To look out of the window.	*Regarder par la fenêtre.*
Inside, outside the house.	*A l'intérieur, à l'extérieur de la maison.*
Inside and out.	*A l'intérieur comme à l'extérieur.*
To lay the foundations.	*Poser les fondations.*
Premises fronting on two streets.	*Locaux avec façades sur 2 rues.*
To eavesdrop.	*Ecouter aux portes.*
An eavesdropper.	*Un écouteur aux portes.*
A safety lock.	*Une serrure de sûreté.*
To put, to keep sth. under lock and key.	*Mettre, garder qch. sous clef.*
The latch-key.	*La clef de la porte d'entrée.*
The key is in the lock.	*La clef est sur la porte.*
To ring the bell.	*Sonner.*
To answer the bell.	*Répondre au coup de sonnette.*
The door swings on its hinges.	*La porte tourne sur ses gonds.*
The wine-cellar.—The coal-cellar.	*La cave au vin, — au charbon.*
To keep a good cellar.	*Avoir une bonne cave.*
The upper, lower story.	*L'étage supérieur, inférieur.*
A three-storied house.	*Une maison à trois étages.*
To live on the 1st, 2nd, 3rd floor.	*Habiter au 1er, 2e, 3e étage.*
To meet sb. on the stairs.	*Rencontrer qq. dans l'escalier.*
To fall downstairs.	*Tomber du haut de l'escalier.*
A front-room.	*Une chambre sur la rue.*
A back-room.	*Une chambre sur la cour.*

■ ADJECTIFS

roomy, wīde	*spacieux.*	sŏlid	*massif, plein.*
well-aired	*bien aéré.*	(in)convēnient	*(in)commode.*
quīet	*tranquille.*	(un)comfortable[1]	*(in)confortable.*
noisy	*bruyant.*		
one-storied	*à un étage.*	snug, cōsy	*chaud et douillet, confortable et intime.*
magnificent splendid	*magnifique.*		
strong	*solide.*	occūpīed	*occupé.*

1. komfətəbl.

in**habit**ed	*habité.*
*un*in**habit**ed	*inhabité.*
vācant / *un*occūpīed	*libre.*
let	*loué.*
ōpen	*ouvert.*
clōsed, shut	*fermé.*
di**lapid**āted	*délabré.*
shabby	*minable.*
tottering / **tum**bledown	*chancelant, qui menace ruine.*
de**sert**ed	*abandonné.*
neg**lect**ed	*négligé.*
filthy	*sale, dégoûtant.*

■ VERBES

to found	*fonder.*
*to stand	*se trouver (situation).*
to **happ**en to be	*se trouver (provisoirt).*
*to rīse	*s'élever.*
to col**lapse**	*s'effondrer.*
*to fall in	*s'écrouler.*
*to b[u]ild	*bâtir, construire.*
*to rēb[u]ild	*reconstruire.*
to pull down	*démolir, abattre.*
*to lay out	*distribuer (maison, etc.).*
to hīre	*louer (prendre en location).*
*to let	*louer (donner en location).*
to fit up	*installer.*
to ar**rānge**	*arranger.*
to **al**ter	*modifier.*
to move[1] out / to re**move**	*déménager.*
to move in	*emménager.*
to live in / at	*habiter dans / à.*
to in**habit**	*habiter.*
*to give **nō**tice	*donner congé.*
to lock	*fermer à clef.*
to unlock	*ouvrir (avec une clef).*
to double-lock	*fermer à double tour.*
to bōlt	*fermer au verrou.*
to un**bolt**	*ouvrir le verrou.*

■ LOCUTIONS

A house open / exposed to all winds.	*Une maison ouverte à tous les vents.*
(Furnished) rooms to let.	*Chambres (meublées) à louer.*
The house happened to be unoccupied.	*La maison se trouvait vacante.*
A house fitted with all modern conveniences.	*Une maison installée avec tout le confort moderne.*
A high- ceilinged / low- ceilinged room.	*Une chambre haute / basse de plafond.*
This house to let (*or* to be let).	*Maison à louer.*
On hire.	*En location.*
That room has never been lived in.	*Cette chambre n'a jamais été habitée.*
Where do you live?	*Où habitez-vous?*
The house looks (*or* faces, *or* fronts) to the south.	*La maison regarde au midi.*
I have been living in London for 2 years.	*J'habite Londres depuis 2 ans.*
To go *or* to come upstairs.	*Monter l'escalier.*
To go *or* to come downstairs.	*Descendre l'escalier.*
That door opens into the hall.	*Cette porte donne sur le vestibule.*
That window looks into the garden.	*Cette fenêtre donne (de plein pied) sur le jardin.*
That window looks over (*or* out on) the garden.	*Cette fenêtre donne (vue) sur le jardin.*
Walls have ears.	*Les murs ont des oreilles.*
People who live in glass houses should not throw stones.	*Qui habite une maison de verre ne doit pas jeter de pierres. (On voit bien la paille dans l'œil du voisin, etc...).*

1. muːv.

5. LA MAISON ET SON AMEUBLEMENT

The home (1) and its furniture.

■ NOMS

A. Le salon.

the drawing-room	*le salon.*
the **fur**niture[1]	*l'ameublement.*
a suite[2] of furniture	*un mobilier.*
a pīēce of furniture	*un meuble.*
a drawing-room suite	*un mobilier de salon.*
the **car**pet	*le tapis.*
a chair	*une chaise.*
a stuffed chair	*une chaise rembourrée.*
a sēat	*un siège.*
the **bottom**	*le siège* } *d'une chaise.*
the back	*le dossier* } *d'une chaise.*
an arm-chair }	*un fauteuil.*
an ēasy-chair }	*un fauteuil.*
the card-tāble	*la table de jeu.*
a(glass) **cabinet**	*une vitrine.*
the sōfa	*le canapé.*
the sett**ee**	*le sofa.*
the couch	*le divan.*
a **cushion**[3]	*un coussin.*
the **pia**no	*le piano.*
the piano-stool	*le tabouret de piano.*
a [k]nick-[k]nack }	*un bibelot.*
a **trinket** }	*un bibelot.*
a vase	*un vase.*
the wall-pāper	*le papier peint.*
the **hang**ings	*les tentures.*
a **cur**tain[4]	*un rideau.*
the screen	*l'écran.*
the fōlding-screen	*le paravent.*

B. Le vestibule et le bureau.

the hall	*le vestibule.*
the { cōat- / hat- } rack	*le portemanteau.*
the peg	*la patère, le crochet.*
the um**brella**-stand	*le porte-parapluie.*
the chest	*le coffre, le bahut.*
the door-mat	*le tapis-brosse.*
the stŭdy	*le bureau.*
the blīnd	*le store.*
the book-cāse	*la bibliothèque.*
a fīling-**cabinet**	*un classeur.*
a shelf (*pl.* shelves)	*un rayon.*
the [w]rīting-table	*le bureau (table).*
the hand-blotter	*le tampon-buvard.*
the wāste-pāper basket	*la corbeille à papier.*
the **sēal**ing-wax	*la cire à cacheter.*
the type[w]rīter	*la machine à écrire.*

1. fəːnitʃə*. — 2. swiːt. — 3. kuʃən. — 4. kəːtən.

(1) *Home*, mot presque intraduisible, évoque à la fois les idées de : logis, demeure, foyer domestique, intérieur, le « chez soi », en y adjoignant la pensée de la vie familiale. — Plus étendu, il signifie aussi : la patrie, le pays natal, la terre natale. — Il rend souvent l'idée du mot français « *chez* », mais indique toujours alors la maison ou la patrie du *sujet* de la phrase.

C. La chambre à coucher.

the bed-room	*la ch. à coucher.*
the bed	*le lit.*
the **bed**stĕad	*la monture du lit.*
a crādle, a cot	*un berceau.*
a sheet	*un drap.*
the **matt**ress	*le matelas.*
the bedclōthes	*la literie.*
a **pill**ow	*un oreiller.*
the bōlster	*le traversin.*
a **blank**et	*une couverture.* (*gén^{t} blanche*).
a rug	*une couverture* (*voyage, etc.*).
the quilt / the counterpāne	*le couvre-pied.*
the bedside rug	*la descente de lit.*
the eīder-down quilt	*l'édredon.*
a cūbĭcle	*une alcôve.*
the washstand (1)	*la table de toilette.*
the nīght-tāble	*la table de nuit.*
the bedsīde-lamp	*la lampe de chevet.*
a drawer	*un tiroir.*
the chest of drawers	*la commode.*
a (mirror-) wardrōbe	*une armoire* (*à glace*).
a clōthes-press / a lĭnen-press	*une armoire à linge.*
a **cup**board[1]	*un placard.*

D. La salle à manger.

the dīning-room	*la salle à manger.*
the sīde-board	*le buffet.*
the (dīning-room) tāble	*la table* (*de salle à manger*).
a lēaf (*pl.* lēaves)	*une* (*r*)*allonge.*
a two-lēaf table	*une table à 2* (*r*)*allonges.*
the dresser	*la desserte.*
the table-lĭnen	*le linge de table.*
the dinner-set	*le service de table.*
the plātes **and** dishes	*la vaisselle.*
crockery / **earth**enware	*de la faïence.*
chīna	*de la porcelaine.*
silver plāte	*de la vaisselle d'argent.*
a fork and spoon	*un couvert.*
a tray	*un plateau.*
a **salv**er	*un plateau en métal.*

E. La cuisine.

the **kitch**en	*la cuisine.*
the tīled floor	*le sol carrelé.* / *le carrelage.*
a ūtensil	*un ustensile.*
the household ūtensils	*les ustensiles de ménage.*
the sink	*l'évier.*
the water-māin	*la conduite d'eau.*
a pīpe	*un tuyau.*
the kitchen-rānge / the cooking-stōve	*le fourneau.*
the gas-stōve	*le fourneau à gaz.*
the ŏven	*le four.*
the kitchen-cupboard	*l'armoire de cuisine.*
the refrigerātor	*le réfrigérateur.*
a **sauce**pan	*une casserole.*
the set of sauce-pans.	*la batterie de cuisine.*
a pot, a jar	*un pot.*
the milk-can	*la boîte à lait.*
a cauldron	*un chaudron.*
the kettle	*la bouilloire.*
the gridī[r]on	*le gril.*
the frȳing-pan	*la poêle.*
the broom / the floor-brush	*le balai.*
the broomstick	*le manche à balai.*
the dust-bin	*la boîte à ordures.*
the **vac**ūum-**clēan**er	*l'aspirateur.*
the strāiner	*la passoire.*
the **col**ander	*la passoire à légumes.*
a sĭeve, a **sif**ter	*un tamis.*
a funnel	*un entonnoir.*
a **grā**ter	*une râpe.*
a filter	*un filtre.*
a **bask**et	*un panier.*

(1) kʌbəd.

---

(1) Voir aussi Ch. IV-4 : L'hygiène.

LOCUTIONS

To be at home.—To be out (of home).	*Etre chez soi. — Etre sorti.*
To be away (from home).	*Etre en voyage.*
To go home.—To go back home.	*Aller chez soi. — Rentrer chez soi.*
Is Mr. X at home?	*M. X est-il chez lui?*
I am at home on Thursdays.	*Je reçois le jeudi.*
Thursday is my at-home day.	*Mon jour de réception est le jeudi.*
What's your home?	*De quel pays êtes-vous?*
Make yourself at home.	*Faites comme chez vous! Ne vous gênez pas.*
I did not feel quite at home.	*Je me sentais un peu dépaysé, gêné.*
I am not at home { on / with } this subject.	*Je ne suis pas très ferré sur ce sujet.*
Somebody is knocking. Come in!	*Quelqu'un frappe. Entrez!*
To hang one's hat on the peg.	*Mettre son chapeau au crochet.*
To carpet the floor.	*Recouvrir le plancher d'un tapis.*
A { straw-bottomed / cane-bottomed / leather-bottomed } chair.	*Une chaise { de paille. / cannée. / à siège de cuir.*
A flower-vase.	*Un vase à fleurs.*
Hung with curtains.	*Tendu de rideaux.*
To draw the curtains.	*Tirer les rideaux.*
To pull { up / down } the blind.	*{ Monter / Baisser } le store.*
A revolving bookcase.	*Une bibliothèque tournante.*
A single bed.	*Un lit à une personne.*
A double bed.	*Un lit à deux personnes.*
Twin beds.	*Des lits jumeaux.*
A box-bed.	*Un lit-cage.*
To take to one's bed.	*Prendre le lit.*
To be laid up.	*Garder le lit (pour cause de maladie).*
To jump out of bed.	*Sauter à bas du lit.*
To make the bed.	*Faire le lit.*
A brass bedstead.	*Un lit de cuivre.*
We have known that from our cradle.	*Nous savons cela depuis le berceau.*
To be as pale as a sheet.	*Etre pâle comme un linge.*
To be in a fine mess.	*Etre dans de beaux draps.*
This is a pretty mess!	*Nous voilà dans de beaux draps!*
A box-mattress.	*Un sommier.*
A spring-mattress.	*Un sommier élastique.*
A case of a dozen knives and forks.	*Un écrin de douze couverts.*
The tea-tray.	*Le plateau à thé.*
An ash-tray.	*Un cendrier.*
An earthenware pot.	*Un pot de terre.*
A jar of jam.	*Un pot de confitures.*
A water-jug.—A milk-jug.	*Un pot à eau. — Un pot à lait.*
« The big pots ».	*« Les grosses légumes ».*
To take pot-luck.	*Dîner à la fortune du pot.*
He has made pots of money.	*Il a gagné un argent fou.*
That will help to keep the kettle boiling.	*Cela mettra du beurre dans les épinards.*
To give the room a sweep.	*Donner un coup de balai à la chambre.*

■ ADJECTIFS

furnished	*meublé.*
unfurnished	*non meublé.*
uphōls-tered, } with	*tapissé (meubles) en.*
hung } with	*tapissé (murs) de.*
artistic	*artistique.*
artificial	*artificiel.*
sumptuous, gorgeous	*somptueux.*
tīdy	*propre et en ordre.*
untīdy	*sale et en désordre.*
repaired, mended	*réparé.*
damaged	*détérioré, abîmé.*
shīning, brīght	*luisant, brillant.*
dull, tarnished	*terne, terni.*
smooth	*uni, poli.*
strēaked	*rayé.*
provisional, temporary	*provisoire.*
fīnal	*définitif.*
stuffed	*rembourré.*
carved	*sculpté.*
arched	*cambré, galbé.*
inlāid (with)	*incrusté, marqueté de.*
worm-ēaten	*mangé aux vers.*
moth-ēaten	*mangé aux mites.*

■ VERBES

*to sweep	*balayer.*
to scour[1]	*laver à la brosse.*
to rub	*frotter.*
to scrāpe	*gratter, racler.*
to dust	*épousseter.*
*to put away	*ranger (qch.).*
to tīdy, *to put in order	*ranger, mettre en ordre.*
to turn	*tourner.*
*to mislay	*égarer.*
to replāce	*remplacer*
to cŏver	*couvrir.*
to uncŏver (sth.)	*ôter le couvercle de qch.*
to pŏlish	*cirer le plancher.*
to pŏlish, to black	*cirer les chaussures.*
*to līe about, to knock about	*traîner çà et là, en désordre.*
*to lēave sth. knocking about, lying about	*laisser traîner qch.*

■ LOCUTIONS

A soft bed,—a soft carpet.	*Un lit, un tapis moelleux.*
Newly-furnished.	*Meublé de neuf.*
To make the room tidy.	*Mettre de l'ordre dans la chambre.*
The statue was slightly damaged.	*La statue était légèrement détériorée.*
To scrape one's plate.	*Ne rien laisser dans son assiette.*
To turn everything upside down.	*Mettre tout sens dessus dessous.*
There is no place like home.	*On n'est nulle part aussi bien que chez soi.*
Home is home, be it ever so humble.	*Rien ne vaut le foyer, si modeste qu'il soit.*
Take advice of your pillow. Sleep over it.	*La nuit porte conseil.*
It is best to wash one's soiled linen at home.	*Il faut laver son linge sale en famille.*
To jump out of the frying pan into the fire.	*Tomber de Charybde en Scylla.*
As you make your bed, so you must lie in it.	*Comme on fait son lit, on se couche.*
Charity begins at home.	*Charité bien ordonnée commence par soi-même.*
Three removals are as bad as a fire.	*Trois déménagements valent un incendie.*

1. skanə*.

6. ÉCLAIRAGE ET CHAUFFAGE. — LE FEU

Lighting and heating. — Fire.

■ NOMS

līght	*la lumière.*	gas	*le gaz.*
shadow (1)	*l'ombre (projetée).*	the gas-burner	*le bec de gaz.*
a candle	*une bougie.*	the gas-lamp / the lamp-pōst	*le réverbère.*
a wax-candle	*un cierge.*	electric light	*la lumière électrique.*
a tallow candle	*une chandelle.*	the switch	*le commutateur.*
a candlestick	*un bougeoir.*	the current	*le courant.*
a *chan*delier (2)	*un lustre.*	a (wall-) plug	*une prise de courant.*
a lamp	*une lampe.*	a short-circuit[1]	*un court circuit.*
the lamp-chimney	*le verre de lampe.*	the (automatic) tīme-switch	*la minuterie.*
an oil- lamp / a paraffin- lamp	*une lampe à huile. / une lampe à pétrole.*	gas-mēter	*compteur à gaz.*
the lamp-shāde	*l'abat-jour.*	electric mēter	*compteur d'électricité.*
the wick	*la mèche.*		
a lantern	*une lanterne.*		

fire	*le feu.*	the stōve	*le poêle.*
the hearth[2]	*le foyer.*	the stove-pīpe	*le tuyau de poêle.*
the fire-plāce	*la cheminée (foyer).*	soot[3]	*la suie.*
the mantlepiēce	*(le manteau de) la cheminée.*	fūel[4]	*du combustible.*
the mantle*shelf*	*le dessus de la cheminée.*	fire-wood	*du bois à brûler.*
the fire-dogs	*les chenets.*	a log	*une bûche.*
the fire-ī[r]ons	*la garniture de foyer.*	cōal	*le charbon.*
the tongs	*les pincettes.*	charcoal	*du ch. de bois.*
the bellows (pl.)	*le soufflet.*	the coal-box	*la boîte à ch.*
the pōker	*le tisonnier.*	the coal-scuttle	*le seau à charbon.*
the fender / the fire-screen	*le garde-feu.*	the shŏvel	*la pelle.*
		central hēating	*le chauffage central.*
		the rādiātor	*le radiateur.*
		a hot-air vent	*une bouche de chaleur.*

a spark	*une étincelle.*	ashes (*pl.*)	*la cendre.*
a flāme	*une flamme.*	a fire / an outbreāk of fire / a *con*flagrātion	*un incendie.*
a blāze	*une flambée.*		
smōke	*la fumée.*		

1. sə:kit. — 2. ha:θ. — 3. sut. — 4. fjuəl.

(1) Cf. *shade* : l'ombre, l'ombrage.
(2) On emploie aussi *gasolier* : lustre à gaz; *electrolier* : lustre à électricité.

an im**pru**dence	*une imprudence.*
a shower of sparks	*une gerbe d'étincelles.*
a **colum**[n] of flames	*une gerbe de flammes.*
the a**larm**	*l'alarme.*
the **watch**man	*le veilleur.*
help	*l'aide, le secours.*
the fire-alarm	*l'avertisseur d'incendie.*
the fire-**stā**tion	*le poste de pompiers.*
the fire-bri**gāde**	*le corps des pompiers.*
a **fi**reman	*un pompier.*
the sēat of the fire	*le siège de l'incendie.*
the fire-**en**gĭne	*la pompe à incendie.*
the hōse	*le tuyau.*
the fire es**cāpe**	*l'échelle de sauvetage.*
a torch	*une torche.*
the **hel**met	*le casque.*
a hȳdrant	*une bouche d'incendie.*
a **fire-hȳ**drant plug	*une prise d'eau.*
līfe-sāving / rescūe	*le sauvetage (personnes).*
salvage	*le sauvetage (biens).*
a **res**cūer	*un sauveteur.*
the [w]**reck**age / the debris	*les décombres.*
the clēaring-operātions	*les travaux de déblaiement.*
the **ha**voc	*les dégâts, la dévastation.*
damage	*dégâts, pertes.*
a **res**cūe-party	*une équipe de sauveteurs.*
the **val**ūātion of the damage	*l'estimation des dégâts.*
the valūer / the expert	*l'expert.*
the expert's **rē**port	*l'expertise.*

LOCUTIONS

Gas-lighting.—Electric-lighting.	*L'éclairage au gaz, — à l'électricité.*
Street lighting.	*L'éclairage des rues.*
Flood-lighting.	*L'éclairage indirect.*
To stand in sb.'s light.	*Se tenir dans le jour de qq. Cacher la lumière à qq.*
By the light of a lamp.	*A la lumière d'une lampe.*
To work by candle-light, lamp-light, gas-light.	*Travailler à la lumière d'une bougie, d'une lampe, du gaz.*
Have you a light?	*Avez-vous du feu?*
Can you give me a light?	*Pouvez-vous me donner du feu?*
If we consider it in the light of the latest theories.	*Si nous considérons cela à la lumière des théories les plus récentes.*
A night-light.	*Une veilleuse.*
To present things in a false light.	*Présenter les faits sous un faux jour.*
To bring sth. to light.	*Mettre qch. en lumière.*
To cast a shadow.	*Projeter une ombre.*
To stick to sb. like his shadow.	*S'attacher à qq. comme son ombre.*
All the rest of the stage was left in shadow.	*Tout le reste de la scène restait dans l'ombre.*
The shadows of night.	*Les ombres de la nuit.*
There is not the shadow of a doubt.	*Il n'y a pas l'ombre d'un doute.*
There is not a shadow of truth in all that.	*Il n'y a pas ombre de vérité dans tout cela.*
A lamp of 50-candle power.	*Une lampe de 50 bougies.*
To burn the candle at both ends.	*Brûler la chandelle par les deux bouts.*
A spirit-lamp.	*Un réchaud à alcool.*
An electric-torch.	*Une lampe de poche.*
A dark-lantern.	*Une lanterne sourde.*
To cut off the current.	*Couper le courant.*

He would go through fire and water for me.	*Il se mettrait en quatre pour moi.*
The hearth-rug.	*La carpette de foyer.*
To have neither hearth nor home.	*N'avoir ni feu ni lieu.*
To blow the bellows.	*Faire aller le soufflet.*
It is not to be touched with a pair of tongs.	*Ce n'est pas à prendre avec une paire de pincettes.*
As straight as a poker.	*Droit comme un I.*
As stiff as a poker.	*Raide comme un piquet.*
Sooty walls.	*Des murs noirs de suie.*
A live coal.—An ember.	*Un charbon ardent. — Un tison.*
His eyes glowed like live coals.	*Ses yeux brillaient comme des charbons.*
It's like carrying coal to Newcastle.	*C'est comme si l'on portait de l'eau à la rivière.*
To lay the fire.—To light the fire.	*Préparer le feu. — Allumer le feu.*
To throw sth. into the fire.	*Jeter qch. au feu.*
The house was on fire, in flames.	*La maison était en feu, en flammes.*
A chimney-fire.	*Un feu de cheminée.*
Fire! Fire!	*Au feu! Au feu!*
To pour oil on the fire.	*Jeter de l'huile sur le feu.*
Soon the whole village was ablaze.	*Bientôt le village tout entier fut en flammes.*
To send sb. to blazes.	*Envoyer qq. au diable.*
What the blazes are you doing?	*Que diable faites-vous donc?*
To set the country ablaze.	*Mettre le pays en flammes.*
To end in smoke.	*S'en aller en fumée.*

■ ADJECTIFS

clēar, līght	*clair.*	burning	*brûlant.*
gloomy, dark	*sombre, obscur.*	burning hot	*très chaud.*
glinting	*luisant.*	electric	*électrique.*
glittering	*étincelant,*	automatic	*automatique.*
glis[t]ening	*scintillant.*	glō[w]ing	*embrasé (charbon).*
sparkling	*étincelant, pétillant.*	fiery	*embrasé (ciel).*
blāzing	*flamboyant.*	sāfe	*sain et sauf.*
dazzling	*éblouissant.*	hūge, hĕavy	*considérable.*
glāring	*aveuglant.*	trīfling	*insignifiant (dégâts).*
glō[w]ing	*incandescent, brillant comme du feu.*	unimportant	
		charred	*carbonisé.*
		burnt to dĕath	*brûlé vif.*
glimmering	*vacillant, brillant d'une lueur douteuse.*	burnt down / to ashes	*réduit en cendres.*
flickering		burnt away / out / up	
cōld	*froid.*		
warm	*chaud.*		
hot	*très chaud.*	insured[1]	*assuré.*

■ VERBES

to līght	*allumer, éclairer.*	to switch on	*établir le contact.*
to turn on the gas	*ouvrir le gaz.*	to switch off	*couper le contact.*
to turn off the gas	*éteindre le gaz.*	to smōke	*fumer, filer (lampe).*
*to burn	*brûler.*	to fill the lamp	*garnir la lampe.*
to burn away, out, up	*consumer, détruire.*	to (un)screw	*(dé)visser.*

1. inʃuəd.

to turn { up / down } the lamp	monter / baisser } la lampe.
*to give sb. a light	éclairer qq.
*to put out	éteindre.
*to blow out	éteindre en soufflant.
to switch { on / off } the light	allumer / éteindre } l'électricité.
*to go out to die out	} s'éteindre.
to press	presser.
to flicker	vaciller.
*to set fire to sth. *to set sth. on fire	} mettre le feu à qch.
*to take / *to catch } fire	prendre feu.
to smōulder	couver (le feu).
*to breāk out	éclater.
to blāze to be ablāze	} flamber.
to rāge	faire rage.
*to spread	{ s'étendre. se propager.
to destroy	détruire.
to redūce to nothing	anéantir.
to subsīde	{ diminuer d'intensité. s'apaiser.
to sāve to rescūe	} sauver.
to warm, to hēat	} chauffer.
to warm oneself	se chauffer.
to warm up	réchauffer.
*to blō[w] up the fire	souffler le feu.
to pōke up to stir up	} tisonner (le feu).
to sparkle *to thrō[w] out sparks	} lancer des étincelles.
to crackle	pétiller, crépiter.

■ LOCUTIONS

A clear complexion.	Un teint clair.
That's clear enough!	Voilà qui est clair!
It is as light as day.	Il fait clair comme en plein jour.
To look at the dark side of things.	Voir tout en noir.
To be safe,—to feel safe.	Etre, se sentir en sécurité.
To put sth. { in safe keeping. / in a safe place. }	Mettre qch. en sûreté.
In order to be on the safe side.	Pour ne courir aucun risque.
The farm had been burnt down to the ground.	La ferme avait été complètement détruite par l'incendie.
To strike a match *or* a light.	Frotter une allumette.
The candle had burnt itself out.	La bougie avait brûlé jusqu'au bout.
Let the fire die out.	Laissez éteindre le feu.
The fire is out.	Le feu est éteint.
To burn like matchwood.	Flamber comme une allumette.
The storm,—the fire,—the battle,—the epidemic was raging,	La tempête, — l'incendie, — la bataille, — l'épidémie faisait rage.
The fire is catching.	Le feu commence à prendre.
In order to prevent the fire from spreading.	Pour empêcher l'incendie de s'étendre.
To get off { with one's life. / with a whole skin. }	S'en tirer { la vie sauve. / sans une égratignure. }
The scene of the disaster.	Le lieu du sinistre.

VIII

LA NATURE. — L'UNIVERS

Nature. — The universe.

I. LE CIEL ET LES ASTRES

The sky and the stars.

■ NOMS

the crēation	*la création.*
the world[1]	*le monde.*
the ūniverse	*l'univers.*
nāture[2]	*la nature.*
the sky the hĕaven (1)	*le ciel.*
the vault of heaven	*la voûte céleste.*
a star	*1. un astre.* *2. une étoile.*
the pōle-star	*l'étoile polaire.*
a shooting star	*une étoile filante.*
a *con*stellātion	*une constellation.*
a cŏmet	*une comète.*
the Milky Way	*la Voie Lactée.*
a sunspot	*une tache solaire.*
a nebŭla	*une nébuleuse.*
a plănet	*une planète.*
mōtion	*le mouvement.*
the co[u]rse	*le cours (des astres).*
the observatory	*l'observatoire.*
the telescōpe	*le télescope.*
daylīght	*la lum. du jour.*
the sun	*le soleil.*
sunlight sunshīne	*lumière, éclat du soleil.*
a ray, a bēam	*un rayon.*
the sunrīse	*le lever du soleil.*
the sunset	*le coucher »*
the dawn[3]	*l'aube, l'aurore.*
daybreāk	*le point du jour.*
the twilīght the dusk	*le crépuscule.*
gloom	*l'obscurité.*
darkness	*les ténèbres.*
the sphēre[4]	*la sphère.*
the disc, *or* disk	*le disque.*
moonlīght moonshīne	*le clair de lune.*
the new moon	*la nouvelle lune.*
the full moon	*la pleine lune.*
the first quarter the last quarter	*le premier quartier* *le dernier quartier*
the crescent	*le croissant.*
an eclipse	*une éclipse.*
the horīzon the skȳ-līne	*l'horizon.*
the zĕnith	*le zénith.*
the north	*le nord.*
the south	*le sud, le midi.*
the ēast	*l'est, l'orient.*
the west	*l'ouest, l'occident.*
the north-east	*le nord-est.*
the south-west	*le sud-ouest.*

■ ADJECTIFS

moving, movable	*mobile.*
mōtionless	*immobile.*
starry	*étoilé.*
infīnĭte	*infini.*
immense, hūge	*immense, énorme.*
boundless	*illimité.*

1. wəːld. — 2. neitʃə*. — 3. dɔːn. — 4. sfiːə*.

(1) Sauf dans certaines locutions et en poésie, *heaven* ne s'emploie guère que pour désigner le *ciel* au sens religieux.

sērēne, ca[l]m	*serein, calme.*
brīght	*brillant.*
rādiant, bēaming	*rayonnant, radieux.*
dull	*terne.*
sunny	*ensoleillé.*
oppoŝite	*opposé à.*
nēar	*proche de....*
clōse by (s = ss)	*tout proche.*
distant	*lointain.*
towards[3]	*vers.*
upwards (2)	*vers le haut.*
downwards	*vers le bas.*
forwards	*en avant.*
backwards	*en arrière.*
inwards	*vers l'intérieur.*
outwards	*vers l'extérieur.*
landwards	*vers la terre.*
rīghtwards	*vers la droite.*
leftwards	*vers la gauche.*

northern	*septentrional.*
southern[1]	*méridional.*
eastern	*oriental.*
western	*occidental.*
fācing, fronting	*faisant face à, tourné vers, donnant sur.*
northerly	*(venant) du nord.*
southerly[2], etc.	*(venant) du sud.*
sīdewards	*de côté.*
skywards	*vers le ciel.*
homewards	*vers la maison, la patrie, le port d'attache.*
sēawards	*vers la mer.*
northwards	*vers le nord.*
southwards, etc...	*vers le sud, etc....*

■ VERBES

to observe	*observer.*
to sīght (a star)	*observer à la lunette.*
to revolve round	*tourner autour de....*
to trāvel through	*parcourir.*
to descrībe	*décrire.*
*to rīse	*se lever (astres).*
*to set	*se coucher.*
to dawn, *to break	*poindre (aube).*
*to fall	*baisser (jour). tomber (nuit).*
*to shīne	*luire, briller.*

to appēar	*apparaître.*
to disappēar	*disparaître.*
to sparkle, to glitter	*étinceler.*
to bēam, to rādiāte	*rayonner.*
to twinkle	*scintiller.*
to dazzle	*éblouir.*
to blīnd	*aveugler.*
*to sink	*baisser, s'enfoncer.*
to wax	*croître,* *(lune).*
to wāne	*décroître* *(lune).*

■ LOCUTIONS

In the whole world. All the world over. All over the world.	*Dans le monde entier.*
The New World.	*Le Nouveau Monde.*
The Old World.	*L'Ancien Monde.*
To the end of the world.	*Jusqu'au bout du monde.*
Till the end of the world.	*Jusqu'à la fin du monde.*
In the next world.	*Dans l'autre monde.*
As the world goes.	*Par le temps qui court.*
A man of the world.	*Un homme qui connaît la vie.*
All the world and his wife.	*Toute la société.*
A world-wide reputation.	*Une réputation mondiale.*
Cheerful, shy, by nature.	*Gai, timide, de nature.*
To go to heaven.	*Monter aux cieux.*

1. sʌθən. — 2. sʌθəli. — 3. twəːdz.

(1) Voir aussi les adjectifs du ch. VII, 6 : l'Éclairage, le feu.
(2) Ces adverbes s'emploient aussi, sans *s* final, comme adjectifs : *in a southward direction*, dans la direction du sud, — *an inward movement*, un mouvement intérieur

Heaven knows that....	*Dieu sait que....*
Good heavens!	*Grands dieux!*
Between heaven and earth.	*Entre ciel et terre.*
To be in seventh heaven.	*Etre au septième ciel.*
To raise sb. to the skies.	*Porter qq. aux nues.*
To see stars.	*En voir trente-six chandelles.*
To be born under a lucky star.	*Naître sous une bonne étoile.*
I thank my stars.	*Je bénis ma bonne étoile.*
Get out of my light.	*Retire-toi de mon soleil.*
Daylight was failing (*or* fading).	*Le jour baissait.*
It is clear as daylight.	*C'est clair comme le jour.*
To sit, to bask in the sun.	*Etre assis, se chauffer au soleil.*
To let in the sun.	*Laisser entrer le soleil.*
Sun-dried.—Sun-burnt.	*Séché au soleil. — Basané, hâle.*
In the bright sunshine.	*En plein soleil.*
In utter darkness.	*Dans une obscurité complète.*
Under cover of darkness.	*Sous le couvert de l'ombre.*
By moonlight.	*A la lumière de la lune.*
To cry for the moon and stars.	*Demander la lune.*
To promise the moon and stars.	*Promettre la lune.*
Once in a blue moon.	*Tous les 36 du mois.*
The moon is waxing,—is waning (*or* is on the wane).	*La lune croît, — décroît.*
In the north, south, etc..	*Au nord, au sud, etc..*
(To the) south, east, etc... of....	*Vers le sud, l'est, etc., de....*
From east to west.	*De l'est à l'ouest.*
In the zenith.	*Au zénith.*
On the horizon.	*A l'horizon.*
The house opposite.	*La maison d'en face.*
At a distant period.	*A une époque lointaine.*
A southerly breeze.	*Une brise du sud.*
A starlit night.	*Une nuit illuminée d'étoiles.*
Radiant, beaming with joy.	*Rayonnant de joie.*
A bright idea.	*Une idée lumineuse.*
A sunny day.	*Un jour de soleil.*
A sunny house.	*Une maison ensoleillée.*
The sun rises in the east and sets in the west.	*Le soleil se lève à l'est et se couche à l'ouest.*
In the rising, setting sun.	*Au soleil levant, couchant.*
The sun was sinking in the horizon.	*Le soleil baissait à l'horizon.*
The dawn (*or* the day) is breaking.	*Le jour se lève.*
It is getting light, dark.	*Il commence à faire jour, à faire nuit.*
It is daylight,—it is night.	*Il fait jour, — il fait nuit.*
Nothing new under the sun.	*Rien de nouveau sous le soleil.*

At sunrise	*Au lever du soleil.*	In the sun In the sunshine In the sunlight	*Au soleil.*
At sunset	*Au coucher du soleil.*	In the shade	*A l'ombre.*
At dawn	*A l'aube.*	In the moonlight In the moonshine	*Au clair de lune.*
At daybreak	*Au point du jour.*	In the morning	*Dans la matinée.*
At noon	*A midi.*	In the afternoon	*Dans l'après-midi.*
At dusk At twilight	*Au crépuscule.*	In the evening	*Dans la soirée.*
At nightfall	*A la nuit tombante.*	In the daytime	*Pendant le jour.*
At night	*La nuit, à la nuit.*	In the night-time	*Pendant la nuit.*
At midnight	*A minuit.*		

2. LA TERRE

The earth.

■ NOMS

the **hemisphēre**	*l'hémisphère.*
the pōle	*le pôle.*
the earth	*la terre* { *1. monde terrestre. 2. sol. 3. matière.* }
the land	*la terre* { *1. opp. à la mer. 2. terrain. 3. contrée. 4. propriété foncière.* }
a **country**[1]	*un pays.*
the country	*la campagne.*
a continent	*un continent.*
the **māinland**	*la terre ferme. / le continent.*
a rēgion	*une région.*
a **landscāpe**	*un paysage.*
the scēnery	*le paysage (panorama).*
the ground	*le terrain. / le sol.*
the soil	*le sol, le **terroir**, la terre.*
the **dust**	***la poussière.***
a plāce	*un lieu. / un endroit. / une localité.*
the **limit**	*la limite.*
the bounds / the **boundary**	*les bornes, **les** limites.*
an **isthmus**	*un isthme.*
a cāpe (1)	*un cap.*
a **promontory** / a **hĕadland**	*un promontoire.*
an ī[s]le / an ī[s]land	*une île.*
an ī[s]let	*un îlot.*
a pen**in**sūla	*une presqu'île.*

an archi**pelago** (ch = k)	*un archipel.*
a tāble-land / a **plateau**	*un plateau.*
a plāin	*une plaine.*
pasture[2]-land	*des pâturages.*
the prāirie / the sav**anna**(h)	*la savane.*
the steppe	*la steppe.*
a moor	*une lande.*
a hēath	*une bruyère.*
the **hĕather**	*la bruyère (plante).*
a **dĕsert**	*un désert.*
an ōāsis	*un(e) oasis.*
a **virgin forest**	*une forêt vierge.*
the jungle	*la jungle.*
a **mountain**	*une montagne.*
a mount	*un mont.*
a mountain-rānge / a rānge of mountains	*une chaîne de montagnes.*
a spur	*un éperon, un contrefort.*
a hill	*une colline.*
a hillock	*un côteau.*
a height	*une hauteur.*
a [k]noll[4]	*un tertre.*
the top / **the summit**	*le sommet. / la cîme, le haut.*
the foot	*le pied.*
the **bottom**	*le bas, le fond.*
the slōpe / the inclīne	*la pente.*
a **gla**cier[3]	*un glacier.*
a cre**vasse**	*une crevasse.*
the īce	*la glace.*
the snōw	*la neige.*
per**petual** / **everlasting** } snow	*les neiges éternelles.*

1. kʌntri. — 2. paːstʃə. — 3. glasjə. — 4. noul.

(1) Voir ch. XVI, 4 : La géographie.

an avalanche	*une avalanche.*
a landslīde / a landslip	*un éboulement (de terre).*
a pass	*un passage, un col, un défilé.*
a valley	*une vallée.*
a vāle, a dāle	*un vallon.*
a gorge, a glen	*une gorge.*
a gully / a ravine[1]	*un ravin.*
a precipice	*un précipice.*
an abyss	*un abîme.*
a cleft	*une fissure.*
a chasm (ch = k)	*une crevasse. un gouffre.*
the brink	*le bord (falaise, précipice, etc.).*
a cāve	*une caverne.*
a grottō	*une grotte.*
a bāsin	*un bassin.*
a hollow	*un creux.*
a volcāno	*un volcan.*
a crāter	*un cratère.*
an eruption	*une éruption.*
the ashes	*les cendres.*
the cinders	*les scories.*
the lava[2]	*la lave.*
an earthquāke	*un tremblement de terre.*
The northern, southern hemisphere.	*L'hémisphère nord, sud.*
The North pole, the South pole.	*Le pôle nord, le pôle sud.*

■ LOCUTIONS

How on earth did he manage it?	*Comment diable s'y est-il pris?*
To move heaven and earth in order to....	*Remuer ciel et terre. Faire des pieds et des mains pour.*
On land and sea.	*Sur terre et sur mer.*
To attack a position by land and sea.	*Attaquer une position par terre et par mer.*
A waste land.	*Une terre inculte.*
Unexplored land.	*Des terres inexplorées.*
To see how the land lies.	*Tâter, sonder le terrain.*
To sit, to lie on the ground.	*Etre assis, couché par terre.*
To fall to the ground.	*Tomber par terre.*
To put one's ear to the ground.	*Appuyer son oreille contre terre.*
Level with the ground.	*A ras de terre.*
I have good ground(s) to believe that....	*J'ai de bonnes raisons / tout lieu de croire que....*
To shake off the dust from one's feet.	*Secouer la poussière de ses souliers.*
To throw dust in(to) sb.'s eyes.	*Jeter de la poudre aux yeux de qq.*
To raise the dust.	*Soulever de la poussière.*
To crumble into dust.	*Tomber en poussière.*
A place for everything and everything in its place.	*Une place pour chaque chose et et chaque chose à sa place.*
If I were in your place.	*Si j'étais à votre place.*
Out of place.	*Déplacé, inconvenant.*
To put sb. in his place.	*Remettre qq. à sa place.*
Would you like to change places with me?	*Voulez-vous changer de place avec moi?*
To give place to....	*Faire place à..., être remplacé par.*
In the first place.	*En premier lieu.*
In places.	*Par endroits.*
To set a limit to... (*or* limits to)...	*Mettre des limites à....*
There's a limit to everything.	*Il y a des limites à tout.*
To pass all bounds.	*Dépasser les bornes.*
To go up hill, down hill.	*Monter, descendre la côte.*
The hillside.	*Le flanc de la colline.*

1. ravin. — 2. laːve.

To come to the top.	*Atteindre au premier rang.*
On the top of all that.	*Par-dessus / En sus de* } *tout cela.*
Up hill and down dale. / Over hill and dale.	*Par monts et par vaux.*
At the height of....	*A l'altitude de..., à la hauteur de....*
In a gentle slope.	*En pente douce.*
An ice-bound ship.	*Un navire pris par les glaces.*
An ice-field.	*Un banc de glace.*
Snow-bound.—Snowed up.	*Bloqué par les neiges.*
An extinct / A dormant / An active } volcano.	*Un volcan* { *éteint.* / *qui sommeille.* / *en activité.*
To dance over a volcano.	*Danser sur un volcan.*

■ ADJECTIFS

smooth, **lĕvel**	*uni.*	**slōping** / **shelving**	*en pente.*
unēven	*inégal.*	steep	*raide, escarpé.*
flat	*plat.*	bluff	*à pic, vertical.*
rough[1]	*rugueux, raboteux.*	precipitous	*àpic, très escarpé.*
sandy	*sablonneux.*	sharp	*aigu, nettement découpé.*
rocky	*rocheux.*		
dusty	*poussiéreux.*	jagged	*déchiqueté, dentelé.*
stōny	*pierreux, rocailleux.*	bare[2]	*nu, dénudé.*
hilly	*montueux, accidenté.*	surrounded { by / with	*entouré* { *par.* / *de.*
mountainous	*montagneux.*	cŏvered with	*couvert de.*

■ VERBES

to form	*former.*	to border on	*toucher à, confiner à.*
*to bīnd / to connect	*relier.*	to bound	*borner.*
to be sitūāted	*être situé.*	to lĭmit	*limiter.*
*to stand	*se trouver, se dresser.*	to mark / to characterīze	*caractériser.* / *distinguer.*
*to spread	*s'étendre (en surface).*	to be nōticeable / conspicūous } by	*se distinguer par.* / *être remarquable par.*
to stretch	*s'étendre (en longueur).*		
*to rīse	*s'élever.*	*to stand out { on, against	*se profiler sur.* / *se détacher sur.*
to slōpe up (*or* down)	*être en pente.*	to surround with	*entourer de.*
to cŏver with	*couvrir de.*		
to border	*border, entourer.*	to erupt	*faire éruption.*

To lie flat on the ground.	*Etre étendu à plat sur le sol.*
To fall flat on one's face.	*Tomber à plat ventre.*
The Rocky Mountains. / The Rockies.	*Les Montagnes Rocheuses.*

1. rʌf. — 2. bɛə.

3. LA MER ET LES RIVIÈRES

The sea and the rivers.

■ NOMS

A. La mer.

the ōcean[1]	*l'océan.*
the sēa	*la mer.*
the sea-lĕvel	*le niveau de la mer.*
the sēa-sīde	*le bord de la mer.*
a **channel**	*1. un canal (naturel), un détroit.* *2. un chenal.*
a lāke	*un lac.*
an inland sea	*une mer intérieure.*
a wāve	*une vague.*
the **billow**	*le flot écumant.* *la grosse vague.*
the surf	*le ressac.*
the fōam (1)	*l'écume.*
the tīde	*la marée.*
at high tide / low water	*à marée haute.* / *à marée basse.*
the flow and the ebb	*le flux et le reflux.*
the swell the surge	*la houle.*
spray *(sing.)*	*les embruns.*
a swirl[2]	*un remous.* *un tourbillon.*
a sēa	*un paquet de mer.*
a shōal	*un bas-fond* *un banc (sable ou poissons).*
a reef	*un récif.*
a sand-bank	*un banc de sable.*
the shore	*le rivage.*
the cōast	*la côte.*
the strand	*la grève.*
a cliff	*une falaise.*
the strāits (*pl.*)	*le détroit.*
a bay	*une baie.*
a gulf	*un golfe.*
a fiord	*un fiord.*
the bēach	*la plage.*
a down a sand-hill	*une dune.*
the bank	*la rive, le bord.*
the slōpe	*le talus.*
shingle (*ss. pl.*)	*du galet, des galets.*
a pebble	*un galet, un caillou.*

B. La rivière.

the spring (hĕad)	*la source.*
a spring	*une source.*
a mīneral spring	*une source minérale.*
a strēam	*un cours d'eau (en gén.).*
a brook	*un ruisseau.*
a brooklet a rīvūlet	*un petit ruisseau.* *un ruisselet.*
a **rīver**	*une rivière.* *un fleuve.*
the river-bed	*le lit de la rivière.*
a **torrent**	*un torrent.*
a cascāde	*une cascade.*
a waterfall	*une chute d'eau.*
the Nīagara Falls	*les chutes du Niagara.*
a **tribū**tary	*un affluent.*
the **con**flūence the meeting	*le confluent.*
the course	*le cours.*
the **current**	*le courant.*
a wīnding a mēander	*une sinuosité.* *un méandre.*

1. ouʃən. — 2. swəːl.

(1) Cf. *froth* : écume, mousse (de bière, etc.), *a meerschaum pipe*, une pipe en écume de mer.

a bridge (1)	*un pont.*
a ford	*un gué.*
a wēir, a dam	*un barrage.*
a canal	*un canal.*
a lock	*une écluse.*
the lock-gāte	*la porte de l'écluse.*
the mouth	*l'embouchure.*
the estūary	*l'estuaire.*
the firth (*Ecosse*)	*l'estuaire.*
the delta	*le delta.*
a lāke	*un lac.*
the bāsin	*le bassin (d'un fleuve).*
a pond	*un étang.*
a pool	*une mare.*
a puddle	*une flaque d'eau.*
a marsh, a fen	*un marais.*
a swamp	*un marécage.*
a slough[1]	*un bourbier.*
the mud	*la boue.*
the slīme	*la vase.*
the mīre	*la bourbe.*
a flood[2]	*une inondation.*

■ LOCUTIONS

On the high seas (2).	*En haute mer.*
In a rough sea.	*Par forte mer.*
An arm of the sea.	*Un bras de mer.*
To be at sea.	*Etre perdu, ne plus savoir que faire.*
To go to sea.—To follow the sea.	*Se faire marin. — Etre marin.*
To be half-seas over.	*Etre à moitié ivre.*
Sea-sickness.	*Le mal de mer.*
To be sea-sick.	*Avoir le mal de mer.*
400 feet { above / below } (the) sea-level.	*400 pieds { au-dessus / au-dessous } du niveau de la mer.*
{ To be / To put oneself } on a level with.	*{ Etre / Se mettre } au niveau de....*
To rise to the level of sb.	*S'élever au niveau de qq.*
{ To be at / To go to } the { water-side. / sea-side. }	*{ Etre / Aller } au bord { de l'eau. / de la mer. }*
To fall into the water.	*Tomber à l'eau.*
The high-water, low-water mark.	*Le niveau des hautes, des basses eaux.*
The tide is rising (*or* coming in).	*La marée monte.*
The tide is falling (*or* going out).	*La marée descend.*
A tideless sea.	*Une mer sans marée.*
At rising tide, at flow-tide.	*A la marée montante.*
At falling tide, at ebb-tide.	*A la marée descendante.*
A heavy swell.	*Une grosse houle.*
A coral reef (*or* shoal).	*Un récif (ou banc) de corail.*
A pebbly beach.	*Une plage de galets.*
The banks of Newfoundland.	*Le banc de Terre-Neuve.*
The Straits of Dover.	*Le Pas de Calais.*
The Bay of Biscay.	*Le Golfe de Gascogne.*
The Suez Canal.	*Le Canal de Suez.*
The Malay Straits.	*Le Détroit de Malacca.*
A sea-side resort.	*Une station balnéaire.*
A mountain stream.	*Un torrent de montagne.*
Up stream,—up the river.	*En amont.*
Down stream,—down the river.	*En aval.*
To go with the stream.	*{ 1. Suivre le courant. / 2. Faire comme les autres. }*

1. slau. — 2. flʌd.

(1) Cf. *the bridge,* la passerelle de commandement (sur un navire); *the deck,* le pont d'un navire.

(2) Voir aussi les termes de Marine.

To drift with the stream.	*S'en aller, dériver au fil de l'eau.*
A torrent of abuse.	*Un torrent d'injures.*
A foot-bridge.	*Une passerelle.*
A suspension-bridge.	*Un pont suspendu.*
A swing-bridge.	*Un pont tournant.*
A bridge of boats.	*Un pont de bateaux.*
To bridge a river.	*Jeter un pont sur une rivière.*
To ford a river.	*Passer une rivière à gué.*
A bathing-pool.	*Une piscine en plein air.*
A pool of blood.	*Une mare de sang.*
The Great Flood.	*Le Déluge.*
A flood of light.	*Un torrent de lumière.*
A flood of tears.	*Un déluge de larmes.*

■ ADJECTIFS

clēar	*clair.*	**nă**vigable	*navigable.*
turbid	*trouble.*	smooth	*calme (mer).*
muddy	*boueux.*	choppy	*clapotante.*
pūre	*pur.*	rough[1]	*mauvaise, agitée.*
foul, dirty	*impur, sale.*	hĕavy	*grosse.*
stagnant, still	*stagnant, dormant.*	**rā**ging, rōlling	*démontée.*
		fōaming	*écumant.*

■ VERBES

to ooze out / to trickle	*sourdre.*	*to run / fall / flow into	*se jeter dans.*
*to spring	*jaillir.*	*to be / get lost in	*se perdre dans.*
to strēam (down)	*ruisseler.*	**to drāin**	*drainer.*
*to run, to flow	*couler.*	to dr**ȳ** up / to re**clāim**	*dessécher (un marais).*
to gush (forth)	*jaillir à flots.*	to chop	*clapoter.*
*to run (through)	*traverser, arroser.*	to splash	*éclabousser.*
*to wīnd (through)	*serpenter (dans).*	to toss	*ballotter.*
to twist and turn	*décrire de nombreux détours.*	*to swell	*(s') enfler. / être houleuse.*
to babble	*babiller.*	to tumble about	*déferler.*
to **mur**mur[2]	*murmurer.*	to rōll	*rouler.*
to bubble	*bouillonner.*	to roar[4]	*rugir, mugir.*
to eddy	*tourbillonner.*	to rāge	*faire rage, être démontée.*
to ford / to wāde	*passer à gué.*	*to brēak / to smash	*se briser.*
to dam	*barrer (fleuve).*	to fōam	*écumer.*
to ōver**flōw**	*déborder.*		
to flood[3]	*inonder.*		
*to rīse	*monter.*		
*to go down	*baisser.*		

■ LOCUTIONS

The roaring of the waves.	*Le mugissement des vagues.*
Full to overflowing.	*Plein à déborder.*
Still waters run deep.	*Il n'est pire eau que l'eau qui dort.*
Time and tide wait for no man.	*Le temps et la marée n'attendent personne.*
Many a little makes a muckle.	*Les petits ruisseaux font les grandes rivières.*

1. rʌf. — 2. məːmə. — 3. flʌd. — 4. rəːr.

4. L'ATMOSPHÈRE. — LE TEMPS

The atmosphere. — The weather.

■ NOMS

the **at**mosphēre	*l'atmosphère.*
the air	*l'air.*
the **clī**mate	*le climat.*
the **tem**perature	*la température.*
the wĕather	*le temps (qu'il fait).*
the **Central Mĕteorological** Office	*le bureau météorologique.*
warmth	*la chaleur.*
hēat	*la grande chaleur.*
the hāze	*la brume légère.*
the mist	*la brume.*
the fog	*le brouillard.*
the dew[1]	*la rosée.*
a cloud	*un nuage.*
a drop	*une goutte.*
drizzle	*la bruine.*
rāin	*la pluie.*
sleet	*le grésil.*
hāil	*la grêle.*
a hail-stōne	*un grêlon.*
cōld	*le froid.*
coolness	*la fraîcheur.*
chilliness	*la fraîcheur âpre, la froidure.*
drought[2]	*une période de sécheresse.*
damp, **damp**ness	*l'humidité.*
a ba**ro**meter	*un baromètre.*
a ther**mo**meter	*un thermomètre.*
a shower[3]	*une averse, une ondée.*
a rāinbōw	*un arc-en-ciel.*
the mi**rage**[4]	*le mirage.*
frost	*la gelée.*
hoar[5] frost	*la gelée blanche.*
īce	*la glace.*
an īcĭcle	*un glaçon.*
a block of ice	*un glaçon (sur une rivière).*
a **bliz**zard	*une rafale de neige.*
slush	*la neige fondue.*
a snow-flāke	*un flocon de neige.*
thaw	*le dégel.*

a **whirl**wĭnd	*un tourbillon (de vent.)*
a puff of wind	*une bouffée de vent.*
a gust of wind	*un coup de vent.*
a blast[6]	*une rafale.*
a squall	*un grain, une bourrasque.*
a gāle	*un grand vent.*
a lull	*une accalmie.*
a storm	*un orage, une tempête.*
a **tem**pest	*une tempête.*
a **hur**ricane	*un ouragan.*
a **cȳ**clōne	*un cyclone.*
thunder	*le tonnerre.*
a (thunder-) storm	*un orage.*
a clap of thunder / a thunder-clap	*un coup de tonnerre.*
a pēal of thunder	*un roulement de tonnerre.*
a **thun**der**bōlt**	*un coup de foudre, la foudre.*
a flash of lightning	*un éclair.*
a lightning-rod (*or*-conductor)	*un paratonnerre.*

---

1. djuː. — 2. draut. — 3. ʃauə. — 4. miraːʒ. — 5. hɔːr. — 6. blaːst.

■ LOCUTIONS

In nice, bad weather.	*Par le beau, le mauvais temps.*
In all weathers.	*Par tous les temps.*
Weather permitting.	*Si le temps le permet.*
A seasonable weather.	*Un temps de saison.*
A weather-beaten coast.	*Une côte battue par les vents.*
A weather-beaten face.	*Un visage hâlé.*
The weather report (*or* forecast).	*Le bulletin météorologique.*
Keep your weather-eye open!	*Veillez au grain! ouvrez l'œil!*
In the fresh air, in the open air.	*En plein air.*
Open air life.	*La vie en plein air.*
To go for a breath of fresh air.	*Sortir prendre l'air.*
To want a change of air.	*Avoir besoin de changer d'air.*
There was not a breath of air.	*Il n'y avait pas un souffle d'air.*
In the heat of the argument.	*Dans la chaleur de la discussion.*
I am dying with cold.	*Je meurs de froid.*
Those words cast a chill over the company.	*Ces paroles ont jeté un froid sur la société.*
Damp-proof.	{ *A l'épreuve de* / *Isolant contre* } *l'humidité.*
To be caught in a fog.	*Etre pris par le brouillard.*
Dew is falling.	*Il tombe de la rosée.*
To fall from the clouds.	*Tomber des nues.*
Drop by drop.	*Goutte à goutte.*
To wait out in the rain.	*Attendre dehors sous la pluie.*
Rain or shine.	*Qu'il pleuve ou qu'il fasse beau.*
A pouring, pelting rain.	*Une pluie violente, battante.*
A downpour.	*Une pluie torrentielle.*
It looks like rain.	*Le temps est à la pluie.*
It has turned to rain.	*Le temps s'est mis à la pluie.*
The annual rainfall.	*La quantité annuelle de pluie.*
A shower of blows.	*Une grêle de coups.*
A shower of gold.	*Une pluie d'or.*
Frost-work.	*Les fleurs de givre (sur les vitres).*
Snow-capped mountains.	*Des montagnes couronnées de neige.*
To dash in, to dash out.	*Entrer, sortir en coup de vent.*
Her hair streaming in the wind.	*Ses cheveux flottant au vent.*
What good wind brings you here?	*Quel bon vent vous amène?*
To recover one's wind.	*Reprendre son souffle.*
There is something in the wind.	*Il y a quelque anguille sous roche.*
It's a storm in a tea-cup.	*C'est une tempête dans un verre d'eau.*
Storm-beaten,—storm-tossed.	*Battu, ballotté par la tempête.*
Thunders of applause.	*Un tonnerre d'applaudissements.*
The news came like a thunderbolt in a blue sky.	*La nouvelle est tombée comme un coup de foudre.*
Heat-(*or* summer-) lightning.	*Des éclairs de chaleur.*
(As) quick as lightning.	*Rapide comme l'éclair.*

■ ADJECTIFS

fīne	*bon (temps) (1).*	horrid	*affreux, épouvantable.*
nīce	*beau.*	mīld	*doux.*
nasty, foul	*sale, infect.*		

(1) Il suffit qu'il ne pleuve pas pour que les Anglais vous abordent en disant : « Fine weather, to-day! »

hard, sēvēre	*dur, rude.*
bitter	*rude, âpre.*
clōse (s = ss), sultry	*lourd.*
suffocāting	*suffocant.*
stīfling	*étouffant.*
oppressive	*accablant.*
cool	*frais.*
chilly	*froid (qui saisit). frisquet.*
īcy, frosty	*glacial.*
drȳ	*sec.*
wet	*mouillé.*
sōaked	*trempé.*
dewy[1]	*couvert de rosée.*
damp	*humide.*
raw	*humide et froid.*
misty, hāzy	*brumeux.*
foggy	*brumeux, couvert de brouillard.*
cloudy	*nuageux.*
ōvercast	*couvert (ciel).*
cloudless	*sans nuages.*
rāiny	*pluvieux.*
muddy	*boueux.*
slushy	*boueux de neige fondue.*
slippery	*glissant.*
wĭndy	*venteux.*
stormy	*orageux.*
snō[w]y	*neigeux.*
āiry	*éventé, exposé au grand air.*
airless	*manquant d'air, privé d'air.*
(un)fāvourable	*(dé)favorable.*
propĭtious	*propice.*
*un*propĭtious	*peu propice.*
stĕady	*régulier, persistant. durable, fixe (temps).*
sēasonable	*qui convient à la saison.*
chāngeable	*variable, changeant.*
vīolent	*violent.*
fūrious	*furieux.*
num[b], benum[b]ed	*engourdi.*
thunder-struck	*foudroyé.*
frost-bitten	*gelé (pieds, nez).*
frost-nipped	*gelé (plantes, fruits).*

■ VERBES

*to become (*or* *to get) ōvercast, to cloud ōver	*se couvrir de nuages.*
to gāther	*se rassembler. s'accumuler.*
to bank up, to pīle up	*s'amonceler.*
to slīde, to slip along, away	*glisser.*
to darken, *to grōw dark	*s'obscurcir.*
to clēar up, to brĭghten up	*s'éclaircir.*
*to blow	*souffler.*
to whis[t]le	*siffler.*
to sough[2]	*gémir, bruire.*
to howl[3]	*hurler.*
to whirl	*tourbillonner.*
to lash	*fouetter.*
to drop	*tomber (vent).*
to dīe down	*s'apaiser.*
to subsīde, to abāte	*se calmer.*
to thrĕaten	*menacer.*
to brew	*(litt.[1]) : (se) brasser. se préparer, couver.*
*to draw nēar	*(s') approcher.*
*to burst	*éclater.*
to thunder	*tonner.*
to rumble	*rouler, gronder.*
to crash	*éclater avec fracas.*
to flash	*jaillir (éclairs).*
to lĭghten	*faire des éclairs.*
*to strīke (en parlant de la foudre)	*tomber sur. frapper.*
to strēak	*rayer, sillonner.*
*to shāke	*1. secouer. 2. trembler.*
to smash	*fracasser.*
to rāin	*pleuvoir.*
to pour (down)	*pleuvoir à verse.*
to drip	*tomber goutte à goutte.*

1. djuri. — 2. sau. — 3. haul.

to drop	1. *tomber goutte à goutte.* 2. *tomber comme une goutte (de son propre poids).* 3. *laisser tomber.*	to rattle	*crépiter (grêle).*
		to snōw	*neiger.*
		*to freeze	*geler.*
		to melt	*fondre, se fondre.*
		to stop / *to lēave off	*cesser.*
		to lift / to clēar off	*se dissiper (nuages).*
to hāil	*grêler.*		
to patter	*crépiter (pluie).*	to be ōver	*être passé, fini.*

■ LOCUTIONS

What is the weather like?	*Quel temps fait-il?*
It is getting cold.	*Il commence à faire froid.*
It is stifling hot.	*Il fait une chaleur accablante.*
It is icy cold.	*Il fait un froid glacial.*
It is wet under foot to-day.	*Il fait mouillé, aujourd'hui.*
To get one's feet wet.	*Se mouiller les pieds.*
To get wet, soaked through.	*Se (faire) mouiller, tremper jusqu'aux os.*
A windy place.	*Un endroit exposé au vent.*
On a rainy, windy, snowy day.	*Par un jour de pluie, de vent, de neige.*
The rainy, snowy season.	*La saison des pluies, des neiges.*
In misty, rainy weather.	*Par la brume, par la pluie.*
In foggy, frosty weather.	*Par le brouillard, par la gelée.*
It is hot, sultry, cold, etc....	*Il fait très chaud, lourd, froid, etc.*
It is { foggy / windy / stormy } to-day.	*Il fait { du brouillard / du vent / de l'orage } aujourd'hui.*
The barometer is { at change. / set fair.	*Le baromètre est { au variable. / au beau fixe.*
The sky is clouding over.	*Le ciel s'obscurcit.*
The wind is blowing in squalls.	*Le vent souffle par rafales.*
It is blowing a gale.	*Le vent souffle en tempête.*
To watch which way the wind is blowing.	*Voir d'où le vent souffle.*
The clouds have blown away.	*Les nuages ont été emportés par le vent.*
The storm has blown over.	*L'orage s'est dissipé.*
To be blown down.	*Être renversé par le vent.*
The rain was lashing against the panes.	*La pluie fouettait contre les vitres.*
The wind is dying away.	*Le vent commence à baisser.*
The storm is brewing.	*L'orage se prépare, s'amoncelle.*
To burst in, to burst out.	*Entrer, sortir en trombe.*
He flashed his electric-torch on me.	*Il dirigea sur moi le rayon de sa lampe de poche.*
The whole building was shaking.	*Tout l'édifice tremblait.*
To shake, to tremble with fear.	*Trembler de peur.*
It is raining in torrents, in buckets	*Il pleut à torrent, à seaux.*
It is raining cats and dogs.	*Il pleut des hallebardes.*
It is pouring (down). / It is pouring with rain.	*Il pleut à verse.*
You are dripping wet.	*Vous êtes trempé.*
The river was (*or* had) frozen over.	*La rivière était prise.*
It is freezing hard.	*Il gèle à pierre fendre.*
The barometer is rising, falling.	*Le baromètre monte, baisse.*
Little rain lays great dust.	*Petite pluie abat grand vent.*

IX
LES ANIMAUX
Animals.

I. LES ANIMAUX DOMESTIQUES
Domestic animals.

■ NOMS

A. Le cheval.

an **animal**	*un animal.*
the animal **king**dom	*le règne animal.*
a mammal	*un mammifère.*
the māle	*le mâle.*
the fēmāle	*la femelle.*
a horse	*un cheval.*
a māre	*une jument.*
a **stallion**, a stud-horse	*un étalon.*
a stud-farm	*un haras.*
a cōlt, a fōal	*un poulain.*
a filly	*une pouliche.*
a bay-horse	*un cheval bai.*
chestnut-horse	*cheval alezan.*
dappled horse	*cheval pommelé.*
dapple-grey horse	*cheval gris-pommelé.*
carriage-horse	*ch. d'attelage.*
draught[1]-horse	*ch. de trait.*
saddle-horse	*ch. de selle.*
pack-horse	*ch. de bât.*
rāce-horse	*ch. de course.*
a **hun**ter	*un ch. de chasse.*
a steed	*un coursier.*
a crock, a jāde	*une haridelle.*
a thoroughbred[2]	*un pur-sang.*
an ass, a **don**key	*un âne.*
a she-ass	*une ânesse.*
a mūle	*un mulet.*

a she-mūle	*une mule.*
the chest	*le poitrail.*
the **nos**trils	*les naseaux.*
the māne	*la crinière.*
the tāil	*la queue.*
the cōat	*la robe (d'un cheval).*
a horse-hair	*un crin.*
a hoof	*un sabot.*
a horseshoe	*un fer à cheval.*
horseback-riding (1)	*l'équitation.*
a rīder, a horseman	*un cavalier.*
a saddle	*une selle.*
a **stir**rup	*un étrier.*
a spur	*un éperon.*
the reins	*les rênes.*
a horse-blanket	*une couverture.*
the **ve**terinary surgeon	*le vétérinaire.*
the pāce	*l'allure.*
the amble	*l'amble.*
the trot	*le trot.*
the **gal**lop	*le galop.*
the canter	*le petit galop.*
a jump	*un saut.*
a **rā**cing-stud	*une écurie de courses.*
grooming	*le pansage.*
a **cur**ry-cōm[b]	*une étrille.*

1. draɪft. — 2. θʌrəbred.

(1) Voir aussi ch. XIV, 3 : Les jeux et les sports.

B. La vache.

cattle (ss. pl.)	*le bétail.*
cattle-breeding	*l'élevage.*
a cattle-breeder	*un éleveur.*
līve-stock	*le cheptel.*
a rūminant	*un ruminant.*
a herd, a drōve	*un troupeau (gros bétail).*
a horn	*une corne.*
horned-cattle	*les bêtes à cornes.*
a bull	*un taureau.*
a cow[1]	*une vache.*
a hĕifer	*une génisse.*
an ox (*pl.* oxen)	*un bœuf.*
a ca[l]f (*pl.* calves)	*un veau.*
the udder	*le pis.*

C. Autres animaux domestiques.

a hog, a swīne	*un porc.*
a sow[2]	*une truie.*
a pig	*un cochon.*
a piglet,	*un porcelet.*
the snout	*le groin.*
bris[t]le	*la soie.*
a ram	*un bélier.*
a ewe[3]	*une brebis.*
a gōat	*une chèvre.*
a he-goat	*un bouc.*
a lam[b]	*un agneau.*
a kid	*un chevreau.*
a sheep (*pl.* sheep)	*un mouton.*
a sheep-farmer	*un éleveur de moutons.*
a sheep-fōld	*1. une bergerie. 2. un parc à moutons.*
a flock	*un troupeau (petit bétail).*
the fleece	*la toison.*
shēaring	*la tonte (action).*
shēaring-tīme	*la tonte (époque).*

a dog	*un chien.*
a bitch	*une chienne.*
a puppy	*un jeune chien.*
a cur	*un mâtin.*
a water-spăniel	*un barbet.*
a poodle	*un caniche.*
a greyhound	*un levrier.*
a bitch-greyhound	*une levrette.*
a hound	*un ch. de chasse.*
a watch-dog	*un ch. de garde.*
shepherd's dog	*ch. de berger.*
a police-dog	*un chien policier.*
a bull-dog	*un bouledogue.*
a terrier	*un terrier.*
a St. Bernard (dog)	*un Saint-Bernard.*
a Newfoundland (dog)	*un terre-neuve.*
a mongrel	*un métis.*
the paw	*la patte.*
the snout, the muzzle	*le museau.*
the mouth	*la gueule.*
the muzzle	*la muselière.*
the collar	*le collier.*
the lēash	*la laisse.*
a cat	*un chat.*
a tom-cat	*un matou.*
a she-cat	*une chatte.*
a kitten	*un petit chat.*
puss! pussy!	*mimi! minet!*
a rabbit	*un lapin.*
the hīde, the skin (1)	*la peau.*
horsehide	*peau de cheval.*
cowhide	*peau de vache.*
sheepskin	*peau de mouton.*
buckskin	*peau de daim.*
goatskin	*peau de chèvre.*
pigskin	*peau de porc.*
dogskin	*peau de chien.*
rabbitskin	*peau de lapin.*
moleskin	*peau de taupe.*
a fur	*une fourrure.*
lĕather	*le cuir.*

LOCUTIONS

To get on one's high horse	*Monter sur ses grands chevaux.*
To turn tail.	*Tourner les talons, s'enfuir.*
A hair-mattress.	*Un matelas de crin.*
To be in the saddle.	*Etre en selle.*
To vault into the saddle.	*Sauter en selle.*
The stirrup-cup.	*Le coup de l'étrier.*

1. kau. — 2. sau. — 3. juː.

(1) En général le mot *hide* désigne les peaux épaisses, propres à être transformées en cuir; le mot *skin*, les peaux plus minces, employées à d'autres usages.

To give { a horse the bridle. / rein to a horse.	*Lâcher la bride à un cheval.*
To ride with loose rein.	*Laisser à un cheval la bride sur le cou.*
To go back into harness. / To get into harness again.	*Reprendre le collier.*
To break into a trot, a gallop.	*Prendre le trot, le galop.*
To trot, — to canter, — to gallop a horse.	*Mener un cheval au trot, — au petit galop, — au galop.*
To take a jump.	*Faire un saut.*
Cattle on the hoof.	*Bétail sur pied.*
A bull-fight.	*Une course de taureaux.*
To worship the golden calf.	*Adorer le veau d'or.*
A black sheep.	*Une brebis galeuse.*
The Golden Fleece.	*La Toison d'Or.*
To be as fat as a pig.	*Être gras à lard.*
The Society for the prevention of cruelty to animals (S.P.C.A.).	*La Société protectrice des animaux.*
To make an ass of oneself.	*Se conduire comme un âne.*
A yoke of oxen.	*Une paire de bœufs.*
To live a dog's life.	*Mener une vie de chien.*
To lead sb. a dog's life.	*Mener la vie dure à qq.*
To let the cat out of the bag.	*Vendre la mèche.*
To keep a dog on the leash.	*Tenir un chien en laisse.*
Give me a paw!	*Donne la patte!*
Puss in Boots.	*Le Chat Botté.*
To make a cat's paw of sb.	*Se servir de qq. pour tirer les marrons du feu.*

■ ADJECTIFS

wīld	*sauvage.*	restive	*rétif.*
domestic	*domestique.*	untāmable	*indomptable.*
tāme	*apprivoisé, pas sauvage.*	unmanageable	*indomptable (cheval).*
quīet, gentle	*doux, calme.*	two-footed / two-legged	*bipède (adj.).*
brōken in	*dressé (cheval).*		
trāined	*dressé (chien).*	four-footed	*quadrupède (adj)*
pātient	*patient.*	a bīped	*un bipède.*
dōcīle	*docile.*	a quadruped	*un quadrupède.*
refractory	*récalcitrant.*	herbivorous / grass-ēating	*herbivore.*
tĭmorous	*craintif.*		
agīle	*agile.*	carnivorous / flesh-ēating	*carnivore.*
greedy	*gourmand.*		
mad	*enragé (chien). / furieux (cheval).*	horned	*à cornes.*
shȳ	*ombrageux.*	hairy	*couvert de poils. / velu.*
fīery	*fougueux.*	provīded with	*muni de.*

■ VERBES

to nei[gh]	*hennir.*	to blēat	*bêler.*
to snort (1)	*renâcler.*	to grunt	*grogner.*
to bray	*braire.*	to bark	*aboyer.*
to lōw, to bellōw	*beugler, mugir.*	to yelp, to yap	*japper.*

(1) Les substantifs afférents à ces verbes (hennissement, beuglement, grognement, etc.) ont la même forme que les verbes (neigh, low, grunt, etc.). Ils peuvent être aussi rendus par le participe présent lorsqu'ils désignent un ensemble ou lorsqu'ils sont pris au figuré (*the barking of the dogs*, les aboiements des chiens — *the roaring of the waves*, le mugissement des vagues.

to grō[w]l	*grogner.*
to snarl	*gronder (dogue).*
to whīne	*geindre.*
to mew[1]	*miauler.*
to purr	*ronronner.*
*to feed *to give an animal a feed	*donner à manger.*
to water	*donner à boire.* *faire boire.*
*to breed	*élever.*
to tīe (up).. to	*attacher... à.*
to chāin (up)..	— *(un chien).*
to tĕther	— *à la longe.*
to untīe to unchain to untether	*détacher.*
*to get loose (from), *to breāk loose	*se détacher (de).* *s'échapper.*
to **shel**ter (against)	*abriter (de).*
to trāin	*dresser (en gén.).*
*to breāk in	*dresser (un cheval).*
to pull (1), *to draw	*tirer, traîner.*
to carry	*porter.*
to mount a horse	*monter (sur) un cheval.*
*to rīde (2)	*aller à cheval.* *chevaucher.*
*to ride a**cross**	*traverser à cheval.*
to ride throu[gh]	*parcourir à cheval.*
*to take a rīde	*faire une promenade à cheval.*
*to go for a ride	*aller se promener à cheval.*
to saddle	*seller.*
to unsaddle	*desseller.*
to **har**ness	*harnacher.*
to brīdle	*brider.*
to girth	*sangler.*
*to put (a horse) to	*atteler un cheval.*
*to take (a horse) out	*dételer un cheval.*
to walk along, *to go at a walking pāce	*aller au pas.*
to trot	*(faire) trotter.*
to **gall**op	*(faire) galoper.*
to swerve	*se dérober.*
to shȳ	*faire un écart.*
to be startled	*s'effaroucher.*
to paw the ground	*piaffer.*
to kick	*ruer.*
to unsēat *to throw	*désarçonner.* *jeter bas.*
to pat	*caresser (un cheval, etc.).*
to groom (a horse)	*panser (un cheval).*
to curry	*étriller.*
*to get down, to dis**mount** — from one's horse	*descendre de cheval.*
to rub down to wisp down	*bouchonner.*
to grāze	*(faire) paître.*
to browse	*brouter.*
to **rū**mināte to chew the cud	*ruminer.*
to milk	*traire.*
to suckle	*allaiter.*
to gore	*blesser à coups de cornes.*
to wallow	*se vautrer.*
*to shēar	*tondre.*
to fōld	*parquer.*
to be a**fraid** of	*avoir peur de*
*to run **away**	*se sauver.*
to scent	*flairer.*
*to run up	*accourir.*
to watch over the house	*garder la maison.*
to tend a flock	*garder un troupeau.*
*to bīte	*mordre.*
to wag	*remuer (la queue)*
to lick	*lécher.*
*to put out, — one's claws *to draw in — one's claws	*sortir, — ses griffes.* *rentrer — ses griffes.*
to scratch to claw	*griffer.*
to arch to set up one's back	*faire le gros dos.*
to clīm[b] on	*grimper sur.*
*to stēal	*se glisser furtivement.*
*to slink	*se glisser sournoisement.*
to strōke	*caresser.*

1. mjuː.

(1) Notez; *to pull up at a place* : arrêter son cheval, sa voiture à un endroit; et par contre, l'interjection : *pull up!* : hue!

(2) *To ride* s'emploie aussi dans le sens de : voyager, faire un trajet en chemin de fer, omnibus, etc....

LOCUTIONS

Sparrows in Paris parks are quite tame.	*Les moineaux des jardins de Paris ne sont pas sauvages du tout.*
The dog had gone mad.	*Le chien était devenu enragé.*
To be at the end of one's tether.	*Etre au bout de son rouleau.*
Tied and bound.	*Pieds et poings liés.*
To be on horseback.	*Etre à cheval.*
To sit astride.	*Etre à cheval (sur un banc, etc.).*
To horse!	*A cheval!*
A born horseman.	*Un homme de cheval.*
To ride a horse to death.	*Crever un cheval.*
To ride one's hobby.	*Enfourcher son dada (marotte).*
To go by Shanks's poney. To ride Shanks's mare.	*Prendre le train 11.*
It is an hour's ride to the nearest station.	*On met une heure pour aller à cheval (ou à bicyclette) à la gare la plus proche.*
It is a two-penny ride from here to Victoria Station.	*L'omnibus d'ici à la gare de Victoria coûte 2 pence.*
To saddle a task upon sb. To saddle sb. with a task.	*Imposer une tâche à qq.*
To be harnessed to a painful task.	*Être attaché à une tâche pénible.*
Don't look a gift horse in the mouth.	*A cheval donné, on ne regarde pas la bride.*
Don't put the cart before the horse.	*Il ne faut pas mettre la charrue devant les bœufs.*
You may lead a horse to water, but you cannot make him drink.	*On ne peut pas faire boire un âne qui n'a pas soif.*
God tempers the wind to the shorn lamb.	*A brebis tondue Dieu mesure le vent.*
A cat may look at a king.	*Un chat peut bien regarder un évêque.*
Give a dog a bad name and hang him.	*Qui veut noyer son chien l'accuse de la rage.*
Dead men tell no tales.	*Les morts ne parlent pas.*
Dead dogs don't bite.	*Morte la bête, mort le venin.*
Great barkers are not great biters. His bark is worse than his bite.	*Chien qui aboie ne mord pas.*
A live dog is better than a dead lion.	*Un homme mort ne vaut pas un chien vivant.*
Love me love my dog.	*Qui m'aime doit aimer mon chien.*
Let sleeping dogs lie.	*Ne réveillez pas le chat qui dort.*
When the cat's away, the mice will play.	*Quand le chat n'y est plus, les souris dansent.*
Many go for wool and come home shorn.	*Beaucoup s'en vont chercher de la laine et reviennent tondus.*
When candles are out, the cats are grey.	*La nuit, les chats sont gris.*

2. LES ANIMAUX SAUVAGES

Wild animals.

■ NOMS

a (wīld) boar	*un sanglier.*
the tusks (1)	*les défenses.*
a **cha**mois	*un chamois.*
a ga**zelle**	*une gazelle.*
a stag, a hart	*un cerf.*
a hīnd, a dōe	*une biche.*
a rōe, a buck a roe-buck	*un chevreuil.*
a deer (2) (*pl.* deer)	*un daim.*
a wolf[1] (*pl.* wolves)	*un loup.*
a fox	*un renard.*
the brush	*la queue* } *du renard.*
the earth	*le terrier* } *du renard.*
the **rō**dents	*les rongeurs.*
a rat	*un rat.*
a mouse (*pl.* mīce)	*une souris.*
the bat	*la chauve-souris.*
a **mon**key, an āpe	*un singe.*
an **el**ephant	*un éléphant.*
a bull-elephant	*un éléphant mâle.*
a cow-elephant	*un él. femelle.*
the trunk	*la trompe.*
īvory	*l'ivoire.*
ā **lī**on	*un lion.*
a **lī**oness	*une lionne.*
a **lī**on('s) cub (3)	*un lionceau.*
the den the lair	*l'antre,* *la tanière.*
the claw	*la griffe.*
a **pan**ther	*une panthère.*
a **lĕ[o]**pard[2]	*un léopard.*

a hāre	*un lièvre.*
the sēat	*le gîte.*
a wīld-**rab**bit	*un lapin de garenne.*
the **bur**row, the hōle	*le terrier d'un lapin.*
a **squir**rel	*un écureuil.*
a **bad**ger	*un blaireau.*
a **mar**ten	*une martre.*
a **pō**lecat	*une fouine.*
a **sā**ble	*une zibeline.*
a **wē**asel	*une belette.*
a **fer**ret	*un furet.*
an **ot**ter	*une loutre.*
a **dor**mouse	*un loir.*
a mōle	*une taupe.*
a mole-hill	*une taupinière.*
a hedge-hog	*un hérisson.*
a **mar**mot	*une marmotte.*
a **bē**aver	*un castor.*
a bear[3]	*un ours.*
a **hȳ**ena	*une hyène.*
a lynx	*un lynx.*
a **tī**ger	*un tigre.*
a **tī**gress	*une tigresse.*
a *hippo***pot**amus	*un hippopotame.*
a **rhī**noceros	*un rhinocéros.*
a **că**mel	*un chameau.*
a she-camel	*une chamelle.*
a **drom**edary	*un dromadaire.*
a gi**raffe**[4]	*une girafe.*
a **buf**falō	*un buffle.*
a **zē**bra	*un zèbre.*
a **por**cūpīne	*un porc-épic.*
a **rein**deer	*un renne.*

1. wulf. — 2. lepəd. — 3. bɛə*. — 4. dʒiraːf.

---

(1) Ce mot s'emploie pour désigner les défenses du sanglier, de l'éléphant et aussi du rhinocéros, du narval, du morse, etc.

(2) Le mot *deer* désigne aussi les cervidés en général; d'où : *red deer*, cerf; *reindeer*, renne.

(3) Le mot *cub* désigne le petit de certains animaux sauvages (lion, ours, tigre) et aussi parfois d'un chien féroce.

ADJECTIFS

spotted, mottled	*tacheté*
speckled, flecked	*moucheté.*
strīped, strēaked	*rayé, zébré.*
fawn (-coloured)	*fauve* (*adj.*)
wīly, cunning	*rusé, malin.*
slȳ	*rusé, sournois.*
trĕacherous	*traître, perfide.*
quick, swift	*rapide, vite.*
nimble	*agile, leste.*
robust, sturdy	*robuste.*
thick-set, squat	*ramassé, trapu.*
powerful	*puissant.*
gīgantic	*gigantesque.*
malicious, wicked	*méchant.*
crūel, savage	*cruel, brutal.*
ferocious	*féroce.*
fierce[1]	*féroce, farouche.*
fūrious, wīld	*furieux.*
rapācious, predācious	*rapace.*
vorācious	*vorace.*
bloodthirsty	*sanguinaire.*
redou[b]table	*redoutable.*
terrible, terrific	*terrible.*
nŏxious	*nuisible.*

VERBES

to nibble	*grignoter.*
to [g]naw	*ronger.*
to devour	*dévorer.*
to wander, to rōam	*errer.*
*to līe in wait (for)	*guetter, épier.*
to crouch	*se tapir.*
*to stēal up / down / etc.	*monter / descendre / etc. en se glissant.*
to dash at	*se jeter sur.*
to rush upon	*se précipiter sur.*
*to tear[2], to rend	*déchirer.*
to māim	*mutiler. estropier.*
to tāme	*apprivoiser. dompter.*
to roar[3]	*rugir.*
to howl[4]	*hurler.*
to yelp	*glapir* (*hyène*).
to bark	*glapir* (*renard*).
to grunt	*grogner* (*ours*).

LOCUTIONS

To set the fox to keep the geese.	*Enfermer le loup dans la bergerie.*
As mad as a March-hare.	*Fou à lier.*
A rabbit-warren.	*Une garenne.*
To smell a rat.	*Se douter / Flairer qu'il y a quelque anguille sous roche.*
As blind as a bat.	*Aveugle comme une taupe.*
To make a mountain of a mole-hill	*Se faire une montagne d'un rien.*
To play the monkey.	*Faire le singe.*
To take, to keep the lion's share.	*S'adjuger la part du lion.*
To jump / To rush into the lion's mouth.	*Se jeter dans la gueule du loup.*
It's the ass in the lion's skin.	*C'est l'âne sous la peau du lion.*
He is a sly dog.	*C'est un rusé compère.*
It breaks, it rends my heart.	*Cela me brise, me déchire le cœur.*
To roar with laughter.	*Éclater de rire.*
To do sth. on the sly.	*Faire qch. en cachette.*
Don't rouse the sleeping lion.	*Ne réveillez pas le chat qui dort.*
It's the last straw that breaks the camel's back.	*C'est la dernière goutte qui fait déborder le vase.*
When you are in Rome, do as the Romans do.	*Il faut savoir hurler avec les loups.*

1, fiəs. — 2. tɛə*. — 3. rɔːr. — 4. haul.

3. LES OISEAUX

Birds.

■ NOMS

A. Les oiseaux.

a bird[1]	*un oiseau.*
the cock	*le mâle* } *des oiseaux.*
the hen	*la femelle* }
song-bird	*ois. chanteur.*
mīgratory-bird	*ois. migrateur.*
bird of **passage**	*ois. de passage.*
bird of prey	*ois. de proie.*
a sēa-bird	*un oiseau de mer.*
a clīm[b]er	*un grimpeur.*
a cāge	*une cage.*
the **ū**sefulness	*l'utilité.*
the **nŏ**xiousness	*le caractère nuisible.*
the crest	*la crête.*
the tuft	*la houppe.*
the bill	*le bec.*
the bēak	*le bec (gén*[t] *de gros oiseau).*
the **fĕ**ather	*la plume, le plumage.*
an **ē**gret	} *une aigrette.*
an **āi**grette	}
a **black**bird	*un merle.*
a can**ā**ry[2]	*un canari.*
a thrush	*une grive.*
a **star**ling	*un sansonnet.*
a **magpīe**	*une pie.*
a rook	*une corneille.*
a crōw, a **rā**ven	*un corbeau.*
a lark	*une alouette.*
a **chaff**inch	*un pinson.*
a **bull**finch	*un bouvreuil.*
a **gōld**finch	*un chardonneret.*
a warbler	*une fauvette.*
a tomtit	*une mésange.*
a **sparrow**	*un moineau.*
a swallow	*une hirondelle.*
a ni[gh]tingāle	*un rossignol.*
a **cuck**oo	*un coucou.*
a **parrot**	*un perroquet.*
a **par**oquet	*une perruche.*

a wing	*une aile.*
the down	*le duvet.*
mōult	} *la mue.*
mōulting	}
the gizzard (g *dur*)	*le gésier.*
the tāil	*la queue.*
the spur	*l'éperon, l'ergot.*
a claw, a talon	*une griffe.*
an egg	*un œuf.*
an egg-shell	*une coquille d'œuf.*
a nest	*un nid.*
a brood, a hatch	*une couvée.*
the little one	} *le petit.*
the young one	}
the singing	*le ramage.*
the song	*le chant.*
the warbling	} *le gazouillement.*
the twittering	}
the chirping	} *le pépiement.*
the cheeping	}
a **cock**atoo	*un cacatoès.*
a **par**tridge	{ *un perdreau.* { *une perdrix.*
a **cŏ**vey of partridges	*une compagnie de perdreaux.*
a (cock-)**phĕa**sant	*un faisan.*
a hen-phĕasant	*une faisane.*
a quāil	*une caille.*
an **or**tolan	*un ortolan.*
a grouse	*un coq de bruyère*
a ring-dove[3]	} *un ramier.*
a wood-pīgeon	}
a **wood**cock	*une bécasse.*
a snīpe	*une becassine.*
a moor-hen	} *une poule d'eau*
a marsh-hen	}
an ēagle	*un aigle.*
an ēaglet	*un aiglon.*

1. bəːd. — 2. kanεəri. — 3. dʌv.

a **vul**ture[1]	*un vautour.*	a **her**on	*un héron.*
a **buzz**ard	*une buse.*	an ībis	*un ibis.*
an owl[2]	*un hibou.*	a stork	*une cigogne.*
a screech-owl	*un chat huant.*	a **cor**morant	*un cormoran.*
a barn-owl	*une chouette.*	a **pe**trel	*un pétrel.*
a **fa**[l]con	*un faucon.*	a (sea-) gull	*une mouette.*
a ha[w]k[3]	*un épervier.*	a penguin	*un pingouin.*
a kīte	*un milan.*	a **pel**ican	*un pélican.*
a swan[4]	*un cygne.*	an **os**trich	*une autruche.*
a **lap**wing	*un vanneau.*	a **cass**owary	*un casoar.*

B. La volaille.

the pōultry	*la volaille.*	a **gan**der	*un jars.*
a fowl[5]	*une volaille.*	a duck	*un canard.*
a hen	*une poule.*	a drāke	*un canard mâle.*
a **sitting hen**	*une poule couveuse.*	a **duck**ling	*un caneton.*
		a **tur**key (-cock)	*un dindon.*
an **in**cūbātor	*une couveuse (artificielle).*	a turkey-hen	*une dinde.*
		a turkey-pōult	*un dindonneau.*
a cock	*un coq.*	a **gui**nea-fowl	*une pintade.*
a **chick**en	*un poulet.*	a pēacock	*un paon.*
a chick	*un poussin.*	a pĭgeon	*un pigeon.*
a goose (*pl.* geese)	*une oie.*	a **car**rier- / a hōming- } pigeon	*un pigeon voyageur.*
a **gos**ling	*un oison.*	a turtle-dove	*une tourterelle.*

■ ADJECTIFS

warm-blooded	*à sang chaud.*	fledged / full-fledged	*qui a toutes ses plumes (en état de voler).*
cōld-blooded	*à sang froid.*		
ovĭparous	*ovipare.*		
hatched	*éclos.*	unfledged	*1. encore sans plumes. 2. sans expérce.*
nŏxious	*nuisible.*		
watchful	*vigilant.*		

■ VERBES

*to b[u]ild one's nest / to nest	*nicher.*	to go bird's nesting	*aller dénicher des oiseaux.*
*to lay (eggs)	*pondre des œufs*	to lūre / to al**lūre**	*attirer.*
*to sit / to brood	*couver.*	*to māke after / to chāse	*poursuivre.*
to hatch	*faire éclore.*	*to set a trap	*tendre un piège.*
to be hatched	*éclore.*	to trap	*prendre au piège.*
*to take wing / *to take fli[gh]t	*prendre son vol.*	*to catch	*attraper.*
		to sēize	*saisir.*
*to flȳ	*voler.*	*to shoot at	*tirer sur (un oiseau, etc.).*
*to flȳ away	*s'envoler.*		
to flutter	*voleter.*	to cram	*gaver (une volaille).*
to flit	*voltiger.*		
to wheel	*tournoyer.*	to pluck	*plumer.*
to soar[6] / to hŏver	*planer.*	to cackle	*caqueter.*
		to crōw	*chanter (le coq).*
to a**līght**	*se poser.*	to cluck	*glousser.*
to roost	*se percher*	to gabble	*babiller.*
to swoop **down**	*s'abattre*	to gobble	*glouglouter.*
to peck	*becqueter.*		

1. vʌltʃə. — 2. aul. — 3. hɔːk. — 4. swaːn. — 5. faul. — 6. sɔːr.

to screech	*crier.*
to coo	*roucouler.*
*to sing	*chanter.*
to chatter to jabber	*jacasser.*
to caw[1] to crōak	*croasser.*
to warble to twitter	*gazouiller.*
to chirp	*pépier.*
to hoot	*ululer.*
to whis[t]le	*siffler.*
to carol	*chanter joyeusement.*

■ LOCUTIONS

To find the bird flown.	*Trouver le nid vide.*
Crest-fallen.	*Découragé, déconcerté.*
To be in high feather.	*Être plein d'entrain.*
To clip sb.'s wings.	*Rogner les ailes à qq.*
Fear lent him wings.	*La crainte lui donnait des ailes.*
A bird on the wing.	*Un oiseau en plein vol.*
To fall under sb.'s claws.	*Tomber dans les griffes de qq.*
To kill two birds with one stone.	*Faire d'une pierre deux coups.*
He is the cock of the walk.	*C'est le coq du village.*
Cock-a-doodle-do.—At cock-crow	*Cocorico. — Au chant du coq.*
A cock-and-bull story.	*Une histoire à dormir debout.*
A milksop. A chicken-hearted man.	*Une poule mouillée.*
The goose with the golden eggs.	*La poule aux œufs d'or.*
As stupid as a goose, as an owl.	*Bête comme une oie.*
Goose-flesh, goose-skin.	*La chair de poule.*
A lame duck.	(*litt*[t] *: canard boîteux*) = *un raté.*
It's like water on a duck's back.	*Ça glisse comme de l'eau sur le dos d'un canard.*
To make ducks and drakes.	*Faire des ricochets dans l'eau.*
To make ducks and drakes with one's money.	*Jeter l'argent par les fenêtres.*
As cheeky as a cock-sparrow.	*Effronté comme un moineau.*
As thievish as a magpie.	*Voleur comme une pie.*
He is a white crow.	*C'est le merle blanc.*
In a straight line,—as the crow flies.	*A vol d'oiseau.*
To have the digestion of an ostrich.	*Avoir un estomac d'autruche.*
The early bird catches the worm.	*Premier arrivé, premier servi.*
Fine feathers make fine birds.	*La belle plume fait le bel oiseau.*
A bird in the hand is worth two on the bush.	*Un tiens vaut mieux que deux tu l'auras.*
It's an ill bird that fouls its own nest.	*Il faut laver son linge sale en famille.*
Birds of a feather flock together.	*Qui se ressemble, s'assemble.*
Don't count your chickens before they are hatched.	*Il ne faut pas vendre la peau de l'ours avant de l'avoir tué.*
What's good for the goose is good for the gander.	*Ce qui s'applique à l'un peut s'appliquer à l'autre.*
One swallow does not make a summer.	*Une hirondelle ne fait pas le printemps.*
When pigs begin to fly.	*Quand les poules auront des dents.*

1. kɔː.

4. POISSONS. — MOLLUSQUES INSECTES. — REPTILES

Fishes. — Molluscs. Insects. — Reptiles.

■ NOMS

A. Le(s) poisson(s).

a fish	*un poisson.*	the flesh	*la chair.*
freshwater-fish	*p. d'eau douce.*	a (fish-)bōne	*une arête.*
a scāle	*une écaille.*	the **back**bōne	*la grande arête.*
a fin	*une nageoire*	the soft rōe	*la laitance.*
the gills (*g dur*)	*les ouïes.*	the milt	*la laite.*
the tāil	*la queue.*	small frȳ	*l'alevin, le fretin.*
an eel	*une anguille.*	a carp	*une carpe.*
a trout	*une truite.*	a **sa**[l]mon[1]	*un saumon.*
a **gud**geon	*un goujon.*	a tench	*une tanche.*
a pīke	*un brochet.*	whītebāit	*la petite friture.*
sēa-fish	*poisson de mer.*	a sōle	*une sole.*
a **her**ring	*un hareng.*	a **tur**bot	*un turbot.*
a **mack**erel	*un maquereau.*	a **lĕ**mon-**sōle**	*une limande.*
a **whī**ting	*un merlan.*	a skāte	*une raie.*
a **pil**chard	*une sardine.*	a shark	*un requin.*
a sar**dine**[2]		a **por**poise[3]	*un marsouin.*
a cod	*une morue.*	a whāle	*une baleine.*
a brill	*une barbue.*	a **dol**phin	*un dauphin.*
a plāice	*un carrelet.*	a sēal	*un phoque.*
a crus**tā**cean	*un crustacé.*	a (freshwater) cray fish	*une écrevisse.*
a lobster	*un homard.*		
a cray fish	*une langouste.*	a shrimp	*une crevette grise.*
a spīny **lobster**		a prawn	*une crevette rose (du bouquet).*
a crab	*un crabe.*		
a **mol**lusc	*un mollusque.*	an oyster-bank	*un banc d'huîtres.*
the shell	*la coquille.*	an oysterfarm	*un parc à huîtres.*
a shell-fish	*un coquillage.*	a pearl[4]	*une perle.*
a **mussel**	*une moule.*	pearl-oyster	*huître perlière.*
an **oy**ster	*une huître.*	mother-of-pearl	*la nacre.*
oyster-**shell**	*écaille d'huître.*	pearl-fisher	*pêchʳ de perles.*

■ LOCUTIONS

I have other fish to fry.	*J'ai d'autres chiens à fouetter.*
To drink like a fish.	*Boire comme un trou.*
To fizzle out.	*Finir en queue de poisson.*
A tin of sardines.	*Une boîte de sardines.*
To throw out a sprat to catch a **mackerel.**	*Donner un œuf pour avoir un bœuf.*

1. sæmən. — 2. saːdiːn. — 3. pɔːpəs. — 4. pəːl.

It is neither flesh, fowl, nor good red herring.	*Ce n'est ni chair, ni poisson.*
As red as a boiled lobster.	*Rouge comme une écrevisse.*
To go at a snail's pace.	*Aller à pas de tortue.*

■ NOMS

B. Les insectes.

an **in**sect	*un insecte.*	a bee-hīve	*une ruche.*
the an**ten**nae / the **fee**lers	*les antennes.*	a swarm[2]	*un essaim.*
a beetle	*un scarabée.*	the queen-bee	*la reine.*
a cock**chā**fer / a may-bug	*un hanneton.*	a **hŏ**ney-cōm[b]	*un rayon de miel.*
an ant[1]	*une fourmi.*	a cell	*une cellule.*
an ant-hill / an ant's nest	*une fourmilière.*	bee's-wax	*la cire d'abeilles.*
a bee	*une abeille.*	a wasp[3]	*une guêpe.*
a bee-keeper	*un apiculteur.*	a **hor**net	*un frelon.*
		a bumble-bee	*un bourdon.*
		the sting	*1. l'aiguillon. 2. la piqûre.*
a **cat**erpillar	*une chenille.*	a mos**qui**to	*un moustique.*
the grub	*la larve.*	a [g]nat	*un cousin.*
a glōw-worm[4]	*un ver luisant.*	a **drag**on-fly	*une libellule.*
a silk-worm	*un ver à soie.*	a **grass**hopper	*une sauterelle.*
a co**coon**	*un cocon.*	a **lō**cust	*une sauterelle (d'Afrique).*
a **chrys**alis	*une chrysalide.*		
a **butt**erflȳ	*un papillon.*	a **crick**et	*un grillon.*
a mŏth	*1. pap. de nuit. 2. teigne, mite.*	a ci**cā**da	*une cigale.*
		a **spī**der	*une araignée.*
a flȳ	*une mouche.*	a **cob**web / a spider's web	*une toile d'araignée.*
a **blūe**bottle	*une mouche à viande.*	a bug	*une punaise.*
a gad-fly / a horse-fly	*un taon.*	a flēa	*une puce.*
		a louse[5] (*pl.* līce)	*un pou.*

C. Les vers, les reptiles, etc.

a worm[4]	*un ver.*	the **poi**son / the **vĕ**nom	*le venin.*
an earthworm	*un ver de terre.*	a **bō**a	*un boa.*
a leech	*une sangsue.*	a **croc**odīle	*un crocodile.*
a **rep**tīle	*un reptile.*	a **lī**zard	*un lézard.*
a **ser**pent / a snāke	*un serpent.*	**tor**toise	*tortue de terre.*
rattle-snake	*s. à sonnettes.*	turtle	*tortue de mer.*
a grass-snake	*une couleuvre.*	a frog	*une grenouille.*
a **vī**per / an **ad**der	*une vipère.*	a tōad	*un crapaud.*
		a newt[6]	*une salamandre.*
the bīte	*la morsure.*	an am**phĭ**bian	*un amphibie.*

■ ADJECTIFS

scāled	*couv. d'écailles.*	supple	*souple.*
bōny	*plein d'arêtes.*	**slipp**ery	*glissant.*
prickly	*piquant, armé de piquants.*	**troub**lesome	*ennuyeux.*
sticky	*collant, gluant.*	**ven**omous / **poi**sonous	*venimeux.*
slīmy	*visqueux.*	num[b], **tor**pid	*engourdi.*

1. ænt. — 2. swɔːm. — 3. wɔsp. — 4. wəːm. — 5. laus. — 6. njuːt.

constitūted for	*organisé pour.*
līable to	*exposé, sujet à.*
harmless	*inoffensif.*
mōtionless	*immobile.*
ĭnert	*inerte.*
lōathsome	*répugnant*

■ VERBES

*to swim	*nager.*
to spawn	*frayer.*
to snap up / to snatch	*happer.*
to fish	*pêcher.*
to swarm / to teem } with	*fourmiller de.*
to buzz, to hum	*bourdonner.*
to chirp	*pépier (oiseaux).* / *chanter (grillon).*
to crōak	*coasser.*
to wrīthe	*se tordre.*
to wriggle	*se tortiller.*
to swarm	*essaimer.*
to swarm / to flock } together	*se rassembler.*
to multiplȳ	*se multiplier.*
to suck	*sucer.*
to gāther honey	*butiner.*
*to sting	*piquer.*
*to spin	*filer.*
to chānge / to turn } into	*(se) transformer en.*
to extermināte	*exterminer.*
*to creep / to crawl	*ramper.*
*to hīde	*se cacher.*
to hiss	*siffler (serpent).*
to gulp down	*avaler, engloutir.*
to slough[2] / *to cast one's skin	*muer (reptiles).*
to endānger / to imperil	*mettre en danger.*
*to tread[3] on	*marcher sur.*
to crush	*écraser.*

■ LOCUTIONS

To have pins and needles in one's legs.	*Avoir des fourmis dans les jambes.*
Insect-powder.	*De la poudre insecticide.*
A honey-mouthed speaker.	*Un orateur aux paroles mielleuses.*
He has a bee in his bonnet. / a screw loose. / bats in the belfry.	*Il a une araignée au plafond.*
To keep bees.	*Elever des abeilles.*
To bring a hornet's nest about one's ears.	*Se fourrer dans un guêpier.*
He is the fly on the wheel.	*C'est la mouche du coche.*
A mosquito-bite.	*Une piqûre de moustique.*
A flea-bite.	*Une morsure de puce.*
The tape-worm.	*Le ver solitaire.*
He is a book-worm.	*C'est un vrai rat de bibliothèque.*
To have the wisdom of a snake.	*Avoir la prudence du serpent.*
There is a snake in the grass.	*Il y a quelque anguille sous roche.*
A viperish tongue.	*Une langue de vipère.*
To have a frog in one's throat.	*Avoir un chat dans la gorge.*
Numb with cold.	*Engourdi par le froid.*
To fish for trout, salmon.	*Pêcher la truite, le saumon.*
To fish for compliments.	*Chercher des compliments.*
To fish in troubled waters.	*Pêcher en eau trouble.*
To creep in, out, etc.	*Entrer, sortir, etc., en rampant.*
To creep along on all fours.	*Ramper à quatre pattes.*
To creep into sb.'s favour.	*S'insinuer dans la faveur de qq.*
That story made his flesh creep (*or* crawl).	*Cette histoire lui donna la chair de poule.*
The sting is in the tail.	*A la queue gît le venin.* / *In cauda venenum.*

1. njuːt. — 2. slʌf. — 3. trɛːn.

X

LA VIE A LA CAMPAGNE
LES VÉGÉTAUX ET L'AGRICULTURE

Life in the country. — Plants and agriculture.

LE VILLAGE

The village.

1. Le village. The village.

NOMS

the māin / hīgh rōad	*la grand-route.*
a secondary road	*une route départementale.*
a **bȳ**-road / a **lō**cal road	*un chemin vicinal.*
a way	*un chemin.*
a path	*un sentier.*
a mūle-track / a brīdle-path	*un chemin muletier.*
a country-lāne	*un chemin rural.*
a bank	*un talus.*
a ditch	*un fossé.*
a rut	*une ornière.*
a sī[g]n-pōst	*un poteau indicateur.*
a **mī**lestōne	*une borne milliaire.*
a **parish**	*une commune, une paroisse.*
the church	*l'église.*
the **church**yard / the **ce**metery	*le cimetière.*
the vĭcar / the **rec**tor / the **par**son	*le curé, le pasteur* (1).
the vĭcarage / the **par**sonage / the **rec**tory	*le presbytère* (1).
the inn	*l'auberge.*
the **inn**keeper	*l'aubergiste.*
the **com**mons	*le champ communal.*
an inhabitant	*un habitant.*
a **vil**lager	*un villageois.*
a **coun**tryman / a **pĕa**sant	*un campagnard. / un paysan.*
countrywoman	*campagnarde.*
pĕasant-woman	*paysanne.*
a **cot**tage	*une maisonnette.*
a thatched-house	*une chaumière.*
a **coun**try-resort	*une villégiature (campagne).*
summer-resort	*station estivale.*
winter-resort	*station hivernale.*

LOCUTIONS

To go to the country.	*Aller à la campagne.*
To be in the country.	*Être à la campagne.*
In the open (country).	*En pleine campagne.*
To wander about the country.	*Courir les champs.*
To cut across (the) country.	*Couper à travers champs.*
To show sb. the way.	*Montrer la route à qq.*
To bar sb 's way.	*Barrer la route à qq.*

(1) Les termes *parish-priest* (curé) et *presbytery* (presbytère) sont fréquemment employés par les catholiques.

2. La ferme. The farm (1).

■ NOMS

the farm-house	*la ferme.*
the **out***b*[*u*]*ild*-ings	*les dépendances.*
līvestock	*le cheptel (bétail).*
the stāble	*l'écurie.*
the rack	*le râtelier.*
a **mān**ger, a crib	*une mangeoire.*
a cōach-house	*une remise.*
a shed	*un hangar.*
the cow -shed / -house	*l'étable des vaches.*
a **pigstȳ**	*une porcherie.*
the litter	*la litière.*
the dāiry	*la laiterie.*
the sheep -fōld / -pen	*la bergerie.*
the **pōul**try-yard	*la basse-cour.*
the hen-roost	*le poulailler.*
poultry-keeping / poultry-**rēar**ing	*l'élevage de la volaille.*
a **pĭ**geon-house	*un pigeonnier.*
a corn-loft	*un grenier à grains.*
a hay-loft	*un grenier à foin.*
the barn	*la grange.*
the **thresh**ing-floor.	*l'aire.*
the **ken**nel	*le chenil.*
the dog-house	*la niche à chien.*
the well	*le puits.*
the pump	*la pompe.*
the **mar**gin	*la margelle.*
the rōpe	*la corde.*
the **wa**tering-trough[1]	*l'auge. / l'abreuvoir.*
a pāil, a **buck**et	*un seau.*
dung	*le fumier.*
ma**nūre**	*l'engrais.*
the dunghill / the manūre hēap	*le tas de fumier.*
dung water	*le purin.*
the dung water pit	*la fosse à purin.*

3. Le fermier et le personnel de la ferme. The farmer and the farm hands.

■ NOMS

agri*cul***ture**	*l'agriculture.*
farming	*l'exploitation (terres, ferme).*
property	*la propriété. / le bien.*
an es**tāte**	*une propriété. / un domaine.*
a landed estate	*une propriété foncière.*
a land**ō[w]**ner, a landed pro**prī**etor	*un propriétaire terrien.*
a **stew**ard[2]	*un régisseur.*
a factor	*id. (en Ecosse).*
a **hus**bandman / an *agri***cul**turist	*un agriculteur*
a farmer	*un fermier.*
the farmer's wīfe	*la fermière.*
a farm-hand	*un valet de ferme.*
a **shep**herd[3]	*un berger.*
a **shep**herdess	*une bergère.*
a **cow**herd	*un vacher.*
a **swīne**herd	*un porcher.*
a **gōat**herd	*un chevrier.*
a **jour**neyman[4]	*un journalier.*
the **ōs**[t]ler	*le palefrenier.*

■ LOCUTIONS

He is working on a farm.	*Il travaille dans une ferme.*
A shepherd boy.	*Un petit pâtre.*
A shepherd lass.	*Une jeune bergère.*

1. trɔːf. — 2. stjuːəd. — 3. ʃephəd. — 4. dʒəːnimən.

(1) Voir aussi Ch. IX. 1. — Le cheval.

4. Instruments agricoles et outils de jardinage. Agricultural implements and gardening-tools.

NOMS

a tēam	*un attelage.*
the **trapp**ings	*le harnachement.*
the **har**ness	*le harnais.*
the trāces	*les traits.*
the rein	*la rêne, la guide.*
the brīdle	*la bride.*
the bit	*le mors.*
the eye-flap	*l'œillère.*
the curb-chāin	*la gourmette.*
the **hal**ter	*le licou.*
the **tĕth**er	*la longe.*
the yōke	*le joug.*
a **carr**[i]age	*une voiture.*
a **wagg**on / a wāin	*un chariot.*
a cart	*une charrette*
the pōle	*le timon.*
the shaft	*le brancard.*
the plough[1]	*la charrue.*
the **harr**ow	*la herse.*
the **rōll**er	*le rouleau.*
the **trac**tor / the **trac**tion-engine	*le tracteur.*
a **mō**tor-plough / a ploughing-**ma**chine	*une charrue mécanique.*
a **sō**[w]ing- (*or* **drill**ing-) **ma**chine	*une semeuse mécanique.*
a **mō**[w]ing-machine / a **mō**[w]er	*une faucheuse.*
a **har**vesting- (*or* **rēap**ing-) **ma**chine	*une moissonneuse.*
a **winn**o[w]ing-machine	*une vanneuse.*
a **wĭnd**lass	*un treuil.*
the hōe	*la houe.*
a scȳthe	*une faux.*
a sickle / a **rēap**ing-hook	*une faucille.*
the **whet**stone / the **grīnd**stone	*la pierre à aiguiser.*
the flāil	*le fléau.*
a **winn**o[w]ing-**bas**ket	*un van.*
a ladder	*une échelle.*
a wheel-barrow	*une brouette.*
a spāde	*une bêche.*
a pick, a **pick**axe / a **matt**ock	*une pioche.*
a rāke	*un râteau.*
a **shŏv**el	*une pelle.*
a **pitch**fork	*une fourche.*
a bill-hook	*une serpette.*
the **prūn**ing-scissors (*or* shēars)	*le sécateur.*
a saw	*une scie.*
a **hat**chet	*une hachette.*
a churn	*une baratte.*
a watering-can	*un arrosoir.*
a siēve	*un tamis.*
the wood-house	*le bûcher.*

LOCUTIONS

Plough-horses.	*Des chevaux de labour.*
To return to the plough.	*Reprendre le collier (le* **travail***).*
To kick over the traces.	*Ruer dans les brancards.*
To take the bit in one's teeth.	*Prendre le mors aux dents.*
To champ the bit.	*Ronger son mors.*
To bend sb. under the yoke.	*Courber qq. sous le joug.*
To throw off the yoke.	*Secouer le joug.*
To put one's hand to the plough.	*Mettre la main à la pâte.*
To shovel sth. up,—away.	*Ramasser, — enlever qch. à la pelle.*
To call a spade a spade.	*Appeler un chat un chat.*
To throw the helve after the hatchet.	*Jeter le manche après la cognée.*

1. plau.

5. Le jardinage. Gardening.

■ NOMS

the vegetable kingdom	*le règne végétal.*
a plant	*une plante*
a flower-garden	*un jardin d'agrément.*
a bed	*une planche.* / *un carré.*
a patch	*un plant.*
a hot-bed	*une couche.*
a bell-glass	*une cloche.*
a lābel	*une étiquette.*
a forcing-frāme	*un châssis.*
grass	*l'herbe.*
a creeper	*une plante grimpante.*
the lawn	*le gazon.* / *la pelouse.*
a grass-plot	*un parterre de gazon.*
a walk	*une allée.*
a summer-house	*un pavillon.*
an arbour / a bower[1]	*une tonnelle.*
a greenhouse	*une serre.*
a hothouse	*une serre chaude.*
a fence	*une clôture.*
a hedge	*une haie.*
a quickset hedge	*une haie vive.*

■ LOCUTIONS

The Botanical Gardens.	*Le Jardin des Plantes.*
Landscape-gardening.	*L'art de dessiner les jardins.*
A blade of grass.	*Un brin d'herbe.*
A lawn-mower.	*Une tondeuse (de gazon).*
« Keep off the grass ».	*« Défense de marcher sur le gazon ».*

6. Les fleurs. Flowers.

■ NOMS

a flower-pot	*un pot de fleurs.*
a flower-bed	*un parterre de fleurs.*
the blossom (*ss. pl.*)	*les fleurs des arbres fruitiers.*
a seed	*une graine, une semence.*
a germ, a sprout	*un germe.*
the bud	*le bouton, le bourgeon.*
the stem / the sta[l]k[2]	*la tige.*
the root	*la racine.*
a lēaf (*pl.* lēaves)	*une feuille.*
the calyx	*le calice.*
the corolla	*la corolle.*
the pĕtal	*le pétale.*
the sap	*la sève.*
a bunch, a pōsy / a nōsegay / a bouquet[3]	*un bouquet.*
a [w]rēath	*une couronne.*
a garland	*une guirlande.*
the scent	*le parfum.*

A. Fleurs de printemps, d'été, d'automne.

the vīolet	*la violette.*
the primrōse	*la primevère.*
the snowdrop	*le perce-neige.*
the narcissus	*le narcisse.*
the daffodil	*la jonquille.*
a forget-me-not	*un myosotis.*
the tūlip	*la tulipe.*
the *peri*winkle	*la pervenche.*
the hȳacinth	*la jacinthe.*
the lĭly of the valley	*le muguet.*
the cowslip	*le coucou.*
the buttercup	*le bouton d'or.*

1. bauə. — 2. stɔːk. — 3. bukei.

the rōse	*la rose.*
a rose-tree / a rose-bush	*un rosier.*
the wīld rose / the dog-rose	*l'églantier.*
a thorn	*une épine.*
the **lī**ly	*le lys.*
the water-lily	*le nénuphar.*
the carnātion / the pink	*l'œillet.*
the **gilly**flower / the stock	*la giroflée.*
the wall-flower	*la giroflée sauvage.*
the **mī**gnonette	*le réséda.*
the bluebell	*la jacinthe des bois.*
the bell-flower	*la campanule.*
the **fox**glove	*la digitale.*
the **cam**omīle	*la camomille.*
the **dai**sy	*la marguerite.* / *la pâquerette.*
the corn-flower	*le bluet.*
the poppy	*le pavot.*
the wīld poppy	*le coquelicot.*
the **pē**ony	*la pivoine.*
the gerānium	*le géranium.*
the **dā**hlia	*le dahlia.*
the pansy	*la pensée.*
the **as**ter	*l'aster.*
the **Chī**na aster	*la reine-marguerite.*
a chrys**an**themum	*un chrysanthème.*
hemp	*le chanvre.*
flax	*le lin.*

B. Plantes et fleurs d'agrément.

the **lī**lac	*le lilas.*
the **el**der	*le sureau.*
the *hon*ey**suckle**	*le chèvrefeuille.*
the la**bur**num	*le cytise.*
the jessamine / jasmin(e)	*le jasmin.*
the īvy	*le lierre.*
the Vir**gin**ia creeper	*la vigne-vierge.*
the **lau**rel	*le laurier.*
the ōleander	*le laurier-rose.*
the to**bacco**-plant	*le tabac.*
the box-tree	*le buis.*
the **snow**ball tree	*la boule de neige.*
the **or**chid[2]	*l'orchidée*
the myrtle	*le myrte.*
the mag**nō**lia	*le magnolia.*
the yew[1] tree	*l'if.*
the ca**mēl**(l)ia	*le camélia.*
the **lă**vender	*la lavande.*
the **prī**vet	*le troène.*
the reed	*le roseau.*
the bam**boo**	*le bambou.*
the rush	*le jonc.*

■ LOCUTIONS

In the flower / bloom / blush of one's youth.	*Dans la fleur de la jeunesse.*
The flower (*or* pick) of the nation.	*La fleur de la nation.*
To come (*or* to burst) into flower.	*Fleurir.*
To nip sth. in the bud.	*Tuer qch. dans l'œuf* (*fig.*).
To crush a riot in the bud.	*Etouffer une révolte dans son germe.*
To see everything through rose-coloured spectacles.	*Voir tout en rose.*
Under the rose.	*En confidence, en secret.*
You have taken a thorn out of my pillow.	*Vous m'avez tiré une belle épine du pied.*
Linseed.— **Linseed-oil.**	*Graine de lin. — Huile de lin.*
Linseed-meal.	*Farine de lin.*
Flaxen hair.	*Cheveux de lin.*
Ivy-clad, ivy-mantled.	*Couvert de lierre.*
A laurel-wreath.	*Une couronne de lauriers.*
Crowned with laurels.	*Couronné de lauriers.*
To rest on one's laurels.	*S'endormir sur ses lauriers.*
There is no rose without a thorn.	*Il n'y a pas de rose sans épine.*
Life is not a bed of roses.	*Tout n'est pas rose dans la vie.*
The fairest rose at last is withered.	*Il n'est si belle rose qui ne se flétrisse.*

1. juː. — 2. ɔːkid.

7. Les légumes. Vegetables.

NOMS

the kĭtchen-garden	*le jardin potager.*
a potāto	*une pomme de terre.*
a bēan	*un haricot.*
a harico[t] bean	*un haricot blanc.*
a kidney bean	*un h. flageolet.*
a French bean	*un haricot vert.*
a broad bean	*une fève.*
a (green) pēa	*un pois.*
a chick pea	*un pois chiche.*
a sweet-pea	*un pois de senteur.*
split peas	*des pois cassés.*
the pod / the husk	*la cosse.*
a cūcumber	*un concombre.*
a gherkin	*un cornichon.*
a tomato[1]	*une tomate.*
lettuce[2]	*de la laitue.*
endĭve	*1. la chicorée.* *2. l'endive.*
celery	*du céleri.*
watercress	*du cresson.*
an artichōke	*un artichaut.*
a Jerūsalem artichoke	*un topinambour.*
a carrot	*une carotte.*
a beetroot	*une betterave.*
a turnip	*un navet.*
a parsnip	*un panais.*
Brussels sprouts	*choux de Bruxelles.*
a cabbage[3]	*un chou.*
a kāle	*un chou frisé.*
a cauliflower	*un chou-fleur.*
a lentil	*une lentille.*
an asparagus (*ss. pl.*)	*une asperge.*
spinach[4]	*des épinards.*
sorrel	*de l'oseille.*
a salsify	*un salsifis.*
a melon	*un melon.*
a water-melon	*une pastèque.*
a pumpkin	*une citrouille.*
a vegetable marrow	*une (courge) aubergine.*
a radish	*un radis.*
horse-radish	*du raifort.*
rhūbarb	*de la rhubarbe.*
a mushroom	*un champignon.*
a flap mushroom	*un cêpe.*
a truffle	*une truffe.*
pot-herbs	*herbes potagères.*
an ōnion	*un oignon.*
a leek	*un poireau.*
garlic	*de l'ail.*
a clōve	*un clou de girofle.*
a clōve of garlic	*une gousse d'ail.*
chīve(s)	*de la ciboulette.* *de la civette.*
fennel	*du fenouil.*
thȳme[5]	*du thym.*
tarragon	*de l'estragon.*

LOCUTIONS

Greens.	*Des légumes verts.*
A vegetable diet.	*Un régime de légumes.*
Pea-soup fog. (*La purée de pois*).	*Un brouillard épais et jaune.*
Full of beans (*fam.*).	*Plein d'entrain.*
To lift potatoes.	*Arracher des pommes de terre.*
Potatoes in their skins (*or* jackets)	*P. de terre en robe de chambre.*
Baked potatoes.	*Pommes de terre au four.*
Turnip-tops.	*Des fanes de navet.*
A bundle of asparagus.	*Une botte d'asperges.*
A head of celery.	*Un pied de céleri.*
An onion-skin.	*Une pelure d'oignon.*
A mushroom bed.	*Une champignonnière.*
To spring like a mushroom.	*Pousser comme un champignon.*
A mushroom town.	*Une ville qui s'est développée en très peu de temps.*

1. təmaːtou. — **2.** letis. — **3.** kæbidʒ. — **4** spinidʒ. — **5.** taim.

8. Les arbres et les forêts. Trees and forests.

■ NOMS

a root	*une racine.*
the trunk	*le tronc.*
the bark	*l'écorce.*
a branch	*une branche.*
the māin branch	*la branche principale.*
a bough[1]	*un rameau.*
a twig	*une branchette.* / *une brindille.*
a lēaf (*pl.* leaves)	*une feuille.*
a **lēa**flet	*une petite feuille.*
the **fō**liage	*le feuillage.*
a prickle	*un piquant.*
a **for**est-tree	*un arbre forestier.*
a wood	*un bois.*
a **spin**ney / a grōve	*un petit bois.*
a **clus**ter of trees	*un bouquet d'arbres.*
a copse / a **cop**pice	*un taillis.*
a **wood**land	*un terrain boisé.*
an **un**der*wood*	*un sous-bois.*
the com**mis**sioner of woods and forests	*l'inspecteur des eaux et forêts.*
a **for**ester	*un forestier.*
a **thick**et	*un fourré.*
brushwood	*des broussailles.*
a clēaring / a glāde	*une clairière.*
the skirts (of the forest)	*la lisière (de la forêt).*
a bush[2]	*un buisson.*
a wood-cutter	*un bûcheron.*
a (felling) axe	*une hache.*
a stump	*une souche.*
a **bil**let	*un rondin.*
a **fag**got	*un fagot.*
wood	*du bois (en gén*[l]*).*
timber	*du bois de construction.*
dēal	*du bois blanc.*
a timber-raft	*un train de bois.*
flōating / rafting	*le flottage.*
a saw-mill / a saw-yard	*une scierie.*
dē*for*es**tā**tion	*le déboisement.*
rēaf*for*es**tā**tion	*le reboisement.*
planting	*la plantation (acte).*
a plan**tā**tion	*une plantation.*
a **nur**sery	*une pépinière.*
a re**serve**	*une réserve.*
charcōal	*du charbon de bois.*
a charcoal burner	*un charbonnier.*
a stack / a pīle	*une meule (de charbonnier).*
*car*bonī**zā**tion / charring	*la carbonisation.*

Les arbres forestiers.

an ōak	*un chêne.*
an **ā**corn	*un gland.*
a beech-tree	*un hêtre.*
an elm	*un orme.*
a yōke-elm / a hornbēam	*un charme.*
a pīne (-tree)	*un pin.*
a fir (-tree) / a sprūce	*un sapin.*
a fir-cōne / a pīne-cōne	*une pomme de pin.*
rĕsin	*la résine.*
a pine-needle	*une aiguille de pin.*
a cȳpress (-tree)	*un cyprès.*
a cēdar (-tree)	*un cèdre.*
a **pŏp**lar	*un peuplier.*
a (weeping) **wil**low	*un saule (pleureur).*
a plāne-tree	*un platane.*
a birch (-tree)	*un bouleau.*
an **as**pen	*un tremble.*
an ash (-tree)	*un frêne.*
a līme-tree	*un tilleul.*
an **al**der	*un aune.*
a **mā**ple (-tree)	*un érable.*
a **jū**niper (-tree)	*un genévrier.*
an a**cā**cia	*un acacia.*
a horse-**chest**nut	*un marron d'Inde.*
a horse-chestnut tree	*un marronnier d'Inde.*
a **haw**thorn / a white thorn / a may (-bush)	*une aubépine.*
a **black**thorn / a slōebush	*une épine noire.*
(Bra**zil**ian) **rose**-wood	*le palissandre.*
ma**hog**any	*l'acajou.*

1. bau. — 2. buʃ.

■ LOCUTIONS

The trunk of a tree.	*Un tronc d'arbre.*
To climb (upon) a tree.	*Grimper à un arbre.*
To strip a branch of its leaves.	*Dépouiller une branche de ses feuilles.*
To tremble like an aspen-leaf.	*Trembler comme une feuille.*
To beat about the bush.	*Tourner autour du pot.*
He can't see woods for trees.	*Les arbres l'empêchent de voir la forêt. Il se noie dans les détails.*

9. Les arbres fruitiers. Fruit-trees.

■ NOMS

an **or**chard	*un verger.*	**bloss**oming	*la floraison des arbres.*
orcharding	*la culture des arbres fruitiers.*	fruit[1]	*des fruits (en gén.).*
a prop	*un tuteur.*	a berry	*une baie.*
a stāke	*un piquet, un échalas.*	a stōne	*un noyau.*
the wall	*l'espalier.*	a pip	*un pépin.*
blossom	*la fleur.*	the fruit-loft	*le fruitier.*

A. Fruits et arbres fruitiers de nos pays.

an apple	*une pomme.*	a **ches**tnut	*une châtaigne.*
an apple-tree (1)	*un pommier.*	a **med**lar	*une nèfle.*
a pear[2]	*une poire.*	a fig	*une figue.*
a cherry	*une cerise.*	an ŏlive	*une olive.*
a pēach	*une pêche.*	hops (*tjs. pl.*)	*le houblon.*
an āpricot	*un abricot.*	an **a**[l]mond[3]	*une amande.*
a plum	*une prune.*	a **mul**berry	*une mûre.*
a **green**gāge	*une prune reine-claude.*	a **black**berry	*une mûre sauvage.*
a **mir**abelle plum	*une mirabelle.*	a blackberry-bush	*une ronce.*
a prūne	*un pruneau.*		
a **wal**nut	*une noix.*	**curr**ants	*des groseilles.*
a walnut-shell	*une coquille de noix.*	a currant-bush	*un groseillier.*
		black currants	*des cassis.*
a **hā**zel-nut	*une noisette.*	a **goose**berry	*une groseille à maquereau.*
a quince	*un coing.*		
an **or**ange	*une orange.*	a gooseberry-bush	*un groseillier à maquereau.*
a blood orange	*une orange sanguine.*	a **ras**[p]berry	*une framboise.*
an orange { -skin / -peel }	*une écorce d'orange.*	a raspberry-bush	*un framboisier.*
a **tan**gerine	*une mandarine.*	a **straw**berry	*une fraise.*
a grāpe-fruit	*une pamplemousse.*	a strawberry-plant	*un fraisier.*
a lĕmon	*un citron.*	a vīne	*une vigne.*

1. fruːt. — 2. pɛə. — 3. aːmənd.

(1) Les noms d'arbres fruitiers se forment généralement en ajoutant le mot *tree* au nom du fruit.

B. Fruits et arbres exotiques.

a pōmegranate	*une grenade.*	a dāte	*une datte.*
a cōco[a]-nut	*une noix de coco.*	a banana	*une banane.*
a cocō[a]-bēan	*une graine de cacao.*	a pepper-tree	*un poivrier.*
a coffee-bean	*un grain de café.*	a nutmeg	*une noix muscade.*
a tēa-plant	*un arbuste à thé.*	a cotton-plant	*un cotonnier.*
a sugar-cāne	*une canne à sucre.*	an (India) rubber-tree	*un caoutchoutier.*
cāne-sugar	*du sucre de canne.*	a pa[l]m-tree	*un palmier.*
a pīne-apple	*un ananas.*		

■ LOCUTIONS

Stone-fruit.	*Des fruits à noyaux.*
The forbidden fruit.	*Le fruit défendu.*
Stewed-apples.	*Pommes en compote.*
An apple-fritter.	*Un beignet de pomme.*
To put sth. by for a rainy day.	*Garder une poire pour la soif.*
To split the difference.	*Couper la poire en deux.*
Pear-shaped.	*En forme de poire.*
To go nutting.	*Aller aux noisettes.*
It is the plum of the gallery.	*C'est la perle du musée.*
Here is the whole thing in a nutshell.	*Voilà toute l'affaire en deux mots.*
Orange-blossom.	*Fleur d'oranger.*
Lemon-squash.	*De la citronnade.*
A hop-field.	*Une houblonnière.*
A hop-picker.	*Un cueilleur de houblon.*
To roast, to grind coffee	*Torréfier, moudre du café.*
A coffee-mill.	*Un moulin à café.*
A tree is known by its fruit and not by its leaves.	*On juge l'arbre d'après ses fruits, et non d'après ses feuilles.*

10. Arbrisseaux, plantes sauvages, mauvaises herbes. Shrubs, wild plants, weeds.

■ NOMS

a shrub	*un arbuste.*	a whortleberry-bush	*une airelle.*
a shrubby tree	*un arbrisseau.*	a cranberry	*une airelle.*
a clump of shrubs	*un massif d'arbrisseaux.*	a belladonna	*une belladone.*
a shrubbery	*un massif d'arbrisseaux.*	hemlock	*la ciguë.*
a fern	*une fougère.*	moss	*la mousse.*
a fern-patch	*une fougeraie.*	broom	*le genêt.*
a hēather	*une bruyère (plante).*	furze, gorse, whin	*des ajoncs.*
a hēath	*une bruyère (lande).*	a nettle	*une ortie.*
		a this[t]le	*un chardon.*
a bilberry (-bush)	*une myrtille.*	twitch (-grass)	*le chiendent.*

■ LOCUTIONS

A garden overrum with weeds.	*Un jardin envahi par les mauvaises herbes.*
Ill weeds grow apace.	*Mauvaise herbe pousse vite.*
Gather thistles, expect prickles.	*Qui s'y frotte, s'y pique.*

II. L'agriculture, la fenaison, la moisson. Agriculture, haymaking, harvesting.

NOMS

a fiēld	*un champ.*
a clod (of earth)	*une motte de terre.*
tilling / **till**age	*la culture (travaux).*
ploughing	*le labourage.*
a **plough**man	*un laboureur.*
a ploughed land	*un labour.*
a **mĕa**dow	*un pré, une prairie.*
clōver	*le trèfle.*
lu**cern**	*la luzerne.*
hay	*le foin.*
hay**mā**king	*la fenaison.*
a hēap	*un tas.*
a **mō**[w]er	*un faucheur*
cēreals	*les céréales.*
the sta[l]k	*la tige.*
an ēar	*un épi.*
a **grā**in	*un grain.*
whēat	*le froment.*
corn **(1)**	*le blé.*
rȳe	*le seigle.*
barley	*l'orge.*
ōats (*pl.*)	*l'avoine.*
rīce	*le riz.*
māize / **In**dian corn	*le maïs.*
the crop	*la moisson. les produits du sol.*
a **har**vester / a **rēa**per	*un moissonneur.*
a shēaf (*pl.* shēaves)	*une gerbe.*
stubble	*le chaume.*
a stubble-field	*un champ en chaume.*
a **glēa**ner	*un glaneur, une glaneuse.*
a **thresh**er	*un batteur (de blé).*
straw	*la paille.*
a **truss** of **straw**	*une botte de paille.*
chaff	*la balle, la menue paille.*
a **sack**	*un sac.*
a **siēve**	*un tamis.*

a **fur**row	*un sillon.*
sō[w]ing	*les semailles.*
sōwing-time / seed-time	*le temps des semailles.*
the **sō**[w]er	*le semeur.*
*irri*gātion	*l'irrigation.*
a **scāre**crow	*un épouvantail.*
a mill	*un moulin.*
a **wĭnd**mill	*un moulin à vent.*
a watermill	*un m. à eau.*
a stēam-mill	*un m. à vapeur.*
the miller	*le meunier.*
flour	*farine de blé.*
mēal	*farine (autre que de blé).*
ōatmeal	*farine d'avoine.*
barley-meal	*farine d'orge.*
Indian meal	*farine de maïs.*
pēase-meal	*farine de pois.*
a stack, a rick	*une meule.*
a stack / shock of corn	*un tas de gerbes de blé.*
a **hay**cock	*un tas de foin.*
a **hay**rick / **hay**stack	*une meule de foin.*
the vīne	*la vigne.*
a **vīne**yard[1]	*un vignoble, un clos.*
a **vī**nery	*une serre à vignes.*
a vīne-stock	*un cep.*
a grāpe	*un grain de raisin.*
grāpes	*du raisin.*
a bunch of grapes	*une grappe de raisin.*
rāisins	*des raisins secs.*
currants	*des raisins de Corinthe.*
vīne-grō[w]ing / **vi**ti*cul*ture	*la viticulture.*
the **vin**tage	*1. la vendange. 2. cru ou année d'un vin fin.*
a vīne-grō[w]er	*un vigneron.*
a **vin**tager	*un vendangeur.*
a **bas**ket	*un panier.*

1. vinjəd.

(1) En anglais, *corn* = le blé. — En américain, *wheat* = le blé; *corn* = le maïs.

a tub	*un baquet.*
a vat	*une cuve.*
the wīne-press	*le pressoir.*
the jūice[1]	*le jus.*
the juice of the grape	*le jus de la treille.*
must	*le vin doux.*
a cask, a **barrel**	*un tonneau.*
the **bou**que[t] / the nōse	*le bouquet (du vin).*
bottling	*la mise en bouteilles.*
the rāpe(s)	*le(s) marc(s).*
distil**lā**tion / dis**till**ing	*la distillation.*
a dis**till**er	*un distillateur.*
a dis**till**ery	*une distillerie.*
spirits	*les spiritueux.*
brandy	*l'eau-de-vie.*
rum	*le rhum.*

■ LOCUTIONS

In the open fields.	*En plein champ.*
To give sb. a clear field.	*Laisser le champ libre à qq.*
New-mown hay.	*Les foins coupés.*
To look for a needle in a bottle of hay (*or* in a hay-stack).	*Chercher une aiguille dans une meule de foin.*
Make hay while the sun shines.	*Il faut battre le fer pendant qu'il est chaud.*
A wheat-growing land.	*Une terre à blé.*
Corn in the ear.	*Des blés en épi.*
To sow one's wild oats.	*Jeter sa gourme.*
The crop { has failed. / is a failure.	*La récolte est manquée.*
To fight windmills.	*Se battre contre des moulins à vent.*
To give sb. the sack.	*Renvoyer qq. (« sacquer »).*
To sell a crop standing.	*Vendre une récolte sur pied.*
Sour-grapes.	*Des raisins verts.*
Hot-house grapes.	*Des raisins de serre.*
Vintage wines.	*Vins fins (crus renommés ou années fameuses.*
To be in one's cups.	*Être dans les vignes du Seigneur.*
A wine district.	*Un pays de vignobles.*
Wine that has been in bottle for ten years.	*Vin qui a dix ans de bouteille.*
Good wine needs no bush.	*A bon vin point d'enseigne.*

■ ADJECTIFS

active	*actif.*
laborious	*laborieux.*
frūgal	*frugal.*
tough[2] / tenācious	*tenace.*
rustic / **rūral**	*champêtre, campagnard.*
agricultural	*agricole.*
desert[3]	*désert (naturellement).*
deserted[4]	*désert (abandonné).*
arable, **till**able	*arable.*
līght, running	*meuble (sol).*
fertīle / **fruitful**	*fertile.*
sterīle, **barren**	*infertile, stérile.*
pro**duc**tive	*productif.*
profitable / **lū**crative	*lucratif.*
fallow	*en friche.*
cultivāted / in culti**vā**tion	*cultivé.*
*sat*is**fac**tory	*satisfaisant.*
un*sat*is**fac**tory	*peu satisfaisant. / insuffisant.*
poor, scanty	*maigre, rare.*
mēdium	*moyen.*
middling	*passable.*
capital / **ex**cellent / first-rāte	*excellent.*
bounteous	*abondant, copieux.*

1. dʒuːs. — 2. tʌf. — 3. dezət. — 4. dizəːted.

luxūriant[1]	*luxuriant.*
damaged spoilt	*gâté.*
devastāted ravaged	*dévasté, ravagé.*
laid wāste	*ravagé (pays, région).*
rain-spoilt	*gâté par la pluie.*
hail-spotted	*marqué par la grêle.*
parched	*desséché, rôti par le soleil.*
nătural	*naturel.*
artificial	*artificiel.*
hōme-grown	*indigène (du pays).*
exotic	*exotique.*
hardy perennial	*vivace.*
early	*précoce, de primeur.*
lāte	*tardif.*
double	*double.*
coloured	*coloré,*
many-coloured	*multicolore.*
motley	*bigarré.*
poisonous	*vénéneux.*
strāight uprīght	*droit, tout droit.*
crookĕd	*tordu.*
slim, slender	*mince, élancé.*
tāpering (1)	*allongé, pointu.*
stunted dwarfed (2)	*rabougri (arbres).*
scraggy	*rabougri (végétation).*
[k]notty [g]narled	*noueux.*
thorny	*épineux.*
prickly	*piquant.*
spīky	*en pointe, pointu.*
mossy moss-grōwn	*moussu.*
sappy	*plein de sève.*
sapless	*sans sève.*
in bud budding	*en bouton.*
budless	*sans bourgeons.*
budded	*couvert de bourgeons.*
in flower in bloom	*en fleurs, fleuri.*
out of blossom	*défleuri.*
fāded	*fané.*
wĭthered	*flétri.*
rīpe	*mûr.*
ōver-rīpe	*trop mûr.*
unrīpe	*pas mûr, vert.*
sleepy	*blet.*
rotten	*pourri.*
āqueous[2] watery	*aqueux.*
aromatic	*aromatique.*
resinous resināceous	*résineux.*
farināceous	*farineux (produisant de la farine).*
mēaly floury	*farineux (d'aspect).*
hard	*dur.*
soft	*mou.*
sāvoury	*savoureux.*
juicy[3]	*succulent.*
luscious	*fondant.*
sour[4]	*sûr.*
drīed	*séché.*
woody	*boisé.*
wooden	*en bois.*
treeless	*sans arbres. dépourvu d'arbres.*
densely / thickly wooded	*couvert de bois épais.*
planted with	*planté de.*
set / līned with	*bordé de.*
lēafy	*feuillu.*
lēafless	*dégarni, sans feuilles.*
ferny	*couvert de fougères.*
inextricable	*inextricable.*
impenetrable	*impénétrable.*

■ VERBES

to settle	*s'établir, se fixer.*
to stay	*séjourner.*
to resīde	*résider.*
to hīre	*louer (prendre en location).*
to leāse out a farm	*donner ou prendre (une) ferme à bail.*
to cultivāte to till	*cultiver (le sol).*

1. lʌgzjuəriənt. — 2. eikwiəs. — 3. dʒuːsi. — 4. sauə.

(1) *a taper* : un cierge.
(2) *a dwarf* : un nain.

to pick	*piocher.*
*to dig	*bêcher.*
*to dig a hōle	*creuser (un trou).*
to lĕvel	*égaliser, niveler.*
to rāke	*ratisser.*
to līne to hedge } with	*border de.*
to hedge a garden	*entourer un jardin d'une haie.*
to manūre	*fumer (le sol).*
*to sow	*ensemencer, semer.*
to plant	*planter.*
to water	*arroser.*
to transplant	*transplanter.*
to prick out to plant out to thin out	*repiquer.*
*to lay a flower-bed	*faire un parterre.*
to clēan	*sarcler (un champ).*
to shelter against	*abriter de.*
to protect from	*protéger de.*
to graft	*greffer.*
to prūne	*élaguer (un arbre).*
to trim	*tailler (une haie).*
to clēar of caterpillars	*écheniller.*
to lop	*émonder.*
to tīe (to)	*attacher à.*
to prop up	*étayer.*
*to shāke	*secouer.*
to shāke down	*faire tomber en secouant.*
to pick up	*ramasser.*
to pick to pluck	*cueillir.*
to plough[1]	*labourer.*
to plough a furrow	*tracer un sillon.*
to harrow	*herser.*
to rōll	*rouler.*
*to mōw	*faucher.*
*to māke hay	*faire les foins.*
to turn the hay	*retourner (le foin).*
to drȳ	*sécher.*
to drȳ up	*dessécher.*
to whet	*aiguiser (la faux).*
to rēap to harvest	*moissonner.* *récolter.*
to glēan	*glaner.*
to hēap	*mettre en tas.*
*to bīnd into sheaves	*lier en gerbes.*

*to unbīnd	*délier.*
to stack, to rick	*mettre en meules.*
to shēaf the corn	*mettre le blé en gerbes.*
to gāther	*ramasser, rassembler.*
to (un)lōad	*(dé)charger.*
*to drīve	*1. aller en voiture.* *2. conduire (un cheval, une voiture).*
*to draw	*traîner, tirer.*
*to get in to gather in	*rentrer la récolte.*
to garner the corn	*mettre le blé en grange.*
to thresh (the corn)	*battre (le blé).*
*to grīnd	*moudre.*
to peep *to shoot *to spring up	*germer.*
*to grōw	*1. croître, pousser.* *2. faire pousser, cultiver.*
to flower to bloom to blossom *to blōw	*fleurir.*
to ōpen out to blossom out	*s'épanouir.*
*to smell sweet	*sentir bon.*
to prick	*piquer (épine).*
*to spread	*(s')étendre en surface.* *(se) répandre.*
*to grōw to turn } green	*verdir.*
to colour	*se colorer, se teinter.*
to wāve	*onduler (blé).*
to rīpen *to grōw rīpe	*mûrir.*
*to shed one's flowers	*défleurir.*
*to shed one's lēaves	*perdre ses feuilles.*
to fāde to wīther	*se faner, se flétrir.*
*to fall to drop off	*tomber (feuilles).*
to dēcay	*dépérir.*
to rot	*pourrir.*
*to līe fallow	*être en friche.*
to be laid fallow	*retomber en friche.*

1. plau.

to yiēld	*rapporter, produire.*
to shell / to hull / to husk	*écosser.*
to peel	*peler.*
to stōne (fruits)	*enlever les noyaux* (*des fruits*).
to pre**serve** (in sugar)	*confire.*
*to wēave	*tresser.*
to **vin**tage / to gather the grapes	*faire les vendanges.*
*to thrōw into	*jeter dans.*
to empty into	*vider dans.*
to crush / to squash[1]	*écraser.*
to press	*presser.*
to fer**ment**	*fermenter.*
to dē**cant**	*transvaser.*
*to draw wine from a cask	*tirer du vin d'un tonneau.*
to bottle	*mettre en bouteille.*
to cork the bottles	*boucher les bouteilles.*
to cap	*capsuler.*
to sēal	*cacheter.*
to **lā**bel	*étiqueter.*
to grasp	*saisir, empoigner.*
to wiēld / to **flourish**[2]	*brandir.*
*to cut down	*couper.*
to fell	*abattre.*
*to fall (down)	*tomber.*
*to saw	*scier.*
to char wood	*faire du charbon de bois.*
*to clēave / *to split	*fendre.*
*to hew	*tailler gross*[t].
to bark / to strip the bark off	*écorcer un arbre.*
to stack up / to pīle up	*empiler.*
to sēason	*sécher* (*du bois*).
to pick up / to gather	*ramasser* (*du bois mort*).
to clēar (of trees)	*défricher.*
to dē**for**est	*déboiser.*
to rēaf**for**est	*reboiser.*
to uproot / to unroot	*arracher, déraciner.*
to (re)sound, to **echo**[3] with	*retentir de.*

LOCUTIONS

A bumper crop.	*Une récolte splendide.*
A scanty meal.	*Un maigre repas.*
A poor lunch.	*Un piètre déjeuner.*
To weave a garland.	*Tresser une guirlande.*
To sow a field with wheat.	*Ensemencer un champ de ble.*
A rolling stone gathers no moss.	*Pierre qui roule n'amasse pas mousse.*
To have an axe to grind.	*Avoir des intérêts personnels à servir.*
As you sow, so you shall reap.	*On récolte ce que l'on sème. / Comme on fait son lit, on se couche.*
He that sows the wind shall reap the whirlwind.	*Qui sème le vent, récolte la tempête.*
Little strokes fell great oaks.	*Les petits coups abattent les grands chênes.*
The highest tree has the greatest fall.	*Plus on tombe de haut, plus la chute est dure.*
There are more ways to the wood than one.	*Tout chemin mène à Rome.*

1. skwɔʃ. — 2. flʌriʃ. — 3. ekou.

XI
MINÉRAUX ET MINES
Minerals and mines.

I. LES MINÉRAUX
Minerals.

■ NOMS

A. Les pierres.

a mĭneral	*un minéral.*	clay	*l'argile.*
a stōne	*une pierre.*	kāolin, china-clay	*le kaolin.*
the mineral kingdom	*le règne minéral.*	potter's clay	*la terre glaise.*
a rubble (-stone)	*un mœllon.*	schist, shāle	*le schiste.*
burr (-stone), millstone grit	*la pierre meulière.*	slāte	*l'ardoise.*
flĭnt	*le silex.*	sandstone	*le grès.*
mīca	*le mica.*	līme-stone	*la pierre à chaux. le calcaire.*
grănīte	*le granit.*	b[u]ilding-stone	*la pierre à bâtir.*
grăvel	*le gravier.*	marble	*le marbre.*
sĭlica	*la silice.*	gypsum	*le gypse.*
a crystal	*un cristal.*	plaster-stone	*la pierre à plâtre.*
rock-crystal	*cristal de roche.*	a stalactīte	*une stalactite.*
porphyry	*le porphyre.*	a stalagmīte	*une stalagmite.*
basalt	*le basalte.*	petrificātion, petrifaction	*la pétrification.*
lava	*la lave.*		
pŭmice-stone	*la pierre ponce.*	a fossil	*un fossile.*
rock-salt	*le sel gemme.*	lignīte	*la lignite.*
sea-salt	*le sel marin.*	graphīte	*le graphite.*
potash	*la potasse.*	anthracīte	*l'anthracite.*
alum	*l'alun.*	cōke	*le coke.*
saltpētre	*le salpêtre.*	tar	*le goudron.*
sulphur	*le soufre.*	bitūmen	*le bitume.*
phosphorus	*le phosphore.*	petrōleum	*le pétrole brut.*
amber	*l'ambre.*	paraffin (*am.* kerosēne).	*le pétrole raffiné.*
meerschaum	*l'écume de mer.*		
pēat	*la tourbe.*	mōtor-spirit, petrol (*am.* gas(oline).	*l'essence.*
cōal	*le charbon. la houille.*		

■ ADJECTIFS

pebbly	*caillouteux.*	petrifīed	*pétrifié.*
granitic	*granitique.*	grāined	*grenu.*
calcāreous	*calcaire.*	strīped	*rayé.*

dense	*dense.*	clayey	*argileux.*
compact	*compact.*	veined	*veiné.*
plastic	*plastique.*	stratifīed	*stratifié.*
stōny	*pierreux.*	porous	*poreux.*
marbled	*marbré.*	fīre-proof	*réfractaire.*

■ VERBES

to harden	*(en)durcir.*	to bāke	*cuire (au four).*
to crystallīze / *to become crystallīzed	*cristalliser,*	to petrifȳ / to turn into stone	*se pétrifier.*
*to cut / *to hew	*tailler, couper.*	to carve	*tailler. sculpter.*
*to māke ūse of	*utiliser.*	to crush	*broyer.*

■ LOCUTIONS

A mine-field.	*Un district minier.*
Not to leave a stone standing (*or* one stone on another).	*Ne pas laisser pierre sur pierre.*
A mine of information.	*Une mine de renseignements.*
We'll mark this day with a white stone.	*Nous marquerons d'une pierre blanche la journée d'aujourd'hui.*
At a stone's throw from....	*A un jet de pierre de....*
The touch-stone.	*La pierre de touche.*
The stumbling-block.	*La pierre d'achoppement.*
The philosopher's stone.	*La pierre philosophale.*
To lay the foundation-stone.	*Poser la première pierre.*
Hewn out of the solid rock.	*Taillé à même le roc.*
He would skin a flint.	*Il tondrait un œuf.*
You won't make me believe that chalk is cheese.	*Vous ne me ferez pas prendre des vessies pour des lanternes.*
A heart of stone, a stony heart.	*Un cœur de pierre.*
A marble slab.	*Une plaque, une dalle de marbre.*
Fire-clay.	*Terre réfractaire.*
Plastic-clay.	*Terre à modeler.*

B. Les pierres précieuses.

■ NOMS

a prĕcious stone / a gem	*une pierre précieuse.*	an ōpal	*une opale.*
an agate	*une agate.*	cŏral	*le corail.*
an amethyst	*une améthyste.*	a pearl[4]	*une perle.*
a dīamond	*un diamant.*	enamel	*l'émail.*
a garnet	*un grenat.*	a cameo	*un camée.*
an aquamarine	*une aiguemarine*	the cutting	*la taille (des pierres).*
jāde	*le jade.*	the glitter / the lustre	*l'éclat.*
jasper	*le jaspe.*	a flaw	*un crapaud. une tache.*
a ruby[1]	*un rubis.*		
a sapphīre[2]	*un saphir.*		
an emerald	*une émeraude.*	a cărat	*un carat.*
a tōpaz	*une topaze.*	a făcet	*une facette.*
a turquoise[3]	*une turquoise.*	a lăpidary	*un lapidaire.*

1. rubi. — 2. sæfaiə*. — 3. təːkwaːz. — 4. pəːl.

■ ADJECTIFS

nătural	*naturel.*	trans**pā**rent	*transparent.*
arti**fĭ**cial	*artificiel.*	**bril**liant	*miroitant.*
genūine[1]	*authentique.*	**glit**tering	
imi**tā**tion	*faux.*	iri**des**cent	*irisé, chatoyant.*
	en imitation.	**lim**pid	*limpide.*
pāste	*en strass.*	dī**aph**anous	*diaphane.*
valūable	*de grande valeur.*	trans**lū**cent	*translucide.*
worthless[2]	*sans valeur.*	ōpalīne,	*opalin.*
rough[3]	*brut.*	ōpa**les**cent	
cut	*taillé.*	**won**derful	*merveilleux.*

■ VERBES

*to shīne	*briller.*	*to cut	*tailler* (*pierre précieuse*).
to sparkle	*étinceler.*		
to glitter	*scintiller.*	*to set	*sertir, monter.*
to flash	*étinceler.*	to **pŏ**lish	*polir.*

■ LOCUTIONS

A diamond-field.	*Un terrain diamantifère.*
A diamond of the first water.	*Un diamant de la plus belle eau.*
Imitation jewelry.	*Bijouterie fausse.*
To enhance / To bring out } the beauty of....	*Mettre en valeur la beauté de....*
Set in platinum.	*Monté sur platine.*
Cut in facets.	*Taillé à facettes.*
The Emerald Isle.	*L'Ile d'Émeraude* (Irlande).
Diamond cut diamond.	*A malin, malin et demi.*

1. dʒenjuin. — 2. wəːθlis. — 3. raf.

2. LES MÉTAUX

Metals.

■ NOMS

a mětal	*un métal* (1).
the ore	*le minérai.*
the grāde	*la teneur (en métal fin).*
a mixture[1] / a blend	*un mélange.*
an alloy	*un alliage.*
a combinātion	*une combinaison.*
an amalgam	*un amalgame.*
alūminium	*l'aluminium.*
dūralūmin	*le duralumi-nium.*
magnēsium	*le magnésium.*
ī[r]on	*le fer.*
cast-iron	*la fonte.*
raw-iron, / crūde-iron	*fer brut.*
ingot iron	*fer fondu.*
pig-iron	*fer en gueuse.*
[w]rought-iron	*fer forgé.*
sheet-iron	*(fer en) tôle.*
rōlled-iron	*fer laminé.*
scrap-iron	*ferraille.*
corrūgāted iron	*de la tôle ondulée.*
a wīre	*un fil métallique.*
iron wire	*du fil de fer.*
platinum wire	*du fil de platine.*
copper wire	*du fil de cuivre.*
brass wire	*du fil de laiton.*

steel	*l'acier.*
cast-steel	*l'acier fondu.*
chrōme-steel	*l'acier chromé.*
a magnet	*un aimant.*
rust	*la rouille.*
copper	*le cuivre.*
patina	*la patine.*
verdigris	*le vert-de-gris.*
lead[2]	*le plomb.*
red-lead	*le minium.*
white-lead	*la céruse.*
tin	*l'étain.*
zinc	*le zinc.*
brass	*le laiton.*
bronze	*le bronze.*
nickel	*le nickel*
silver	*l'argent.*
mercūry / quicksilver	*le mercure.*
gōld	*l'or.*
a nugget	*une pépite.*
a flāke	*une paillette.*
ingot gold	*de l'or en barre.*
platinum	*le platine.*
rādium	*le radium.*
a wire-rōpe	*un câble métallique.*
a bar	*une barre.*
a tūbe	*un tuyau.*
a plāte	*une plaque.*

■ ADJECTIFS (2)

metallic (1)	*métallique.*
brittle	*cassant.*
frīable / crumbly	*friable.*

1. mikstʃə. — 2. lɛɪd.

(1) Voir aussi ch. XVIII. 2. L'Industrie.
(2) Les noms de métaux s'emploient généralement aussi comme adjectifs. — Ex. : *a gold ring*, une bague en or, — *a silver tea-pot*, une théière en argent, — *a lead pipe*, un tuyau de plomb, etc. — Les adjectifs donnés ici s'emploient plutôt pour indiquer la ressemblance avec le métal indiqué.

fūsible	*fusible.*	leaden[1]	*en plomb.* / *comme du plomb.*
rōll**ed**	*laminé.*	**sŏlid**	*massif, pur.*
rusty	*rouillé.*	gold-**plā**ted	*plaqué or.*
gōlden	*d'or, en or.* / *comme de l'or.*	silver-plāted	*argenté.*
silvery	*argenté,* / *comme de l'argent.*	gilt	*doré.*
		nickel-plāted	*nickelé.*
		electrōplāted	*en ruolz.*

VERBES

to hēat (a metal) red-hot	*chauffer (un métal) au rouge.*	to **sŏl**der	*souder.*
to smelt	*fondre (un métal).*	*to gild	*dorer.*
to crush	*broyer, concasser.*	to glōw	*être incandescent.*
to **pul**verīze	*pulvériser.*	to forge	*forger.*
to **al**loy	*allier.*	to mix with... / to blend with...	*mélanger.* / *mêler à, avec.*
***to cast**	*couler (métal).*	to com**bīne**	*combiner.*
		to get rusty	*se rouiller.*

LOCUTIONS

A bronze vase.	*Un vase d'airain.*
A brazen voice.	*Une voix d'airain.*
Iron ore.	*Du minerai de fer.*
A sheet of metal.	*Une feuille de métal.*
A low-grade ore.	*Un minerai à faible teneur.*
An iron-stain.	*Une tache de rouille.*
A will of iron, an iron-will.	*Une volonté de fer.*
An iron discipline.	*Une discipline de fer.*
To have a cast iron belief in....	*Croire dur comme fer à....*
Rust eats into steel.	*La rouille mange, attaque l'acier.*
A leaden (-coloured) sky.	*Un ciel couleur de plomb.*
Gold-dust.	*De la poudre d'or.*
Gold-plate.	*De la vaisselle d'or.*
A gold-leaf.	*Une feuille d'or.*
18-carat gold.	*De l'or à 18 carats de fin.*
A gold-digger.	*Un chercheur d'or.*
A tin(-box).	*Une boîte en fer blanc.*
To tin.	*Mettre en boîte (des conserves).*
Tinned fruit, vegetables.	*Des fruits, des légumes en boîte.*
He had not a brass farthing in his pocket.	*Il n'avait pas un sou vaillant en poche.*
My English is a little bit rusty.	*Je commence à oublier mon anglais.*
A gilt-edged volume.	*Un volume doré sur tranches.*
Strike while the iron is hot.	*Il faut battre le fer pendant qu'il est chaud.*
You must not have too many irons in the fire.	*Il ne faut pas courir deux lièvres à la fois.*
Speech is silver, but silence is gold(en).	*La parole est d'argent, mais le silence est d'or.*
All is not gold that glitters.	*Tout ce qui brille n'est pas or.*
There is no joy without alloy.	*Il n'y a pas de joie sans mélange.*

1. lɛdn.

3. MINES ET CARRIÈRES

Mines and quarries.

NOMS

a mīne	*une mine.*
a coal-mine / a cōal-pit / a **coll**iery	*une mine de charbon.*
a gōld-mine	*une mine d'or.*
a rock-salt mine	*une mine de sel.*
a pēat-bog	*une tourbière.*
the raw matērial	*la matière première.*
mīning	*l'exploitation des mines.*
a coal-fiēld	*un bassin houiller.*
a gold-field	*un terrain aurifère.*
an oil-field	*un gisement pétrolifère.*
a lōde	*un filon.*
a gold reef	*un filon d'or.*
a vein	*une veine.*
a mīner	*un mineur.*
a coal-miner / a **coll**ier	*un mineur de charbon.*
a **hew**er[2]	*un piqueur.*
the ōverman	*le porion.*
the night shift	*l'équipe de nuit.*
the day shift	*l'équipe de jour.*
the **Coll**ege of Mines	*l'Ecole supérieure des Mines.*
a **mī**ning engi**nē**er	*un ingénieur des mines.*
an expert	*un expert.*
a pit	*une mine, une fosse.*
a shaft[3]	*un puits de mine.*
a **wīn**ding-shaft	*un puits d'extraction.*
an air-shaft	*puits d'aérage.*
the **clēar**ing away	*le déblaiement.*
a slag-heāp / a slag-dump	*un crassier.*
a **lĕ**vel, a drift	*une galerie.*
the **frāme**work	*le boisage.*

a coal-sēam	*une veine de charbon.*
boring	*le sondage.*
a **quarry**[1]	*une carrière.*
the **strā**tum (*pl.* **strā**ta) / the **lay**er	*la couche.*
the stone-hewer / the stone-cutter	*le tailleur de pierre.*
a stone-saw	*une scie à pierre.*
a **pick**axe	*une pioche.*
the stone-breāker	*le concasseur.*
a marble-quarry	*une carrière de marbre.*
a sand-pit	*une sablière.*
a **grăv**el-pit	*une carrière de gravier.*
a clay-pit	*une carrière d'argile.*
the pit-prop	*l'étançon, l'étai.*
ōpen working	*l'exploitation à ciel ouvert.*
the quarrying	*l'extraction (carrières).*
the yiēld	*le rendement.*
the **out**put	*la production.*
the workings	*le chantier d'exploitation.*
the **wash**ings	*le chantier de lavage.*
the **out**fit	*l'équipement.*
the working clōthes	*les vêtements de travail.*
the sāfety-lamp	*la lampe de sûreté.*
wīre gauze[4]	*toile métallique.*
a truck	*un wagonnet.*
a pully, a block	*une poulie.*
the hoist	*l'ascenseur.*
the pick	*le pic.*
the lēver	*le levier.*
the wedge	*le coin.*
the **shŏ**vel	*la pelle.*

1. kwɔri. — 2. hjuːə. — 3. ʃaːft. — 4. gɔːz.

the air-hammer	*le marteau à air comprimé*
the hammer-drill the driller the **bor**er	*la perforatrice.*
the *un*der**cutt**er	*la haveuse.*
an ex**plō**sive	*un explosif.*
the explōsive charge	*la charge explosive.*
a blasting-**car**tridge	*une cartouche de mine.*
a blast, a shot	*un coup de mine.*
the { blast / drill- } hōle	*le trou de mine.*
dānger	*le danger.*
the **sā**fety **mĕa**sures	*les mesures de sécurité.*
a safety **dēvīce**	*un dispositif de sécurité.*
the **res**cūe ap**plī**ances	*le matériel de sauvetage.*
a **fall**ing in	*un éboulement.*
a **crumb**ling	*un affaissement.*
a līfe-**sā**ving / a rescūe { appa**rā**tus }	*un appareil de sauvetage.*
as**phyx**y as**phyx**ia *suf*fo**cā**tion gassing	*l'asphyxie.*
*ven*ti**lā**tion	*l'aérage.*
a *ven*ti**lā**ting course	*une galerie d'aérage.*
a *ven*ti**lā**tor	*un ventilateur.*
fīre-damp	*le grisou.*
an ex**plō**sion	*une explosion.*
a fire-damp explōsion	*un coup de grisou.*
a cōal-dust explōsion	*un coup de poussière.*
the flooding[1]	*l'inondation (de la mine).*
a pump	*une pompe.*
the **drāin**age	*l'épuisement de l'eau.*
the **pump**ing out	*l'assèchement.*
a sump	*un puisard.*

■ ADJECTIFS

salt, **sa**l**ī**ne	*salin.*
*car*bo**nif**erous	*carbonifère.*
au**rif**erous	*aurifère.*
flooded[1]	*noyé (mine).*
ex**haust**ed	*épuisé.*
auto**mat**ic self-acting	*automatique.*
portable	*portatif.*
dāngerous	*dangereux.*
ardūous	*pénible.*
dizzying **gidd**ying	*qui donne le vertige.*
shut up	*enfermé.*
bur[i]ed	*enseveli.*

■ VERBES

to bore a shaft	*creuser, forer un puits de mine*
*to dig { a drift / a lĕvel }	*creuser une galerie.*
to clēar away	*déblayer.*
to fill in	*combler.*
to go down (the mine)	*descendre dans la mine.*
*to come up (to the surface)	*remonter*
to work (mine)	*exploiter (mine).*
to ex**tract**	*extraire.*
*to win	*extraire (charbon, minerai)*
to sort out	*trier.*
to sift	*cribler.*
to fīne, to rē**fīne**	*affiner.*
to cāve in	*s'affaisser.*
to ex**plōde** to blast	*faire sauter.*
to blast the rock	*ouvrir la roche à coups de mine.*
to explōde *to blow up	*faire explosion*
to carry to re**move**	*transporter.*
to as**phyx**iāte to **suff**ocāte to gas	*asphyxier.*
to flood[1]	*noyer (la mine).*

■ LOCUTIONS

To make borings.	*Faire des sondages.*
To work in shifts.	*Travailler par équipes.*
The price of coal at the pit-head.	*Le prix du charbon sur le carreau de la mine.*
« Beware of blasting ».	*« Attention aux coups de mines ».*

1. oo = ə.

XII

LA VIE A LA VILLE

Life in the town

I. LA VILLE

The town.

■ NOMS

A. Les rues et les édifices.

a town	*une ville.*
a street	*une rue.*
a cĭty (1)	*une grande ville.*
a **coun**try-town	*une ville de province.*
the **căp**ital	*la capitale.*
the me**trŏ**polis	*la métropole.*
a **sub**urb	*un faubourg.*
the **sub**urbs	*la banlieue.*
a **mar**ket-town	*un bourg.*
a **dis**trict / a ward[1]	*un quartier.*
the slums	*les bas-quartiers. / les bas-fonds.*
the centre	*le centre.*
surroundings / env rons / **out**skirts	*(les) environs.*
a gāte	*une porte.*
a **ram**part	*un rempart.*
a **thor**oughfare	*une artère.*
the high-street	*la grand'rue.*
a street with two-way **traffic**	*une rue à deux sens.*
a one-way street	*une rue à sens unique.*
an **ar**cāde	*un passage, une galerie.*
an **arch**way	*un passage voûté.*
a back-street	*une rue écartée.*
a bȳ-street / a lāne	*une ruelle.*
the roadway	*la chaussée.*
the **cause**way[2]	*le pavé.*
a **pā**ving-stōne / a **pā**ving-block	*un pavé.*
the street ī[s]land	*le refuge.*
a studded **crossing**	*un passage clouté.*
the **pā**vement / (*am.*) **sīde**walk	*le trottoir.*
the **gut**ter / the **run**nel / the **ken**nel	*le ruisseau. / la rigole.*
the **sew**er[3] / the drāin	*l'égout.*
the **gul**ly-hōle	*la bouche d'égout.*
a water-māin	*une conduite d'eau.*
sweeping	*le balayage.*
a sweeper	*un balayeur.*
a **mō**tor street-sweeper	*une auto-balayeuse.*
a **scă**venger	*un boueux.*
dirt, **rub**bish	*les ordures.*
a watering-cart	*une voiture d'arrosage.*
a water-cart man / a street **or**derly	*un arroseur.*
a squāre	*une place.*
a **cir**cus[4]	*un carrefour.*
a park	*un parc.*
a **pub**lic garden	*un square.*

1. wɔːd. — 2. kɔːzwei. — 3 sjuə*. — 4. səːkəs.

(1) En Grande-Bretagne, la dénomination de « City » est réservée aux villes qui ont un archevêque ou un évêque.

the pond	*le bassin.*
the **fount**ain	*la fontaine.*
the waterworks	*la C*[ie] *des eaux.*
a b[u]ilding	*un édifice.*
a **pal**ace[1]	*un palais.*
the town-hall	*l'hôtel de ville.* / *la mairie.*
the **mū**seum	*le musée.*
the cust**ō**dian	*le conservateur.*
the picture-**gall**ery	*le musée d'art.*
the cath**ē**dral (1)	*la cathédrale.*
the law-courts	*le palais de justice.*
the **lī**brary	*la bibliothèque.*
the lī**brā**rian	*le bibliothécaire.*
the **mar**ket	*le marché.* / *la halle.*
the slau[gh]ter-house	*l'abattoir.*
a **mon**ūment	*un monument (commém*[t]*).*
a trī**umph**al arch	*un arc de triomphe.*
the sīghts	*les curiosités.*
the **tour**ists infor**mā**tion būreau	*le syndicat d'initiative.*
a g[u]īde	*un guide (homme).*
a guide-book	*un guide (livre).*
an illūmināted-sī[g]n	*une enseigne lumineuse.*

B. La population.

the *pop*ū**lā**tion	*la population.*
the **traf**fic	*la circulation (piétons et voitures).*
the bus[t]le	*l'animation.*
a lī[gh]t-**sig**nal	*un signal lumineux.*
the **cen**sus	*le recensement.*
sta**tis**tics	*la statistique.*
the birth-rāte	*la natalité.*
the death-rāte	*la mortalité.*
a **towns**man	*un citadin.*
townsfō[l]k	*les citadins.*
a **pass**er-by	*un passant.*
a crowd	*une foule.*
the mob	*la populace.*
the rabble / the riff-raff	*la racaille.*

■ ADJECTIFS

town	*municipal.*
stāte (2)	*de l'Etat.*
public	*public.*
prīvate	*particulier.*
cūrious	*curieux (pers. et choses).*
free	*gratuit.*
charged for	*payant.*
ōpen to...	*accessible à....*
lōnely	*solitaire.*
busy[2]	*animé.*
dĕad	*mort.*
fāmous / **cel**ebrāted (for)	*célèbre (par).*
dis**par**aged	*décrié.*
modern	*moderne.*
up-to-dāte	*« dernier cri. »*
ōld-**fash**ioned	*d'autrefois.*
thinly, / thickly, **popū**lāted	*peu, / très, peuplé.*

■ VERBES

to pāve	*paver, empierrer.*
to **mĕt**al	*charger (une route).*
*to sweep	*balayer.*
to water	*arroser.*
to ex**pand**	*se développer.*
*to spread out	*s'étendre.*
to im**prove**	*améliorer.*
to em**bell**ish / to **b[ea]ū**tifȳ	*embellir.*
to ad**just** / to a**dapt** to...	*adapter à....*
to **pros**per / *to thrīve	*prospérer.*

1. pæləs. — 2. bizi.

(1) Voir ch. XVII. 2 : L'architecture.
(2) Les deux mots *town* et *state* étant employés alors comme adjectifs.

to visit	*visiter.*
to wander / to ramble { through / all over }	*parcourir.*
to cross / to walk / to pass { across / through }	*traverser.*
to pass / to pass by	*passer devant....*
*to go astray	*s'égarer.*
*to lose one's way	*perdre son chemin.*
to ask sb. one's way.	*demander son chemin à qq.*
to guide sb. / *to show round	*piloter* / *conduire* qq.
to loiter / to lounge	*flâner.*
to impress	*impressionner.*

■ LOCUTIONS

To go up to town.	*Se rendre à la ville.*
To go to market.	*Aller au marché.*
It was the talk of the town.	*Toute la ville en parlait.*
Town-planning.	*L'urbanisme.*
A side-street.	*Une rue latérale.*
A cross-street.	*Une rue transversale.*
The man in the street.	*Le grand public, l'homme moyen.*
An ill-frequented street.	*Une rue mal fréquentée.*
To live across the street.	*Habiter de l'autre côté de la rue.*
To take the wrong street.	*Se tromper de rue.*
To be homeless.	*Etre sur le pavé* (*sans foyer*).
To turn sb. into the street.	*Mettre qq. sur le pavé.*
A lending, a circulating library.	*Une bibliothèque de prêt, circulante.*
To act as a guide.	*Servir de guide.*
To show sb. the sights of the town.	*Faire visiter à qq. les curiosités de la ville.*
To take the census of...	*Faire le recensement de....*
A bridge crosses (*or* spans) the river.	*Un pont traverse la rivière.*
A long street runs through the whole village.	*Une longue rue traverse tout le village.*
He made his way through the crowd.	*Il traversa la foule.*
To flock (*or* crowd, *or* throng) to...	*Se rendre en foule à....*
London lies on the Thames.	*Londres est situé sur la Tamise.*
A wood-paved street.	*Une rue pavée de bois.*
To pave the way.	*Préparer le terrain* (*fig.*).
Round the corner.	*Au coin de la rue.*
To take a short cut.	*Prendre un chemin de traverse.*
Can you tell me the way to..? / Can you direct me to...?	*Pouvez-vous me dire le chemin pour aller à...?*
Does this street lead to...?	*Est-ce que cette rue conduit à...?*
Keep straight on.	*Suivez tout droit.*
Turn round the corner.	*Tournez le coin.*
Turn to the right.	*Tournez à droite.*
Keep to the left.	*Restez à gauche, tenez votre gauche.*
« One way street ».	« *Sens unique* ».
« No entry ».	« *Sens interdit* ».
« No thoroughfare ».	*1.* « *Rue barrée* ». *2.* « *Passage interdit au public* ».
« Admission free ».	« *Entrée libre* ».
« No admittance ».	« *Défense d'entrer, entrée interdite* ».
« Shoot no rubbish ».	« *Défense de déposer des ordures* ».
« Stick no bills ».	« *Défense d'afficher* ».
« Trespassers will be prosecuted ».	« *Défense de passer sous peine de poursuites* ».
(The road to) Hell is paved with good intentions.	*L'enfer est pavé de bonnes intentions.*
All roads lead to Rome.	*Tout chemin mène à Rome.*
Rome was not built in a day.	*Rome ne s'est pas faite en un jour.*

2. L'ADMINISTRATION MUNICIPALE. LA POLICE

Local government (1). Police.

NOMS

A. L'administration municipale.

a **cit**izen	*un citoyen.*
citizenship	*les droits de citoyen, de bourgeoisie.*
lōcal government	*l'administration municipale.*
the **mayor**[1]	*le maire.*
mayoralty	*les fonctions de maire ou leur durée.*
the **may**oress	*la femme du maire.*
the Lord-Mayor	*le maire d'une cité.*
the Lady-Mayoress	*la femme du lord-maire.*
the **depū**ty-mayor	*l'adjoint.*
the (mūnicipal) *cor*por**ā**tion	*la municipalité.*
the town council	*le conseil municipal d'une ville.*
the city-council	*le conseil municipal d'une cité.*
a town-councillor	*un conseiller municipal (ville).*
a city-councillor	*un conseiller municipal (cité).*
the London **Coun**ty Council (L. C. C.)	*le Conseil général du Comté de Londres.*
the lōcal *or* mūnicipal authority	*les autorités municipales.*
the town clerk[2]	*le secrétaire de la mairie.*
the **rě**gistrar	*l'officier d'état civil.*
a (town-)rāte	*une taxe municipale.*
the poor-rāte(s)	*la taxe des pauvres.*
a rāte**payer**	*un contribuable.*
the rate-col**lec**tor	*le percepteur.*
the **hos**pital	*l'hôpital.*
the **found**ling-**hos**pital	*l'hospice des enfants-assistés.*
an īsolātion-hospital	*un hôpital de contagieux.*
a ward[3]	*une salle d'hôp[l].*
the **fē**ver-ward	*la salle des fiévreux.*
the a[l]ms-house	*l'hospice. l'asile.*
the workhouse	*l'asile des indigents.*
the **lu**natic[4]-asȳlum	*l'hôpital des aliénés.*
an **or**phan-hōme, an **or**phanage	*un orphelinat.*
the reliēf com**mit**tee, the **cha**ritable board, the Board of **G**[u]**ard**ians	*le bureau de bienfaisance.*

1. mɛə*. — 2. klaːk. — 3. wɔːd. — 4. luːnətik.

(1) Voir aussi ch. XIX. 2 : l'Etat et le gouvernement.

B. La police (1).

Police[1]	*la police.*
the high commissioner of police / the chiēf of the metropolitan police	*le préfet de police.*
the central police-stātion	*le commissariat de police.*
the chief-constable	*le commissaire de police.*
a police officer / an inspector of police	*un officier de police.*
a policeman / a police-constable	*un agent de police.*
the police-stātion	*le poste de police.*
the constabūlary	*(le corps de) la police.*
public sāfety	*la sécurité publique.*
police sūpervīsion	*la surveillance de la police.*
the rounds / the bēat	*la ronde.*
a round up, raid	*une râfle.*
the (policeman's) report	*le procès-verbal* (2).
a brēach of police regūlātions / a mīnor offence	*une contravention.*

■ VERBES

to administer / to manage	*administrer*
to organīze	*organiser.*
*to meet	*se réunir.*
to deliberate.	*délibérer.*
to discuss	*discuter.*
to debāte	*débattre.*
to delīver / to issūe	*délivrer (certificat, reçu, etc.).*
to (dis)approve of sb. or sth.	*(dés)approuver qq. ou qch.*
to confirm / to ratifȳ	*approuver, ratifier.*
to certifȳ	*certifier.*
to authenticāte	*authentifier.*
*to forbid / to prohibit	*interdire.*
to declāre / to stāte	*déclarer.*
to dēnounce	*dénoncer.*
to watch ōver	*veiller à, sur.*
to intervēne	*survenir.*
to interfēre	*intervenir.*
to disturb	*déranger.*
to crēāte a disturbance	*troubler l'ordre public.*
to restore order	*rétablir l'ordre.*
to arrest sb.	*arrêter qq.*
to effect an arrest	*opérer une arrestation.*
to raid a district	*faire une râfle dans un quartier.*
to raid a house	*faire une descente dans une maison.*
*to take sb. into custody	*arrêter qq.*
*to give sb. into custody	*faire arrêter qq.*

■ LOCUTIONS

Traffic regulations.	*La police de la voirie.*
The police is after him.	*La police est à ses trousses.*
To make a statement.	*Faire une déclaration.*
To keep a watch on sb.	*Exercer une surveillance sur qq.*
To keep order, discipline.	*Maintenir l'ordre, la discipline.*
To make (*or* conduct) a search.	*Effectuer une perquisition.*
Under arrest.	*En état d'arrestation.*
To take sb. to the police-station.	*Conduire qq. au poste.*
To go (*or* to make) one's rounds.	*Faire sa ronde, sa tournée.*
To make a report.	*Dresser un procès-verbal.*
There has been no disturbance of public order.	*L'ordre n'a pas été troublé.*
« Move on! » — « Pass along! »	« *Circulez!* »

1. pəliːs.

(1) L'organisation de la police étant différente en Angleterre et en France, les équivalents donnés ici ne sont qu'approximatifs.
(2) Voir aussi ch. XIX. 3 : La justice.

3. RÉJOUISSANCES PUBLIQUES

Public rejoicings.

NOMS

A. Les fêtes populaires.

a **festival**	*une fête.*
the **parish** fēte[1]	*la fête patronale.*
the **nā**tional **holi**day	*la fête nationale.*
the fēte-com**mittee**	*le comité des fêtes.*
(flag-) **decking**	*le pavoisement.*
a procession[2]	*un cortège, un défilé.*
a **pā**geant	*un défilé historique.*
a torchlight **tattoo**[3]	*une retraite aux flambeaux.*
a **cav**alcāde	*une cavalcade.*
a rejoicing a merry-māking	*une réjouissance.*
a pāper-**strēamer**	*un sepentin.*
confetti	*des confetti.*
the ill*ū*mi**nā**tions	*les illuminations.*
a **bon**fire	*un feu de joie.*
the fīreworks (*pl.*)	*le feu d'artifice.*
a set-pīece	*une pièce montée.*
a **rock**et	*une fusée.*
a Ben**gal**-light	*un feu de Bengale.*
a **crack**er	*un pétard.*
the catch	*le clou (de la fête).*
the press the throng	*la cohue.*
the **hub**bub the **tur**moil	*le tumulte.*
a **gā**per	*un badaud.*

B. La fête foraine. — Le cirque.

the fair	*la foire.*
the fair **ground**	*le champ de foire.*
a shōw	*un spectacle,* *une exposition.*
a **showman**	*un forain (attraction).*
the show**men's** **car**avan	*la voiture des saltimbanques.*
the patter, the puff	*le boniment.*
a **gip**sy	*un bohémien.*
a **moun**tebank	*un saltimbanque.*
the **switch**back the **scēn**ic **rāil**way	*les montagnes russes.*
a **merry-go-round.** a round-about	*un manège (chevaux de bois, etc.).*
an *ex*hibition	*une exposition.*
an at**trac**tion	*une attraction.*
a booth-keeper	*un marchand forain.*
a**shoot**ing-stand a shooting-**gal**lery	*une baraque de tir.*
a seesaw	*une balançoire.*
a tobog**gan**- run / slīde	*un tobogan.*
Aunt Sally	*le jeu de massacre.*
a **for**tune-teller	*une tireuse de cartes, une diseuse de bonne aventure.*
a **con**jūrer	*un prestidigitateur.*
a travelling **thē**atre	*un théâtre ambulant.*
a travelling-player	*un acteur forain.*

1. feit ou fiːt. — 2. prəseʃən. — 3. tətu.

the circus	*le cirque.*	the lime-light (*or* flood-light) projector	*le projecteur.*
a tent / an awning	*une tente.*	the rōpe-ladder	*l'échelle de corde.*
the arēna	*l'arène.*	the flȳing-trapēze	*le trapèze volant.*
an artiste	*un artiste (cirque, music-hall, etc.).*	a ventriloquist	*un ventriloque.*
an equestrian	*un écuyer.*	an acrobat	*un acrobate.*
an equestrienne	*une écuyère.*	an acrobatic fēat	*un tour d'acrobatie.*
a clown[1] / a funny man	*un clown.*	a menagerie / a wīld bēast show	*une ménagerie.*
a juggler	*un jongleur.*	the lion-cāge	*la cage aux lions.*
a tight-rōpe dancer / walker	*un danseur de corde.*	the bēasts' feeding	*le repas des fauves.*
the rōpe	*la corde.*	a tāmer	*un dompteur.*
the balancing-pōle	*le balancier.*		

■ ADJECTIFS

popūlar	*populaire.*	odd, queer	*bizarre, excentrique.*
decked with flags	*pavoisé.*	funny	*drôle.*
fāiry-līke	*féerique.*	rĕady-witted / quick at repartee	*prompt à la riposte.*
enchanting	*ravissant.*	trāined	*dressé (animal).*
orīginal	*original.*		

■ VERBES

to deck out	*pavoiser.*	to enjoy oneself / *to māke merry	*s'amuser.*
to adorn / to decorāte / to deck — with	*orner de.*	*to make the patter	*faire le boniment.*
to illūmināte	*illuminer.*	to jos[t]le / to hus[t]le	*(se) bousculer.*

■ LOCUTIONS

You are a day after the fair.	*Vous arrivez trop tard.*
To fire a rocket.	*Tirer une fusée.*
To let off fireworks.	*Tirer un feu d'artifice.*
To have a good (*or* nice, *or* jolly) time (of it).	*Bien s'amuser.* / *Se donner du bon temps.*
To have a lark.	*S'amuser, s'en payer.*
To go for a round.	*Faire un tour de manège.*
To tell (sb.'s) fortune.	*Dire la bonne aventure (à qq.).*

1. klaun.

4. HOTELS. RESTAURANTS ESTAMINETS

Hotels. Restaurants. Public Houses (1).

■ NOMS

A. L'hôtel (1).

a (*or* an) hotel	*un hôtel.*
a boarding-house	*une pension de famille.*
board and residence	*pension et logement.*
full board	*pens. complète.*
a boarder / a paying-g[u]est	*un pensionnaire.*
a *res*idential hotel	*un hôtel sans pension.*
the sī[g]n-board	*l'enseigne.*
the hotel-keeper	*l'hôtelier.*
the management	*la direction.*
the manager	*le gérant.*
the manageress	*la gérante.*
the porter	*le portier.*
the interpreter	*l'interprète.*
« boots »	*le chasseur.*
the arrīval-form	*le bulletin d'arrivée.*
the visitors' book	*le livre des voyageurs.*
the *ac*commodā-tion	*le logement.*
the garage	*le garage.*
the smōking-room	*le fumoir.*
the cashier's office	*la caisse.*
the clerk	*l'employé (aux écritures).*
a single-bedded room	*une chambre à 1 lit.*
a double-bedded room	*une chambre à 2 lits.*
a suite of apartments	*un appartement.*
an inclūsive prīce	*un prix global.*
the attendance	*le service.*
the wāiter	*le garçon (hôtel).*
the hēad-wāiter	*le maître d'hôtel.*
the māid	*la femme de chambre.*
comfort	*le confort.*
the bill	*l'addition.*
a tip	*un pourboire.*
the luggage (*sing.*)	*les bagages.*
the (luggage-) porter	*le porteur.*

B. Restaurants et cabarets.

a restaurant	*un restaurant.*
a *ve*getārian restaurant	*un restaurant végétarien.*
a coffee-house	*un petit restaurant (2).*
a public house / a " pub "	*un estaminet.*
the publican	*le cabaretier.*
the bar	*le comptoir.*
the barman / the barmaid	*le garçon, la serveuse (de comptoir).*
the tēa-room(s)	*le salon de thé.*
the wāitress	*la serveuse.*
the menū / the bill of fare	*la carte.*

(1) La vente des boissons alcooliques étant réglementée, ne sont autorisés à en vendre que les établissements qui ont obtenu une « licence » : « *licensed to sell alcoholic drinks* ».

(2) Non un « café ». Les modèles du genre sont les « Lyons » et les « A. B. C. » (Aerated Bread Company), où l'on peut prendre non seulement thé, café, etc., mais aussi un repas complet.

the butler	*le sommelier.*	a la carte	*à la carte.*
the wīne-list	*la carte des vins.*	the choice	*le choix.*
the first course	*le premier plat.*	" to-day's spĕcial "	*le plat du jour.*
a four-course dinner	*un dîner à quatre services.*	a round	*une tournée (de boisson).*
at (a) fixed price	*à prix fixe.*		

■ ADJECTIFS

well-[k]nō[w]n	*(bien) connu.*	nīcely cooked	*soigné (repas).*
nōted, fāmous	*renommé.*	hōmely	*simple, familial.*
very busy / very popūlar	*fréquenté.*	unprētentious	*sans prétention.*
		mŏdest	*modeste.*
well-kept	*bien tenu.*	engāged	*pris, occupé.*
ill-kept	*mal tenu.*	disengāged	*libre.*
respectable / dēcent	*convenable.*	moderate	*modéré.*
		prohibitive	*exorbitant.*

■ VERBES

*to keep a hotel	*tenir un hôtel.*	*to choose	*choisir.*
to board with... / at...	*prendre pension chez.... / à....*	to order	*commander.*
*to put up at (a hotel)	*descendre à (un hôtel).*	*to get / to obtāin	*obtenir.*
to applȳ to...	*s'adresser à....*	to inquīre (about)	*s'informer (de).*
to demand	*exiger.*	to complāin of...	*se plaindre de.*
to engāge (a room)	*retenir (une chambre).*	to vacāte (a room)	*quitter, laisser vacant.*
to fill in (a form)	*remplir (un bulletin).*	to check	*vérifier (facture).*
		to amend	*rectifier.*
to stay ōvernīght	*passer la nuit.*	to deduct / *to tāke off	*déduire.*
*to take up the luggage / *to bring down the luggage	*monter les bagages. / descendre les bagages.*	to tip sb.	*donner un pourboire à qq.*
		to recommend	*recommander.*
*to ring for sb.	*sonner qq.*	to skin	*écorcher, exploiter (les clients).*
to ask sb. for sth	*demander qch. à qq.*		

■ LOCUTIONS

To find accommodation.	*Trouver à se loger.*
To act as interpreter to sb.	*Servir d'interprête à qq.*
Attendance included.	*Service compris.*
Plus 10 % for attendance.	*Plus 10 % pour le service.*
With every modern comfort.	*Avec tout le confort moderne.*
On the recommendation of....	*Sur la recommandation de....*
To be on the point of leaving.	*Être sur son départ.*
Waiter! bill, please!	*Garçon, l'addition!*
No gratuities! No tips!	*Pas de pourboires!*
Take your choice.	*Faites votre choix.*
To stand a round.	*Payer une tournée.*
To call for glasses all round.	*Commander une tournée générale.*
Apply at the office.	*Adressez-vous au bureau.*
Have you a room disengaged?	*Avez-vous une chambre libre?*
At what price?	*A quel prix?*
I want...—I should like...	*Je désire... Je voudrais...*
You will call me up at seven.	*Vous me réveillerez à 7 heures.*
Bring me up some hot water.	*Montez-moi de l'eau chaude.*
What hotel have you put up at?	*A quel hôtel êtes-vous descendu?*

XIII

MOYENS DE TRANSPORT

Means of conveyance.

I. LES VOITURES. L'AUTOMOBILE. LA BICYCLETTE

Carriages. — The motor-car. The bicycle.

NOMS

A. Les voitures.

a carr[i]age[1]	*une voiture.*	a « grōwler »	*un « sapin ».*
a vēhicle	*un véhicule.*	the run / the drīve / the journey[2]	*la course, le parcours.*
an ōpen-carriage	*une voiture découverte.*	by the hour	*à l'heure.*
a clōse(d) carriage	*une voiture fermée.*	by distance	*à la course.*
a prīvate carriage	*une voiture particulière.*	the fare[3]	*1. le prix de la course. 2. le client (d'un cab, d'un taxi).*
a cab	*une voiture de place, fiacre.*	a drīve	*une promenade en voiture.*
a tēam / a pair	*un attelage.*	the box	*le siège (du cocher).*
a carriage and pair	*une voiture à deux chevaux.*	an omnibus / a 'bus	*un omnibus.*
a carman	*un charretier.*	a mōtor-bus	*un autobus.*
a cōachman	*un cocher.*	the outsīde / the top	*l'impériale.*
a cabman / a cab-drīver	*un cocher de fiacre.*	the insīde	*l'intérieur.*
a trap	*un cabriolet.*	the tramway	*la ligne de tramway.*
a cōach	*un carrosse, un coche.*	the tramcar / the tram	*le tramway (voiture).*
a stāge	*une étape.*	the (tram-)driver	*le wattman.*
a stāge-cōach	*une diligence.*	the conductor	*le conducteur. le receveur.*
the postilion	*le postillon.*	the ticket	*le billet.*
the pōstmaster	*le maître de poste.*	the stopping-plāce	*l'arrêt.*
a hackney carriage, a four-wheeler, a cab	*un fiacre*	a stāge	*une « section ».*
the cab-stand	*la station de voitures.*		
a hansom(-cab)	*un cab.*		

1. kæridʒ. — 2. dʒɔni. — 3. fɛə*.

B. L'automobile.

mōtoring	*l'automobile (sport).*
a (mōtor-)car (*am.*) automō-bile	*une automobile.* *une auto.*
a two- / four- sēater	*une voiture à 2, 4 places.*
a strēamlīne car	*une voiture aéro-dynamique.*
a saloon car	*une conduite intérieure.*
a rācing car a rācer	*une voiture de course.*
a mōtor-cōach	*un autocar.*
a(motor-) lorry	*un camion (automobile).*
the drīver the chauffeur	*le chauffeur.*
a taxi (-cab)	*un taxi.*
the bŏdy	*la carrosserie.*
the rīght front-wheel	*la roue avant-droite.*
the left back-wheel	*la roue arrière-gauche.*
the spāre wheel	*la roue de secours.*
the mōtor the engīne	*le moteur.*
the bonnet	*le capot.*
the bumper	*le pare-choc.*
the shock-absorbers	*les amortisseurs.*
the drīving-mirror	*le rétroviseur.*
the wīndscreen	*le pare-brise.*
the windscreen-wīper	*l'essuie-glace.*
the power (of the motor)	*la puissance (du moteur).*
the rādiātor	*le radiateur.*
the accūmūlātor	*l'accumulateur.*
the storage-battery	*la batterie d'accumulateurs.*
the *lū*bricātion	*le graissage.*
the lēver	*le levier,* *la manette.*
the chānge-speed lever the gēar-lēver	*le levier des vitesses.* *le changement de vitesse.*
the gēar-box[1]	*la boîte de vitesses*
the starter	*le démarreur.*
the first gear the bottom gear the lōw gear	*la 1re vitesse.*
the top gear	*la 4e vitesse.*
the accelerātor the throttle	*l'accélérateur.*
a pĕdal	*une pédale.*
the ĭgnĭtion	*l'allumage.*
the sparking plug	*la bougie d'allumage.*
the carbūrettor	*le carburateur.*
the petrol-jet	*le gicleur.*
the (steering-) wheel	*le volant.*
the steering-gear	*la direction.*
the hand-brāke	*le frein à main.*
the foot-brāke	*le frein à pied.*
the brāke-pedal	*la pédale de frein.*
the inflātor the air-pump	*le gonfleur.*
the mīl[e]age recorder and the speedometer	*le compteur kilométrique et l'indicateur de vitesse.*
the spring	*le ressort.*
the wing the mudg[u]ard	*l'aile.*
the hĕad-līght	*le phare.*
the tāil-light	*le feu arrière.*
the parking-light	*le feu de position.*
the klaxon the hooter	*le klaxon.*
the horn	*la corne,* *la trompe.*
the crank	*la manivelle.*
the (lifting) jack	*le cric.*
petrol motor-spīrit *amér.* gas(oline)	*l'essence.*
the (petrol) tank	*le réservoir à essence.*
a petrol can	*un bidon à essence.*
a petrol pump a petrol stātion a filling station	*un poste d'essence.*
the consumption	*la consommation.*
spāre parts spāres	*des pièces de rechange.*
a mōtorist	*un automobiliste.*
a mechanic[2] an *engi*neer	*un mécanicien.*
the drīving-līcence	*le permis de conduire.*
the car-līcence	*le permis de circulation (carte grise).*
the number-plāte	*la plaque réglementaire.*
the rūle of the rōad	*le code de la route.*
the regūlātions	*le règlement.*
the speed	*la vitesse.*

1. *g dur.* — 2. *ch* = k.

the speed limit	*la vitesse maximum autorisée.*
the average	*la moyenne.*
a turn, a bend / a corner	*un virage.*
a crossing	*un croisement.*
the rīght of way	*la priorité.*
a mājor road	*une route de priorité.*
a breākdown / a fāilure	*une panne.*
parking	*le stationnement.*
a car-park	*un parc à autos.*
an autostrada	*un autostrade.*

C. La bicyclette.

cȳcling	*le cyclisme.*
a bīcȳcle (1)	*une bicyclette.*
a rōadster	*une bicyclette de route.*
a rācer	*une bicyclette de course.*
a mōtor-(bī)cȳcle	*une motocyclette.*
a sīde-car	*un side-car.*
a cȳclist	*un cycliste.*
a mōtor-cȳclist	*un motocycliste.*
the handle-bar	*le guidon.*
the fork	*la fourche.*
the wheel	*la roue.*
the rim	*la jante.*
a spōke	*un rayon.*
the inner tūbe	*la chambre à air.*
a([p]neūmatic[1]) tȳre	*un pneu.*
a pĕdal	*une pédale.*
the chāin	*la chaîne.*
the free-wheel	*la roue libre.*
the gēar[2]	*le développement.*
the brāke	*le frein.*
the rim-brake	*le frein sur jante.*
the saddle	*la selle.*
the pillion-sēat	*la selle arrière.*
the wallet	*la sacoche.*
the luggage-carrier	*le porte-bagages.*
the oil-can / the oiler	*la burette.*
the air-pump	*la pompe à air.*
the mudg[u]ard	*le garde-boue.*
the (cycle-)lamp	*la lanterne.*
the bell	*la sonnette.*
a spanner	*une clef.*
the tȳre-repair outfit	*le nécessaire pour réparation de pneus*
the accessories	*les accessoires.*
a cȳcling trip / tour	*une excursion à bicyclette.*
a bīcȳcle-track	*une piste cyclable.*
a bicycle rāce	*une course cycliste.*
a bicycle-rācer	*un coureur cycliste.*
a rōad-rāce	*une course sur route.*
a long-distance race	*une course de fond.*
the track	*la piste.*
a lap	*un tour de piste.*
a pācer	*un entraîneur.*
a fall, a spill	*une chute.*

■ ADJECTIFS

(im)prūdent	*(im)prudent.*
cāreless	*négligent.*
reckless	*téméraire, casse-cou.*
ūniform, ēven	*uniforme.*
*in*dependent of	*indépendant de.*
noiseless	*silencieux.*
four-wheeled	*à quatre roues.*
adjustable	*réglable.*
*in*terchāngeable	*interchangeable.*
chōked	*bouché, obstrué.*
clogged, foul	*encrassé.*
warped / out of truth / out of the true	*faussé.*
brōken	*cassé.*
soft	*dégonflé.*
down, flat	*à plat.*
punctured	*crevé.*
buckled, bent	*voilé.*
allowed	*permis.*
convertible	*décapotable.*
forbidden / prohibited	*interdit.*

■ VERBES

to cȳcle	*faire de la bicyclette.*
*to rīde a bīcȳcle	*aller à bicyclette.*
*to get on the bicycle	*monter sur la bicyclette.*
*to get off the bicycle	*descendre de la bicyclette.*

1. njuːmætik. — 2. g *dur.*

(1) Notez la prononciation : *cȳcle*, mais *bīcȳcle*; — *mōtor-cȳcle*, mais *mōtor-bīcȳcle.*

to steer	*conduire, diriger.*
*to rīde pillion	*monter en croupe.*
to brāke	*freiner.*
to free-wheel	*marcher en roue libre.*
*to burst	*éclater.*
to puncture	*crever.*
*to fall headlong	*tomber la tête la première.*
to haul / to dismount	*démonter.*
to (un)screw	*(dé)visser.*
to oil	*huiler.*
to lūbricāte	*graisser.*
to pump up	*gonfler.*
*to keep a carriage	*avoir sa voiture.*
to mōtor	*faire de l'auto.* / *aller en auto.*
*to drīve	*conduire.*
to fill up with petrol	*faire le plein d'essence.*
to switch on	*mettre le contact.*
to start up the engine	*mettre le moteur en marche.*
to clutch / to couple	*embrayer.*
to declutch / to uncouple	*débrayer.*
to start off	*démarrer.*
to go dead slōw	*avancer au pas.*
to press on / to step on	*appuyer sur.*
to whir(r)	*bourdonner,* / *ronfler.*
to accelerāte	*accélérer.*
to step on / *to tread on — the gas	*appuyer sur l'accélérateur.*
*to go through the gears	*passer les vitesses.*
to chānge gear	*changer de vitesse.*
to change into second gear	*passer en seconde vitesse.*
*to keep up the speed	*maintenir la vitesse.*
*to ōvertāke / to pass	*doubler.*
to take a turning / corner / to corner	*prendre un virage.*
*to take a bend at speed	*prendre un virage en pleine vitesse.*
*to spin along	*filer à bonne allure.*
to average...	*atteindre une moyenne de....*
to hurtle along	*dévorer la route.*
*to give sb. a lift	*laisser / monter, / prendre — qq. dans sa voiture.*
*to get out of the way of...	*se garer de....*
to escāpe (a dānger)	*échapper (à un danger).*
to skid	*patiner, glisser.*
to sīde-slip	*déraper.*
to skid right round	*faire un tête-à-queue.*
to ōverturn	*se renverser.* / *se retourner.*
to capsīze	*capoter.*
to turn right over / turtle	*faire panache.*
to brush past sb. *or* sth.	*frôler qq. ou qch.*
to jam	*bloquer.* / *coincer.*
*to run against	*heurter,* / *accrocher.*
to bump into	*tamponner.*
*to run into... / to collīde with	*faire collision avec....*
to [k]nock sb. down	*renverser qq.*
*to run sb. over	*écraser qq.*
to switch off	*couper les gaz.*
to slow down	*ralentir.*
to stick out one's arm	*tendre le bras (avant de s'arrêter).*
*to put on the brake, / to brāke	*freiner.*
to rèlēase the brake	*lâcher le frein.*
to clap / to jam — on the brake	*freiner brusquement.*
to back	*faire marche arrière.*
*to put the lēver into n[e]ūtral	*mettre le levier au point mort.*
to park	*parquer, stationner.*
to garage the car	*rentrer la voiture au garage.*
to ōverhaul	*vérifier.*
to remove a tyre	*démonter un pneu.*

LOCUTIONS

Public means of conveyance.	*Les transports en commun.*
« Beware of traffic ».	*« Attention aux voitures ».*
A traffic hold-up, a traffic jam.	*Un embouteillage de voitures.*
To travel post.	*Voyager en poste.*

To go post-haste.	*Courir la poste.*
To go by 'bus, by tram.	*Aller par l'omnibus, par le tramway.*
He is the fifth wheel of the cart.	*C'est la cinquième roue du carrosse.*
A carriage returning empty.	*Une voiture revenant à vide.*
What' s your fare?	*Combien vous dois-je pour la course?*
« Fares, please! »	*« Les places, s'il vous plaît! »*
It's only a two-penny fare.	*Le parcours n'est que de 2 sections (d'un penny chacune).*
« Full up ».	*« Complet ».*
« All cars stop here ».	*« Arrêt obligatoire ».*
« Cars stop here by request ».	*« Arrêt facultatif ».*
Do you cycle ?	*Faites-vous de la bicyclette?*
Are you fond of cycling?	*Aimez-vous la bicyclette?*
To free-wheel down a hill.	*Descendre une côte en roue libre.*
To put a spoke in sb.'s wheel.	*Mettre des bâtons dans les roues de qq.*
To have a spill.	*Faire une chute.*
To come a cropper.	*Ramasser une bûche.*
To lap one's opponents.	*Prendre un tour à ses concurrents.*
The tyres are slack.	*Les pneus ne sont pas assez gonflés.*
The tyres are flat (*or* down).	*Les pneus sont à plat.*
We shall drive (*or* motor) there.	*Nous nous y rendrons en auto.*
A car with front-wheel drive.	*Une « traction avant ».*
To take the wheel.	*Se mettre au* (ou *prendre le*) *volant.*
To put one's shoulder to the wheel.	*Pousser à la roue.*
It will go on wheels. It will go swimmingly.	*Cela marchera comme sur des roulettes.*
The highway code.	*Le code de la route.*
An engine-failure.	*Une panne de moteur.*
In top gear.	*En prise directe.*
A road map.	*Une carte routière.*
A bumpy road.	*Une route cahoteuse.*
A hair-pin curve (*ou* bend).	*Un virage en épingle à cheveux.*
The steam-roller.	*Le rouleau compresseur.*
Roadside repairs.	*Des réparations de fortune.*
The accumulator is run down.	*L'accu(mulateur) est à plat.*
At the average speed of...	*A la vitesse moyenne de...*
We averaged 40 miles an hour.	*Nous avons fait une moyenne de 40 milles à l'heure.*
At dare-devil (*or* at breakneck) speed.	*A une vitesse folle.*
Fined for exceeding the speed limit.	*Mis à l'amende pour excès de vitesse.*
The carburettor was flooded.	*Le carburateur était noyé.*
Lighting-up time.	*L'heure d'éclairage des voitures.*
The roads are congested.	*Les routes sont encombrées.*
We escaped collision by a hair's breadth.	*Il s'en est fallu d'un cheveu que nous fassions collision.*
He was within an ace of being killed.	*Il s'en est fallu de peu qu'il soit tué.*
« Drive slowly ».	*« Avancez au pas ».*
« No parking here. »	*« Défense de stationner ».*
« Overtaking and passing forbidden. »	*« Défense de doubler ».*
« Caution! Steep incline! »	*« Attention! Descente rapide! »*
« Dangerous cross-roads. »	*« Croisement dangereux ».*
« Danger! Road up. »	*« Attention aux travaux ».*
A tail-wobble.	*Un zig-zag en queue de poisson*

2. LES VOYAGES

Travelling.

LES CHEMINS DE FER

Railways.

■ NOMS

A. Les voyages.

travelling	*les voyages.*
a **journey**[1]	*un voyage (en gén.).*
a **travel**	*un voyage (avec aventures et péripéties).*
a **voyage**	*un v. par eau.*
a **trip**	*un petit voyage, une excursion.*
a **circūlar tour**	*un v. circulaire.*
a **plĕasure**[2] trip	*un v. d'agrément.*
a wa[l]king tour	*un voyage à pied.*
a **traveller**	*un voyageur.*
a **passenger**	*un voyageur (voiture, train, etc...)*
the *prē*par**ātions**	*les préparatifs.*
touring	*le tourisme.*
a travel āgency / a **tourist** āgency / a travel būreau	*une agence de voyages.*
the tīme-tāble	*l'indicateur, l'horaire.*
the ītinerary	*l'itinéraire.*
the journey[1]	*le trajet (voyage).*
the **passage** / the crossing	*le trajet (par mer).*
the **distance**	*le trajet (distance).*
the **outward** journey	*l'aller.*
the rē**turn** journey / the **home**-ward journey	*le retour.*
the dē**parture** / the start	*le départ.*
starting-time	*l'heure du départ.*
the arrīval	*l'arrivée.*
a (blast of the) whis[t]le	*un coup de sifflet.*
a breāk	*une interruption.*
a dē**lay**	*un retard.*
the con**nection**	*la correspondance (de trains).*
the fāre	*le prix du voyage.*
a single ticket	*un billet simple.*
a return ticket	*un billet d'aller et retour.*
the outward ha[l]f	*le coupon d'aller.*
the return ha[l]f	*le coupon de retour.*
a sēason ticket	*un billet d'abonnement.*
a season-hōlder	*un abonné.*
the **extra**-fare / the **excess**	*le supplément.*
an excess-ticket	*un billet de déclassement.*
the a*vaili***bility**	*la validité.*
the hand-luggage	*les bagages à main.*
a **parcel** / a **package**	*un colis.*
the luggage-ticket	*le bulletin d'enregistrement.*
a **lā**bel	*une étiquette.*
a **trunk, a box**	*une malle.*
a **cabin** trunk	*une malle de cabine.*
a port**man**teau / a sūit-cāse	*une valise.*
a **travel**ling-rug	*une couverture de voyage*
a hat-box	*un carton à chapeaux.*
the **cus**toms	*la douane.*
the custom-house (*or*-office)	*le bureau de douane.*
a custom-house officer	*un douanier.*
a custom-dūty	*un droit de douane.*

1. dʒəːni. — 2. pleʒə*.

the customs examination	*la visite des bagages.*	a stay	*un séjour.*
contraband / smuggling	*la contrebande.*	a railway accident	*un accident de chemin de fer.*
the confiscation	*la confiscation.*	a disaster	*une catastrophe.*
a passport	*un passeport.*	a derailment	*un déraillement.*
identity papers	*des papiers (d'identité).*	a collision	*une collision.*
identity card	*carte d'identité.*	an end-on collision	*un tamponnement.*
a visa[1]	*un visa.*	casualties[2]	*les victimes (morts et blessés).*

B. La gare (de chemin de fer).

the (railway-) station	*la gare (de chemin de fer).*	free (allowance of) luggage	*les bagages en franchise.*
a passenger / a goods- / a harbour } station	*une gare* { *de voyageurs.* / *de marchandises.* / *maritime.*	the excess (luggage)	*l'excédent de bagages.*
a halt / a wayside station	*une halte.*	information (*sing*) / particulars[3] (*pl.*)	*des renseignements.*
the way in / the entrance	*l'entrée.*	a piece of information	*un renseignement.*
the way out / the exit	*la sortie.*	information- / inquiry- } office	*bureau de renseignements.*
the waiting-hall	*la salle des pas perdus.*	the { fast / slow } goods service	*la* { *grande / petite* } *vitesse (colis).*
the booking-office	*le guichet (bureau).*	the refreshment-room	*le buffet.*
the booking-office window	*le guichet (orifice).*	the refreshment-bar	*la buvette.*
the registration	*l'enregistrement.*	a lunch-basket	*un panier-repas.*
the luggage booking-office	*le bureau d'enregistrement.*	the waiting-room	*la salle d'attente.*
the cloak-room / the left-luggage office	*la consigne.*	departure / arrival } platform	*quai* { *de départ. / d'arrivée.*
the cloak-room ticket	*le bulletin de consigne.*	a platform ticket	*un billet de quai.*
		a subway	*un passage souterrain.*
		the book-stall	*la bibliothèque (de la gare).*

C. Le chemin de fer.

the railway	*le chemin de fer.*	the inner- / the outer- } circle railway(1)	*chemin de fer de : petite / grande } ceinture.*
a railway-line	*une ligne de chemin de fer.*	the underground railway	*le chemin de fer souterrain*
a railway system	*un réseau de chemin de fer.*	(*à Londres*) « the Tube » / (*en Amér.*) « the subway »	*le métro.*
the main-line / the trunk-line	*la grande ligne.*	the elevated railway	*le métro aérien.*
a branch-line	*un embranchement.*		
a junction	*une gare d'embranchement.*		

1. viːzə. — 2. kæʒjuəltiz. — 3. pətikjuləz

(1) A Londres : *the Inner circle Railway,* le métro de Londres proprement dit, *the Outer circle Railway, the Metropolitain District Railway,* l'extension du métropolitain.

a fūnicūlar rail-way / a cāble- way	un funiculaire.
a rack- rail-way / a cogwheel way	un chemin de fer à crémaillère.
a **tel**pher rail-way	un téléférique.
electri**fi**c**ā**tion	l'électrification.
the **rōll**ing-stock	le matériel roulant.
the track	la voie.
a single- track / double- line	une ligne unique, — à voie double.
a side-track / a sīding	une voie accessoire, voie de garage.
the up-line	la voie montante.
the down-line	la voie descendante.
a rāil	un rail.
a sleeper	une traverse.
a turntable	une plaque tournante.
the gā[u]ge	l'écartement (entre les rails).
a narrow-gāuge line	une ligne à voie étroite.
a switch, *or* sīding-point	une aiguille.
the points	l'aiguille.
the pointsman	l'aiguilleur.
a(disk-)**sig**nal	un disque, un signal.
the **sig**nal-box	le poste des signaux.
a fog-**sig**nal	un pétard.
a curve	une courbe.
a track-**watch**man	un garde-voie.
a **lĕ**vel-**cross**ing	un passage à niveau.
the level-crossing gātes	la barrière.
a swing- / lift- / slīding gate	une barrière pivotante. / basculante. / roulante.
a cutting	une tranchée.
ān em**bank**ment	un remblai.
a bank, a slōpe	un talus.
a **vī**aduct	un viaduc.
a **tunn**el	un tunnel.
a slōpe-up / a rīse / an up-grade / a grādient	une rampe. / une montée.
a down-grade / a slōpe-down	une descente. / une pente.
a trāin	un train.

passenger train	train de voyageurs.
goods train	train de march^ses^.
maīn-line train	train de grande ligne.
lōcal train	train de petite ligne.
sub**urb**an train	train de banlieue.
slow / **par**lia**men**tary train	train omnibus.
non-stop / through train	train direct.
fast train	train rapide.
ex**cur**sion train	train de plaisir.
stēam	la vapeur.
the steam-**engīne**	la locomotive.
a wrēath of smōke, of steam	un panache de fumée, de vapeur.
first class (2) carriage	wagon de 1re classe.
third class carriage	wagon de 3e classe.
a **corr**idor-train	un train à couloir.
a sleeping-car / a sleeper	un wagon-lit.
a dīning-car / a dīner	un wagon-restaurant.
the luggage-van	le fourgon des bagages.
a goods-truck	un wagon de marchandises.
a goods-van	un wagon de marchandises en plate-forme.
a horse-box	un wagon à chevaux.
a cattle-truck	un wagon à bestiaux.
a tank-car	un wagon-citerne.
a mōtor-train	un autorail, une micheline.
a com**part**ment	un compartiment.
a **smōk**ing-compartment (a smōker)	un compartiment de fumeurs.
the footboard	le marchepied.
the door	la portière.
a corner-sēat	un coin.
the **alarm**-**sig**nal / the commūni**cā**tion-cord	le signal d'alarme.
the air-brake	le frein à air comprimé.
the railway-**servants**	les cheminots.

(2) La 2e classe n'existe que sur les « *continental trains* », c'est-à-dire faisant le service entre Londres et les ports d'embarquement pour le continent.

the **company**'s servants	*les employés de la compagnie.*
a railway clerk	*un employé (guichet).* / *un commis (consigne, etc.).*
a station-master	*un chef de gare.*
a **brākesman**	*un serre-frein.*
the g[u]ard	*le chef de train.* / *le conducteur.*
the g[u]ard's van	*le wagon de queue.*
the ticket-collector	*le contrôleur.*
the **engīne**-drīver	*le mécanicien.*
the stōker	*le chauffeur.*

■ LOCUTIONS

To be fond of travelling.	*Aimer les voyages.*
To meet sb. on a journey.	*Rencontrer qq. en voyage.*
Gulliver's travels.	*Les voyages de Gulliver.*
An eventful journey.	*Un voyage fertile en incidents.*
A travelling-companion. / A fellow-traveller.	*Un compagnon de voyage.*
To go on one's last journey.	*Faire le grand voyage.*
To make preparations for...	*Faire ses préparatifs pour....*
To prepare for departure.	*Faire ses préparatifs de départ.*
To map out one's route.	*Dresser son itinéraire.*
To walk at a round pace.	*Marcher bon pas.*
The sea route. — The overland route. — The air route.	*La route de mer. — La route de terre. — La voie des airs.*
To see sb. to the station.	*Reconduire qq. à la gare.*
To meet sb. at the station.	*Aller chercher qq. à la gare.*
To leave one's luggage in the cloak-room.	*Déposer ses bagages à la consigne.*
To make inquiries about...	*Prendre des renseignements sur....*
To give { information / particulars } about...	*Donner des renseignements sur....*
This way out.	*Par ici la sortie.*
The gate is open, closed.	*La barrière est ouverte, fermée.*
The gate is up, down.	*La barrière est levée, baissée.*
The line is clear.	*La voie est libre.*
A sharp curve.	*Une forte courbe.*
The signal is at danger.	*Le signal est à l'arrêt.*
In a tunnel.	*Sous un tunnel.*
To tunnel a mountain. / To drive a tunnel through a mountain.	*Percer un tunnel sous une montagne.*
In the front-portion, in the back-portion of the train.	*En tête, en queue du train.*
To travel facing the engine.	*Voyager dans le sens de la marche.*
The train is late (*or* behind time).	*Le train a du retard.*
At full steam, at full speed.	*A toute vapeur.*
The Flying Scotsman.	*Le rapide de Londres à Edimbourg.*

■ ADJECTIFS

padded	*capitonné.* / *rembourré.*
frēquent	*fréquent.*
scārce[1]	*rare, peu nombreux.*
avāilable (for)	*valable (pour).*
no longer available	*périmé.*
free of dūty / dūty-free	*exempt de droits (douane).*
līable to dūty	*soumis aux droits.*
underground	*souterrain.*

1. skɛəs.

■ VERBES

to travel	***voyager.***
to travel { by land, / by train, / by sea, / by air }	*voyager* { *par voie de terre,* / *en ch. de fer,* / *par mer,* / *par avion.* }
to travel round the world	*faire le tour du monde.*
*to set forth for...	*partir en voyage pour....*
to walk all the way	*faire la route à pied.*
to be on the way to...	*être en **route** pour....*
to tarry on the way	*s'attarder **en** route.*
to deliver } a passport / to visa }	*délivrer* } *un passeport.* / *viser* }
*to go on } a journey / *to take }	*faire un voyage.*
*to take a trip	*faire une excursion.*
*to come off a journey	*revenir de voyage.*
to consult (the time-table)	*consulter (l'indicateur).*
to pack up	*faire ses malles.*
to lābel (a parcel)	*fixer une étiquette (sur un colis).*
to book a ticket	*prendre un billet.*
to rĕgister	*enregistrer.*
topunch, to clip	*poinçonner.*
to check (tickets)	*contrôler (les billets).*
*to blow a whis[t]le	*donner un coup de sifflet.*
to start (for)	*partir (pour).*
to arrīve at...	*arriver à....*
*to get into...	*monter dans....*
*to get off (from)... / to alīght from...	*descendre de....*
*to catch the train	*prendre le train.*
to miss } the train / *to lose }	*manquer le train.*
to rāise } the window / to lower }	*lever* } *la glace.* / *baisser* }
*to lēan out	*se pencher au dehors.*
*to run in connection	*correspondre.*
to miss the connection	*manquer la correspondance.*
*to breāk (one's journey)	*interrompre (son voyage).*
to rēsūme one's journey	*se remettre en route.*
to fork / to branch off	*bifurquer.*
to whis[t]le for the road	*demander la voie. siffler au disque.*
*to throw over the points	*changer l'aiguille.*
to shunt (to...) / to switch (on, to...)	*aiguiller (sur...).*
*to take the points	*franchir l'aiguille.*
to pull a signal « on »	*fermer un signal.*
*to throw a signal « off »	*ouvrir un signal.*
to pass / *to get } through the customs	*passer (à) la douane.*
to smuggle in goods	*passer des marchandises en contrebande.*
*to run off the rails (*or* line).	*dérailler.*
*to come into collision with...	*entrer en collision avec....*
to smash	*réduire en miettes.*
to clēar the track	*déblayer la voie.*

■ LOCUTIONS

Just as I was starting.	*Au moment même de mon départ.*
To be on the point of starting.	*Etre sur son départ.*
The train steams into the station.	*Le train entre en gare.*
The train is in.	*Le train est en gare.*
To alter { the running / the working } of the trains.	*Modifier la marche des trains.*
Take your seats, please!	*En voiture!*
To reserve a seat.	*Retenir sa place.*
Is this seat engaged?	*Cette place est-elle prise?*
With liberty to break the journey.	*Avec arrêt facultatif.*
All change!	*Tout le monde descend!*
It is dangerous to lean out.	*Il est dangereux de se pencher au dehors.*
Have you anything to declare?	*Avez-vous qch. à déclarer?*

3. LES NAVIRES
Ships (1).

LA NAVIGATION
Navigation (1).

NOMS

A. Les bateaux.

a raft[1]	*un radeau.*
a **wherry**	*un bachot.*
a ferry-bōat	*un bac.*
the ferryman	*le passeur.*
a bōat	*1. un bateau* (en gén.). *2. une barque, un canot.*
a craft (*pl.* craft)	*une embarcation.*
a **gon**dola	*une gondole.*
a **gal**ley	*une galère.*
a ca**noe**[2]	*un canoé.*
a paddle	*une pagaie.*
a punt	*un bateau **plat**.*
the punt pōle	*la perche.*
a skiff / a ding(h)y	*un youyou.*
a col**lap**sible boat	*un canot **pliant**.*
rō[w]ing	*l'aviron* (*sport*).
a **rō**[w]ing boat	*un canot à rames.*
an oar[3]	*une rame, un aviron.*
an eight-oared boat	*un canot à **huit** rameurs.*
an **oars**man / a **rō**[w]er	*un rameur.*
the rudder / the helm	*le gouvernail.*
a slīding-sēat	*un siège à glissières.*
the regatta	*la régate. les régates.*
the boat-rāce / the pulling-race	*les régates à rames. les régates à l'aviron.*
the yacht[4]-race / the sāiling-race	*les régates à voile.*
a sāiling-boat	*un bateau à voiles / un canot à voiles.*
a yacht[4]	*un yacht.*

a ship / a **vessel**	*un navire. un **bâtiment**.*
a sailing-ship / a sāiler	*un voilier.*
a stēamship / a stēamer	*un bateau à vapeur.*
a rōw	*une prom*^{de} *en bat. à rames.*
a sāil	*une prom*^{de} *en bat. à voiles.*
a sēa-voyage	*un voyage en mer.*
a cruise[5]	*une croisière.*
a **mer**chant-ship / a **mer**chantman / a **trā**ding-vessel / a trāder	*un navire de commerce.*
the merchant service / the **mer**cantīle ma**rine**	*la marine de commerce.*
sea-borne trade	*le commerce maritime.*
a (steam) packet-boat	*un paquebot.*
a **li**ner	*un transatlantique.*
the **hurricane**-deck	*le pont promenade.*
a **ca**bin	*une cabine.*
a state-room	*une cabine de luxe.*
the **gang**way	*la passerelle* (*d'embarq*^{t}).
*em*bar**kā**tion	embarq^{t} (*voyageurs*)
shipping / **ship**ment	embarq^{t} (*march*^{ses}).
landing / *dis*embar**kā**tion / *dis*em**bark**ment	débarquem^{t} (*voyageurs*).
unlōading / un**ship**ment	débarquem^{t} (*march*^{ses}).

1. raːft. — 2. kənuː. — 3. ɔːr. — 4. jɔt. — 5. kruːz.

(1) Voir aussi : La Défense Nationale : La Marine.

a **cargō-boat**	*un cargo.*	a **cargō**	*une cargaison.*
a tramp	*un cargo (service irrégulier).*	a **consī[g]n-ment**	*une consignation.*
high-sēas navigātion	navigation *au long cours.*	the **charter-party**	*la charte-partie.*
inland navigātion	navigation *fluviale*	the bill of **lād**ing (B. O. L.)	*leconnaissement.*
cōastal navigātion	navigation *côtière.*	a tōw- / tō[w]ing- / tug- boat	*un remorqueur.*
a shipping **com**pany	*une compagnie de navigation.*	a lī[gh]ter	*une gabare.*
a steamship *navi***gā**tion **com**pany	*une compagnie de navig^{on} à vapeur.*	a barge	*un chaland. une péniche.*
a **wāre**house	*un entrepôt.*	the **tow(ing-)** path	*le chemin de halage.*
the bonded warehouse	*l'entrepôt de la douane.*	the crossing	*la traversée.*
freight	*du fret.*		

■ VERBES

to rōw	*ramer.*	to hēap up / to pīle up	*entasser. (march^{des}).*
to sāil away / to stēam away	*partir*	to stōw	*arrimer.*
*to take in freight / to ship cargo	*prendre du fret.*	to land / to *disem***bark**	*débarquer. (voyageurs).*
to pack, to cram / to crowd	*entasser. (voyageurs).*	to **unlōad** / to **unship** / to **discharge**	*décharger. débarquer. (march^{ses}).*

■ LOCUTIONS

To go boating.	*Aller faire du canotage.*
To row a race.	*Prendre part à une course de canots.*
An open boat.	*Un bateau non ponté.*
A long-boat	*Une chaloupe.*
A paddle boat.	*Un bateau à aubes.*
A lifeboat.	*Un canot de sauvetage*
A pleasure-boat.	*Un canot de plaisance.*
A motor-launch.	*Un canot automobile.*
Charon's ferry.	*La barque de Charon.*
A steam-ferry.	*Un bac à vapeur.*
A ship of two thousand tons burden.	*Un navire de 2 000 tonneaux.*
He rows in the eight.	*Il fait partie de l'équipe de huit (d'Oxford ou de Cambridge).*
We all are in the same boat.	*Nous sommes tous logés à la même enseigne.*
To ferry sth. *or* sb. across.	*Passer qch.* ou *qq. en bac.*
To pole (*or* to punt) a boat.	*Conduire un bateau à la perche.*
To manage one's affairs / To play one's cards well.	*Bien mener sa barque.*
Let's chance it!	*Et vogue, la galère!*
What the deuce was he doing there?	*Que diable allait-il faire dans cette galère?*
A short choppy sea.	*Une mer courte et clapoteuse.*

4. AVION, BALLON, DIRIGEABLE.

Airplane. Balloon Airship.

■ NOMS

A. L'avion.

[a]eronautics	*l'aéronautique.*
āērial navigātion	*la navigation aérienne.*
aviātion	*l'aviation.*
an [a]eroplāne	*un avion.*
a sēaplāne	*un hydravion.*
the flōats	*les flotteurs.*
an autogȳro	*un autogyre.*
a commercial plane	*un avion de transport.*
a glīder / a sail-plane	*un planeur.*
a mŏnoplane	*un monoplan.*
a bīplane	*un biplan.*
the upper / lower plane	*le plan supérieur. / inférieur.*
a wing	*une aile.*
the brĕadth / wīdth / span	*l'envergure.*
the wing-brācing	*le haubanage.*
a brācing-wīre	*un hauban.*
the fūselage / the body	*le fuselage.*
the hull	*la coque.*
the pīlot's cockpit	*le poste du pilote.*
the passengers' cabin	*la cabine des passagers.*
the contrōls	*les commandes.*
the rudder	*le gouvernail.*
the vertical, horizontal, rudder	*le gouvernail de direction, de profondeur.*
the tāil plane	*le plan fixe.*
the tail-fin	*le plan de dérive.*
the wing -flap / -tip	*l'aileron.*
the warping	*le gauchissement.*
the landing-chassi[s] / the under-carr[i]age	*le train d'atterrissage.*
the contrōl-wheel	*le volant.*
the joy-stick	*le manche à balai.*
the tail-skid	*la béquille.*
water-cooling, air-cooling	*refroidissement par eau, par air.*
the propeller	*l'hélice.*
a(propeller-)blāde	*une pale d'hélice.*
the altimeter / the heīght-gāuge[1]	*l'altimètre.*
[a]eroplane-b[u]ilding	*la construction d'avions.*
an [a]eroplane-factory	*une usine d'avions.*
the air-show	*le salon de l'aéronautique.*

B. Le vol.

the flīght	*le vol.*
an airman / āviator	*un aviateur.*
an air-pīlot	*un pilote d'avion.*
the pilot's līcence	*le brevet de pilote.*
flȳing	*le sport aérien.*
the flying-ground	*le champ d'aviation.*
a flying-school	*une école d'aviation.*
(night) flying	*le vol de (nuit).*
sail-plāning / glīding	*le vol à voile.*

1. geidʒ.

a glīding-flī[gh]t / a volplāne	*un vol plané.*
the **tā**king off	*le décollage.*
a **cat**apult	*un catapulte.*
the cēiling	*le plafond.*
the līve wei[gh]t	*la charge utile.*
stabi**l**ity	*la stabilité.*
the **manag**[e]a-bleness	*la flexibilité. / la maniabilité.*
sāfety	*la sécurité.*
a *para***chute**[1]	*un parachute.*
a (forced) landing	*un atterrissage (forcé).*
stalling	*perte de vitesse.*
a loss of lift	*une perte de force ascensionnelle*
a loss of **mō**tion	*une perte de mouvement.*
an air-bump	*un remous d'air.*
an air-**pock**et	*un trou d'air.*
a cross-ocean flight	*un vol transocéanique.*
the first flight	*le baptême de l'air.*
the whirr of the engine	*le ronflement des moteurs.*
a flying *com*pe**tī**tion	*un concours d'aviation.*
an air-rāid	*un raid aérien.*
trick flying	*vol acrobatique.*
a trick-pīlot	*un pilote d'acrobatie.*
a slīde-slip	*une glissade sur l'aile.*
a tāil-slīde	*un glissement sur la queue.*
a nōse- / **vert**ical dive	*un piqué.*

upsīde-down flying	*le vol sur le dos.*
a **loop**ing	*un looping.*
a *hori***zon**tal spin / a rōll	*un tonneau.*
a **vert**ical spin	*une descente en vrille.*
a tail-down flight	*un vol cabré.*
a falling-lēaf rōll	*une descente en feuille morte.*
air-**traf**fic	*le trafic aérien.*
an air-līne	*une ligne aérienne.*
air-māil	*la poste aérienne.*
« by air-mail »	« *par avion* ».
an **air**ship-shed	*un hangar à dirigeable.*
an [a]eroplane-shed	*un hangar à avions.*
a **port**able shed	*un hangar démontable.*
an [a]*ero***drōme**	*un aérodrome.*
an air -port / -station	*un aéroport.*
flying off track	*piste de départ.*
landing-ground	*terrain d'atterrissage.*
an *at*mos**pher**ic dis**turb**ance	*une perturbation atmosphérique.*
the wĭnd-sail	*la manche à vent.*
the **up**-wind	*le vent ascendant.*
the **down**-wind	*le vent descendant.*
the *at*mos**pher**ic **prĕs**sure[2]	*la pression atmosphérique.*
the di**rec**tion (of the wind)	*l'orientation (du vent).*

C. Le ballon. — Le dirigeable.

ballooning / [a]*ero***stā**tion	*l'aérostation.*
an air**craft**	*tout appareil de navigation aérienne.*
a **cap**tive **balloon**	*un ballon captif.*
a kīte-balloon	*un ballon d'observation.*
a **strā**tos**phĕ**ric balloon	*un ballon stratosphérique.*
a hot-air balloon	*une montgolfière.*
a **balloon**ist	*un ballonnier.*
the gas-bag	*l'enveloppe.*
the net	*le filet.*
the guīde-rōpe	*le guide-rope.*
the valve	*la soupape.*

the car	*la nacelle.*
bāllast	*du lest.*
the inflāting / inflātion	*le gonflement.*
līghting-gas	*le gaz d'éclairage*
hydrogen	*l'hydrogène.*
hēlium	*l'hélium.*
a balloon trip	*un voyage en ballon.*
a balloon **ascent**	*une ascension.*
the **com**ing down / the des**cent**	*la descente.*
a bump	*un choc, une secousse.*
the de**flā**ting / the de**flā**tion	*le dégonflement*

1. pærəʃu:t. — 2. preʃə.

an **airship** / a dĭrigĭble balloon	*un ballon dirigeable.*
an [a]eronaut	*un aéronaute.*
a **pī**lot	*un pilote.*
the **helms**man	*le timonnier.*
the **wīre**less-**op**erātor	*le radiotélégraphiste.*
an air-trip	*un voyage aérien.*
the **spĭndle**-shāpe	*la forme fuselée.*
the frāme(work)	*la carcasse* / *la charpente.*
the com**man**der's car	*la nacelle de pilotage.*
the **luggage**-bunk	*la cale à bagages.*
the petrol **tank**	*le réservoir d'essence.*

■ ADJECTIFS

blō[w]n-up hard	*gonflé à bloc.*
slack	*flasque.*
rĭgid	*rigide.*
non-**rĭ**gid	*souple.*
up-to-dāte	*perfectionné.*
flōating, **slī**ding / **shif**ting	*mobile,* (en parlant d'une pièce.)
fast, fixe**d**	*fixe.* (en parlant d'une pièce.)
spĭndle-shāped	*fuselé.*
brāced	*haubané.*
mōtorless	*sans moteur.*
single-**mō**tored / single-engined	*à un moteur.*
twin-engined	*à 2 moteurs.*
air-cooled / water-cooled	*à refroidissement par air, par eau.*
(**ē**asily) **man**ag[e]able	*souple.* / *maniable.*
fautless	*impeccable.*
ōver**lōa**ded	*surchargé.*
ex**pē**rienced	*expérimenté.* / *expert.*

■ VERBES

*to blow up / to in**flāte**	*gonfler.*
to **dē**flāte	*dégonfler.*
*to hōld down	*retenir (le ballon).*
*to let go	*lâcher.*
*to take in, / to **dis**charge ballast	*prendre, / jeter du lest.*
*to swing the propeller	*lancer l'hélice (à la main).*
*to with**draw** the chocks	*enlever les cales.*
*to flȳ off	*partir.*
*to take off	*décoller.*
to hum / to whirr	*vrombir,* / *bourdonner.*
*to fly ōver	*survoler.*
*to fly across	*traverser.*
to turn	*virer.*
to slīde-slip	*glisser sur l'aile.*
to glīde	*planer.*
to volplāne down	*descendre en vol plané.*
to a**līght** / to land	*atterrir.*
to land (on the sea)	*amerrir.*
to pick **up**, / *to set down,	*prendre, / déposer, (des voyageurs).*
to **rocket** / to zoom	*monter en chandelle.*
to nōse-dīve	*descendre en piqué.*
*to spin down	*descendre en vrille.*
to skim **the** ground	*faire des rase-mottes.*
to crash	*s'écraser.* / *casser du bois.*
to turn a **somer**sault / to ōver**turn**	*capoter.*

■

XIV
JEUX, DISTRACTIONS ET SPORTS
Games, Amusements and Sports.

I. LES JEUX D'ENFANTS. LES JEUX DE SOCIÉTÉ. LA DANSE

Children's games. — Parlour games. Dancing.

NOMS

A. Les jeux d'enfants.

an **amūse**ment	*un amusement.* / *une distraction.*	the stilts	*les échasses.*
a *rē*lax**ā**tion	*un délassement.*	a **scoot**er	*une trottinette.*
a **pas**tīme	*un passe-temps.*	(**rō**ller) skātes	*des patins (à roulettes).*
jōking, **jest**ing	*la plaisanterie.*	a hoop	*un cerceau.*
a jōke, a jest	*une plaisanterie.*	a sling	*une fronde.*
play	*le jeu.*	a **cat**apult	*un lance-pierres.*
a toy / a **play**thing	*un jouet.*	a set of **nīne**pins	*un jeu de quilles.*
a dŏll	*une poupée.*	a tin-**sōl**dier	*un soldat de plomb.*
a ball	*une balle, un ballon.*	a gāme of bōwls	*un jeu de boules.*
a kīte	*un cerf-volant.*	a box of b[u]ilding bricks	*une boîte de constructions.*
a top	*une toupie.*	**prĭ**soner's bāse	*le jeu de barres.*
a whip	*un fouet.*	a **som**ersault	*une culbute.*
a **skipp**ing-rōpe	*une corde à sauter.*	a snōw man	*un bonhomme de neige.*
hīde and seek	*cache-cache.*	a **snōw**ball	*une boule de neige.*
lēap-frog	*saute-mouton.*	a swing	*une balançoire*
a marble	*une bille.*		

B. Jeux de société.

a (**play**ing) card	*une carte à jouer.*	a **part**ner	*un partenaire.*
a pack of cards	*un jeu de cartes.*	the dummy	*le mort.*
a gāme	*une partie.*	the stāke	*l'enjeu.*
auction bridge	*le bridge aux enchères.*	a **coun**ter	*un jeton.*
clubs	*trèfle.*	a dīe (*pl.* dīce)	*un dé.*
dīamonds	*carreau.*	a game of chance	*un jeu de hasard.*
hearts	*cœur.*	a **gā**ming-house	*une maison de jeu.*
spādes	*pique.*	a gāming-room	*une salle de jeu.*
an āce	*un as.*	a **gam**bling-den	*un tripot.*
a [k]nāve	*un valet.*	chess	*les échecs.*
a trump (card)	*un atout.*	a set of **chess**-men	*un jeu d'échecs.*
a trick	*une levée.*		
a player	***un joueur.***		

the chess-board	*l'échiquier.*
draughts[1]	*le jeu de dames.*
the draught-board	*le damier.*
a man	*un pion.*
a **dominō**	*un domino.*
a set of **domi**nōes	*un jeu de dominos.*
the **lotto**	*le loto.*
billiards[2]	*le billard.*
the billiard-table	*la table de billard.*
a cūe, a ball	*une queue, une bille* de billard.
cross-words	*les mots croisés.*
forfēits	*le jeu de gages.*

C. La danse.

a dance	*une danse.*
a **dancer**	*un danseur.* / *une danseuse.*
a **dancing-less**on	*une leçon de danse.*
the dancing -master / -mistress	*le maître* / *la maîtresse* de danse.
a ball	*un bal.*
a mask	*un masque.*
a **fancy-dress**	*un travestissement.*
a fancy-dress ball	*un bal costumé.*
a dancing-room	*une salle de bal.*
a dancing-hall	*un bal, un dancing.*
a **mĭnūet**	*un menuet.*
a qua**dril**[le]	*un quadrille.*
a waltz	*une valse.*
a **polka**	*une polka.*
a **tango**	*un tango.*
a round dance	*une ronde.*

■ ADJECTIFS

jolly	*joyeux.*
dī̆verting	*divertissant.*
amūsing	*amusant.*
*en*ter**tāining**	*réjouissant.*
happy of...	*heureux de (devant un nom).*
glad to...	*heureux de (devant un verbe).*
brīght	*gai, enjoué.*
dull	*triste, morne.*
tī[r]esome	*ennuyeux.*
disg[**u**]**ī**sed as	*déguisé en.*

■ VERBES

to play	*jouer.*
*to take some relaxation	*se délasser*
to **dīvert**	*divertir.*
to *en*ter**tāin**	*distraire.*
to **amūse**	*amuser.*
to join sb.	*se joindre à qq.*
*to throw / *to cast	*jeter, lancer*
to shuffle	*battre* les cartes.
*to dēal	*donner* les cartes.
*to cut	*couper* les cartes.
to trump	*couper (avec atout).*
*to **hīde**	*(se) cacher.*
to stāke	*mettre (en enjeu).*
to gamble	*jouer de l'argent.*
*to win (the game)	*gagner (la partie).*
*to give up (the game)	*abandonner (la partie.*
*to lose[3]	*perdre.*
to dance	*danser.*
to waltz	*valser.*
to **invīte** / to ask	*inviter.*
to disg[**u**]**ī**se oneself as / to get oneself up as	*se déguiser en.*

■ LOCUTIONS

A game of skill.	*Un jeu d'adresse.*
This is no child's play.	*Ce n'est pas un jeu d'enfant.*
A play on words,—a pun.	*Un jeu de mots.*
To know how to take a joke.	*Entendre la plaisanterie (sans se fâcher).*

1. draːfts. — 2. biljədz. — 3. luːz.

To say sth. in play (*or* in jest).	*Dire qch. en plaisantant.*
Jokingly.	*Pour rire, en plaisantant.*
That's not fair play.	*Ce n'est pas de jeu, ce n'est pas loyal.*
To fly a kite.	*Faire voler un cerf-volant.*
To spin a top.	*Faire marcher une toupie.*
To sleep like a top.	*Dormir comme une bûche.*
To walk on stilts.	*Marcher sur des échasses.*
To trundle a hoop.	*Faire rouler un cerceau.*
To turn a somersault.	*Faire une culbute.*
To have a game.	*Faire une partie.*
The rules (*or* laws) of the game.	*Les règles du jeu.*
To play the game.	*Jouer beau jeu, selon les règles.*
To play an underhand game.	*Cacher son jeu, faire ses coups en dessous.*
To have a good hand.	*Avoir un beau jeu.*
To show one's hand.	*Jouer cartes sur table.*
To play high.	*Jouer gros jeu.*
To play trumps.	*Jouer atout.*
To take a trick.	*Faire une levée.*
To be dummy.	*Faire le mort.*
To play a trick on sb.	*Faire une plaisanterie à qq.*
To embroil matters.	*Embrouiller les cartes (fig.).*
Put down your stakes!	*Faites vos jeux!*
My honour is at stake.	*Mon honneur est en jeu.*
To cast (*or* to throw) the dice.	*Jeter les dés.*
To play 50 up at billiards.	*Faire une partie de billard en 50 points.*
To make game (*or* sport) of sb.	*Se moquer de qq.*
St. Vitus's dance.	*La danse de St-Guy.*
To throw off the mask.	*Jeter le masque.*
To lead sb. a (pretty) dance. To make things lively for sb.	*En faire voir de dures à qq.*
To have a trying time of it.	*Passer un mauvais quart d'heure.*
To play { at cards, at chess. / at hide and seek. / at ninepins. / the piano, the violin. }	*Jouer { aux cartes, aux échecs. / à cache-cache. / aux quilles. / du piano, du violon. }*
Will you make one?	*Voulez-vous vous joindre à la partie?*
To play for money.	*Jouer de l'argent.*
To play for love.	*Jouer pour rien (sans enjeu).*
To be a bad loser.	*Être mauvais joueur.*
To gamble away a fortune.	*Dissiper une fortune au jeu.*
Gambling debts.	*Des dettes de jeu.*
To stake one's all.	*Jouer le tout pour le tout.*
To stake one's life on a throw of the dice.	*Jouer sa vie sur un coup de dés.*
The die is cast.	*Le sort en est jeté.*
To gather up the cards, the dominoes.	*Ramasser les cartes, les dominos*
To dance with joy.	*Danser de joie.*
To dance attendance. To be a wall-flower.	*Faire tapisserie.*
Not to know { what to do. / where to turn. }	*Ne pas savoir sur quel pied danser.*
To make a good market-penny.	*Faire danser l'anse du panier.*
The more the merrier.	*Plus on est de fous, plus on rit.*
All work and no play make Jack a dull boy.	*A toujours travailler, sans jamais jouer, l'enfant s'abrutit.*

2. LA PÊCHE ET LA CHASSE

Fishing and hunting.

NOMS

A. La pêche.

Fishing	*la pêche.*
fish (1)	*le poisson.*
a **fish**erman	*un pêcheur.*
angling	*la pêche à la ligne.*
an **angl**er	*un pêcheur à la ligne.*
the **fish**ing tackle (*sing.*) / the fishing **impl**ements	*les engins / l'attirail de pêche.*
a fishing-rod	*une canne à pêche*
a fishing-līne	*une ligne.*
a hook	*un hameçon.*
the bāit	*l'amorce.*
the flōat	*le flotteur.*
a worm[1]	*un ver.*
a **magg**ot	*un asticot.*
a fishing-bōat / a fishing-smack	*un bateau, une barque, de pêche.*
a fishing-net	*un filet de pêche.*
a **land**ing-net	*une épuisette.*
a fishing-**li**cence	*un permis de pêche.*
a bull / cow whāle	*une baleine mâle. / femelle.*
a whale ca[l]f	*un baleineau*
whale fishing	*la pêche à la baleine.*
whale-boat	*une baleinière.*
a whale-fisher	*un pêcheur de baleine.*
a **mon**ster	*un monstre.*
a har**poon**	*un harpon.*
the **wind**lass	*le treuil.*
whālebōne	*baleine(de corset).*

B. La chasse à courre. — La chasse au fusil.

hunting	*la chasse à courre.*
shooting	*la chasse au fusil.*
a **hunts**man	*un chasseur (à courre).*
a **sports**man	*un chasseur (au fusil).*
the (**hunting-**) horn	*le cor de chasse.*
stag- / fox- hunting	*la chasse au cerf, / au renard.*
big gāme **shoot**ing	*la chasse aux grands fauves.*
the **ant**lers	*les andouillers, cornes du cerf.*
a pack	*une meute.*
a hound	*un chien de chasse.*
a pointer / a setter	*un chien d'arrêt.*
the bēat / the bat**tue**	*la battue.*
a **bē**ater-up	*un rabatteur.*
a **whip**per-in	*un piqueur.*
the **ven**ūe of the meet / the place of **meet**ing	*le rendez-vous de la chasse.*
sta[l]king	*la chasse à l'affût.*

1. wəːm.

(1) Voir ch. IX, 4 : les Poissons.

a **shoot**ing l**ī**cence	*un permis de chasse.*
pōaching	*le braconnage.*
a **pōach**er	*un braconnier.*
a **gām**ekeeper	*un garde-chasse.*
a {(**hunt**-ing / shoot-ing} sūit	*un costume de chasse.*
the gāme-bag	*le carnier, la carnassière.*
a **sport**ing-gun	*un fusil de chasse.*
a **fowl**ing piece	*une canardière.*
a **cart**ridge	*une cartouche.*
small / buck- } shot	*petit / gros } plomb.*
a **bul**let[1]	*une balle.*
the track / the trāil / the scent	*la trace. / la piste.*
a trap	*un piège.*
a snāre	*un lacet.*
the shooting sēason	*la saison de la chasse.*
the ōpening day	*l'ouverture.*
the clōse season	*le temps prohibé.*
ground game	*le gibier à poil.*
winged game	*le gibier à plumes.*

■ ADJECTIFS

aboun-ding {with fish	*poissonneux.*
aboun-ding {in game	*giboyeux.*
plentiful	*abondant, fructueux.*
passionately fond of	*passionné pour ....*
ardent, **earn**est / keen	*fervent. / ardent.*

■ VERBES

to fish	*pêcher.*
to **ang**le	*pêcher à la ligne.*
to **fas**[t]en	*attacher, fixer.*
to bāit	*amorcer.*
to bait a hook	*garnir un hameçon.*
*to cast	*jeter (la ligne. etc.).*
*to come nēar	*s'approcher de.*
to {scare, / **frī**[gh]-ten} away	*effaroucher.*
*to get off	*s'échapper.*
*to bīte	*mordre.*
to snap **up** / to snatch	*happer.*
to hunt	*chasser (à courre).*
*to shoot	*chasser (au fusil).*
*to go {hunting / shooting	*aller à la chasse {à courre. / au fusil.*
to scent	*flairer.*
to track / to trail	*suivre à la piste.*
*to set	*tomber en arrêt.*
*to shoot	*tirer.*
*to hit	*toucher, atteindre.*
*to catch	*attraper.*
to hook (a fish)	*ferrer (un poisson).*
to net (fish)	*prendre (du poisson) au filet.*
to pull up	*lever (la ligne).*
to pull out	*sortir (la ligne de l'eau).*
to unhook	*décrocher.*
to gut	*vider (le poisson).*
to scāle	*écailler.*
to smōke(-cūre)	*fumer le poisson.*
to salt	*saler.*
*to shoot / *to bring } down	*abattre.*
to kill	*tuer.*
to miss	*manquer.*
*to set {a trap / snare} for	*tendre un piège, un lacet, à ....*
to trap	*prendre au piège.*
to snāre (a rabbit)	*prendre (un lapin) au lacet.*
to pōach	*braconner.*

1. bulet.

■ LOCUTIONS

To fasten the bait on the hook.	*Fixer l'amorce à l'hameçon.*
To cast out the net.	*Jeter le filet.*
To draw in the net.	*Retirer le filet.*
To cast the harpoon.	*Lancer le harpon.*
To fall into the net.	*Tomber dans le piège.*
All is fish that comes to the net.	*Tout poisson est bon à prendre.* / *Rien n'est à dédaigner.*
The shooting season has begun, ended.	*La chasse est ouverte, fermée.*
He has been caught in his own trap.	*Il s'est laissé prendre à son propre piège.*
To beat up the game.	*Rabattre le gibier.*
To lie in wait (for).	*Être à l'affût* (*de*).
To stalk deer.	*Chasser le cerf à l'affût.*
To make a good bag.	*Faire bonne chasse.*
To come home with an empty bag.	*Revenir bredouille.*
We were among the field.	*Nous étions de la chasse.*
To hunt a stag.—To course a hare.	*Chasser un cerf, un lièvre.*
To blow the horn.	*Sonner du cor.*
To pick up the scent *or* the trail.	*Trouver la trace, la piste.*
To be thrown off the scent. / To lose the trail.	*Perdre la trace.*
To give mouth.	*Donner de la voix* (*chiens*)
To lay on the pack. / To slip the hounds.	*Laisser courir* / *Lâcher* *les chiens.*
To run down the game.	*Forcer le gibier.*
The stag is at bay.	*Le cerf est aux abois.*
To blow the mort.	*Sonner l'hallali.*
To be in at the death.	*Assister à l'hallali.*
To blow the quarry.	*Sonner la curée.*
To flesh the dogs.	*Mettre les chiens en curée.*
To run with the hare and hold with the hounds.	*Ménager la chèvre et le chou.*

3. LES SPORTS

Sports (1).

■ NOMS

A. Généralités.

sports (1)	*les sports.*	a **champ**ion	*un champion.*
an **ath***lēte*	*un homme de sports.*	a **champ**ionship	*un championnat.*
a **sports**man (2)	*un sportif.*	a per**form**ance	*une performance.*
an **am**ateur[1]	*un amateur.*	a **rec**ord	*un record.*
an **athl**ĕtic **meet**ing	*une réunion sportive.*	a cup	*une coupe.*
athlĕtic sports	*1. l'athlétisme. 2. un concours athlétique.*	the sports ground	*le terrain de sports.*
the **org**anīzer	*l'organisateur.*	the **stā**dium (*pl.* **stā**dia)	*le stade.*
a match	*un match.*	the stand	*la tribune.*
a *com*pe**ti**tion	*un concours.*	the **pub**lic	*le public.*
a com**pet**itor	*un concurrent.*	the **look**ers-on / the **on**lookers	*les spectateurs.*
trāining	*l'entraînement.*	en**dū**rance	*l'endurance.*
an **ē**vent	*une épreuve. / une rencontre.*	resis**t**ance / **stam**ina	*la résistance.*
the **ref**erēe / the **um**pīre	*l'arbitre.*	skill	*l'adresse.*
		cleverness / **smart**ness	*l'habileté.*

B. Le scoutisme. — L'alpinisme.

wa[l]king	*la marche.*	a tent	*une tente.*
an ex**cur**sion / a **walk**ing tour / trip	*une excursion (à pied).*	**can**vas	*de la toile.*
an ex**cur**sionist / a tripper	*un excursionniste.*	a peg	*un piquet.*
a **wa[l]k**	*une promenade (à pied).*	the youth **hos**tels	*les auberges de la jeunesse.*
scouting	*le scoutisme.*	the halt	*la halte.*
a (boy)scout	*un scout.*	**moun**tainēering	*l'alpinisme.*
a wolf-cub	*un louveteau.*	an **al**pinist / a **moun**tainēer	*un alpiniste.*
a [k]**nap**sack / a **ruck**sack	*un sac touriste.*	an as**cent**	*une ascension.*
camping	*le camping.*	an īce-axe	*un piolet.*
		an **al**penstock	*un alpenstock.*
		a **round**about way	*un détour.*

1. æmatjuə.

(1) Ce mot s'entend généralement dans le sens de *jeux* ou *sports athlétiques* et ne comprend pas la chasse, la pêche, les courses de chevaux, l'auto, etc.

(2) Le mot anglais *sportsman* désigne surtout le sportif qui s'adonne à la chasse, la pêche, l'équitation, les courses.

C. Les jeux en plein air.

outdoor gāmes	*jeux en plein air.*
football	*le jeu de football.*
the football fiēld *or* ground	*le terrain de football.*
a footballer,	*un joueur,*
a (football) tēam	*une équipe, (de football).*
a (rugby) **fifteen**	*une équipe de rugby.*
the **bound**ary līnes	*les limites du jeu.*
the gōal	*le but.*
the goal-pōsts	*les poteaux de but.*
the goal-keeper	*le gardien de but.*
the kick-off	*le coup de pied d'envoi.*
half-tīme	*la mi-temps.*
the first, **sec**ond half	*la 1re, la 2e mi-temps.*
pōlō	*le polo.*
(lawn) **ten**nis	*le tennis.*
a **ten**nis-court	*un court de tennis.*
a **rack**et, **racq**[u]et	*une raquette.*
the net	*le filet.*
a (tennis) ball	*une balle de tennis.*
men's singles	*simple messieurs.*
lādies' singles	*simple dames.*
men's doubles	*double messieurs.*
ladies' doubles	*double dames.*
mixed doubles	*double mixte.*
servīce	*le service.*
ping-pong *or* tābl e-tennis)	*le ping-pong.*
golf (1)	*le golf.*
the golf-links	*le terrain de golf.*
a golf-club	*une crosse de golf.*
cricket	*le cricket.*
the cricket-field / -ground	*le terrain de cricket.*
a **crick**eter	*un joueur de cricket.*
the **wick**et	*le but de cricket.*
the bat	*la batte de cricket.*
an **elev**en	*une équipe de cricket.*
a crōque[t]-set	*un jeu de croquet.*
a bō[w]ling-green	*un terrain de jeu de boules.*
a skittle-**al**ley	*un terrain de jeu de quilles.*

D. Jeux olympiques. — Sports d'hiver.

a foot-rāce	*une course à pied.*
a runner, **rā**cer	*un coureur.*
the spring	*l'élan.*
a jump	*un saut.*
a standing jump	*un saut à pieds joints.*
a running jump	*— avec élan.*
a long jump	*— en longueur.*
a high jump	*— en hauteur.*
a pōle jump	*— à la perche.*
the **jav**elin	*le javelot.*
gym**nas**tics	*la gymnastique.*
a **gym**nast	*un gymnaste.*
the *hori***zon**tal bar	*la barre fixe.*
the **par**allel bars	*les barres parallèles.*
physical **ex**ercīses	*les exercices physiques.*
fencing	*l'escrime.*
a fencing bout / **as**sault at arms	*un assaut d'escrime.*
shooting	*le tir.*
the quoit	*le disque.*
a dum[b]-bell	*une haltère.*
[w]rest[l]ing	*la lutte corps à corps.*
catch-as-catch-can	*la lutte libre.*
a wrestling-match	*un assaut de lutte.*
a [w]res[t]ler	*un lutteur.*
boxing	*la boxe.*
a boxer	*un boxeur.*
shooting-rānge	*stand de tir.*
rīding (2)	*l'équitation.*
a riding-school	*une école d'équitation.*
the sēat	*l'assiette (du cavalier).*
a horse-race	*une course de chevaux.*
the groom / the **os**[t]ler / the stāble-boy	*le valet d'écurie.*
a flat race	*une course plate.*

(1) Beaucoup de gens affectent de prononcer ce mot « goff ».
(2) Voir aussi ch. IX, 1 : Le Cheval.

a steeplechāse	*une course d'obstacles.*
a false start	*un faux départ.*
winter-sports	*les sports d'hiver.*
skāting	*le patinage.*
a skāter	*un patineur.*
skiing	*le ski (sport).*
the skis[1]	*les skis (patins).*
a skier / a ski-runner	*un skieur.*
a sledge / a slei[gh]	*un traîneau.*
sledging	*la promenade en traîneau.*
luge (*pr. fr^se^*)	*la luge.*
aquatic sports (2)	*les sports nautiques.*
a bet	*un pari.*
cȳcling (1)	*le cyclisme.*
mōtoring (1)	*l'automobilisme.*
swimming	*la natation.*
a swimmer	*un nageur.*
a swimming-pond / swimming-baths	*une piscine.*
the bāthing-attendant	*le garçon-baigneur.*
bāthing-costūme	*costume de bain.*
bāthing-shorts	*caleçon de bain.*
the spring-board	*le tremplin.*
the dīving-board	*le plongeoir.*
the surf-board	*l'aquaplane.*

■ ADJECTIFS

sporting / sports (*empl. adj.*)	*sportif.*
Olympic	*olympique.*
in thorō[ugh] trāining	*entraîné à fond.*
keen	*ardent, fervent.*
stubborn / strenūous	*acharné.*
dauntless / fēarless	*intrépide.*
disqualifīed	*disqualifié.*
abstēmious	*sobre.*
tīring	*fatigant.*
drawn	*indécis (partie, combat, etc.). nul.*
fīnal	*définitif.*
contested	*disputé.*
[k]nock out	*hors de combat.*
victorious	*victorieux.*
successful	*couronné de succès.*
invincible	*invincible.*
advantāgeous, profitable to...	*profitable (à).*

■ VERBES

to ballot for sth.	*tirer qch. au sort.*
to trāin	*entraîner.*
to practīse sth.	*s'exercer à qch.*
to develop (muscles, etc.)	*développer (muscles, etc.).*
to strengthen	*fortifier.*
to brāce up	*tremper.*
*to bēat	*battre, vaincre.*
to cheer	*acclamer.*
to hiss sb	*siffler qq.*
to hoot	*huer.*
*to set out	*se mettre en route.*
to māke the ascent of	*faire l'ascension de.*
to clīm[b] up	*grimper, escalader.*
*to go astray	*s'égarer.*
to halt	*faire halte.*
to inaugūrāte / to ōpen	*inaugurer. ouvrir.*
to [w]res[t]le	*lutter (corps à corps).*
*to fī[gh]t	*combattre.*
to box	*boxer.*
to lift	*lever, soulever.*
to pick up	*ramasser.*
to serve	*servir (une balle).*
to return	*renvoyer.*
to bounce	*rebondir.*
to skāte	*patiner.*
to rōller-skāte	*— à roulettes.*
to ski[1]	*faire du ski.*
to luge	*luger.*
to sledge / to slei[gh]	*aller en traîneau.*
to dīve	*plonger.*
to fence	*faire de l'escrime.*
to lunge	*se fendre (escrime).*
to step back	*rompre.*

1. ʃiː *ou* ski.

(1) Voir ch. XIII, 1 : Les Moyens de Transport.
(2) Voir ch. XIII, 2 : Les Navires.

■ LOCUTIONS

He is a good sport.	*C'est un bon garçon.*
To be the sport of fortune.	*Être le jouet de la fortune.*
To be in training.	*Être à l'entraînement.*
To be out of training.	*Avoir perdu son entraînement.*
To go into training.	*Se mettre à l'entraînement.*
An eliminating heat.	*Une épreuve éliminatoire.*
A dead-heat.	*Une épreuve nulle.*
To set up, to hold the record.	*Établir, détenir le record.*
To beat, to break the record.	*Battre le record.*
To go camping.	*Faire du camping.*
To pitch, to strike the tent.	*Dresser, plier la tente.*
To take a spring.	*Prendre son élan.*
To take a jump.	*Faire un saut.*
Feet close together.	*Les pieds joints.*
To go off the beaten track.	*S'écarter du chemin battu.*
To cut across country.	*Couper à travers champs.*
Half way { up down } the hill.	*A mi-chemin { en montant en descendant } la côte.*
The ground plays very well to-day	*Le terrain est bon aujourd'hui.*
That's not cricket.	*Ce n'est pas honnête, régulier.*
To keep a straight bat.	*Jouer franc.*
To get more kicks than ha' pence.	*Recevoir plus de coups que de pain.*
To score a goal.	*Marquer un but.*
To lead by eight points to two.	*Mener par 8 points à 2.*
To play a single, a double.	*Jouer un simple, un double.*
To give sb. tit for tat.	*Renvoyer la balle à qq. (fig.).*
Game and set.	*Jeu et partie.*
To draw a game.	*Faire match nul, partie nulle.*
To go for a swim.	*Aller nager un peu.*
The cross-Channel swim.	*La traversée de la Mancheà la nage.*
To be { within out of } one's depth.	*{ Avoir Ne pas avoir } pied.*
To get out of one's depth.	*Perdre pied.*
A wave carried me off my feet.	*Une vague me fit perdre pied.*
To be chin-deep in water.	*Avoir de l'eau jusqu'au menton.*
To take a header.	*Piquer une tête (dans l'eau).*
To keep one's head above water.	*Se maintenir à flot (prop. et fig.).*
To go in for sports.	*Être amateur de sports.*
To ride { astride. side-saddle. bareback. at a foot-pace. hell for leather.	*Monter { à califourchon. en amazone. sans selle. Aller { au pas. à bride abattue.*
To take the bit between one's teeth.	*Prendre le mors aux dents.*
To take a toss.	*Ramasser une pelle (à cheval).*
Sprawling on his back.	*Étendu les quatre fers en l'air.*
To make a bet *or* to lay a bet.	*Faire un pari.*
To bet { on, against.... on a certainty.	*Parier { pour, contre.... à coup sûr.*
To back a horse.	*Miser sur un cheval.*
You've backed the wrong horse.	*Vous avez fait fausse route. Vous vous êtes trompé dans vos prévisions.*
To have a good (*or* bad) seat.	*Se tenir bien ou mal en selle.*
To swim across a river.	*Traverser une rivière à la nage.*
To float.	*Faire la planche.*
He swims like a millstone.	*Il nage comme un chien de plomb.*
To box sb.'s ears.	*Gifler qq.*
The game is not worth the candle.	*Le jeu n'en vaut pas la chandelle.*

XV

L'AME. — LA VIE MORALE

The soul. — Moral life.

I. L'INTELLIGENCE

Understanding, intelligence.

■ NOMS

the sōul	*l'âme.*
intellectual faculties	*les facultés intellectuelles.*
the spirit	*l'âme agissante.* *le souffle vital.* *le principe d'action.*
mīnd	*l'esprit.*
intelligence	*1. l'intelligence.* *2. information, renseignement.*
understanding	*1. l'intelligence.* *2. convention, entente.*
sense	*1. le (bon) sens.* *2. un sens (vue, etc.).* *3. sens, sentiment.* *4. signification.*
common sense	*le bon sens.*
perception	*la perception.*
an impression	*une impression.*
memory	*la mémoire.* *le souvenir.*
a remembrance a recollection	*un souvenir.*
forgetfulness	*1. le manque de mémoire.* *2. la négligence.*
oblivion	*l'oubli.*
consciousness	*la conscience (de qch.).*

irrationality	*le manque de logique.* *l'absurdité.*
thou[gh]t[1]	*la pensée.*
reflection thought	*la réflexion.*
thoughtfulness	*la réflexion (qualité).*
a nōtion	*une notion.*
an īdēa[2]	*une idée.*
judgement	*le jugement.*
a prejūdīce a bīas	*un préjugé.* *un parti pris.*
an opinion	*une opinion.*
a principle	*un principe.*
a proof an evidence	*une preuve.*
lūcidity	*la lucidité.*
clēarness	*la clarté.*
obviousness evidence	*l'évidence.*
a fact	*un fait.*
appēarance	*l'apparence.*
conviction	*la conviction.*
persūāsion	*la persuasion.*
certainty	*la certitude.*
uncertainty	*l'incertitude.*
dou[b]t	*le doute.*
a supposition an assumption	*une supposition.*
a hȳpothesis	*une hypothèse.*
checking	*le contrôle.*
verificātion	*la vérification.*

1. θɔːt. — 2. aidiə.

investigātion	*la recherche.*	gēnius	*le génie.*
examinātion	*l'examen.*	wit	*l'esprit (finesse).*
an objection	*une objection.*	a flash of wit	*un trait d'esprit.*
contradiction	*la contradiction.*	a witticism	*un mot spirituel.*
a conclūsion	*une conclusion.*	dullness	*la lourdeur d'esprit.*
ability	*la capacité.*		
cāpability	*l'aptitude.*	foolishness	*la niaiserie.*
mēans	*les moyens.*	silliness	*la bêtise.*
sharpness	*la vivacité d'esprit.*	folly	*la sottise. l'absurdité.*
talent	*le talent.*	stūpidity	*la stupidité.*

■ LOCUTIONS

With all my heart and soul.	*De toute mon âme.*
To give oneself body and soul to...	*Se donner corps et âme à....*
He did not meet a living soul.	*Il n'a pas rencontré âme qui vive.*
To be the spirit and soul of....	*Être l'âme, la cheville ouvrière de....*
To put one's whole soul (*or* one's heart and soul) into an undertaking.	*Se consacrer tout entier à une entreprise.*
To have just enough to keep body and soul together.	*Avoir tout juste de quoi vivre.*
A man of great abilities (*or* of parts).	*Un homme remarquablement doué.*
To my mind, in my opinion.	*A mon avis.*
To have sth. on one's mind.	*Avoir l'esprit préoccupé de qch.*
To bear sth. in mind.	*Ne pas oublier qch. Garder qch. présent à l'esprit.*
So many heads, so many minds.	*Autant de têtes, autant d'avis.*
To be of sb'.s mind (*or* opinion).	*Être de l'avis de qq.*
To change one's mind.	*Changer d'avis.*
They don't know their own minds	*Ils ne savent pas ce qu'ils veulent.*
It had gone clear out of my mind.	*Cela m'était complètement sorti de l'esprit.*
Time out of mind.	*De temps immémorial.*
To speak one's mind.	*Dire carrément ce qu'on pense.*
I'll give him a piece of my mind (*or* a taste of my tongue).	*Je lui dirai franchement ma façon de penser.*
To go out of one's mind.	*Perdre l'esprit.*
To be out of one's mind.	*Avoir perdu l'esprit.*
To have { a mind / half a mind } to do sth.	*Avoir { bien envie / presque envie } de faire qch.*
To set one's mind to do sth.	*Se mettre en tête de faire qch.*
To make up one's mind to do sth.	*Prendre la décision de faire qch.*
I have not made up my mind yet.	*Je n'ai pas encore pris de décision.*
Great minds think alike.	*Les grands esprits se rencontrent.*
On the express (*or* distinct, *or* clear) understanding that....	*A la condition expresse que....*
There is no sense in it.	*Cela n'a pas de sens commun.*
Against all sense.	*En dépit du sens commun.*
He was not in his senses when....	*Il n'avait pas tout son bon sens quand....*
To come to one's senses.	*1. Reprendre ses sens. 2. Revenir à la raison.*
It drives him out of his senses.	*Il en perd la tête.*
To have a sense of duty, of beauty.	*Avoir le sentiment du devoir, le sens du beau.*
The reason why....	*La raison pour laquelle....*
For personal reasons. On personal grounds.	*Pour des raisons personnelles.*

By reason of,—on account of.... Owing to....	*En raison de...*
With greater reason.	*A plus forte raison.*
All the more reason.	*Raison de plus.*
I have good reasons to believe that....	*J'ai de bonnes raisons de croire que....*
Without rhyme or reason.	*Sans rime ni raison.*
To listen to reason.	*Entendre raison.*
To bring sb. to reason.	*Faire entendre raison à qq.*
To make an impression on sb.	*Faire impression sur qq.*
To be under the impression that....	*Avoir l'impression que....* *Être persuadé que....*
To commit sth. to memory.	*Apprendre qch. par cœur.*
To refresh one's memory of sth.	*Se remettre qch. en mémoire.*
To play sth. from memory.	*Jouer qch. de mémoire.*
I have no memory for names.	*Je n'ai pas la mémoire des noms.*
It slipped (*or* escaped) my memory.	*C'est un oubli de ma part.*
Within living memory. Within the memory of man.	*De mémoire d'homme.*
He had a pleasant recollection of....	*Il avait gardé un bon souvenir de....*
She had a dim recollection of....	*Elle se souvenait vaguement de....*
Within my remembrance. As far as I can remember.	*Aussi loin que je puisse me souvenir.*
To sink into oblivion.	*Tomber dans l'oubli.*
Lost (*or* wrapped) in thought.	*Absorbé dans ses réflexions.*
A penny for your thoughts! (*fam.*)	*A quoi pensez-vous?*
After further thought. On second thoughts.	*Réflexion faite.*
The mere thought of it....	*Rien que d'y penser....*
Without due reflection.	*A la légère.*
To form a wrong idea of....	*Se faire une idée fausse de....*
I haven't the least idea (of it).	*Je n'en ai pas la moindre idée.*
I have an idea, a notion that....	*J'ai idée que....*
What a good idea of yours!	*Quelle bonne idée vous avez eue!*
With the idea of....	*Dans l'idée de..., dans le but de....*
The idea!	*Quelle (drôle d')idée!*
To form an opinion about....	*Se faire une opinion sur....*
To lay down as a principle.	*Poser en principe.*
To lay down as a fact that....	*Poser en fait que....*
As a matter of principle. As a rule.	*En principe.*
There is no evidence of... *or* that....	*Il n'y a aucune preuve de....* ou *que.*
To give proof (*or* evidence) of....	*Faire preuve de....*
The fact of the matter is that....	*La vérité, c'est que....*
To be acquainted with the fact of the matter.	*Savoir de quoi il retourne.* *Être au fait de la question.*
As a matter of fact.	*Au fait, de fait, en réalité.*
In the way of....	*En fait de....*
To all appearance.	*Selon toute apparence.*
To judge people by appearances.	*Juger les gens sur l'apparence.*
To look on sth. as a certainty.	*Tenir qch. pour certain.*
To act from conviction.	*Agir par conviction.*
No doubt, — doubtless, — undoubtedly.	*Sans doute, indubitablement.*
It is beyond doubt that....	*Il ne fait aucun doute que....*
To entertain doubts about sth.	*Nourrir des doutes sur qch.*
I have my doubts about it.	*J'ai des doutes à ce sujet.*
When in doubt, forbear.	*Dans le doute, abstiens-toi.*
Assuming the worst.	*En se plaçant dans l'hypothèse la plus défavorable.*

On further examination.	*Vérification faite.*
The affair is under examination.	*L'affaire est à l'examen.*
This statement will not bear examination.	*Cette déclaration ne supporte* **pas** *l'examen.*
To make, to raise objections.	*Faire, soulever des objections.*
To meet an objection.	*Répondre à une objection.*
I have no objection to....	*Je ne m'oppose nullement* **à**....
Without contradiction.	*Sans contredit.*
To be { at variance with.... / in contradiction to....	*Être en contradiction avec....*
In conclusion.	*Pour conclure, pour finir.*
To come to the conclusion that....	*(En) conclure que....*
To jump to a conclusion.	*Conclure hâtivement.*
The task is beyond his means.	*La tâche dépasse ses moyens.*
To have a genius for....	*Avoir le génie de....*
They had frightened him out of his wits.	*Ils lui avaient fait perdre la tête de frayeur.*
To be at one's wits' end.	*Ne plus savoir à quel saint se vouer.*
To have a battle of wits.	*Jouer au plus fin.*
The height of folly.	*Le comble de la sottise.*

■ ADJECTIFS

*in*tell**ec**tual	*intellectuel.*
mental	*mental.*
(un)**intelligent**	*(in) intelligent.*
clever, sharp.	*intelligent, vif.*
sensible	*sensé, judicieux.*
(un)**rēa**sonable	*(dé) raisonnable.*
cautious, **wā**ry	*avisé, circonspect.*
mad, ins**ā**ne	*insensé (pers.).*
mad, senseless, rash	*insensé (choses).*
stūpid, **foolish**	*insensé (actions).*
shrewd[1]	*perspicace, fin.*
spiritual	*spirituel (religion, etc.).*
witty	*spirituel (repartie, etc.).*
quick, keen	*vif (intelligence),*
quick-witted	*à l'esprit vif, alerte.*
vĭvid	*vif (imagination, etc.).*
sērious-m**ī**nded	*réfléchi, sérieux.*
thou[gh]tful	*1. réfléchi. 2. pensif, rêveur. 3. prévenant.*
thou[gh]tless	*irréfléchi.*
gifted (for)	*doué (pour).*
talented	*plein de talent.*
talentless	*sans talent.*
conscious (of)	*conscient (de).*
lĕvel-hĕaded	*bien équilibré.*
simple (-mīnded)	*simple d'esprit.*
dull, dull-witted	*borné.*
hāre-brāined	*étourdi, écervelé.*
sure[2]	*sûr, certain.*
(un)**cer**tain	*(in)certain.*
clēar	*clair.*
obvious, **ev**ident / plāin	*évident, manifeste.*
dou[b]**t**ful	*douteux.*
un**ques**tionable	*hors de doute. indubitable.*
innāte, **inborn**	*inné.*
pro**found**, deep	*profond.*
thorō[ugh]	*parfait, absolu. complet.*
exten**sive**	*étendu.*
comprehensive	*approfondi.*
matter-of-fact	*positif. prosaïque.*
hot-hĕaded	*emporté. exalté.*

■ VERBES

to per**cē**ive	*percevoir.*
*to think	*penser.*
*to think sth. over / to consĭder sth.	*réfléchir à qch.*
to **pon**der over	*méditer sur.*
to **med**itāte	*réfléchir mûrement à qch.*
to oc**cur** to sb.	*venir à l'esprit de qq.*

1. ʃruːd. — 2. ʃuə*.

*to *un*der**stand**	*comprendre.*
*to *mis*under-**stand**	*mal comprendre.* *mal interpréter.*
to grasp	*saisir.*
to con**cēive**	*concevoir.*
to **imăgĭne** / to **fancy**	*(s')imaginer.* *se représenter.*
to an**tĭcĭ**pāte	*envisager, pré-voir.*
to judge, to deem	*juger, estimer.*
to de**cīde** / to con**clūde**	*conclure.*
to in**fer**	*déduire, conclure.*
to as**sert** / to af**firm**	*affirmer.*
to as**sure**[1] sth. to sb.	*assurer qch. à qq.*
to assure sb. of sth.	*assurer qq. de qch.*
to sup**pōse**	*supposer.*
to have a pre**sen**timent or a fore**bō**ding of sth.	*pressentir qch.*
to sus**pect** sth.	*se douter de qch.*
to g[u]ess	*deviner.*
to rē**alīze** sth.	*se rendre compte, s'apercevoir de qch.*
*to set forth / *to make [k]nō[w]n	*exposer* / *énoncer* } *un fait.* / *un projet.*
to māin**tāin**	*soutenir (opinion).*
*to up**hōld**	*confirmer.*
to prove[2]	*prouver.*
to per**sūāde**, to con**vince**, to **satisfȳ** sb. of sth.	*persuader qq. de qch.*
to *as*cer**tāin** sth.	*se rendre compte, s'assurer de qch.*
to ex**pē**rience	*1. se rendre compte, apprendre par l'expérience.* *2. éprouver (des difficultés, etc.).*
to es**tab**lish / to **verifȳ**	*constater.*
to be a**wāre** of	*être au fait de.*
to ad**mit**	*admettre.*
to dis**tin**guish	*distinguer.*
to com**pāre** to, with	*comparer (à, avec).*
to be at a loss *or* nonplussed	*être perplexe, embarrassé.*
*to mis**tāke** (for) / to con**fūse** (with)	*confondre (avec).*
to be mis**tā**ken / *to make a mis**take**	*se tromper.*
to dou[b]t sth.	*douter de qch.*
to **ques**tion sth.	*mettre en doute. contester qch.*
to rāise as an ob**jec**tion (that)	*objecter (que).*
to *con*tra**dict**	*contredire.*
to re**fūte** / to dis**prove**	*réfuter.*
to ig**nore**	*faire semblant d'ignorer.* *ne tenir aucun compte de.*
to con**cern**	*concerner.*
to rē**mem**ber	*se souvenir de.*
to rē**mīnd** sb. of sth.	*rappeler qch. à qq.*
*to for**get**	*oublier.*

■ LOCUTIONS

A broad-minded / A narrow-minded / A plain-spoken / A cool-headed / A strong-minded } man. — *Un homme qui a l'esprit large. / l'esprit étroit. / son franc parler. / l'esprit calme. / autoritaire, décidé.*

To be sensible of....	*Avoir le sentiment de.... Se rendre compte de....*
To be sure!	*Pour sûr! Assurément!*
The one and certain thing is....	*Le plus clair de l'affaire, c'est...*
I know for certain that....	*Je sais à n'en pas douter que....*
To be uncertain what to do, which way to turn.	*Ne pas bien savoir quoi faire, de quel côté aller.*
To deny obvious facts.	*Nier l'évidence.*
It is obvious that.... / It stands to reason that....	*Il va de soi que.... Il saute aux yeux que....*
A self-evident truth.	*Une vérité de toute évidence.*

1. oʃuə*. — 2. pruv

To be doubtful about sth.	*Douter de qch.*
I don't think so.	*Je ne (le) pense pas.*
I think not.	*Je pense que non.*
Think twice before you speak once.	*Il faut tourner sa langue sept fois dans sa bouche avant de parler.*
To think twice about sth. before doing it.	*Y regarder à deux fois avant de faire qch.*
Though he says nothing, he thinks all the more.	*Il ne dit rien, mais il n'en pense pas moins.*
That made him think twice.	*Cela lui a donné à réfléchir.*
I'll think it over, I'll consider it.	*J'y réfléchirai.*
All things considered.	*Tout bien considéré.*
It is worth thinking over.	*Cela mérite réflexion.*
To think well, badly, highly of....	*Avoir une bonne, mauvaise, haute opinion de....*
To think better of it.	*Se raviser.*
As best you think.	*Comme vous le jugerez préférable.*
To think little, much of....	*Faire peu de cas, grand cas de....*
It occurred to me that....	*Il me vint à l'esprit que....*
That is easily understood.	*Cela se comprend.*
He gave me to understand that....	*Il m'a donné à entendre que....*
We understand you are to leave next Thursday.	*Nous avons appris,* ou *nous croyons comprendre que vous devez partir jeudi prochain.*
There is a misunderstanding.	*Il y a (un) malentendu.*
I can't { make it out. / make head or tail of it! }	*Je n'y comprends rien.*
Just imagine.—Just fancy!	*Imaginez un peu. — Voyez-vous cela!*
Can you imagine / Fancy anyone doing } such a thing	*A-t-on idée d'une chose pareille!*
Judging from what he said.	*A en juger par ce qu'il a dit.*
To judge / To deem } it advisable to do sth.	*Juger à propos de faire qch.*
Well! I declare!	*Eh bien! vrai, par exemple!*
He spoils his case who wants to prove too much.	*Qui veut trop prouver ne prouve rien.*
Having satisfied himself that everything was in order.	*S'étant assuré que tout était en ordre.*
If we are to believe....	*S'il faut en croire....*
Supposing that,—suppose that....	*A supposer que....*
We are not supposed to know it.	*Nous ne sommes pas censés le savoir.*
He did not realize how dangerous the undertaking was.	*Il ne se rendait pas compte que l'entreprise fût si dangereuse.*
I had mistaken him for his brother	*Je l'avais pris pour son frère.*
There is no mistake about it.	*Il n'y a pas à s'y tromper.*
I strongly doubt it.	*J'en doute fort.*
It cannot be questioned but....	*Il n'y a pas à douter que....*
To prove oneself. / To show one's mettle.	*Faire ses preuves.*
Due allowance being made for....	*Eu égard à....*
As far as I am concerned.	*En ce qui me concerne.*
To the best of my recollection. / If my memory serves me right.	*Si j'ai bonne mémoire. / Autant que je me souvienne.*
I forget his name.	*Je ne me rappelle plus son nom. / Son nom m'échappe.*

2. LES SENTIMENTS

Feelings.

■ NOMS

A. Le plaisir. — La sympathie.

a feeling	*un sentiment.* *une sensation.*
a sensātion	*une sensation.*
sensitiveness sensibility	*la sensibilité.*
sentimentality mawkishness	*la sensiblerie.*
emōtion	*l'émotion.*
excītement	*l'émotion vive.* *l'émoi.* *l'exaltation.*
an impression	*une impression.*
a flurry a stir	*une agitation.* *un émoi.* *un trouble.*
agitātion	*l'agitation.* *l'émotion.*
the stāte of mind	*l'état d'esprit.*
the hūmour the mood	*la disposition.* *l'humeur.*
the spirits	*le moral.*
the temper	*1. le caractère.* *2. l'humeur, la disposition.*
gentleness	*la douceur.*
love[1] of / for	*l'amour de. / pour.*
fondness tenderness	*la tendresse.*
affection of līking for	*l'affection de. / pour.*
sympathy (for)	*la sympathie (pour).*
attachment	*l'attachement.*
līking	*le penchant.*
an inclinātion to a propensity for a tendency to	*un penchant / une inclination pour.*
a caress	*une caresse.*
a longing (for)	*un désir ardent (de).*
a passion	*1. une passion.* *2. émotion violente.* *3. violente colère.*
fr[i]endship	*l'amitié.*
fr[i]endliness	*la bienveillance amicale.*
comradeship	*la camaraderie.*
familiarity	*la familiarité.*
intimacy	*l'intimité.*
plĕasure[2]	*le plaisir.*
a delīght	*un délice.*
a trēat	*un régal.*
gladness	*le contentement.*
equanimity	*l'égalité d'âme.* *la sérénité.*
serēnity	*la sérénité, le calme.*
rapture delīght	*le ravissement.*
luck	*la (bonne) chance.*
ill-luck	*la malchance.*
happiness	*le bonheur.*
bliss	*la félicité.*
cheerfulness	*l'allégresse.* *l'entrain.*
enthūsiasm	*l'enthousiasme.*
laughter[3]	*le rire.*
a laugh[4]	*un rire.*
a smile	*un sourire.*
a grin	*un large sourire.*
a smirk a simper	*un sourire affecté.*
hōpe	*l'espoir, l'espérance.*
expectātion anticipātion	*l'attente.*
illūsion	*l'illusion.*

1. lʌv. — 2 pleʒə*. — 3. lɑːftə*. — 4. lɑːf.

B. Sentiments désagréables.

dēlūsion	*l'illusion mensongère.*
disillūsion	*la désillusion.*
disappointment	*le désappointement.* / *la déception.*
fēar	*la crainte.*
awe[1]	*la crainte (respectueuse).* / *l'épouvante.*
frīght	*l'effroi.*
dread[2]	*la frayeur.*
terror	*la terreur.*
horror	*l'horreur.*
abhorrence	*l'horreur.* / *la répulsion.*
repugnance (to, against)	*la répugnance.*
disgust / lōathing	*le dégoût.*
indignātion	*l'indignation.*
enmity	*l'inimitié.*
hostility / ill-feeling	*l'hostilité.*
surprīse	*l'étonnement.* / *la surprise.*
astonishment	*la stupéfaction.*
amāzement	*la stupeur.*
cāre	*1. le soin.* / *2. le souci.*
worry	*la préoccupation.* / *le tracas.*
worries	*des ennuis, des soucis.*
anxīety (1)	*l'inquiétude.*
unēasiness	*l'anxiété.*

annoyance	*le désagrément.*
vexātion	*la contrariété.*
anguish / agony	*l'angoisse.*
dissatisfaction (with) / displĕasure (at)	*le mécontentement (de).*
spīte	*le dépit.*
antipathy (to, for, against)	*l'antipathie (pour).*
aversion (to) / dislīke (for)	*l'aversion (pour, envers).*
hātred, hāte	*la haine.*
resentment	*le ressentiment.*
ill-will	*la rancune.*
sorrow	*la douleur (morale).* / *le regret.*
griēf (2)	*le chagrin.*
affliction	*l'affliction.*
sadness	*la tristesse.*
misery	*la détresse, la douleur extrême.*
melancholy[3] / gloom	*la mélancolie.*
dejection	*l'abattement.* / *le découragement.*
a torment	*un tourment, une torture.*
misfortune	*le malheur.*
despair	*le désespoir.*
a tēar	*une larme.*
comfort / solace	*la consolation.*

LOCUTIONS

To have a feeling that.... / To be conscious that....	*Avoir le sentiment que....*
Devoid of feeling.	*Dénué de sentiments.*
To repress one's feelings.	*Contenir ses sentiments.*
To hurt sb.'s feelings.	*Offenser, blesser qq.*
To create / To cause a sensation, a stir.	*Faire sensation.*
To sentimentalize.	*Faire du sentiment.*
To be all in a flutter. / a stir. / To be flurried.	*Être tout en émoi.*
To be in a good *or* bad humour.	*Être de bonne* ou *mauvaise humeur.*
He was not in a mood / in the humour to... / for.	*Il n'était pas d'humeur à....*

1. ɔː. — 2. drɛd. — 3. ch = k.

(1) *Anxiety* a souvent le sens de *grand désir* : *his anxiety to make your acquaintance*, son grand désir de faire votre connaissance.
(2) Un grief = *a grievance.*

To be out of humour.	*Être contrarié, maussade.*
To be in a laughing, joking mood.	*Être en humeur de rire, de plaisanter.*
To be in { high / low } spirits.	*Être* { *plein d'entrain.* / *déprimé, abattu.* }
To raise sb.'s spirits. / To cheer sb. up.	*Remonter le moral à qq.*
To be, to fall in love with....	*Être, tomber amoureux de....*
To make love to sb.	*Faire la cour à qq.*
You could not get it for love or money.	*Vous ne pourriez vous le procurer à aucun prix.*
Love at first sight.	*Le coup de foudre.*
Out of affection for....	*Par affection pour....*
To set one's affection(s) on sb.	*Fixer ses affections sur qq.*
To win sb.'s affection.	*Gagner l'affection de qq.*
For love of....	*Pour l'amour de....*
To take a liking for { sb. / sth. }	{ *Prendre qq. en affection.* / *Prendre goût à qch.* }
If it is to your liking.	*Si c'est à votre goût.*
To be passionately in love with sb.	*Éprouver une grande passion pour qq.*
He has a passion for history.	*Il a la passion de l'histoire.*
To make friends with....	*Se lier d'amitié avec....*
A bosom friend.	*Un ami de cœur.*
To be in sb.'s good books.	*Être dans les bonnes grâces de qq.*
If you will do me the pleasure (*or* favour) to....	*Si vous voulez bien me faire le plaisir de....*
It will give me great pleasure to...	*Cela me fera grand plaisir de....*
To take pleasure in....	*Prendre plaisir à....*
It is a treat to hear her sing.	*C'est un régal de l'entendre chanter.*
To be overjoyed at sth.	*Être transporté de joie de qch.*
To one's heart's content.	*A cœur joie.*
To be in rapture (with sth.).	*Être dans le ravissement (de qch.).*
To be in luck.	*Être en veine.*
To be out of luck.	*Ne pas avoir de chance.*
Just my luck!	*C'est bien ma veine!*
Hard luck! Hard lines!	*Pas de veine! pas de chance!*
To bring good luck to....	*Porter bonheur à....*
A burst, a peal, of laughter.	*Un éclat de rire.*
To break into loud laughter.	*Rire à gorge déployée.*
A laugh that has a false ring.	*Un rire qui sonne faux.*
To have the laugh on one's side.	*Avoir les rieurs de son côté.*
{ To have / To entertain } hopes of doing sth.	{ *Avoir* / *Nourrir* } *l'espoir de faire qch.*
To set one's hopes on....	*Mettre tout son espoir en....*
{ To answer / To come up to } sb.'s expectation.	*Répondre à l'attente de qq.*
{ Contrary to / Against } all expectations.	*Contre toute attente.*
In expectation of...	*Dans l'attente, en prévision de....*
To be under an illusion.	*Être le jouet d'une illusion.*
Have no fear!	*Soyez sans crainte!*
For fear of....	*Dans la* (ou *par*) *crainte de....*
Lest (+ *subj.*).	*De peur que....*
No fear! (*fam.*)	*Pour sûr que non! Il n'y a pas de danger!*
To strike { sb. with awe. / awe into sb. }	*Frapper qq. de terreur.*
To take fright.	*Prendre peur.*
To fill sb. with { fright, dread, / terror. }	*Remplir qq.* { *d'effroi, de frayeur,* / *de terreur.* }

To my great { joy, surprise, astonishment.	*A ma grande { joie, surprise, stupéfaction.*
Much to my surprise.	*A ma grande surprise.*
To recover from one's surprise, astonishment.	*Revenir de sa surprise, stupéfaction.*
My only care is that....	*Mon seul souci, c'est que....*
Material cares (*or* worries).	*Des préoccupations matérielles.*
It is the least of my worries.	*C'est le cadet de mes soucis.*
Out of spite.	*Par dépit.*
In spite of....	*En dépit de, malgré....*
To take { an aversion / a dislike } to { sb. / sth.	*Prendre { qq. / qch. } en aversion.*
To breed bad blood between two persons.	*Créer de l'animosité entre deux personnes.*
How shocking!	*Quelle horreur!*
Out of hatred of *or* for....	*Par haine de....*
To incur sb.'s hatred.	*S'attirer (encourir) la haine de qq.*
To bear sb. malice (*or* ill-will) for...	*Garder rancune à qq. de....*
To be in sorrow.	*Avoir du chagrin.*
To die of a broken heart.	*Mourir de chagrin.*
To give way { to one's grief. / to despair.	*S'abandonner { à son chagrin. / au désespoir.*
To be in despair.	*Être au désespoir.*
To drive sb. to despair.	*Réduire qq. au désespoir.*
To shed tears.	*Verser des larmes.*
To burst into tears.	*Fondre en larmes.*
To break into a passion of tears.	*Avoir une crise de larmes.*
To heave a (heavy) sigh.	*Pousser un (gros, profond) soupir.*
To give (*or* utter) a sob.	*Pousser un sanglot.*

■ ADJECTIFS

hearty, **cordial**	*cordial.*
sensitive	*sensible.*
tender	*tendre.*
*sen*ti**mental**	*sentimental.*
mawkish	*fadement sentimental.*
intimate	*intime.*
familiar	*familier.*
commūnicative	*communicatif.*
fr[i]endly	*amical.*
touching[1] / **moving**[2]	*touchant.*
well-dispōsed / kīndly dispōsed (towards)	*bien disposé (envers).*
benevolent	*bienveillant.*
tender-hearted	*qui a le cœur tendre.*
large-hearted	*au grand cœur.*
good-hūmoured	*de bonne humeur.*
hōpeful.	*1. plein d'espoir. 2. encourageant, qui promet.*
confident	*plein d'espoir et de confiance.*
sanguine[3]	*plein d'espoir et d'optimisme.*
congēnial	*sympathique.*
happy-go-lucky	*insouciant.*
care-free	*sans souci. libre de soucis.*
satisfīed with	*satisfait de.*
plēased with	*content de.*
rādiant, **bēaming** with	*rayonnant, radieux (de).*
delīghted with	*ravi, enchanté.*
delīghtful	*ravissant.*
mirth-**inspīring**	*qui inspire la gaieté.*
surprised	*étonné, surpris.*
surprīsing	*étonnant, surprenant.*
astonishing	*stupéfiant.*
dum[b]founded	*stupéfait, confondu.*
enthūsiastic (for)	*enthousiaste (de).*
unruffled / **unmoved**	*calme, non ému.*
hostīle / unfr[i]endly (to)	*hostile (à, envers).*

1. ou = ʌ. — 2. o = uː. — 3. sæŋgwin.

full of atred / **spīteful** — *haineux.*
resentful / **malicious** — *rancunier, vindicatif.*
hāteful (to) / ōdious / detestable — *odieux (à).*
pāinful — *pénible.*
timorous — *peureux, craintif.*
fēarless — *intrépide, sans peur.*
anxious (about) (to+inf.) — *1. soucieux (de). 2. très désireux (de).*
worried — *soucieux, ennuyé.*
anxious (about) / un**ē**asy — *inquiet (de).*
care-worn — *usé par le chagrin, les soucis.*
displēased / dis**satis**fīed with — *mécontent (de).*
indignant at / with — *indigné de. / contre.*
non**plussed** — *déconcerté. perplexe.*
grumpy — *grognon. renfrogné.*
startled / **stag**gered — *saisi d'étonnement.*
fr[i]endless — *sans amis.*
sad (at) — *triste (de).*
sorry — *peiné, désolé.*
melancholy (ch = k) / gloomy — *mélancolique.*
hĕavy-hearted / sad at heart — *qui a le cœur gros.*
unhappy / unfortunate — *malheureux.*
sērious-mīnded — *sérieux.*
plĕasant — *plaisant, agréable.*
heartless / unfeeling — *sans cœur.*
callous (to) — *insensible (à).*
im**per**vious (to) — *inaccessible. fermé (à).*
ill-dispōsed (towards) — *mal disposé (envers).*
in**dif**ferent (to) — *indifférent à.*
*dis*ap**point**ed / *dis*il**lū**sioned — *déçu, désappointé.*
miserable — *très malheureux (surt*[t] *moralement).*
[w]**retchĕd** — *malheureux, misérable.*
downcast — *abattu.*
sorrowful — *affligé, affligeant.*
grīeved — *affligé, désolé.*
sorrow-**stricken** — *accablé de chagrin.*
dis**may**ed — *consterné.*
tēarful — *en pleurs.*
heart-**rend**ing — *déchirant.*
dis**con**solate — *désolé, inconsolable.*
desperate — *désespéré.*
dis**tress**ing — *désolant.*
dis**heart**ening — *décourageant.*
hōpeless — *désespérant, désespéré.*
awestruck[1] / terror-**stricken** — *frappé de terreur.*

■ ADVERBES

feelingly — *avec sentiment, âme, émotion.*
joyfully — *avec joie.*
luckily — *par bonheur.*
fortunately — *heureusement.*
[w]hōle-heartedly — *de tout cœur.*
half-heartedly — *sans enthousiasme.*
smīlingly — *en souriant.*
re**luc**tantly / **grud**gingly — *à contrecœur.*
in**dig**nantly — *avec indignation.*
sobbingly — *en sanglotant.*
fēarlessly — *sans crainte.*
as a friend, in a **friend**ly manner — *en ami.*

■ VERBES

*to feel — *1. tâter, sentir par le toucher. 2. donner au toucher l'impression de.*
*to feel — *3. sentir, éprouver, ressentir. 4. se sentir.*

1. ɛwe = ɔː.

to af**fect** to move[1] to touch[2]	*émouvoir.*
to startle	*saisir d'étonnement.*
to **stagg**er	*bouleverser, stupéfier.*
to love[3]	*aimer, (amour).*
to like to care for to be fond of	*aimer (amitié, sympathie).*
to be enthū**siastic** / to be**come** enthū**siastic** — about, on	*s'enthousiasmer pour.*
to dōte (up**on**)	*raffoler de.*
to be in**fatūāted** (with)	*être follement épris de.*
to long for to yearn for	*soupirer après.* *désirer ardemment.*
to **caress** to fondle	*caresser.*
to em**brāce**	*embrasser, étreindre.*
to kiss	*embrasser (d'un baiser).*
to laugh[4]	*rire.*
to smīle	*sourire.*
to **gladden**	*égayer.*
to hōpe for sth.	*espérer qch.*
to des**pair** (of)	*désespérer de.*
to **frī[gh]**ten	*effrayer.*
to scāre	*épouvanter.*
*to get — frīghtened / scāred	*s'effrayer.*
to **fēar**	*craindre.*
to be a**fraid** of	*avoir peur de*
to **dread**[5]	*redouter.*
to **shudd**er	*frémir.*
to **shĭv**er	*frissonner.*
to tremble	*trembler.*
to **bŏth**er (about)	*se soucier de.*
to trouble[6] oneself about	*se tracasser pour.*
to have illusions on, about	*se faire illusion sur.*
to **dislīke** to **detest**	*détester.*
to hāte	*haïr.*
to **lōathe sth.**	*avoir du dégoût, de l'horreur pour qch.*

to ob**ject** to	*trouver à redire à, s'opposer à.*
to **deli[gh]t**	*enchanter, ravir.*
to re**joice** (at sth.)	*se réjouir (de qch.).*
to de**light** (in + part. prt.)	*prendre un vif plaisir (à + inf.), se complaire à.*
to enjoy — sth., doing sth.	*trouver / éprouver / prendre — un plaisir à.*
to **brighten** up to cheer up	*(s')égayer, (se) réconforter (moralement).*
to jōke to jest	*plaisanter, badiner.*
to sur**prīse**	*étonner, surprendre.*
to as**tonish**	*stupéfier.*
to **wond**er at	*s'étonner de.*
to wonder whether, why, how, etc.	*se demander si, pourquoi, comment, etc.*
to ex**pect** — sb., sth.	*s'attendre (à ce que qq. ou qch. arrive).*
to wait for — sb., sth.	*attendre — qq., qch.*
to en**dūre**	*souffrir.*
*to bear	*endurer.*
*to put up with	*souffrir, tolérer, supporter.*
to vex	*contrarier.*
to pāin	*affliger.*
to griēve	*peiner.*
to dis**tress**	*affliger, désoler.*
to griēve — at, about	*s'affliger (de).*
to trouble to worry to fret	*se préoccuper.* *se tourmenter.*
to mōan	*se plaindre.*
to grōan	*gémir.*
to re**sent** sth.	*être blessé de qch.*
to la**ment** sth. to mourn for *or* over sth. to griēve over sth.	*déplorer qch.*
to dis**may**	*consterner, décourager.*
*to lose — courage, heart	*perdre courage.*
to **com**fort	*consoler.*

1. muːv. — 2. tʌtʃ. — 3. lʌv. — 4. laːf. — 5. drɛːd. — 6. trʌbl.

LOCUTIONS

To give sb. a hearty welcome.	*Faire à qq. un accueil cordial.*
To be on { friendly / intimate } terms with.	{ *Vivre en amitié* / *Être intimement lié* } *avec....*
To do sb. a friendly turn.	*Rendre à qq. un service d'ami.*
To touch sb. on a tender spot.	*Toucher qq. à l'endroit sensible.*
To be confident that....	*Avoir bon espoir que....*
To be soft-hearted.	*Avoir de la sensibilité.*
In a happy-go-lucky manner.	*Au petit bonheur.*
He had not felt very well for a fortnight.	*Il ne se sentait pas très bien depuis 15 jours.*
It feels like velvet.	*(Au toucher) on dirait du velours.*
To move sb. to tears.	*Émouvoir qq. jusqu'aux larmes.*
One cannot please all the world and his wife.	*On ne peut pas contenter tout le monde et son père.*
To please oneself.	*(En) faire à sa guise.*
It is no laughing matter.	*Il n'y a pas de quoi rire.*
He laughs longest who laughs last.	*Rira bien qui rira le dernier.*
To laugh, to smile to oneself.	*Rire, sourire en soi-même.*
To laugh in one's sleeve.	*Rire dans sa barbe.*
To laugh on the wrong side of the mouth.	*Rire jaune.*
It would do your heart good to hear him.	*Cela vous réjouirait le cœur de l'entendre.*
We have been waiting for you for half an hour.	*Nous vous attendons depuis une demi-heure.*
He shall lose nothing by waiting.	*Il ne perdra rien pour attendre.*
Let us hope for the best!	*Ayons bon espoir! continuons à espérer!*
It is to be hoped that....	*Il faut espérer que....*
To frighten sb. to death.	*Faire mourir qq. de frayeur.*
To be scared to death.	*Avoir une peur bleue.*
To have the blues.	*Avoir des idées noires.*
I don't care { a button, a fig, / a hang, a plum.	*Je m'en moque comme de l'an quarante, comme d'une guigne, comme de ma première chemise.*
To hate sb. { like poison. / like the plague.	*Haïr qq. comme la peste.*
I can't bear the sight of him.	*Je ne peux pas le voir (en peinture)*
We shall have to put up with it.	*Il faudra* { *nous en accommoder.* / *en passer par là.*
I never object / I have no objection } to a good dinner.	*Je ne déteste pas un bon dîner.*
Do you object to my smoking?	*La fumée vous dérange-t-elle?*
To have a good cry.	*Pleurer tout son saoûl.*
To cry one's eyes out.	*Se brûler les yeux à force de pleurer.*
To cry with joy.	*Pleurer de joie.*
Don't bother,—don't worry!	*Ne vous faites pas de bile!*
You look worried.	*Vous avez l'air soucieux, ennuyé.*
Leave well alone.	*Le mieux est l'ennemi du bien.*
A burnt child dreads fire.	*Chat échaudé craint l'eau froide.*
Familiarity breeds contempt.	*La familiarité engendre le mépris.*
Two in distress makes sorrow less.	*Chagrin partagé est moins lourd à porter.*
Misfortunes never come singly. / It never rains but it pours.	*Un malheur ne vient jamais seul.*
A friend in need is a friend indeed.	*C'est dans le malheur qu'on reconnaît les vrais amis.*

3. LA VOLONTÉ. LE DEVOIR ET LA CONSCIENCE

Will. — Duty and conscience.

■ NOMS

will	*la volonté.*
free will	*le libre arbitre.*
instinct	*l'instinct.*
an impulse	*une impulsion.* / *une velléité.*
a desīre, a wish	*un désir.*
a crāving / a longing (for)	*un ardent désir (de).*
an intention	*une intention.*
a (piece of) advīce	*un conseil.*
a scruple[1]	*un scrupule.*
a prētext	*un prétexte.*
a pretence	*1. un prétexte.* *2. un semblant, une feinte.*
resolūtion	*la résolution.*
determinātion	*la détermination.*
a decīsion	*une décision.*
irresolūtion / indecīsion	*l'indécision.*
consent, assent	*le consentement.*
liberty / freedom	*la liberté.*
the temper	*le caractère.*
the nāture / disposition / hūmour	*la disposition morale, l'humeur.*
the character[2]	*le caractère.* / *la personnalité.*
the mettle	*l'ardeur, la fougue.*
heredity	*l'hérédité, l'atavisme.*
an influence (ōver)	*une influenec (sur).*
a responsibility	*une responsabilité.*
conscience	*la conscience.*
tenderness of conscience / scrūpūlousness	*la délicatesse de conscience.*
an act / an action	*un acte,* / *une action.*
a deed	*un acte, un haut fait.*
enterprīse	*l'esprit d'initiative.*
activity	*l'activité.*
inaction	*l'inaction.*
energy	*l'énergie.*
wēakness / feebleness	*la faiblesse.*
a difficulty	*une difficulté.*
an effort / an endĕavour	*un effort.*
an exertion	*un effort soutenu.*
the trouble[3] / the pāins (*pl.*)	*la peine, le mal.*
the achīevement	*l'œuvre accomplie (gén^t remarquable).*
the dash	*l'élan, l'ardeur.*
a burst, / an outburst	*un élan, un accès.*
the way (s)	*la manière d'agir.*
the consequence / the result / the issue	*la suite.* / *la conséquence.*
a habit / a custom	*une habitude.*
competence	*la compétence.*
expērience	*l'expérience.*
routine	*la routine.*
routinism	*l'esprit de routine.*
chance	*le hasard.*
destiny / fāte	*le destin, le sort.*
a point / cāse of conscience	*un cas de conscience.*
lack of conscience	*le manque de conscience.*

1. skruːpl.. — 2. ch. = k. — 3. trʌbl.

remorse	*le remords.*	**īdēal**	*l'idéal.*
twinges of conscience	*des remords de conscience.*	good	*le bien.*
repentance	*le repentir.*	ēvil	*le mal.*
appēasement / soothing	*l'apaisement.*	an āim / a purpose[1]	*un but.*
rēality	*la réalité.*	dūty	*le devoir.*
		an impulse	*une impulsion.*

■ LOCUTIONS

Thy will be done.	*Que Votre volonté soit faite.*
Of his own free will.	*De son plein gré.*
At will, at choice.	*A volonté, au choix.*
To do sth. with a will.	*Faire qch. de tout cœur.*
The instinct of self-preservation.	*L'instinct de la conservation.*
At sb.'s wish.	*Sur le désir de qq.*
I give you the choice.	*Je vous donne à choisir.*
To ask sb. for advice.	*Demander conseil à qq.*
To seek sb.'s advice.	*Prendre conseil de qq.*
To take sb.'s advice.	*Suivre le conseil de qq.*
On pretext of.... / On the plea of..., on a plea of....	*Sous prétexte de....*
Under the pretence of....	*Sous couleur de....*
Without pretence.	*Sans feinte, ouvertement.*
To make pretence of....	*Feindre de....*
Under false pretence (s).	*Par des moyens frauduleux.*
To arrive at / To come to } a decision.	*Prendre une décision.*
By common assent.	*D'un commun accord.*
A fit of temper.	*Un accès de colère.*
To be out of temper (*or* in a temper).	*Être en colère.*
To keep one's temper.	*Se maîtriser, rester calme.*
To lose one's temper.	*Sortir de son caractère.*
To show character.	*Faire preuve d'énergie.*
To put sb. on his mettle.	*Stimuler le zèle de qq.*
To assume a responsibility.	*Accepter une responsabilité.*
On his own responsibility.	*Sous sa propre responsabilité.*
The responsibility rests with....	*La responsabilité incombe à....*
To suit the action to the word.	*Joindre le geste à la parole.*
To devote / To bend } all one's energies to.	*Consacrer / Appliquer } toute son énergie à....*
To have / To experience } some difficulty in doing sth.	*Avoir de la peine à faire qch.*
To experience the utmost difficulty.	*Avoir toutes les peines du monde.*
To get over / To overcome } a difficulty.	*Surmonter une difficulté.*
To use every effort (*or* endeavour) to....	*Faire tous ses efforts pour....*
After much exertion.	*Après bien des efforts.*
To take trouble (*or* pains) to do sth.	*Se donner de la peine pour faire qch.*
I am sorry to give you so much trouble.	*Je suis désolé de vous donner tout ce mal.*
To do one's best.	*Faire de son mieux.*

1. pə:pəs.

It is worth while (*or* worth the trouble),	*Cela vaut la peine.*
Let him have his own way.	*Laissez-le faire à sa manière* ou *comme il veut.*
That's not my way of looking at things.	*Ce n'est pas ma manière de voir.*
I don't like his ways.	*Je n'aime pas sa façon d'agir.*
In consequence of....	*Par suite de, en raison de....*
To take, to suffer the consequences of....	*Supporter les conséquences de....*
To be in / To get into / To get out of } the habit of....	{ *Avoir* / *Prendre* / *Perdre* } *l'habitude de....*
It has grown into a habit.	*C'est devenu une habitude.*
The ways and customs.	*Les us et coutumes.*
To speak from experience.	*Parler en connaissance de cause.*
It is beyond my competence.	*Cela dépasse ma compétence.*
To do sth. by rote (*or* by rule of thumb).	*Faire qch. par routine.*
Chance would have it that....	*Le hasard voulut que....*
By chance,—by accident.	*Par hasard.*
At random,—at haphazard.	*Au hasard.*
At all hazards.	*A tout hasard.*
By the merest chance.	*Par le plus grand des hasards.*
To take one's chance.	*Courir sa chance.*
To trust to chance.	*S'en remettre au hasard.*
To have a clear, guilty conscience.	*Avoir la conscience tranquille, chargée.*
Upon my conscience,—in all conscience.	*La main sur la conscience.*
For conscience sake.	*Par acquit de conscience.*
To stick to realities.	*S'en tenir à la réalité.*
The ideals and the facts.	*L'idéal et la réalité.*
The knowledge of good and evil.	*La science du bien et du mal.*
To return good for evil.	*Rendre le bien pour le mal.*
With the object of.... / For the purpose of....	} *Dans le but de....*
To what purpose?	*Dans quel but?*
On purpose,—purposely.	*Exprès.*
To do / To fail to } one's duty.	{ *Faire, accomplir* / *Manquer à* } *son devoir.*
To make it a point (of duty) to....	*Se faire un devoir de....*
What is he driving at?	*Où veut-il en venir?*

ADJECTIFS

willing (to)	{ *1. consentant.* *2. tout disposé à.* *3. plein de bonne volonté.*	determined *or* resolved to do sth., bent upon doing sth.	*décidé* / *résolu* } *à faire qch.*
unwilling (to)	*peu disposé à.*	**wāvering**	*indécis, hésitant.*
spontāneous	*spontané.*	**requisite**	*nécessaire.*
voluntary	*volontaire.*	**need**ful	*indispensable.*
intentional	*intentionnel.*	indis**pens**able	
wilful	*voulu.*	inevitable	*inévitable, immanquable.*
involuntary / *un***intentional**	} *involontaire.*		
resolute	*décidé, résolu.*	**unavoid**able	*inévitable, inéluctable.*
irresolute	*indécis, irrésolu.*		

irrevocable	*irrévocable.*
fortūitous / casual[1]	*fortuit.*
active	*actif.*
brisk	*alerte.*
sprī[gh]tly	*vif, enjoué.*
energetic	*énergique.*
strenūous	*opiniâtre. persévérant.*
sluggish	*mou, nonchalant.*
firm	*ferme.*
stĕady / stĕadfast	*ferme et régulier. constant.*
cool / collected	*calme, de sang-froid.*
bluff	*franc, brusque.*
unyiēlding	*inflexible, inébranlable.*
flī[gh[ty	*inconstant.*
fickle	*volage, versatile.*
fickle-mīnded	*d'humeur volage.*
persēvēring (in)	*persévérant (à, dans).*
free	*libre.*
right	*juste, correct.*
wrong	*mauvais, injuste.*
unfaltering	*résolu, qui n'hésite pas.*
impulsive	*impulsif.*
impetūous	*impétueux.*
hot-hĕaded / hot-tempered / quick-tempered	*emporté, violent.*
fīery	*fougueux, bouillant.*
good-tempered	*qui a bon caractère.*
good-nātured	*bienveillant.*
ill-nātured	*malveillant.*
responsible, ans[w]erable for sth. to sb.	*responsable. de qch. envers qq.*
conscientious	*consciencieux.*
thorō[ugh]	*parfaitement consciencieux.*
unscrūpūlous	*peu scrupuleux.*
conscience-stricken / remorseful	*saisi de remords.*
remorseless	*dénué de remords.*

■ VERBES

to want	*vouloir (demander).*
to wish	*vouloir (désirer).*
to crāve sth.	*soupirer après qch.*
to look forward to sth.	*attendre le plaisir de qch.*
to intend / *to mēan to do sth.	*avoir l'intention de faire qch.*
to cause[2] / to be the cause of sth.	*causer qch.*
*to bring on *or* about	*occasionner.*
*to give rīse	*donner lieu.*
to entāil	*entraîner (résultat).*
to prōpōse to do (*or* doing) sth.	*1. proposer, 2. se proposer de faire qch.*
to hesitāte over sth.	*hésiter sur qch.*
to wāver to do sth.	*hésiter à faire qch.*
*to dāre	*oser.*
*to undertāke	*1. entreprendre. 2. s'engager à.*
to endĕavour (to)	*s'efforcer (de).*
to be content (with)	*se contenter (de).*
*to give up (doing sth.)	*renoncer à (faire qch.).*
to decide / to resolve to do sth.	*décider / résoudre de faire qch.*
to resolve upon doing sth.	*se résoudre à faire qch.*
to act	*agir.*
to demand (of *or* from)	*exiger de.*
to impōse (on) / to prescrībe (to)	*imposer à. prescrire (à).*
to impōse (on *or* upon)	*en imposer (à).*
to accept	*accepter.*
to agree to do sth.	*convenir de, s'engager à faire qch.*
to execūte / to carry out	*exécuter.*

1. keaʒjuəl. — 2. kɔːx.

to anticipāte	*prévoir*	to rēach	*atteindre.*
to fulfil (one's task)	*s'acquitter* **de**, *remplir (sa tâche).*	to **achiēve**[1]	*atteindre. réaliser (un* **ré***sultat remarquable).*
to end to **fi**nish to **conclūde**	*achever.*	to eff**ect**	*réaliser. accomplir.*
to be right	*avoir raison.*	to advise sb. to do sth.	*conseiller á qq. de faire qch.*
to be wrong	*avoir tort.*		

LOCUTIONS

He was quite willing to buy it.	*Il ne demandait pas mieux que de l'acheter.*
To be { quite free / at liberty } to do sth.	*Être libre de faire qch.*
You are welcome to do it if you like.	*Libre à vous de le faire, si cela vous dit.*
To have { some time free. / some spare time. / some time to spare.	*Avoir du temps libre.*
To hold sb. responsible for sth.	*Tenir qq. (pour) responsable de qch.*
Advisedly, deliberately.	*De propos délibéré.*
Wittingly.	*A bon escient.*
You are wanted.	*On vous demande.*
I don't want to know any more.	*Je ne tiens pas à en savoir plus long.*
I need not tell you more.	*Je n'ai pas besoin de vous en dire plus long.*
I wish he were here.	*Je voudrais qu'il fût ici.*
I wish you would tell me why....	*Je voudrais bien que vous me disiez pourquoi....*
It leaves much to be desired.	*Cela laisse beaucoup à désirer.*
It is to be wished that....	*Il faut souhaiter que....*
To mean well,—to mean mischief.	*Avoir de bonnes, mauvaises intentions.*
I dare not.	*Je n'ose pas.*
How dare you!	*Quelle audace (de votre part)!*
I dare say....—I daresay....	*J'ose dire que. — Il est probable que....*
To accomplish one's purpose. To reach one's object.	*Atteindre son but.*
Willy-nilly.	*Bon gré, mal gré.*
If need be.	*Au besoin, si besoin est....*
Do your duty, come what may.	*Fais ce que dois, advienne que pourra.*
Where there is a will, there is a way.	*Qui veut peut.*
The will is father to the thought.	*On a tôt fait de croire ce qu'on désire.*
Use is a second nature.	*L'habitude est une seconde nature.*
Silence gives consent.	*Qui ne dit mot consent.*
Man proposes, but God disposes.	*L'homme propose et Dieu dispose.*
Of two evils one must choose the lesser.	*Entre deux maux, il faut choisir le moindre.*
There is no striving against fate.	*On ne lutte pas contre le destin.*
The spirit is willing, but the flesh is weak.	*L'esprit est prompt, mais la chair est faible.*

1. ətʃiːv.

4. QUALITÉS ET VERTUS

Qualities and virtues.

■ NOMS

A. Qualités personnelles.

a quality	*une qualité.*	artlessness	*la candeur.*
a virtūe	*une vertu.*	nāivety	*la naïveté.*
a merit	*un mérite.*	ingenuousness	*l'ingénuité.*
wisdom	*la sagesse.*	innocence	*l'innocence.*
morals	*les mœurs.*	chastity	*la chasteté.*
morality	*la moralité.*	solicitūde	*la sollicitude.*
[h]onour	*l'honneur.*	vigilance	*la vigilance.*
self-respect	*l'amour-propre.*	prūdence	*la prudence.*
[h]onesty	*l'honnêteté.*	cleverness	*l'intelligence. / l'habileté.*
uprīghtness	*la droiture.*	foresīght / forethought	*la prévoyance.*
probity	*la probité.*	providence	*la prévoyance. / la prudence.*
nōbleness (of heart)	*la noblesse (de cœur).*	pātience	*la patience.*
refīnement / delicacy	*la délicatesse.*	*moder*ātion	*la modération.*
modesty	*la modestie.*	restrāint	*la retenue.*
timidity / shȳness / bashfulness	*la timidité.*	*punc*tūality	*l'exactitude.*
reserve	*la réserve.*	clēanliness	*la propreté.*
caution	*la circonspection. / la prudence.*	pūrity	*la pureté.*
hūmility	*l'humilité.*	prīde	*la fierté.*
simplicity	*la simplicité.*	courage[1]	*le courage.*
g[u]īlelessness	*la bonhomie, sincérité.*	dauntlessness / fēarlessness	*l'intrépidité.*
frankness	*la franchise.*	brāvery	*la bravoure.*
		gallantry	*la vaillance.*
		pluck	*le cran.*
		dash	*le mordant.*

B. Qualités sociales.

goodness	*la bonté.*	oblīgingness	*l'obligeance.*
gentleness	*la douceur.*	heartiness / cordiality	*la cordialité.*
con*sid*erātion	*la considération.*	confidence / trust	*la confiance.*
regard	*l'égard.*	lēniency	*la clémence.*
respect	*le respect.*	*tol*erātion / tolerance	*la tolérance.*
estēem	*l'estime.*	*gen*erosity / bounteousness	*la générosité.*
kīndness	*l'amabilité.*		
polīteness	*la politesse.*		
courtesy	*la courtoisie.*		
*ā*miability	*l'affabilité.*		

1. kʌridʒ.

forgiveness	*le pardon.*
*re*concili**ā**tion	*la réconciliation.*
con**cord**	*la concorde.*
harmony	*l'harmonie.*
fidelity **fāith**fulness	*la fidélité.*
discr**ĕ**tion	*le discernement.* *la discrétion.*
tact	*le tact.*
be**nev**olence	*la bienveillance.*
pĭty	*la pitié.*
com**pass**ion	*la compassion.*
mercifulness	*la miséricorde.*
justice	*la justice.*
charity	*la charité.*
dis*in*ter**est**ed-ness un**self**ishness	*le désintéressement.*
*mag*na**nim**ity	*la magnanimité.*
*lib*e**ral**ity **ō**pen-**handed**-ness	*la libéralité.*
thrift **econ**omy	*l'économie.*
assis**tance**	*l'aide.*
a **ben**efit	*un bienfait.*
a good turn	*un service.*
a **ben**efactor	*un bienfaiteur.*
a **ben**efactress	*une bienfaitrice.*
dev**ō**tion (to)	*le dévouement (pour).*
a **sac**rifice	*un sacrifice.*
*ab*neg**ā**tion self-**sac**rifice self-d**ē**n**ī**al	*l'abnégation.*
gratit**ū**de	*la gratitude.*
grātefulness **thank**fulness	*la reconnaissance.*

■ LOCUTIONS

To make a virtue of necessity.	*Faire de nécessité vertu.*
He was rewarded according to his deserts.	*Il a été récompensé selon ses mérites.*
He is the soul of honour.	*C'est l'honneur en personne, l'honneur incarné.*
To give one's word of honour.	*Donner sa parole d'honneur.*
On my word of honour! (*fam.* : Honour bright!)	*Parole d'honneur!*
To state on one's honour that....	*Déclarer sur l'honneur que....*
To occupy the seat of honour.	*Être assis à la place d'honneur.*
To tax sb.'s patience.	*Mettre la patience de qq. à l'épreuve.*
To put sb. out of patience.	*Faire perdre patience à qq.*
To make a show of zeal.	*Faire du zèle.*
Don't overdo it!	*Ne faites pas de zèle!*
To take one's courage in both hands.	*Prendre son courage à deux mains.*
To hold sb. as an example.	*Citer qq. en exemple.*
Out of regard for....	*Par égard pour....*
Out of benevolence (*or* kindness) to....	*Par bienveillance pour....*
Without { regard (*or* respect) / consideration } to.	*Sans { tenir compte / se soucier } de....*
A lack of consideration for....	*Un manque d'égards pour....*
To have no consideration for anyone.	*N'avoir de considération pour personne.*
To be full of attention for sb.	*Être plein d'égards pour qq.*
To pay one's respects to....	*Présenter ses hommages à....*
With all due respect.	*Sauf votre respect.*
Give him my best regards.	*Présentez-lui mes meilleures amitiés.*
Give my respects to your mother.	*Présentez mes respects à Madame votre mère.*
To be held in high esteem (*or* respect.)	*Être tenu en grande estime.*
To enjoy sb.'s confidence.	*Avoir la confiance de qq.*
To establish a reconciliation between....	*Rétablir la concorde entre....*
Beyond forgiveness.	*Impardonnable.*

To have pity (*or* mercy) on sb.	*Avoir pitié de qq.*
Prompted by a feeling of pity.	*Poussé par un sentiment de pitié.*
For pity's sake, for mercy's sake.	*Par pitié.*
To { give assistance / lend help } to sb.	{ *Prêter, porter secours à qq.* / *Prêter main forte à qq.* }
To go to sb.'s help.	*Se porter au secours de qq.*
To call, to cry for help.	*Appeler au secours.*
Help! Help!	*Au secours!*
With God's help.	*Dieu aidant.*
By (*or* with) the help of time.	*Le temps aidant.*
What a pity!	*Quel dommage!*
It's a thousand pities (that)....	*C'est mille fois dommage (que)....*

■ ADJECTIFS

virtūous	*vertueux.*
rī[gh]teous	*droit, juste, vertueux.*
moral	*moral.*
*mer*itorious	*méritoire.*
wīse	*sage.*
nōble	*noble.*
uprī[gh]t / **[h]on**est	{ *honnête, probe.*
(un)worthy[1] of	*(in)digne de.*
dainty	*délicat, raffiné.*
particūlar[2]	{ *délicat.* / *difficile.*
squēamish	*délicat (avec affectation).*
modest / *un*ass**ū**ming	{ *modeste, sans prétention.*
coy	*timide, réservé.*
stand-**off**ish	*réservé, distant.*
humble	*humble.*
simple	*simple.*
*un*pre**ten**tious	*sans prétentions.*
hōmely	*simple, sans façons.*
sin**cēre**	*sincère.*
frank	*franc, loyal.*
plain-**spēak**ing / plain-**spōk**en	{ *franc, qui a son franc parler.*
in**gen**ūous, nāive	*ingénu, naïf.*
innocent	*innocent.*
guīleless / **art**less	{ *candide, naïf.*
chāste, pūre	*chaste, pur.*
dĕcent, **mŏd**est	*décent, modeste.*
prŏper, / **gent**lemanly	{ *comme il faut.*
trim, nēat	{ *soigné* / *coquet* } *(aspect).*
vĭgilant, / **watch**ful	{ *vigilant, attentif.*
en**dūr**ing / long-**suff**ering	{ *patient, endurant.*
moderate	*modéré.*
temperate	*modéré, sobre.*
cou**rā**geous	*courageux.*
brāve	*brave.*
plucky	{ *courageux,* / *crâne.*
proud (of)	*fier (de).*
văliant, **gall**ant	*vaillant.*
constant, / **stĕad**fast	{ *constant.*
tolerant	*tolérant.*
meek	*doux, paisible.*
in**dul**gent (to) / **lē**nient (with)	{ *indulgent pour.*
generous / **lib**eral	{ *généreux.*
mag**nan**imous	*magnanime.*
bounteous / **boun**tiful	{ *généreux.* / *bienfaisant.*
con**cili**āting / con**cili**ātory	{ *conciliant.*
dis**creet**	*discret, réservé.*
tactful	*plein de tact.*
com**pass**ionate / **mer**ciful (to, towards)	{ *compatissant (pour).*
helpful	{ *secourable.* / *serviable.*
charitable	*charitable.*
be**ne**ficent	*bienfaisant.*

1. wəːði. — 2. pətikjulə.

VERBES

to distinguish oneself	*se distinguer.*
to improve	*(s')améliorer.* / *(se) perfectionner.*
to abstāin / ro refrāin } from	*s'abstenir de....*
*to keep cool	*garder son sang-froid.*
to contrōl (oneself)	*(se) modérer,* *(se) maîtriser.*
to persēvēre (in)	*persévérer (dans)*
to reconcīle	*réconcilier.*
*to make it up with sb.	*se réconcilier avec qq.*
to ōwe (sb. sth.)	*devoir qch. à qq.*
to agree with sb.	*s'entendre* / *s'accorder* } avec qq.
*to forgive	*pardonner.*
to pity sb.	*plaindre qq.* / *avoir pitié de qq.*
to grant	*accorder.*
to help / to assist } sb.	*aider (à) qq.*
to be inde[b]ted to sb. for sth.	*être redevable à qq. de qch.*
to apologīze (for)	*s'excuser (de).*
to trust (sb.)	*avoir confiance (en qq.).*
to entrust sth. to *or* with sb.	*confier (qch. à qq.).*

LOCUTIONS

In a homely way, without ceremony.	*Sans façons.*
Trustfully,—trustingly,—confidently.	*Avec confiance.*
Indulgently,—leniently.	*Avec indulgence.*
Don't be squeamish!	*Ne faites pas le dégoûté!*
As gentle (*or* as meek) as a lamb.	*Doux comme un agneau.*
To be grateful to sb. for sth.	*Être reconnaissant à qq. de qch.*
We can't agree (*or* get on) together.	*Nous ne pouvons pas nous entendre.*
They are as thick as thieves.	*Ils s'entendent comme larrons en foire.*
To forgive sb. sth.	*Pardonner qch. à qq.*
To forgive sb. for having done sth.	*Pardonner à qq. d'avoir fait qch.*
To take sth. for granted.	*Considérer qch. comme admis, allant de soi, tout naturel.*
I can't help it.	*Je n'y peux rien.*
It can't be helped.	*Il n'y a rien à y faire, c'est inévitable.*
I can't help laughing.	*Je ne peux pas m'em pêcher de rire*
I owe him my life.	*Je lui dois la vie.*
I apologize for being so late.	*Je m'excuse d'être si en retard.*
To make amends.	*Faire amende honorable.*
Virtue is its own reward.	*La vertu trouve toujours sa récompense.*
Honour to whom honour is due.	*A tout seigneur tout honneur.*
Safety first!	*La prudence est la mère de la sûreté.*
No sin but should find mercy. / Forgive and forget.	*A tout péché miséricorde.*
A word to the wise is enough.	*A bon entendeur salut!*
One good turn deserves another.	*Un service en vaut un autre.* ou *C'est un prêté pour un rendu.*

5. DÉFAUTS ET VICES

Faults and vices.

NOMS

a fault[1]	*une faute.*
a shortcoming a fāiling	*un défaut, un travers, une imperfection.*
a vīce	*un vice.*
*im*morality	*l'immoralité.*
dishonour disgrāce	*le déshonneur.*
shāme	*la honte.*
flī[gh]tiness	*la légèreté.*
thoughtlessness heedlessness	*l'étourderie.*
imprūdence	*l'imprudence.*
cārelessness[2] negligence	*la négligence.*
disorder	*le désordre.*
dirtiness	*la malpropreté.*
slŏvenliness	*le laisser-aller.*
intemperance	*l'intempérance.*
lāziness	*la paresse.*
slackness	*la nonchalance.*
cowardice[3] cowardliness	*la lâcheté.*
recklessness rashness	*la témérité.*
madness, folly	*la folie.*
indifference	*l'indifférence.*
malevolence ill-will	*la malveillance.*
wickedness	*la méchanceté.* *la perversité.*
malice	*la méchanceté,* *la rancune.*
anger	*la colère.*
effrontery	*l'effronterie.*
impūdence	*l'impudence.*
off-handedness	*le sans-gêne.*
indelicacy	*l'indélicatesse.*
tactlessness	*le manque de tact.*
*in*discrētion	*l'indiscrétion.*
discourtesy impolīteness	*l'impolitesse.*
roughness[4]	*la rudesse.*
rūdeness	*la grossièreté.*
coarseness[5] vulgarity	*la vulgarité.*
brutality	*la brutalité.*
distrust mistrust	*la méfiance.*
suspicion	*le soupçon.*
intolerance	*l'intolérance.*
mockery scoffing	*la moquerie.*
tēasing	*la taquinerie.*
contempt, scorn[6]	*le mépris.*
*dis*regard disdāin	*le dédain.*
disloyalty	*la déloyauté.*
dishonesty	*la malhonnêteté.*
ambition	*l'ambition.*
greediness	*1. gourmandise.* *2. avidité, cupidité.*
cŏvetousness	*la cupidité, l'envie.*
prodigality lăvishness extravagance	*la prodigalité.*
stinginess	*la ladrerie.*
niggardliness	*la mesquinerie.*
selfishness egotism	*l'égoïsme.*
callousness	*la dureté de cœur.*
ingratitūde ungrātefulness	*l'ingratitude.*
enmity unfr[i]endliness	*l'inimitié.*
envy	*l'envie.*
jĕalousy	*la jalousie.*
cūriosity	*la curiosité.*
inquisitiveness	*la curiosité.* *l'indiscrétion.*
sensūality	*la sensualité.*
*af*fectātion affectedness	*l'affectation.*
prīde	*l'orgueil.*
vanity	*la vanité.*
concēit	*la suffisance.*

1. fɔːlt. — 2. kɛə*. — 3. kauədis. — 4. rʌfnis. — 5. kɔːsnis. — 6. skɔːn.

a prig	*un pédant, un poseur.*
saucıness	*l'impertinence.*
bōastfulness, bōasting, bragging, swaggering	*la vantardise.*
a bōast, a brag	*une vantardise, fanfaronnade.*
a swagger (er)	*un vantard.*
a braggart, a bōaster	*un fanfaron.*
flattery	*la flatterie.*
cunning, g[u]īle	*la ruse.*
a dodge, wīles(1)	*une ruse.*
dūplicity	*la fausseté.*
double-dēaling	*la fourberie.*
hypocrisy	*l'hypocrisie.*
a hypocrite	*un hypocrite.*
dissembling	*la dissimulation.*
a līe, an untruth	*un mensonge.*
a līar	*un menteur.*
decēit	*la tromperie.*
chēating	*la tricherie.*
fraudūlence	*la fraude.*
injustice	*l'injustice.*

■ ADJECTIFS

vĭcious	*vicieux.*
immoral	*immoral.*
flī[gh]ty, fickle, frivolous	*volage. capricieux. frivole.*
cāreless, negligent, neglectful (of)	*négligent (de).*
slack, indolent	*nonchalant, mou.*
unconcerned (with)	*insouciant, indifférent (à).*
heedless	*étourdi, distrait.*
slŏvenly	*malpropre, négligé.*
sensūal, sensūous	*sensuel.*
vāin	*vain, vaniteux.*
concēited	*prétentieux.*
proud (of)	*fier (de).*
hau[gh]ty[1]	*hautain.*
hāteful	*haïssable.*
queer, strānge	*bizarre, étrange.*
vulgar	*vulgaire.*
bāse, lōw	*bas, vil.*
rough[6]	*grossier, fruste.*
coarse[2]	*grossier, vulgaire*
unmannerly	*sans éducation.*
rūde	*grossier, insolent.*
tactless	*indiscret, qui manque de tact.*
indiscreet	*indiscret, peu judicieux.*
inquisitive	*indiscret, trop curieux.*
obtrūsive	*indiscret, importun.*
obsēquious[3]	*obséquieux.*
hypocritical	*hypocrite.*
lȳing	*menteur.*
mendācious	*mensonger.*
decēitful	*trompeur.*
objectionable	*inadmissible.*
insulting, abūsive	*injurieux.*
slanderous, lībellous	*calomnieux.*
murderous	*meurtrier. sanguinaire.*
crūel	*cruel.*
vīolent	*violent.*
sickening	*écœurant.*
frīghtful, dreadful, awful	*affreux, effroyable.*
g(u)ilty	*coupable (personne).*
sinful, culpable	*coupable (action).*
repentant	*repentant.*
obstinate	*obstiné.*
stubborn	*entêté.*
pig-hĕaded	*entêté comme une mule.*
impātient	*impatient.*
intolerant	*intolérant.*
ēager	*impatient, très désireux.*
quarrelsome	*querelleur.*
recalcitrant, refractory	*récalcitrant.*
envious (of)	*envieux (de).*
jĕalous (of)	*jaloux (de).*
vindictive	*vindicatif.*
spīteful, revengeful	*rancunier.*
intemperate	*intempérant.*
prodigal, lăvish (of)	*prodigue (de).*
mīserly, avarīcious	*avare.*
covetous of	*cupide de.*
discourteous	*discourtois.*
disrespectful	*irrespectueux.*
saucy[5], impūdent	*effronté, impertinent.*

1. hɔːti. — 2. kɔːs. — 3. əbsiːkwiəs. — 4. ɔːful. — 5. sɔːsi. — 6. rʌf.

(1) Ne s'emploie guère qu'au pluriel.

insolent	*insolent.*
shāmeless	*éhonté.*
mocking, **scoff**ing	*moqueur.*
contemptuous, **scorn**ful	*méprisant.*
suspĭcious, **dis**trustful, **mis**trustful	*soupçonneux. méfiant.*
dou[b]tful, **sus**pect	*suspect.*
hostīle (to)	*hostile (à).*
male**vo**lent	*malveillant.*
wickĕd	*méchant, pervers.*
malicious, **spīte**ful	*malicieux, mauvais.*
ruthless	*impitoyable.*
merciless	*insensible.*
pitiless	*sans pitié.*
mēan	*mesquin.*
touchy[1], **partic**ūlar[2]	*susceptible.*
cheeky	*qui a du toupet.*
am**bi**tious	*ambitieux.*
selfish	*égoïste.*
un**grāte**ful (to)	*ingrat (envers).*
per**fid**ious, **trĕach**erous (to)	*perfide (envers).*
cowardly	*lâche.*
fool-hardy, rash, **reck**less	*téméraire.*
in**corr**igible	*incorrigible.*

VERBES

to com**mit**	*commettre.*
to in**dulge** in...	*s'adonner à.*
to of**fend**	*offenser.*
to a**būse** sb., to in**sult** sb.	*injurier qq. (1).*
to **quar**rel over...	*se disputer (2) à propos de....*
to thwart, to cross	*contrarier, contrecarrer.*
to vex	*contrarier.*
to an**noy**	*ennuyer.*
*to make sb. **an**gry	*mettre qq. en colère*
*to take it ill *or* a**miss**	*prendre qch. en mauvaise part.*
to have a **grudge** against sb., *to bear sb. a grudge, to owe sb. a grudge	*en vouloir à qq.*
to wish sb. well *or* harm	*vouloir du bien ou du mal à qq.*
to curse	*maudire.*
to con**cēal**	*cacher.*
to dis**sem**ble	*dissimuler, déguiser.*
to dis**tort**	*dénaturer.*
to līe	*mentir.*
to de**cēive**	*tromper.*
*to **spēak ill of...**	*médire de....*
to **slan**der	*calomnier.*
to **lībel**	*diffamer.*
to **praise sb. up** for sth.	*louer qq. de qch.*
to bōast about...	*se vanter (de).*
to brag of...	*se targuer (de).*
to **en**vy sb. sth.	*envier qch. à qq*
to rob sb. of sth., *to stēal sth. from sb.	*voler qch. à qq.*
to **plun**der, to loot	*piller.*
to be**tray**	*trahir.*
to se**dūce**	*séduire.*
to dis**hon**our, to dis**grāce**	*déshonorer.*
to de**spīse**, to con**temn**, to scorn	*mépriser.*
to fall out with	*se brouiller (avec).*
to re**venge** oneself *or* to have one's revenge on sb. for sth.	*se venger sur qq. de qch.*
to **in**jure sb.	*léser qq.*
to sus**pect**	*soupçonner.*
to pre**tend** to...	*faire semblant de....*
to fei[g]n	*feindre, simuler.*
to be sorry (for), to re**gret**	*regretter.*
to re**pent** (sth.)	*se repentir (de qch.).*
to repent having done sth.	*se repentir d'avoir fait qch.*
to be *or* *feel a**shāmed** of...	*avoir honte de.*
to blush, to turn red, to **col**our	*rougir.*
to **rem**edy sth.	*remédier à qch.*

1. tʌtʃi. — 2. pətikjulə.

(1) Cf. : *to injure* : léser, faire tort à; et aussi : blesser (*slightly injured*, légèrement blessé).
(2) Cf. : *to dispute* : discuter, débattre, contester.

LOCUTIONS

To find fault with....	*Trouver à redire à....*
Whose fault is it?	*A qui la faute?*
To put a good *or* bad complexion upon everything.	*Tourner tout en bien* ou *en mal.*
To bring disgrace on....	*Apporter le déshonneur à....*
There is no disgrace in that.	*Il n'y a pas de déshonneur à cela.*
To be a disgrace to....	*Être (ou faire) la honte de....*
To cry shame on sb.	*Crier haro sur qq.*
What a shame!—It is a shame!	*Quel dommage!*
A piece / An act of madness. / folly.	*Une folie, une absurdité.*
It is sheer madness.	*C'est de la folie pure.*
A fit, a gust, of anger.	*Un accès, une bouffée, de colère.*
To fly into a passion.	*Se mettre dans une violente colère.*
To vent one's anger on sb.	*Décharger sa colère sur qq.*
I was beside myself with anger.	*J'étais fou de colère.*
She is a regular tease.	*Elle taquine tout le monde.*
To hold sb. in contempt.	*Avoir qq. en mépris.*
To arouse sb.'s envy, jealousy.	*Exciter l'envie, la jalousie de qq.*
To take pride in doing sth.	*Mettre son orgueil à faire qch.*
To tell a lie.—(*fam.*) : To tell fibs.	*Raconter un mensonge. — Raconter des blagues.*
A vicious circle.	*Un cercle vicieux.*
A vicious look.	*Un regard haineux.*
To give oneself airs.	*Faire des embarras.*
To look big.	*Faire l'important.*
To talk big.	*Le prendre de haut.*
How conceited!	*Quelle prétention!*
As proud as Lucifer.	*Fier comme Artaban.*
Eaten up with self-conceit.	*Infatué de soi-même.*
To be mad, cracked, crazy.	*Être fou, fêlé, toqué.*
A strange (*or* queer) fellow.	*Un drôle de bonhomme.*
How careless / imprudent of you to....	*Quelle négligence de votre part / imprudence que de....*
To look askance at sb.	*Regarder qq. de travers.*
To call sb. names.	*Insulter qq.*
To set people by the ears. / at loggerheads.	*Brouiller les gens.*
To cross, to thwart sb.'s plans.	*Contrecarrer les plans de qq.*
To fire up / To blaze up in a moment.	*S'emporter comme une soupe au lait.*
Cursed be the day when....	*Maudit soit le jour où....*
I fully realize that....	*Je comprends fort bien que....*
That's nothing to boast about.	*Il n'y a pas de quoi s'en vanter.*
To rob Peter to pay Paul.	*Déshabiller Pierre pour couvrir Paul.*
I am sorry!	*Pardon! je vous demande pardon!*
He'll be sorry for it later on.	*Il le regrettera plus tard.*
I am sorry for you.	*Je suis désolé pour vous.*
You ought to be ashamed of yourself.	*Vous devriez avoir honte.*
To turn as red as a turkey-cock.	*Rougir comme une pivoine.*
To give sb. tit for tat.	*Rendre la pareille à qq.*
Sufficient unto the day is the evil thereof.	*A chaque jour suffit sa peine.*
Evil be to him who evil thinks.	*Honni soit qui mal y pense.*
Idleness is the root of all evil(s).	*L'oisiveté est la mère de tous les vices.*

XVI
LES LETTRES ET LES SCIENCES
Letters and Sciences.

I. LA GRAMMAIRE
Grammar.

■ NOMS

a **lang**uage / a tongue	*une langue.*
a **dī**alect	*un dialecte.*
philology	*la philologie.*
a philologist	*un philologue.*
phonetics	*la phonétique.*
the *der*ivātion	*la dérivation.*
the root	*la racine.*
the **rad**ical	*le radical.*
the **prē**fix	*le préfixe.*
the **suff**ix	*le suffixe.*
the in**flex**ion	*l'inflexion. / la flexion.*
the **eū**phony[1]	*l'euphonie.*
the **art**icle	*l'article.*
a noun	*un nom.*
a **sub**stantive	*un substantif.*
a **pro**per name / noun	*un nom propre.*
a **comm**on name	*un nom commun.*
a col**lec**tive noun	*un nom collectif.*
a **prō**noun	*un pronom.*
an **ad**jective	*un adjectif.*
a verb	*un verbe.*
an **ad**verb	*un adverbe.*
a *prep*osition	*une préposition.*
a con**junc**tion	*une conjonction.*
a de**clen**sion	*une déclinaison.*
a *con*jūgātion	*une conjugaison.*
the **sing**ūlar	*le singulier.*
the **plū**ral	*le pluriel.*
the **end**ing	*la désinence.*
the *punc*tūātion	*la ponctuation.*
a full stop	*un point.*
a **com**ma	*une virgule.*
a **cō**lon	*deux points.*
a dīaēresis[2]	*un tréma.*
a **sĕ**mi-**cō**lon	*un point et virgule.*
a **hȳ**phen	*un trait d'union.*
a dash	*un tiret.*
a **ques**tion mark	*un point d'interrogation.*
a nōte of *excla*mātion	*un point d'exclamation.*
the **gen**der	*le genre.*
a cāse	*un cas.*
an *app*osition	*une apposition.*
the a**gree**ment, / the con**cor**dance with	*l'accord, / la concordance avec.*
the af**fir**mative	*l'affirmation.*
the **neg**ative	*la négation.*
a tense	*un temps.*
the **ac**tive (voice)	*la voix active, l'actif.*
the **pass**ive (voice)	*la voix passive, le passif.*
an au**xil**iary (verb)	*un verbe auxiliaire.*
the **syn**tax	*la syntaxe.*
a clause	*une proposition.*
a **prin**cipal (*or* māin) clause	*une proposition principale.*
a sub**or**dinate *or* de**pen**dent clause	*une proposition subordonnée.*
the **sub**ject / the **nom**inative	*le sujet.*
the **pred**icate	*l'attribut.*
the **ob**ject	*le complément.*
the con**struc**tion	*la construction.*
the **mēan**ing	*la signification.*
the *ety*mology	*l'étymologie.*

1. juːfəni. — 2. dai-iərəsis

■ ADJECTIFS

gram**mat**ical	*grammatical.*	re**cip**rocal	*réciproque.*
com**par**ative (grammar)	*(grammaire) comparée.*	**per**sonal	*personnel.*
compound (word)	*(mot) composé.*	inter**rog**ative	*interrogatif.*
de**rī**ved	*dérivé.*	**lit**eral	*littéral.*
de**clī**nable	*déclinable.*	(in)**tran**sitive	*(in)transitif.*
mascūlīne	*masculin.*	(ir)**reg**ūlar	*(ir)régulier.*
femĭnĭne	*féminin.*	ūsual[1]	*usuel.*
in**vā**riable	*invariable*	ar**chā**ic[2]	*archaïque.*
(in)**def**inite	*(in)défini.*	**ob**solēte	*vieilli, désuet.*

■ VERBES

to de**rī**ve from...	*1. venir de, dériver de.... 2. faire dériver de....*	to cor**res**pond with.	*correspondre à.*
to form	*former.*	to de**clī**ne	*décliner.*
*to b[u]ild	*construire.*	to **con**jūgāte	*conjuguer.*
to con**strū**e[3]	*faire le mot à mot de.*	to re**fer** to...	*se rapporter à....*
*to mēan	*signifier, vouloir dire.*	to a**gree** with...	*s'accorder avec.*
		to **gov**ern	*gouverner.*
		to com**plē**te	*compléter.*
		to **sep**arāte from...	*séparer de....*

■ LOCUTIONS

English-speaking countries.	*Les pays de langue anglaise.*
It is bad grammar.	*Ce n'est pas grammatical.*
The gift of tongues.	*Le don des langues.*
In the singular, in the plural	*Au singulier, au pluriel.*
In the genitive (case).	*Au (cas) génitif.*
Two negatives make an affirmative.	*Deux négations valent une affirmation.*
A word derived from Greek.	*Un mot qui vient du grec.*
To agreee in gender and number with...	*S'accorder en genre et en nombre avec...*
This turn (*or* construction) is modelled on (*or* after) the Latin.	*Cette tournure (ou construction) est imitée du latin.*
To dot one's i's.	*Mettre les points sur les **i**.*
As usual.	*Comme d'habitude.*
Later than usual.	*Plus tard que d'habitude.*

1. juːʒuəl. — 2. ch = k. — 3. kɔnstruː.

2. LA LITTÉRATURE ET LES JOURNAUX

Literature and newspapers.

■ NOMS

A. Les divers genres littéraires.

literature[1]	*la littérature.*
the Mūse	*la Muse.*
a work[2]	*une œuvre.*
a **mast**erpiēce	*un chef-d'œuvre.*
a stȳle	*un genre.*
the **ten**dency	*la tendance.*
prōse	*la prose.*
pōetry	*la poésie.*
a piēce of **pō**etry	*une poésie.*
the art of **pō**etry	*l'art poétique.*
a **pō**em	*un poème.*
an **ep**ic poem	*une épopée.*
fiction	*le roman,*
a **nŏ**vel	*un roman.*
a short story	*une nouvelle.*
ro**mance**	*récit d'aventres merveilleuses.*
a **lĕ**gend	*une légende.*
a **bal**lad	*une ballade.*
a **fāi**ry	*une fée.*
lyric(al) pōetry	*la poésie lyrique.*
a **lyr**ist	*un poète lyrique.*
a song	*une chanson.*
a **dit**ty	*une chansonnette.*
fō[l]k-song	*la chanson populaire.*
a verse	*un couplet.*
the chorus	*le refrain.*
an ōde	*une ode.*
an īdyl	*une idylle.*
a **son**net	*un sonnet.*
a di**dac**tic poem	*un poème didactique.*
a **sat**īre (on, upon)	*une satire (sur, contre).*
a **par**ody	*une parodie.*
an e**pis**[t]le	*une épître.*
a **max**im	*une maxime.*
a **fā**ble	*une fable.*
a **fab**ūlist	*un fabuliste.*
an e**nig**ma / a riddle	*une énigme.*
a pamph**let**	*une brochure. / un opuscule.*
eloquence[3]	*l'éloquence.*
*elo*cūtion	*la diction.*
a **trēat**ise (on)	*un traité (sur).*
a play (1)	*une pièce de théâtre.*
the **sub**ject	*le sujet.*
the con**tents**	*le contenu.*
the table of contents	*la table des matières.*
the **top**ic	*le thème, le sujet.*
the **ten**or	*la teneur, le sens général.*
the **sub**stance	*le fonds.*
the form	*la forme.*
the stȳle	*le style.*
sim**plic**ity	*la simplicité.*
bombast / pom**pō**sity	*l'emphase.*
artifice	*l'artifice.*
a **nar**rative	*un récit.*
a des**crip**tion	*une description.*
a com**par**ison	*une comparaison.*
a por**tray**al	*une peinture (de mœurs, etc.).*
the plan	*le plan.*
the plot	*l'intrigue.*
the de**vel**opment	*le développement.*
a tran**si**tion	*une transition.*
a **com**mon plāce	*un lieu commun.*

1. litərətʃə*. — 2. wəːk. — 3. eləkwəns.

(1) Voir ch. XVII 4. : Le Théâtre.

hūmour	*l'humour.*	**met**rics	*la métrique.*
an ex**tract**	*un extrait.*	rhythm	*le rythme.*
a **pass**age	*un passage.*	the stress	*l'accent (tonique).*
a quō**tā**tion[1]	*une citation.*		
a verse	*1. un vers.* *2. une strophe.*	a stressed, unstressed, syllable	*une syllabe accentuée, non accentuée.*
a līne	*un vers.*		
*ver*sifi**cā**tion	*la versification.*	a foot	*un pied.*
prosody	*la prosodie.*	a rhȳme *or* rīme	*une rime.*

B. L'écrivain. — Le livre.

a [w]**rī**ter	*un écrivain.*	a **rēa**der	*un lecteur.*
a **pō**et	*un poète.*	a hand-book	*un manuel.*
a **pō**etess	*une poétesse.*	a text-book	
a **nov**elist	*un romancier.*	a **pic**ture[2].	*une illustration.*
a **play**[w]rī[gh]t	*un auteur dramatique.*	an illus**trā**tion	
		a **se**cond-hand book**sel**ler	*un bouquiniste.*
an **au**thor	*un auteur.*	a **vol**ūme	*un volume.*
an **auth**oress	*une femme auteur.*	an **ed**ition	*une édition.*
an **or**ator	*un orateur.*	a **lī**brary edition	*une édition de luxe.*
a trans**lā**tor	*un traducteur.*		
a **plā**giarist	*un plagiaire.*	the **print**ing	*l'impression.*
a **pub**lisher	*un éditeur.*	the tītle	*le titre.*
a **print**er	*un imprimeur.*	the **hĕa**ding	*l'en-tête.*
the tȳpe (*coll. sing.*)	*les caractères.*	the tītle-pāge	*la page de titre.*
		the flȳ-lēaf	*le feuillet de garde.*
a proof-sheet	*une épreuve.*		
a misprint	*une coquille.*	a **chap**ter	*un chapitre.*
a book-**bīn**der	*un relieur.*	the **prĕ**face	*la préface.*
the **bīn**ding	*la reliure.*	the **fore**word	*l'avant-propos.*

C. La presse.

the press	*la presse.*	news (*gén. sing.*)	*les nouvelles.*
a (news)pāper	*un journal.*	a piēce of news	*une nouvelle.*
a **pe**riodical	*un périodique.*	a **cri**tic	*un critique.*
a **re**view[3]	*une revue.*	cri**tique**	*la critique.*
a **ma**gazine		a **cri**ticism	*une critique.*
the **ed**itor	*le rédacteur en chef.*	an ad**ver**tīsement	*une annonce.*
a **jour**nalist	*un journaliste.*	the **sup**plement	*le supplément.*
a con**tri**būtor	*un collaborateur.*	the sub**scrip**tion	*l'abonnement.*
a rē**port**er	*un reporter.*	a sub**scrī**ber	*un abonné.*
a rē**port**	*un compte rendu.*	**cen**sorship	*la censure.*
an ac**count**		a news-boy	*un crieur de journaux.*
the **lēa**ding **ar**ticle, the **lēa**der	*l'article de fond.*	a news-**ā**gent	*un marchand de journaux.*

■ ADJECTIFS

literary	*littéraire.*	**per**fect	*parfait, achevé.*
[a]**ēs**thetical	*esthétique.*	crūde	*informe.*
classic(al)	*classique.*	po**e**tical	*poétique.*
ro**man**tic	*romantique.* *romanesque.*	**ep**ic	*épique.*
		lyric(al)	*lyrique.*

1. kwouteiʃən. — 2. piktʃə*. — 3. revjuː.

instructive	*instructif.*
hūmorous	*humoristique.*
pathetic	*pathétique.*
attractive	*attrayant.*
excīting	*passionnant.*
talented	*plein de talent.*
eloquent[1]	*éloquent.*
hackneyed, trīte	*rebattu, ressassé.*
concīse, terse	*concis, net.*
circumstantial	*détaillé.*
diffūse	*prolixe.*
bombastic	*ampoulé, extravagant.*
high-flown	*boursoufflé, extravagant.*
declamatory	*déclamatoire.*
oratory	*oratoire.*
obscūre	*obscur, confus.*
ambigūous	*équivoque.*
eūphūistic[2], affected, mannered	*précieux, maniéré.*
second-hand	*d'occasion.*
out of print	*épuisé (édition).*
enlarged	*augmenté.*
vǐvid	*imagé.*
evocative	*évocateur.*
lofty	*élevé, soutenu.*
sūblīme	*sublime.*
commonplāce	*banal.*
illustrāted	*illustré.*
revīsed	*revu.*
corrected	*corrigé.*
bound	*relié.*
paper-bound	*broché.*

■ VERBES

*to dēal with	*traiter de.*
to compōse	*composer.*
to sketch, to outlīne	*esquisser.*
to invent	*inventer.*
to creāte	*créer.*
to develop	*développer.*
to pŏlish	*polir, châtier (style).*
to imitāte	*imiter.*
to cŏpy	*1. imiter. 2. copier.*
to plāgiarīze	*plagier.*
*to give oneself up to...	*se consacrer à....*
to descrībe	*décrire.*
to picture, to depict	*dépeindre.*
to extŏl	*célébrer (louanges, etc.).*
to prāise, to glorifȳ	*glorifier.*
to rēpresent	*représenter.*
to portray	*représenter, dépeindre.*
to suggest	*suggérer.*
to point out	*signaler.*
to proclāim	*proclamer.*
to charm, to delī[gh]t	*charmer.*
to dǐvert	*divertir.*
to entertāin	*distraire.*
to amūse	*amuser.*
to edūcāte	*instruire.*
to underlīne	*souligner.*
to emphasīze, *to lay a stress on	*souligner, insister sur.*
to rēvēal	*révéler.*
*to show up	*mettre en évidence.*
to contrast with, *to stand in contrast with	*contraster avec.*
to quōte, to cīte	*citer.*
to summarīze, *to give a summary of	*résumer.*
to rhȳme	*rimer.*
to print	*imprimer.*
to illustrāte	*illustrer.*
to issūe, *to bring out	*publier (journal, livre, etc.).*
to publish	*éditer.*
*to bīnd	*relier.*
to order (from)	*commander (à).*

■ LOCUTIONS

To call on one's Muse.	*Invoquer sa Muse.*
A novel with a purpose.	*Un roman à thèse.*
A detective novel.	*Un roman policier.*
The story of his life { reads like a novel. / is quite a romance. }	*L'histoire de sa vie est un vrai roman.*

1. eləkwənt. — 2. juːfjuistik.

The Romaunt of the Rose.	*Le Roman de la Rose.*
A fairy-tale.	*Un conte de fée.*
The Golden Legend.	*La Légende dorée.*
The Song of Roland.	*La Chanson de Roland.*
The Song of Songs.	*Le Cantique des Cantiques.*
To find the clue to the riddle.	*Trouver le mot de l'énigme.*
To speak in riddles.	*Parler par énigmes.*
To deliver (*or* to make) a speech.	*Prononcer un discours.*
To have a fluent tongue *or* style.	*Avoir la parole* ou *le style facile.*
To have a ready pen.	*Avoir la plume facile.*
To make a comparison To draw a parallel } between...	*Établir une comparaison entre...*
To bear comparison (*or* to stand comparison) with...	*Soutenir la comparaison avec...*
A ten-foot line.	*Un vers de dix pieds.*
Without rime or reason.	*Sans rime ni raison.*
The copyright.	*Le droit d'auteur.*
The royalties.	*Les droits d'auteur.*
The Lake poets.	*Les poètes lakistes.*
He is a born poet.	*Il est né poète.*
A long-winded story.	*Une histoire qui n'en finit pas.*
To make a long tale short.	*Pour abréger, bref.*
A few prefatory, introductory, words.	*Quelques mots de préface, d'introduction.*
To write for the papers.	*Écrire dans les journaux.*
A rag.	*Une « feuille de chou ».*
He signs himself J. R.	*Il écrit sous les initiales J. R.*
The agony column.	*Colonne d'annonces demandant des nouvelles des disparus ou signalant des détresses exceptionnelles.*
To have a good, bad press.	*Avoir une bonne, mauvaise presse.*
Press copies.	*Le service de presse.*
At the time of going to press.	*Au moment de mettre sous presse.*
The latest news in to day's paper.	*Les dernières nouvelles dans le journal d'aujourd'hui.*
What (is the) news?	*Qu'est-ce qu'il y a de nouveau?*
A fashion paper.	*Un journal de modes.*
Sporting papers.	*Les journaux sportifs.*
The London Gazette.	*Le « Journal Officiel ».*
Through the medium of the Press.	*Par l'intermédiaire de la Presse*
« The silly season ».	*L'époque de l'année où la politique chôme.*
A poetic licence.	*Une licence poétique.*
In the press.—Just out.	*Sous presse. — Vient de paraître.*
Cloth-bound.—Morocco-bound.	*Relié toile. — Relié en maroquin.*
At the time of writing.	*A l'heure où l'on écrit ces lignes.*
A telegram worded / that reads } as follows...	*Une dépêche ainsi conçue... / rédigée...*
To write poetry.	*Faire des vers.*
The author quoted above.	*L'auteur cité ci-dessus.*
To bring into harmony with...	*Mettre en harmonie avec...*
To exercise an influence over...	*Exercer une influence sur...*
In the literal, figurative sense.	*Au sens propre, figuré.*
A made-up story.	*Une histoire inventée de toutes pièces...*
To insert an advertisement in a paper.	*Mettre une annonce dans un journal.*
In the most liberal / broadest sense of the word	*Au sens le plus large du mot.*

3. LA PHILOSOPHIE. L'HISTOIRE.

Philosophy. — History.

■ NOMS

philosophy	*la philosophie.*
a philosopher	*un philosophe.*
[p]sȳchology[10]	*la psychologie.*
a [p]sȳchologist	*un psychologue.*
logic	*la logique.*
*meta*physics	*la métaphysique.*
ethics / moral scīence	*la morale.*
optimism	*l'optimisme.*
pessimism	*le pessimisme.*
history	*l'histoire.*
an [h]istorian	*un historien.*
ethnology	*l'ethnologie.*
an ēpoch[10]	*une époque.*
an ēra	*une ère.*
an āge	*un âge.*
prēhistoric times	*les temps préhistoriques.*
antiquity	*l'antiquité.*
the Dark Ages	*le haut moyen âge.*
the Middle Ages	*le moyen âge.*
modern times	*les temps modernes.*
a docūment	*un document.*
a manūscript	*un manuscrit.*
a scrōll of parchment	*un rouleau de parchemin.*
memoirs[3]	*des mémoires.*
a nōte / a *memo*randum	*une note.*
a fīle	*un dossier.*
a fact	*un fait.*
an ēvent	*un événement.*
a pēople[4]	*un peuple.*
a trībe	*une tribu.*
a clan	*une peuplade.*
a rāce	*une race.*
a nātion	*une nation.*
a stāte	*un état.*
savageness / savagery	*la sauvagerie.*

bēing / existence	*l'être.*
the essence	*l'essence.*
the appēarance	*l'apparence.*
the cause[1]	*la cause.*
a mēans	*un moyen.*
the object / the end / the āim / the purpose[2]	*le but.*
*ci*vilīzātion	*la civilisation.*
the origin	*l'origine.*
development	*développement.*
grō[w]th	*croissance.*
expansion	*expansion, extension.*
power[5]	*puissance.*
greātness	*grandeur.*
the zĕnith / the acme / the clīmax	*l'apogée.*
*immi*grātion	*l'immigration.*
*emi*grātion	*l'émigration.*
feūdality[6] / the feūdal system	*la féodalité.*
the suzerāin[7]	*le suzerain.*
a vassal	*un vassal.*
a bondsman	*un serf.*
a fiēf, a fee, a feoff[8]	*un fief.*
statūte lābour / forced lābour	*la corvée.*
tallage	*la taille.*
the nobility	*la noblesse.*
a nōbleman	*un noble.*
the nōbles	*les nobles.*
the gentry	*la petite noblesse.*
a gentleman	*un gentilhomme.*
the clergy	*le clergé.*
chivalry[9]	*la chevalerie.*
a [k]nī[gh]t	*un chevalier.*

1. kɔːz. — 2. pəːpəs. — 3. memwaːz. — 4. piːpl. — 5. pauə*. — 6. fjuːdæliti. — 7. suːzərein — 8 fef. — 9. ʃivəlri. — 10. ch = k.

a pāge	*un page.*
a squīre	*1. un écuyer. 2. un châtelain.*
a sūit of armour	*une armure.*
the brĕast plāte	*le plastron.*
the s[w]ord	*l'épée.*
the sh[i]ēld[1]	*le bouclier, l'écu.*
the spēar	*la lance.*
a tournament	*un tournoi.*
a cas[t]le	*un château fort.*
the mōat	*le fossé (douve).*
the drawbridge	*le pont-levis.*
a tower[2]	*une tour.*
a turret	*une tourelle.*
the keep	*le donjon.*
a dungeon[3]	*un cachot.*
a battlement	*un créneau.*
a loophōle	*une meurtrière.*
the dēclīne / the dēcay / the dĕcadence	*le déclin. la décadence.*
the fall	*la chute.*
the rūin	*la ruine.*
the downfall	*l'écroulement.*
a war	*une guerre.*
a cĭvil war	*une guerre civile.*
a revōlt	*une révolte.*
a rīsing	*un soulèvement.*
a rīot / an outbreāk	*une émeute.*
a rĕbel	*un rebelle.*
an insurgent	*un insurgè.*
a plot	*un complot.*
a conspiracy	*une conspiration.*
a conspirator	*un conspirateur.*
a persecūtion	*une persécution.*
the bănishment	*le bannissement.*
the exīle	*1. l'exil. 2. l'exilé.*
the suppression	*1. la suppression. 2. la répression.*
the quelling	*la répression.*
the delĭverance	*la délivrance.*
dismemberment / disruption	*démembrement.*
submission	*soumission.*
destruction	*destruction.*
annīhilātion	*anéantissement.*
extermināation	*extermination.*
a crūsāde[4]	*une croisade.*
a crūsāder	*un croisé.*
the Reformātion	*la Réforme.*
the wars of religion	*les guerres de religion.*
the New Learning	*la Renaissance (XVIe s. en Angl.).*
the Renaissance	*la Renaissance (Fr. et It.).*
a privilege	*un privilège.*
impērialism	*l'impérialisme.*
hēgemony	*l'hégémonie.*

■ ADJECTIFS

philosophical	*philosophique.*
[p]sȳcholŏgical	*psychologique.*
lŏgical	*logique.*
optimistic	*optimiste.*
pessimistic	*pessimiste.*
concrēte	*concret.*
abstract	*abstrait.*
historical	*historique.*
lĕgendary	*légendaire.*
partial / one-sīded	*partial.*
impartial / unbīassed / unprejūdiced	*impartial.*
important	*important.*
unimportant	*sans importance.*
insignificant	*insignifiant.*
decīsive	*décisif.*
ēpoch-māking	*qui fait époque.*
fortūitous	*fortuit.*
căsual[5] / accidental	*accidentel.*
savage	*sauvage.*
(un)civilīzed	*(non) civilisé.*
warlike	*guerrier.*
pēaceful	*paisible.*
medi[a]ēval	*du moyen âge.*
chivalrous[6]	*chevaleresque.*
traditional	*traditionnel.*
backward	*arriéré.*
contemporāneous (with)	*contemporain (de).*
mōated	*entouré de fossés.*
turreted	*garni de tourelles.*
battlemented	*garni de créneaux.*

■ VERBES

to abstract	*abstraire.*
to generalīze	*généraliser.*
to amend	*rectifier.*
to happen	*se produire, arriver (par hasard).*

1. ʃiːld. — 2. taue*. — 3. dʌnʒən. — 4. kruːseid. — 5. kaʒjuəl. — 6. ʃivəlrəs.

to occur *to take place	avoir lieu. se passer.	to plot	comploter.
to originate	prendre naissance.	to sēize upon...	se saisir de....
*to spring up	naître, s'élever (subitement).	to conquer (from)	conquérir (sur).
to expand	se développer. s'épanouir.	to subdūe, *to bring into (or under) subjection	soumettre. subjuguer.
*to go down to decline	baisser, décliner.	to collapse	s'effondrer. s'écrouler.
to be on the wāne (or the down-grāde)	être sur le déclin. être en décadence.	to delīver from... to relēase from...	délivrer de.... affranchir de....
*to rīse (in rebellion) against... to revōlt —	s'insurger contre.	to better to improve to reform	améliorer. réformer.
*to lay (or take) hold of...	s'emparer de....	to emigrāte to immigrāte to found.	émigrer. immigrer. fonder.

■ LOCUTIONS

To read sb. a lecture.	*Faire de la morale à qq.*
There is no effect without a cause.	*Il n'y a pas d'effet sans cause.*
In doing so I had two aims in view.	*En agissant ainsi, j'avais un double but.*
The Christian era.	*L'ère chrétienne.*
Cæsar was murdered in 44 B. C.	*César fut assassiné en l'an 44 avant notre ère.*
Christopher Columbus discovered America in 1492 A. D. (1).	*Christophe Colomb découvrit l'Amérique en l'an 1492 de notre ère.*
The ice-age.	*L'époque glaciaire.*
The stone-age.	*L'âge de pierre.*
The bronze-age, — the iron age.	*L'âge de bronze, — l'âge de fer.*
The Golden age.	*L'âge d'or.*
The Augustan age (2).	*Le siècle d'Auguste.*
In the remotest antiquity.	*Dans l'antiquité la plus reculée.*
To speak { from notes. / without notes.	*Parler { en s'aidant de notes. / sans notes.*
Please make a note of it.	*Veuillez en prendre note.*
At all events.	*En tous cas.*
The law of nations.	*Le droit des gens.*
To have one's origin in...	*Tirer son origine de...*
Originally, —in the beginning.	*A l'origine.*
From the very beginning. From the outset.	*Dès l'origine.*
To sink into decay.	*Tomber en décadence.*
To hatch a plot against...	*Tramer une conspiration contre...*
The Gunpowder Plot.	*La Conspiration des Poudres.*
The feudal times.	*L'époque féodale.*
Talliable and liable to forced labour at pleasure.	*Taillable et corvéable à merci.*
The landed gentry.	*L'aristocratie terrienne.*
To dub sb. knight.	*Armer qq. chevalier.*
Happen what may.	*Advienne que pourra.*
To rouse a nation to rebellion.	*Faire insurger une nation.*
An Englishman's home is his castle.	*La maison d'un Anglais est inviolable.*

(1) B. C. et A. D., abréviations de *before Christ* et *anno Domini*.
(2) Dans l'histoire d'Angleterre, on désigne sous ce nom le siècle de la Reine Anne.

4. LA GÉOGRAPHIE

Geography.

NOMS

ge**og**raphy	*la géographie.*
a ge**og**rapher	*un géographe.*
the ter**res**trial glōbe	*le globe terrestre.*
the ro**tā**tion	*la rotation.*
the **ax**is of the earth	*l'axe de la terre.*
the ē**quā**tor	*l'équateur.*
the me**rid**ian	*le méridien.*
the **lon**gitūde	*la longitude.*
the **lat**itūde	*la latitude.*
a dē**gree**	*un degré.*
a zōne	*une zone.*
the **trŏp**ics	*les tropiques.*
an **at**las	*un atlas.*
the scāle	*l'échelle.*
a **prov**ince	*une province.*
the **Arc**tic Ocean	*l'océan glacial.*
the At**lan**tic (Ocean)	*l'(océan) Atlantique.*
the Pa**cif**ic (Ocean) / the South Seas	*le Pacifique.*
the North Sea	*la mer du Nord.*
the **Cas**pian Sea	*la mer Caspienne.*
the **Bal**tic	*la (mer) Baltique.*
the **Eng**lish **Chan**nel	*la Manche.*
the Īrish Sea	*la mer d'Irlande.*
the **Med**iter**rā**nean (Sea)	*la Méditerranée.*
a **dis**trict	*un district.*
a lo**cal**ity	*une localité.*
a **col**ony / a **set**tlement	*une colonie.*
a **col**onist / a settler	*un colon.*
a pro**tec**torate	*un protectorat.*
a **nā**tive	*un indigène.*
a **nē**gro	*un nègre.*
a **nē**gress	*une négresse.*
a mū**lat**to	*un mulâtre.*
a mū**lat**tress	*une mulâtresse.*
a ha[l]f-caste	*un métis.*
the **fron**tier / the border	*la frontière.*
the Rhīne	*le Rhin.*
the Scheldt[1]	*l'Escaut.*
the **Dan**ūbe	*le Danube.*
the Thames[2]	*la Tamise.*
the Upper / Lower Rhīne	*le Haut / Bas Rhin.*
the **Gī**ants' **Cause**way	*la Chaussée des Géants.*
the Lāke **Dis**trict	*la région des Lacs.*
the Border	*la frontière entre l'Angleterre et l'Écosse.*

ADJECTIFS ET NOMS

A. Pays.

Eūrope[3]	*l'Europe.*	Eūro**pē**an	*européen.*
Africa	*l'Afrique.*	**Af**rican	*africain.*
North / South **America**	*l'Amérique du Nord. / du Sud.*	American	*américain.*
Āsia[4]	*l'Asie.*	Ăsi**at**ic	*asiatique.*
Ōce**ā**nia	*l'Océanie.*	Ōce**ā**nian, Ōce**ă**nic	*océanien.*

1. skelt. — 2. temz. — 3. juərop. — 4. eiʒə.

France	*la France.*	French,	*français,*
		a Frenchman,	*un Français,*
		the French	*les Français.*
Greāt Brĭtain	*la Grande-Bretagne.*	Brĭtish	*britannique.*
		a Brĭtisher a Brĭton	*un sujet britannique.*
Ēngland	*l'Angleterre.*	Ēnglish	*anglais.*
		an Ēnglishman	*un Anglais.*
		the Ēnglish	*les Anglais.*
Scotland	*l'Écosse.*	Scotch (1)	*écossais.*
		a Scotchman (2)	*un Écossais.*
		the Scotch	*les Écossais.*
Ireland	*l'Irlande.*	Īrish	*irlandais.*
Eire	*l'Irlande (république).*	an Īrishman	*un Irlandais.*
Northern Ireland	*l'Irlande du Nord.*	the Īrish	*les Irlandais*
Wales (*sing.*)	*le Pays de Galles.*	Welsh	*gallois.*
		a Welshman	*un Gallois.*
		the Welsh	*les Gallois.*
Alsace, Alsātia	*l'Alsace.*	Alsātian	*alsacien.*
Austria	*l'Autriche.*	Austrian	*autrichien.*
Belgium[3]	*la Belgique.*	Belgian[3]	*belge.*
Brittany	*la Bretagne.*	Brĕton	*breton.*
Bulgāria	*la Bulgarie.*	Bulgārian	*bulgare.*
Corsica	*la Corse.*	Corsican	*corse.*
Czĕcho-Slovākia (ch = k)	*la Tchécoslovaquie.*	Czĕcho-Slŏvak	*tchécoslovaque.*
Denmark	*le Danemark.*	Dānish	*danois.*
		a Dāne	*un Danois.*
Flanders (*sing.*)	*la Flandre*	Flĕmish	*flamand.*
		a Flĕming	*un Flamand.*
Germany	*l'Allemagne.*	German	*allemand.*
Greece	*la Grèce.*	Greek, Grēcian (3)	*grec.*
Holland	*la Hollande.*	Dutch	*hollandais.*
the Nĕtherlands	*les Pays-Bas.*	a Dutchman	*un Hollandais.*
		the Dutch	*les Hollandais.*
Hungary	*la Hongrie.*	Hungārian	*hongrois.*
Īceland	*l'Islande.*	Īcelandic	*islandais.*
		an Īcelander	*un Islandais.*
Ĭtaly	*l'Italie.*	Italian	*italien.*
Jūgo-Slāvia[1]	*la Yougo-Slavie.*	Jugo-Slav	*yougo-slave.*
Lapland	*la Laponie.*	Lappish, Lapp	*lapon.*
		a Laplander	*un Lapon.*
Malta	*Malte.*	Maltēse	*maltais.*
Norway	*la Norvège.*	Norwēgian	*norvégien.*
Pōland	*la Pologne.*	Pōlish	*polonais.*
		a Pōle	*un Polonais.*
Portūgal	*le Portugal.*	Portūguēse	*portugais.*
Rūmānia	*la Roumanie.*	Rumānian	*roumain.*
Russia[2]	*la Russie.*	Russian	*russe.*
Sardinia	*la Sardaigne.*	Sardĭnian	*sarde.*
Săxony	*la Saxe.*	Saxon	*saxon.*

1. juːgo. — 2. rʌʃə. — 3. gi = dʒ.

(1) L'adjectif *Scottish* s'emploie de préférence pour qualifier les institutions littéraires, scientifiques, etc.
(2) Quelquefois *a Scot* : *Mary, Queen of Scots,* Marie (Stuart) reine des Ecossais.
(3) *Grēcian* s'applique de préférence aux personnages et choses de l'antiquité.

Serbia	*la Serbie.*	**Ser**bian, Serb	*serbe.*
Sĭcily	*la Sicile.*	Si**ci**lian	*sicilien.*
Spāin	*l'Espagne.*	**Spă**nish	*espagnol.*
		a **Spă**niard	*un Espagnol.*
Swēden[1]	*la Suède.*	**Swē**dish	*suédois.*
		a Swēde	*un Suédois.*
Switzerland	*la Suisse.*	Swiss	*suisse.*
		the Swiss	*les Suisses.*
Turkey (1)	*la Turquie.*	**Tur**kish	*turc.*
		a Turk	*un Turc.*
the Ty**rōl**	*le Tyrol.*	*Tyro***lēse**	*tyrolien.*
Asia **Mī**nor	*l'Asie Mineure.*		
Cey**lon**[2]	*Ceylan.*	*Cin*ga**lēse**	*cingalais.*
Chīna	*la Chine.*	**Chī**nese	*chinois.*
Cȳprus	*Chypre.*	a **Chī**naman	*un Chinois.*
India	*l'Inde.*	**Indian**	*indien.*
the East **Indies**[3]	*les Indes orientales.*	(a Red **Indian**)	(*un Peau-Rouge*).
*J*a**pan**	*le Japon.*	*Japa***nēse**	*japonais.*
Palestīne	*la Palestine.*	*Pal*e**stin**ian	*palestin.*
Persia[4]	*la Perse.*	**Per**sian	*persan.*
Sīam	*le Siam.*	*Sīa***mēse**	*siamois.*
Argen**tina**	*l'Argentine.*	Argen**tīne**	*argentin.*
Bra**zil**[5]	*le Brésil.*	Bra**zi**lian	*brésilien.*
Canada	*le Canada.*	Ca**nā**dian	*canadien.*
Chĭle	*le Chili.*	**Chĭ**lean, **Chĭ**lian	*chilien.*
Mexico	*le Mexique.*	**Mex**ican	*mexicain.*
Pe**ru**[6]	*le Pérou.*	Pe**rū**vian	*péruvien.*
the U**nīt**ed Stātes (of America) U. S. A.	*les États-Unis (d'Amérique).*		
the West **In**dies	*les Antilles.*	West-**Indian**	*antillais.*
Al**gē**ria	*l'Algérie.*	Al**gē**rian	*algérien.*
Ēgypt	*l'Égypte.*	**Ē**gyp**tian**	*égyptien.*
Mo**roc**co	*le Maroc.*	Mo**roc**can	*marocain.*
		Moorish	*mauresque.*
		a **Moor**	*un Marocain, un Maure.*
South **Af**rica	*l'Afrique du Sud*		
Aus**trā**lia	*l'Australie.*	Aus**trā**lian	*australien.*
New **Zē**aland	*la Nouvelle-Zélande.*	New Zealand-...	*néo-zélandais.*
		a New-**Zē**alander	*un Néo-Zélandais.*

B. — Villes.

Lyons	*Lyon.*	**Linc**o[l]n	*Lincoln.*
Marseilles	*Marseille.*	**War**[w]ick[10]	*Warwick.*
Rhēims[8]	*Reims.*	**Wool**[w]ich	*Woolwich.*
Edinburgh	*Edimbourg.*	**Wor**cester[11]	*Worcester.*
London	*Londres.*	**Ant**werp	*Anvers.*
Dōver	*Douvres.*	**Brus**sels	*Bruxelles.*
Green[w]ich	*Greenwich.*	Ghent	*Gand.*
Leicester[9]	*Leicester.*	**Mech**lin	*Malines.*

1. swiːdən. — 2. silən. — 3. indiːz. — 4. pəːʃə. — 5. brəzil. — 6. pəruː. — 8. riːmz. — 9. lestə*. — 10. worik. — 11. wuːstə*.

(1) Quelquefois désignée sous le nom de *the Porte* : la Sublime Porte, le gouvernement turc, sous l'Empire ottoman.

Flushing	*Flessingue.*	Padūa	*Padoue.*
the Hāgue	*la Haye.*	Vienna	*Vienne.*
Bremen	*Brême.*	Athens	*Athènes.*
Dresden	*Dresde.*	Moscō[w]	*Moscou.*
Māinz	*Mayence.*	Warsaw	*Varsovie.*
Cōpenhagen	*Copenhague.*	Salonica	*Salonique.*
Gēnēva	*Genève.*	Algiers[1]	*Alger.*
Lisbon	*Lisbonne.*	Tangiers[1]	*Tanger.*
Genoa	*Gênes.*	Cairo	*le Caire.*
Venice	*Venise.*	Mecca	*la Mecque.*
Leghorn	*Livourne.*	(Voir notes 1, 2, 3.)	

ADJECTIFS

geographic(al)	*géographique.*	temperate	*tempéré.*
economic	*économique (science, théorie, etc.).*	nātive	*indigène (population).*
economical	*économique (peu coûteux).*	indĭgenous	*indigène (flore, faune).*
		bordering on...	*contigu à....*

VERBES

to bound	*borner.*	to border on / to adjoin	*être contigu à....*
to lĭmit	*limiter.*	to discŏver	*découvrir.*
to explore	*explorer.*		

LOCUTIONS

The rotary motion.	*Le mouvement rotatoire.*
In longitude 10° west.	*Par 10° de longitude ouest.*
In latitude 50° north.	*Par 50° de latitude nord.*
The trade-wind belt.	*La zone des vents alizés.*
In the tropics.	*Sous les tropiques.*
A Crown Colony.	*Une colonie qui n'a pas l'autonomie législative et administrative.*
To pass the frontier (*or* the border).	*Franchir la frontière.*
Within, beyond, the borders of...	*A l'intérieur, au delà des frontières de...*
He won't set the Thames on fire.	*Il n'a pas inventé la poudre.*
The Spanish Main.	*La mer des Antilles.*
The Holy Land.	*La Terre Sainte.*
The Balkan States.	*Les États balkaniques.*
The Papal States.	*Les États du Pape.*
A Great Dane.	*Un chien danois.*
Dutch cheese.	*Du fromage de Hollande.*
A Chinese lantern.	*Une lanterne vénitienne.*
A Venetian blind.	*Des jalousies (de fenêtre).*

1. i = iː.

1. Les langues, dialectes, etc., sont toujours désignés par la forme de l'adjectif : *he speaks Spanish, Turkish,* il parle l'espagnol, le turc.

2. Les noms de nationalité en *s, ch, sh, ese* ne prennent pas d'*s* au pluriel : *the Chinese,* les Chinois. — *the Dutch,* les Hollandais.

3. Les noms de pays au pluriel prennent l'article, ainsi que les suivants : the Transvaal, the Levant, the Archipelago (Archipel), the Near East (le Proche-Orient), the Far East (l'Extrême-Orient), the Sahara, the Crīmēa (la Crimée), the Tyrōl, the Palatinate (le Palatinat) et la ville de la Haye : *the Hāgue.*

5. LES MATHÉMATIQUES

Mathematics.

NOMS

a *math*e**ma**tician	*un mathématicien.*
hī[gh]er *math*e**ma**tics	*les math. spéciales.*
the power	*la puissance.*
the square[1]	*le carré.*
the cūbe	*le cube.*
the fourth power	*la quatrième puissance.*
the square, cūbe root	*la racine carrée, cubique.*
plāne / sŏlid / des**crip**tive geometry	*la géométrie plane, dans l'espace, descriptive.*
a **thē**orem	*un théorème.*
spāce	*l'espace.*
a **sur**face	*une surface.*
the **a**rea[2]	*la surface (d'un rectangle, etc.).*
a līne	*une ligne.*
a point	*un point.*
the **dis**tance from... to	*la distance de... à.*
a **fi**gure[3]	*une figure.*
a circle	*un cercle.*
a cir**cum**ference	*une circonférence.*
the **cen**tre[4]	*le centre.*
an arc	*un arc.*
the **rā**dius	*le rayon.*
the **dī**ameter	*le diamètre.*
(a pair of) **com**passes	*un compas.*

algebra	*l'algèbre.*
an e**quā**tion	*une équation.*
the un[k]nō[w]n (**quan**tity)	*l'inconnue.*
a hȳ**po**thesis	*une hypothèse.*
the **rā**tio / the pro**por**tion	*le rapport. / la raison. / la proportion.*
the per**cen**tage	*le pourcentage.*
the table of **lo**garithms	*la table de logarithmes.*
a dē**gree**	*un degré.*
a **pa**rallel	*une parallèle.*
a **po**lygon	*un polygone.*
a **trī**angle	*un triangle.*
a *qua*dri**la**teral	*un quadrilatère.*
a **rec**tangle	*un rectangle.*
a square	*un carré.*
a tra**pē**zium[5]	*un trapèze.*
a rhom[b], a **rhom**bus	*un losange.*
the bāse	*la base.*
the sīde	*le côté.*
e**qua**lity	*l'égalité.*
*simi*la**ri**ty	*la similitude.*
an el**lipse**	*une ellipse.*
the **vo**lūme	*le volume.*
a cūbe	*un cube.*
a **cy**linder	*un cylindre.*
a cōne	*un cône.*
a **py**ramid	*une pyramide.*
a **frus**trum	*un tronc (de cône, de pyramide).*
a prism	*un prisme.*

ADJECTIFS

*mathe*ma**ti**cal	*mathématique.*
*a*rith**me**tical	*arithmétique.*
geo**me**trical	*géométrique.*
*alge***brā**ic(al)	*algébrique.*
nūmerous	*nombreux.*
few (in number)	*peu nombreux.*

1. skwɛə*. — 2. ɛəriə. — 3. figə*. — 4. sentə*. — 5. trəpiːzjəm.

average	*moyen.*	**acūte**	*aigu.*
circūlar	*circulaire.*	rī[gh]t	*droit (angle).*
sphĕrical	*sphérique.*	ob**tūse**	*obtus.*
*per*pen**dicū**lar (to)	*perpendiculaire (à).*	**opposīte**	*opposé.*
vertical	*vertical.*	ēqual	*égal.*
*hori*zontal	*horizontal.*	**simi**lar	*semblable.*
parallel { to / with	*parallèle { à. / avec.*	īsoscelēs	*isocèle.*
strāi[gh]t	*droit (ligne).*	rec**tangū**lar / right-angled	*rectangulaire.*
oblique	*oblique.*	*trī***angū**lar	*triangulaire.*
		*ē*quidistant	*équidistant.*

■ VERBES

*to draw	*tirer, tracer.*	to **dem**onstrāte	*démontrer.*
to *cōin***cīde**	*coïncider.*	to sŏlve	*résoudre.*
to dē**dūce**	*déduire.*	to prove	*prouver.*

■ LOCUTIONS

A sliding-rule.	*Une règle à calcul.*
A calculating-machine.	*Une machine à calculer.*
Calculus.	*Le calcul intégral, différentiel, etc.*
To raise a number to the nth power.	*Élever un nombre à la n^e puissance.*
In proportion to... / Proportionately to...	*En proportion de...*
Out of (all) proportion to...	*Hors de (toute) proportion avec...*
To be directly proportional to...	*Être en raison directe de..*
To vary { in direct ratio to... / in inverse ratio to...	*Varier en raison { directe / inverse } de....*
A { simple / quadratic } equation.	*Une équation du 1er degré.* / — *2e degré.*
An equation of the 3rd. degree.	— *3e degré.*
An equation with two unknown quantities.	*Une équation à deux inconnues.*
To cram a child with maths.	*Bourrer un enfant de mathématiques.*
To have { a gift / a knack } for mathematics.	*Avoir { le don / la bosse } des mathématiques.*
A straight, broken, curved, line.	*Une ligne droite, brisée, courbe.*
To draw a circumference.	*Tracer une circonférence.*
The tree is 18 feet in circumference *or* girths 18 feet.	*L'arbre a 18 pieds de circonférence* ou *de tour.*
The circus was 40 yards in diameter.	*Le cirque avait 40 yards de diamètre.*
To drop (*or* to draw) a perpendicular to...	*Abaisser une perpendiculaire sur...*
To run parallel with...	*Être parallèle à...*
Vertically opposite angles.	*Des angles opposés par le sommet.*
To square, to cube a number.	*Élever un nombre au carré, au cube.*
To extract a root.	*Extraire une racine.*

6. LES SCIENCES (PHYSIQUES ET NATURELLES)

Natural Science.

■ NOMS

A. La physique.

Scīence	*la science.*
a scīentist	*un savant (sciences).*
physics, natural philosophy	*la physique.*
a physicist (1)	*un physicien.*
mechanics[3]	*la mécanique.*
hȳdraulics	*l'hydraulique.*
a bŏdy	*un corps.*
a force	*une force.*
grăvity	*la gravité.* / *la pesanteur.*
the centre of gravity	*le centre de gravité.*
ĕquilibrium	*l'équilibre.*
an apparātus	*un appareil.*
a lēver	*un levier.*
a pendūlum	*un balancier.*
pressure[1]	*la pression.*
resistance	*la résistance.*
friction	*le frottement.*
a pump	*une pompe.*
an air-pump	*une machine pneumatique.*
a sound	*un son.*
acoustics	*l'acoustique.*
a wāve	*une onde.*
a light-wave	*une onde lumineuse.*
a sound-wave	*une onde sonore.*
vībrātion	*la vibration.*
the ĕcho[3]	*l'écho.*
an ēar-trumpet	*un cornet acoustique.*
hēat	*la chaleur.*
rādiātion	*le rayonnement.*
expansion	*la dilatation.*
contraction	*la contraction.*
a bubble	*une bulle.*
the boiling-point	*le point d'ébullition.*
the freezing-point	*le point de congélation*
evaporātion	*l'évaporation.*
līght	*la lumière.*
optics	*l'optique.*
diffūsion	*la diffusion.*
a ray	*un rayon.*
reflection / reflexion	*la réflexion.*
a mirror	*un miroir.*
the īmage	*l'image.*
refraction	*la réfraction.*
a lens[4]	*une lentille.*
the fōcus	*le foyer.*
a magnifȳing-glass	*une loupe.*
a mīcroscōpe	*un microscope.*
a magnet	*un aimant.*
magnetism	*le magnétisme.*
attractive power	*la force d'attraction.*
a magnetic needle	*une aiguille aimantée.*
electricity	*l'électricité.*
an ēlectric engīne	*une machine électrique.*
the current	*le courant.*
a laboratory	*un laboratoire.*
an experiment	*une expérience.*
an inventor / a discoverer	*un inventeur.*
an invention	*une invention.*
a pātent	*un brevet (d'invention).*
scīentific research[2]	*les recherches scientifiques.*

1. preʃə*. — 2. risəːtʃ. — 3. ch = k. — 4. lenz.

(1) *A physician* = un médecin.

B. La chimie.

organic chemistry[1]	la chimie organique,
inorganic chemistry[1]	la chimie minérale.
a chemist[1]	un chimiste.
a matter	une substance.
a simple *or* elementary body	un corps simple.
an element	un élément.
an atom	un atome.
a mōlecūle	une molécule.
a symbol	un symbole.
a formūla	une formule.
a bāse	une base.
an ăcid	un acide.
a salt	un sel.
oxȳgen	l'oxygène.
hȳdrogen	l'hydrogène.
nītrogen	l'azote.
carbon	le carbone.
chlorīne	le chlore.
sulphur	le soufre.
phosphorus	le phosphore.
potash	la potasse.
ammōnia	l'ammoniaque.
īodīne	l'iode.
turpentīne	la térébenthine.
alcohol	l'alcool.
methȳlāted spīrits	l'alcool dénaturé, à brûler.

sulphuric acid	acide sulfurique.
nītric acid	acide azotique.
carbonic acid	acide carbonique.
carbolic acid	acide phénique.
a sulphīde	un sulfure.
a sulphāte	un sulfate.
a sulphīte	un sulfite.
a phenomenon	un phénomène.
a rēaction	une réaction.
a mixture	un mélange.
a combinātion	une combinaison.
a transformātion	une transformation.
a dēcomposition	une décomposition.
a solūtion	une solution.
a ballōon	un ballon.
a retort	une cornue.
a crūcible	un creuset.
a pes[t]le	un pilon.
a tūbe	un tube.
a test-glass / a test-tube	une éprouvette.
a glass-rod	un agitateur.
a strāiner	un filtre.
litmus-paper	du papier de tournesol.
a chemical[1]	un produit chimique.

C. Autres sciences.

astronomy	l'astronomie.
an astronomer	un astronome.
astrology	l'astrologie.
an astrologer	un astrologue.
the revolūtion	la révolution (des astres).
natural history	l'histoire naturelle.
bīology	la biologie.
zoology[2]	la zoologie.

mĭneralogy	la minéralogie.
bŏtany	la botanique.
the rotātion	la rotation.
the orbit	l'orbite.
the zōdiac	le zodiaque.
a herbal / a herbārium	un herbier.
the gēnus	le genre.
the spēcies[3]	l'espèce.

■ ADJECTIFS

physical	physique.
chemical[1]	chimique.
sŏlid	solide.
liquid	liquide.
āqueous[4]	aqueux.
gāseous	gazeux.
imponderable	impondérable.
dense	dense.
inanimate / lifeless	inanimé.

magnetic	magnétique.
electric(al)	électrique.
wīreless	sans fil.
phosphorescent	phosphorescent.
transpārent	transparent.
opāque	opaque.
convex	convexe.
concāve	concave.
refracting	réfringent.
inflammable	inflammable.

1. ch = k. — 2. zouɔlədʒi. — 3. spiːʃiːz. — 4. eikwiəs.

VERBES

to **research**	*faire des recherches.*	to re**fract**	*réfracter.*
to **vī**brāte	*vibrer.*	to **rā**diograph	*radiographier.*
to be **prop**agāted	*se propager.*	to **bot**anīze / to **herb**orīze	*herboriser.*
to ex**pand** / to **dī**lāte	*(se) dilater.*	to **mix** (with)	*mélanger (à, avec).*
to con**tract**	*(se) contracter.*	to com**bīne** (with)	*(se) combiner (à, avec).*
to **rā**refȳ	*raréfier.*	to **stir**	*agiter, remuer.*
to con**dense** (into)	*(se) condenser (en).*	to dis**solve**[1]	*(se) dissoudre.*
to e**vap**orāte	*(s')évaporer.*	to **al**ter (into)	*(se) modifier. (se) changer (en).*
to e**lec**trifȳ	*électriser.*	to **an**alȳse	*analyser.*
to **mag**netīze	*(s')aimanter.*	to dēcom**pōse**	*(se) décomposer.*
to at**tract**	*attirer.*	to **ox**idīze	*oxyder.*
to re**pel**	*repousser.*	to be**come ox**idīzed	*s'oxyder.*
to re**flect**	*réfléchir.*		

LOCUTIONS

Applied sciences.	*Les sciences appliquées.*
A suction-pump.	*Une pompe aspirante.*
A force-pump.	*Une pompe foulante.*
A lift and force pump.	*Une pompe aspirante et foulante.*
To create a vacuum in...	*Faire le vide dans...*
The line of sight.	*Le rayon visuel.*
The X rays.	*Les rayons X.*
Visible under the microscope.	*Visible au microscope.*
To be in focus.	*Être au point.*
To be out of focus.	*Ne pas être au point.*
To bring into focus, to focus.	*Mettre au point.*
To take out a patent.	*Prendre un brevet.*

1. dɪzɔlv.

XVII

L'ART

Art.

I. LE DESSIN, LA PEINTURE, LA PHOTOGRAPHIE

Drawing, painting, photography.

■ NOMS

A. Le dessin.

art	*l'art.*
the fīne arts	*les beaux-arts.*
an **art**ist (1)	*un artiste.*
a work of art	*une œuvre d'art.*
the **dec**orative arts	*les arts décoratifs.*
an **out**sīder	*un profane.*
drawing / sketching	*le dessin.*
a drawer / a sketcher	*un dessinateur.*
a **draughts**man[1] / a **drafts**man	*un dessinateur* (surt[t] indust[l].
charcōal pencil	*le fusain.*
red cha[l]k	*la sanguine.*
a drawing-board	*une planche à dessin.*
a drawing-pin	*une punaise.*
a sketch / a draft	*une esquisse, un croquis.*
pers**pec**tive	*la perspective.*
the **out**līne	*le tracé, le contour.*
the **fore**ground	*le premier plan.*
the middle ground	*le second plan.*
the **back**ground	*l'arrière-plan.*
en**grā**ving	*la gravure.*
copper-plāte en**gra**ving	*la gravure en taille douce.*
etching	*la gravure à l'eau forte.*
woodcut / wood en**grā**ving	*la gravure sur bois.*
an en**grā**ver	*un graveur.*
the **grā**ving **tool**	*le burin.*
a proof	*une épreuve.*
lithography	*la lithographie.*
an ara**besque**	*une arabesque.*
a sil**houette**	*une silhouette.*
a **car**ica**tūre**	*une caricature.*
a **cartoon**	*une charge.*

B. La peinture.

a **pāint**ing	*une peinture.*
a **pic**ture	*un tableau.*
a pāinter	*un peintre.*
a water-**col**our (painting)	*une aquarelle.*
a **cray**on (drawing), a **pas**tel	*un pastel.*
painting in **fres**cō	*la peinture à la fresque.*

1. dra:ftsmən.

---

(1) Le mot *artiste* s'applique exclusivement aux artistes de théâtre (musiciens-danseurs, etc.).

a fresco	*une fresque.*	a shāde, a hūe	*une nuance.*
a landscāpe	*un paysage.*	chiaroscūro[2]	*le clair-obscur.*
a landscape-painter	*un paysagiste.*	Chīna ink / India ink	*l'encre de Chine.*
an animalist	*un animalier.*	a (paint-)brush	*un pinceau.*
a sēascāpe	*une marine.*	a palette	*une palette.*
a still-līfe (painting)	*une nature morte.*	varnish	*le vernis.*
a portrait	*un portrait.*	an ēasel	*un chevalet.*
the līkeness	*la ressemblance.*	a frāme	*un cadre.*
a portrait-painter / a portraitist	*un peintre de portraits.*	technique	*la technique.*
a miniature[1]	*une miniature.*	a collection	*une collection.*
the mŏdel	*le modèle.*	a collector	*un collectionneur.*
the bust	*le buste.*	a pātron	*un mécène. / un protecteur.*
the prōfīle	*le profil.*	the Exhibition of the Royal Academy	*le Salon (à Londres).*
a tint	*une teinte.*		

C. La photographie.

photography	*la photographie (art).*	magnēsium	*le magnésium.*
a phōtograph	*une photographie.*	flash-light photography	*la photo au magnésium.*
a photographer	*un photographe.*	the lens[5]	*l'objectif.*
a cămera	*un appareil photographique.*	the view-fīnder	*le viseur.*
a snapshot	*un instantané.*	the stand	*le pied.*
expōsure[3]	*la pose, le temps de pose.*	a plāte	*une plaque.*
under-expōsure	*le manque de pose. / la sous-exposition.*	the plate-hōlder	*le châssis.*
		a film	*une pellicule.*
		the dark room	*la chambre noire.*
		a negative	*un cliché.*
		a print	*une épreuve.*
		an enlargement	*un agrandissement.*

■ ADJECTIFS

artistical	*artistique.*	startling / strīking	*saisissant. / frappant.*
skilful	*fait avec art.*	līfeless	*froid, sans vie.*
orĭginal	*original.*	half-length	*en buste.*
artificial	*artificiel.*	full-length	*en pied.*
affected	*maniéré.*	līfe-sīze	*grandeur naturelle.*
ōverlōaded	*surchargé.*	vĭvid	*vif.*
expressive	*expressif.*	shō[w]y	*voyant.*
picturesque	*pittoresque.*	gaudy[4], gārish	*criard.*
from līfe	*d'après nature.*	hāzy	*flou.*
līke (the model)	*ressemblant (au modèle).*		

■ VERBES

*to draw	*dessiner.*	to etch	*graver à l'eau forte.*
to sketch	*esquisser.*	to pāint	*peindre.*
to trāce	*calquer.*	to colour	*colorier.*
to enlarge	*agrandir.*	*to sit for	*poser pour (un peintre).*
to redūce	*réduire.*		
to engrāve	*graver.*		

1. minjətʃə*. — 2. ch = k. — 3. ikspouʒə*. — 4. gɔːdi. — 5. lenz.

to **phō**tograph to take a photography of	*photographier.*	to thin	*délayer (les couleurs).*
to **fō**cus	*mettre au point.*	to shāde	*ombrer, nuancer.*
to snap sb. or sth.	*prendre un instantané de qq. ou de qch.*	*to stand out (against)	*se détacher (sur).*
to tinge to tint	*colorer, teinter.*	to **pā**tronīze to prō**mōte** to **fo**ster	*protéger, favoriser.*
to tōne up	*aviver (tons).*	to re**ject**	*rejeter, refuser.*
to tōne down	*atténuer —.*	to ex**pōse**	*exposer.*
to **var**nish	*vernir.*	to deve**lop**	*développer.*
to frāme	*encadrer.*	to tōne	*virer.*
		to fix.	*fixer.*

LOCUTIONS

To cultivate an art.	*Cultiver un art.*
To practise art for art's sake.	*Faire de l'art pour l'art.*
Accomplishments.	*Les arts d'agrément.*
A freehand drawing.	*Un dessin à main levée.*
A pen and ink drawing.	*Un dessin à la plume.*
Drawn in charcoal, in red chalk.	*Dessiné au fusain, à la sanguine.*
In the foreground.	*Au premier plan.*
A proof engraving. A proof before letters.	*Une épreuve avant la lettre.*
She is the picture of her mother.	*C'est tout le portrait de sa mère.*
She is as pretty as a picture.	*Elle est jolie comme un cœur.*
It looks well in the picture.	*Cela fait bien dans le paysage.*
Painted in profile.	*Peint de profil.*
A thin negative.	*Un cliché faible.*
Sensitive (*or* sensitized) paper.	*Du papier sensible.*
The flash-lamp.	*La lampe au magnésium.*
The developing-tank.	*La cuve à développer.*
The washing-tank.	*La cuve à laver.*
A portrait after Gainsborough.	*Un portrait d'après Gainsborough.*
That painter belonged to the Italian school.	*Ce peintre appartenait à l'école italienne.*
To paint { in oils. / in water colours.	*Peindre { à l'huile. / à l'aquarelle.*
To paint everything in rosy colours.	*Peindre tout en rose.*
A hand-coloured drawing.	*Un dessin colorié à la main.*
To draw { from life. / from memory.	*Dessiner { d'après nature. / de mémoire.*
To take a print from a negative.	*Tirer une épreuve d'un cliché.*

2. LA SCULPTURE ET L'ARCHITECTURE

Sculpture and architecture.

NOMS

A. La sculpture.

sculpture[1]	*la sculpture.*
a **sculp**tor	*un sculpteur.*
a **stū**diō	*un atelier.*
clay	*l'argile.*
plaster of **Pa**ris	*le plâtre à mouler.*
the clay **mod**el	*la maquette.*
a **chĭ**sel	*un ciseau.*
the mōuld	*le moule.*
a cast	*un moulage.*
an e**ques**trian sta**tū**e	*une statue équestre.*
a bust	*un buste.*
the bāse	*la base.*
the **ped**estal	*le piédestal.*
the plinth	*la plinthe.*
the un**veil**ing	*l'inauguration (d'une statue).*
wood-**carv**ing	*la sculpture sur bois.*
a wood **carv**er	*un sculpteur sur bois.*
a **că**meo	*un camée.*
mo**sā**ic	*la mosaïque.*
[w]ro[ugh]t **ī**[r]on	*le fer forgé.*

B. L'architecture.

*ar*chi**tec**ture[2]	*l'architecture.*
an **ar**chitect[2]	*un architecte.*
the draught[3] / the draft	*le plan.*
the **sec**tion	*la coupe.*
the *ex*ca**vā**tions	*les fouilles.*
a **fū**neral **mon**ūment	*un monument funéraire.*
an **ob**elisk	*un obélisque.*
a sphinx	*un sphinx.*
a temple	*un temple.*
a **por**tico	*un portique.*
a **col**um[n]	*une colonne.*
the shaft[4]	*le fût.*
the **ca**pital	*le chapiteau.*
a friēze	*une frise.*
a **cor**nĭce	*une corniche.*
an arch	*un arc, une arche, (pont, etc.).*
an **ō**gīve	*une ogive.*
the **semi-cir**cūlar arch	*l'arc en plein cintre.*
the Rōma**nesque** stȳle	*le style roman.*
the Bȳ**zan**tīne style	*le style byzantin.*
the **Goth**ic style	*le style gothique.*
the Mo**resque** style	*le style mauresque.*
the ogīval arch	*l'arc en ogive.*
the **Moor**ish arch	*l'arc en fer à cheval.*
the dōme	*le dôme.*
a ca**thē**dral	*une cathédrale.*
the **chan**cel	*le chœur.*
the **sanc**tūary / the sa**crā**rium	*le sanctuaire.*
the nāve	*la nef.*
the āi[s]le	*le bas-côté.*
the **por**tal	*le portail.*
a porch	*un porche.*
a **pil**lar	*un pilier.*
a **cū**pola	*une coupole.*
the vault / the arch	*la voûte.*
the kēystone	*la clef de voûte.*
a **but**tress	*un contrefort.*
a **flȳ**ing-buttress / an arched buttress	*un arc-boutant.*
a **gar**goyle	*une gargouille.*
the steeple	*le clocher.*
the **bel**fry / the bell-tower	*le beffroi.*

1. skʌlptʃə. — 2. ch = k. — 3. drɑːft. — 4. ʃɑːft.

the spīre	*la flèche.*	the **cloi**ster	*le cloître.*
a **stāined-glass** window	*un vitrail.*	an ar**cāde**	*une arcade.*
a rōse (window)	*une rose.*	the *deco***rā**tion	*la décoration.*
a wheel-window / a rō**sette**	*une rosace.*	the *or*namen**tā**tion	*l'ornementation*

■ ADJECTIFS

*Rō*man**esque**	*roman.*	**per**forāted	*ajouré.*
Gothic	*gothique.*	in**lāid** (with)	*incrusté de.* / *marqueté.*
rocōco	*rococo.*	**plas**tic	*plastique.*
ba**rōque**	*baroque.*	sym**me**trical	*symétrique.*
em**bossed**	*en relief.*		

■ VERBES

to shāpe	*façonner.*	to cast	*1. fondre (cloche, statue, canon, etc.).* *2. couler (métaux).*
to **mŏ**del	*modeler.*	to in**au**gūrāte	*inaugurer (palais, exposition, etc.).*
to mōuld	*mouler.*	to un**veil**	*inaugurer (statue).*
to carve	*sculpter, tailler.*		
to **chĭ**sel	*ciseler (pierre, marbre).*		
to chāse	*ciseler (or, argent).*		
to **erect** / to rāise	*ériger, dresser.*		

■ LOCUTIONS

To hew out a statue.	*Tailler une statue dans le bloc.*
To carve a statue { out of / in } marble.	*Sculpter une statue dans du marbre.*
A carved oak arm-**chair.**	*Un fauteuil en chêne sculpté.*
Clēopatra's **Needle.**	*L'Obélisque de Cléopâtre* (1).

(1). Sur l'Embankment de Londres.

3. LA MUSIQUE, LE CHANT, LA RADIO

Mūsic. Singing. Rādio.

■ NOMS

A. La musique.

a mūsician	*un musicien.*
a tōne	*un ton.*
a semi-tōne	*un demi-ton.*
a tūne	*un air.*
a compōser	*un compositeur.*
the scāle	*la gamme.*
the pitch	*le diapason (son).*
the tūning-fork	*le diapason (instrument).*
the staff (*pl.* stāves)	*la portée.*
a nōte	*une note.*
the key[1]	*la clef, le ton.*
the clef	*la clef.*
A. B. C. D. E. F. G.	*la, si, do, ré, mi, fa, sol.*
the **trĕb**le-clef	*la clef de sol.*
the bass-clef	*la clef de fa.*
E flat	*mi bémol.*
G sharp	*sol dièze.*
a **mĭn**im	*une blanche.*
a **crot**chet	*une noire.*
a **quā**ver	*une croche.*
tīme	*la mesure.*
the **quad**rūple time	*la mesure à 4 temps.*
a bar	*une mesure.*
harmony	*l'harmonie.*
discord / **dis**sonance	*la dissonance.*
a trill	*un trille.*
the A**cad**emy (*or* School) of Mūsic	*le Conservatoire.*
a **con**cert-hall	*une salle de concert.*
an **or**chestra[2]	*un orchestre.*
the con**duc**tor	*le chef d'orchestre.*
a score	*une partition.*
a piēce (of music)	*un morceau (de musique).*
a **sym**phony	*une symphonie.*
a so**na**ta[3]	*une sonate.*
a **lul**labȳ	*une berceuse.*
a *seren***āde** / a *seren***ata**[3]	*une sérénade.*
a **mel**ody	*une mélodie.*

a stringed-instrūment	*un instrument à cordes.*
a **vī**olin / a fiddle (*fam.*)	*un violon.*
a **vī**olin-string	*une corde de violon.*
the bōw / the **fid**dlestick (*fam.*)	*l'archet.*
a vīolinist	*un violoniste.*
a *vīolon***cel**lo[4] / a '**cel**lo[4]	*un violoncelle.*
a *vīolon***cel**list[4] / a '**cel**list[4]	*un violoncelliste.*
a double bāse / a **con**trabāss	*une contrebasse.*
a gui**tar**[5]	*une guitare.*
a harp[5]	*une harpe.*
a **harp**ist[5]	*un harpiste.*
a *man***do**lin(e)[6]	*une mandoline.*
a lūte	*un luth.*
a **lū**tanist	*un joueur de luth.*
a lȳre	*une lyre.*
a **harp**sichord[2]	*un clavecin.*
a **pi**ano (forte)	*un piano.*
a grand piano	*un piano à queue.*
a **cot**tage-piano	*un piano droit.*
a bāby-grand	*un demi-queue.*
a **pi**anist	*un pianiste.*
a piano-wīre	*une corde de piano.*
the keys[1]	*les touches.*
the keyboard	*le clavier.*
the **tū**ner	*l'accordeur.*

1. kiː. — 2. ch = k. — 3. na = naː. — 4. c = tʃ. — 5. a = aː. — 6. i = iː.

the tūning-hammer	*le clef d'accordeur.*
a wīnd-instrūment	*un instrument à vent.*
the mouthpiēce	*l'embouchure.*
a flūte	*une flûte*
a flūtist, a flautist, a flūte-player	*un flûtiste. un joueur de flûte.*
a fīfe	*un fifre.*
a fīfer	*un joueur de fifre.*
a *clar*inet, a clari[o]net	*une clarinette.*
an ōboe[1]	*un hautbois.*
a horn	*un cor.*
a trumpet	*une trompette.*
a trumpeter	*un trompette.*
a cornet	*un cornet à piston.*
a būgle	*un clairon.*
a būgler	— *(homme).*
a bagpīpe	*une cornemuse.*
a pīper	*un joueur de cornemuse.*
an organ	*un orgue.*
organ-pīpe	*tuyau d'orgue.*
an organist	*un organiste.*
a harmōnium	*un harmonium.*
an accordion	*un accordéon.*
a *con*certina[2]	*un p^t accordéon (hexagonal).*
a mouth-organ	*un harmonica.*
a percussion instrument	*un instrument à percussion.*
a drum	*un tambour.*
a drummer	— *(homme).*
the drumhĕad	*la peau de tambour.*
a bēat on the drum	*un battement, de tambour.*
a rōll on the drum	*un roulement, de tambour.*
a big drum	*une grosse caisse.*
the drumsticks	*les baguettes de tambour.*
the kettle-drum	*la timbale.*
a kettledrummer	*un timbalier.*
a cymbal	*une cymbale.*
a cymbalist	*un cymbalier.*
a *cast*anet	*une castagnette.*
a chīme	**un** *carillon.*

B. Le chant.

a song	*un chant, une chanson.*
a singer	*un chanteur, une chanteuse.*
a professional singer	*une cantatrice.*
a soprano, a sopranist[3]	*un soprano.*
a tenor	*un ténor.*
an altō	*un alto.*
a barytōne	*un baryton.*
a bāss	*une basse.*
head voice	*voix de tête.*
chest voice	— *de poitrine.*
a sōlō	*un solo.*
a sōloist	*un soliste.*
a dūet	*un duo.*
a quartet(te)	*un quatuor.*
a chorus[4]	*un chœur.*
an oratōrio	*un oratorio.*
chāmber music	*la musique de chambre.*
sācred music	*la musique sacrée.*
the accompaniment	*l'accompagnement.*
the acccompanist	*l'accompagnateur.*

C. La radio et le phonographe.

a transmitter	*un émetteur. une station d'émission.*
a receīving-set (*or* stātion), a recēiver	*un poste récepteur.*
wīreless telegraphy	*la télégraphie sans fil.*
a wīreless set, a rādio set	*un appareil de T. S. F.*
the transmitting, the recēiving, āērial	*l'antenne d'émission, de réception.*
the wāve-length	*la long^r d'onde.*
a valve	*une lampe de T. S. F.*

1. ouboi. — 2. i = i ː. — 3. a = a ː. — 4. ch = k.

the power	*la portée.*
a high-power station	*un poste émetteur de grande portée.*
broadcasting	*la radio-diffusion.*
a **broad**casting-station	*un poste de radio-diffusion.*
a **broad**casting stūdio	*un studio d'émission.*
a **mĭ**crophōne	*un microphone.*
the an**noun**cer	*le speaker.*
a trans**mis**sion	*une émission.*
television (T. V.)	*la télévision.*
a wireless message	*un message par radio.*
the loud-**spēak**er	*le haut-parleur.*
the **am**plifīer	*l'amplificateur.*
the **lis**[t]ener-in	*l'écouteur.*
the earth-wīre	*la prise de terre.*
atmos**pher**ics	*des parasites.*
a **phō**nograph / a **gram**ophōne	*un phonographe.*
a **re**cord	*un disque.*
a needle	*une aiguille.*
the horn	*le pavillon.*

ADJECTIFS

mūsical	*1. musical.* *2. musicien.*
out of tūne	*désaccordé.*
me**lō**dious	*mélodieux.*
har**mō**nious	*harmonieux.*
in**spir**iting	*entraînant.*
dĕafening	*assourdissant.*
stunning	*étourdissant.*
grāting	*grinçant.*
four-part	*à quatre voix.*

VERBES

to have some music	*faire un peu de musique.*
*to go in for music	*s'adonner à la musique.*
to play the piano, the violin	*jouer du piano.* / *jouer du violon.*
to play at sight	*déchiffrer.*
to tūne	*accorder (un instrument).*
to con**duct**	*diriger (l'orchestre).*
*to bēat time	*battre la mesure.*
to sound / to rē**sound**	*résonner.*
to play in time, out of time	*jouer en mesure, à contretemps.*
to scrāpe	*râcler.*
to improvīse / to extemporīze	*improviser.*
*to blow	*souffler.* *jouer (instr. à vent).*
*to bēat	*battre, jouer (tambour).*
to com**pōse**	*composer.*
*to set to music	*mettre en musique.*
*to sing in tune, out of tune	*chanter juste, faux.*
to ac**com**pany	*accompagner.*
*to send out / to trans**mit**	*émettre (T. S. F.).*
to re**cēive**	*recevoir.*
to *inter**cept***	*intercepter.*
to earth a wire	*relier un fil au sol*
to be **lis**[t]ening in	*être à l'écoute.*
*to strīke up / *to breāk into	*entonner (un chant).*

LOCUTIONS

To face the music.	*Faire face à l'orage.*
To have an ear for music, a musical ear.	*Avoir l'oreille musicale.*
To have a good ear.	*Avoir l'oreille juste.*
He is not at all musical	*Il n'est pas du tout musicien.*
To change one's tone.	*Changer de ton.*
To practise scales. / To run over one's scales.	*Faire des gammes.*

A large scale (*or* range) of colours.	*Une gamme étendue de teintes.*
To strike the right note.	*Être dans la note (voulue).*
As fit as a fiddle.	*En pleine santé, en pleine forme.*
Fiddlesticks!	*Turlututu! quelle bonne blague!*
To pay the pipers.	*Payer les violons (fig.).*
The last trump.—The trump of doom.	*La trompette du Jugement dernier.*
A barrel-organ.	*Un orgue de Barbarie.*
The piano-organ.	*Le piano mécanique (des mendiants).*
An organ-grinder.	*Un joueur d'orgue de Barbarie.*
To make an announcement by beat of drum.	*Annoncer qch. au son du tambour.*
With drums beating.	*Tambours battants.*
To give the tuning A.	*Donner le la.*
To play (*or* to touch) the harp.	*Jouer de la harpe.*
To blow the horn, the trumpet, etc...	*Sonner du cor, de la trompette, etc.*
To sing unaccompanied.	*Chanter sans accompagnement.*
To sing a different song.	*Changer de ton (fig.).*
To sing oneself hoarse.	*S'enrouer à force de chanter.*
To sing at the top of one's voice.	*Chanter à tue-tête.*
He that pays the piper calls the tune.	*Qui paie les violons choisit le morceau.*

4. LE THÉATRE ET LE CINÉMA

Theatre and cinema.

■ NOMS

A. Le théatre.

a thēatre[1]	*un théâtre.*
a Punch and Jūdy show	*un guignol.*
a mūsic-hall[2]	*un music-hall.*
a circus	*un cirque.*
the stāge	*la scène.*
a revolving-stage	*une scène tournante.*
the curtain	*le rideau.*
the sāfety curtain	*le rideau de fer.*
the scēnes (*pl.*) / the scēnery	*le(s) décor(s).*
the wings	*les coulisses.*
the prompter	*le souffleur.*
the prompter's box	*le trou du souffleur.*
the foot-lights	*la rampe.*
the *chan*delier[3]	*le lustre.*
the house	*la salle.*
a sēat	*une place.*
a stāge-box	*une avant-scène.*
an orchestra[4] stall	*un fauteuil d'orchestre.*
the pit	*le parterre.*
the dress-circle	*le balcon.*
the balcony	*le 2e balcon.*
the family circle	*la 1re galerie.*
the upper circle	*la 2e galerie.*
the (upper) gallery / (*fam.*) the gods	*l'amphithéâtre. / le paradis. / le poulailler.*
a rōw / a tier[5]	*un rang, / un gradin.*
a sēat	*une place.*
the lounge	*le foyer.*
a *compli*mentary ticket / an order	*un billet de faveur.*
the clōakroom	*le vestiaire.*
the exit	*la sortie.*
the emergency exit	*la sortie de secours.*

a play	*une pièce.*
a tragedy	*une tragédie.*
a drama	*un drame.*
an opera	*un opéra.*
a comedy	*une comédie.*
a farce	*une farce.*
an interlūde	*un intermède.*
a mūsical comedy	*une opérette.*
a pantomime	*une féerie* (1).
a dumb-show	*une pantomime.*
a fairy-play	*une féerie.*
a ballet	*un ballet.*
a curtain-rīser	*un lever de rideau.*
an act	*un acte.*
a scēne	*une scène.*
a prōlogue	*un prologue.*
a monologue	*un monologue.*
a dīalogue	*un dialogue.*
the plot	*l'action. / l'intrigue.*
the wīnding-up	*le dénouement.*
the libretto / the book of words	*le livret.*

1. θiətə*. — 2. hɔːl. — 3. i = iː. — 4. ch = k. — 5. tiːə*.

(1) Sorte de spectacle joué dans la saison de Noël et qui tient à la fois de la féerie et de la revue. Le rôle principal est tenu par une actrice en travesti : *the principal boy*.
Puss in Boots (le Chat botté). — *The Babes in the Wood* (le Petit Poucet). — *Cinderella* (Cendrillon). — *Dick Whittington*, etc.

a performance	*une représentation.*
the first night	*la première.*
a rehearsal[1]	*une répétition.*
the dress rehearsal	*la répétition générale.*
stāging	*la mise en scène.*
the stage-manager	*le régisseur.*
the producer	*le metteur en scène.*
a scēne-shifter	*un machiniste.*
the properties	*les accessoires.*
the property-man	*le chef des accessoires.*
the company	*la troupe.*
an actor	*un acteur.*
an actress	*une actrice.*
a ballet-dancer	*une ballerine.*
a part	*un rôle.*
the lēading man / lādy	*le premier rôle.*
an understudy	*une doublure.*
the cast	*la distribution.*
acting	*le jeu.*
a success	*un succès.*
a fāilure[2]	*un échec. / un four.*
the applause[3]	*les applaudissements.*
an encore	*un bis.*
the audience	*l'assistance.*
a spectātor	*un spectateur.*
the play-bill	*l'affiche.*
the prōgramme	*le programme.*
an interval	*un entr'acte.*

B. Le cinéma.

the cinema	*le cinéma.*
(*fam.*) the pictures / (*am.*) the movies[4]	*le cinéma.*
a picture-palace	*un cinéma.*
a cine camera	*une caméra.*
the screen	*l'écran.*
the slōw-mōtion	*le ralenti.*
a cinema actor	*un artiste de cinéma.*
the 1st, 2d house	*la 1re, 2e séance.*
a sīlent film	*un film muet.*
a ta[l[king[5] —	*— parlant.*
a sound —	*— sonore.*
a tŏpical —	*— de reportage.*
a news —	*— d'actualité.*
an edūcātional —	*— documentaire.*
(*am.*) a talkie	*un film parlant.*
an animāted cartoon	*un dessin animé.*

ADJECTIFS

thēatrical	*théâtral.*
dramatic	*dramatique.*
tragic(al)	*tragique.*
comic	*comique (de comédie).*
comical	*comique (risible).*
thrilling	*saisissant.*
spectacūlar	*à grand spectacle.*
laughable[6]	*risible.*
full	*plein.*
packed[7] / crammed	*bondé.*

VERBES

*to put on / to produce a play	*monter une pièce.*
*to cast	*distribuer (les rôles).*
to perform	*représenter (une pièce).*
to rehearse[8]	*répéter.*
to rāise	*lever (le rideau).*
to drop	*baisser (le rideau).*
*to rīse	*se lever (le rideau).*
to drop	*se baisser (le rideau).*
to prompt	*souffler.*
to book	*louer, prendre (ses places).*
to attend	*assister à.*
to shift	*changer (les decors).*
to applaud	*applaudir.*

1. rihəːsəl. — 2. feiljə*. — 3. əplɔːz. — 4. muːviz. — 5. tɔːkiŋ. — 6. laːfəbl. — 7. pakt. — 8. rihəːs.

to clap one's hands	*battre des mains.*
to encore	*bisser.*
to recall	*rappeler.*
to hiss	*siffler.*
to boo, to hoot	*huer.*
to fāil	*échouer, tomber.*
to film	*filmer, tourner.*
to act for a film	*tourner dans un film.*

■ LOCUTIONS

A night-club.	*Une boîte de nuit.*
An open-air theatre.	*Un théâtre en plein air.*
To be on the stage.	*Faire du théâtre, être acteur.*
To go on the stage.	*Se faire acteur.*
To retire from / To give up } the stage.	*Quitter / Se retirer de } la scène.*
The theatre-goers.	*Les habitués de théâtre.*
Behind the scenes.	*Dans les coulisses.*
The theatrical season.	*La saison théâtrale.*
A company on tour.	*Une troupe en tournée.*
A three-act play.	*Une pièce en trois actes.*
The cheap seats.	*Les (places) populaires.*
Stage-lighting.	*L'éclairage de la scène.*
" House full ".	*« Le théâtre est plein ».*
To draw a full house.	*Faire salle comble.*
To go to the pictures.	*Aller au cinéma.*
To make one's first appearance on the stage. / To make one's debut[1].	*Débuter au théâtre.*
To forme a queue[2], to queue up. / To stand in a line.	*Faire la queue.*
To stage a novel.	*Adapter un roman à la scène.*
The curtain rises, drops.	*Le rideau se lève, tombe.*
The first act is set on a public square.	*Le premier acte se passe sur une place publique.*
To shift the scenes.	*Changer les décors.*
The play had a run of (*or* ran for) 150 nights.	*La pièce a eu 150 représentations.*
To bring down the house (with applause).	*Applaudir à tout rompre.*
I had booked 3 seats for...	*J'avais loué 3 places pour....*
All seats are booked.	*Tout est loué.*
To be hissed off the stage.	*Quitter la scène sous les sifflets*
To play before empty benches.	*Jouer devant des banquettes vides.*
To make a tragedy of something.	*Prendre qch. au tragique.*
Continuous performance.	*Spectacle permanent.*

1. debuː. — 2. kjuː.

XVIII

LA VIE ÉCONOMIQUE

Economic life.

I. LE TRAVAIL. PATRONS ET OUVRIERS

Work.
Employers and workpeople.

■ NOMS

A. Le travail. — Le salaire.

work	*le travail.*
lābour	*1 le travail, la main-d'œuvre. 2. travail (opp. à capital).*
the working classes	*la classe ouvrière.*
a **work**man	*un ouvrier.*
a skilled, unskilled, workman	*un ouvrier spécialisé, non spécialisé.*
the hands	*le personnel ouvrier.*
the staff	*le personnel* (admon. employés.)
the em**ploy**er (*fam.*) : the boss	*le patron.*
a lābourer	*un manœuvre.*
a **jour**neyman	*un journalier.*
a māte	*un compagnon.*
a gang, a shift	*une équipe.*
a foreman	*un contremaître.*
an ap**pren**tīce	*un apprenti.*
ap**pren**tīceship	*l'apprentissage.*
the in**den**ture	*le contrat d'apprentissage.*
wāge(s)	*le salaire.*
the **sa**lary	*les appointements. le traitement.*
a prōletārian	*un prolétaire.*
prōletāriat	*le prolétariat.*
a wage-earner	*un salarié.*
the wage-earning classes	*les salariés. le salariat.*
a rīse or **in**crēase in wages	*une augmentation de salaire.*
the **ex**tra pay	*le supplément de salaire.*
a situātion, a pōst (*fam.*) : a job	*une place. un emploi.*
the em**ploy**ment būreau	*le bureau de placement (ouvriers).*
the **rĕ**gistry office	*le bureau de placement (domestiques).*
the **Lā**bour Ex**chānge**	*la Bourse du Travail.*
the ef**fi**ciency	*la capacité, le rendement.*
the **out**put	*le rendement, la production.*
the at**tend**ance list	*la feuille de présence.*
the *In*ter**na**tional **Lā**bour **Of**fice	*le Bureau International du Travail.*

B. La grève.

a trāde-ūnion	*un syndicat.*
a trāde-ūnionist	*un syndicaliste.*
trāde-ūnionism	*le syndicalisme.*
the clāims	*les revendications.*
the de**mands**	*les exigences.*

a strīke	une grève.
a ca'canny strike	une grève perlée.
a strīker	un gréviste.
a blackleg	un jaune.
a lock-out	un lock-out.
the summons	la convocation.
the workshop	l'atelier.
the swĕating (system)	l'exploitation patronale.
a procession	un cortège.
a manifestātion / a demonstrātion	une manifestation.
excesses	des excès.
the followers	les partisans.
a delegate	un délégué.
a delegātion	une délégation.
the negōtiātion	la négociation.
the agreement	1. l'accord. 2. le contrat.
a condition	une condition.
a rēserve / a rēservātion	une réserve.
a sanction	une sanction.
a dismissal	un renvoi.
a suppression	1. une répression. 2. une suppression.
the resumption of work	la reprise du travail.
the carrying out	l'exécution (plan, contrat).
the fulfilment	l'accomplissement.
an unemployed man / an out-of-work	un chômeur.
the unemployed	les chômeurs.
unemployment	le chômage.
the dōle	l'allocation de chômage.
an authorīzātion	une autorisation.
a character[1]	un certificat.
the Factory Act	la loi sur les accidents du travail.
the employer's līability	la responsabilité des patrons.
the disāblement insurance[2]	l'assurance contre l'invalidité.
the ōld āge insurance	l'assurance vieillesse.
the conciliātion board	le conseil des prud'hommes.

ADJECTIFS

hard-earned	durement gagné.
dēgrāding	avilissant.
bēsotting	abrutissant.
unthinkable	inconcevable.
inadmissible	inadmissible.
excūsable / pardonable	excusable.
(in)dependent of	(in) dépendant de.
predominant / prĕvalent / prevāiling	prédominant.
short of hands / short-handed	à court de main-d'œuvre.

VERBES

to work	travailler.
to lābour	travailler (péniblement).
to toil	travailler, peiner, trimer.
to apprentice sb. to sb.	mettre qq. en apprentissage chez qq.
to serve one's apprenticeship	faire son apprentissage.
to organīze	organiser.
*to set on foot	mettre sur pied.
to engāge / *to tāke on	embaucher.
to entice away	débaucher, inciter à la grève.
to discharge / to turn off	débaucher, congédier.
to botch / to skimp	bousiller, saboter.
*to strīke	faire grève.
*to lēave off	cesser (le travail).
to compel	contraindre.
to rāise / to incrēase	élever (salaire, prix).
to augment / to incrēase / to aggravāte	aggraver.

1. karəktə. — 2. inʃuərəns.

to grant	*accorder.*	to settle	*régler.*
to obtāin	*obtenir.*	to resūme (work)	*reprendre le travail.*
to fix	*fixer, déterminer.*	to procūre sth. for sb.	*procurer. qch. à qq.*
to evacūāte / to clēar	*évacuer.*	to satisfȳ	*satisfaire.*

LOCUTIONS

He has never done a hand's turn of work yet.	*Il n'a jamais rien fait de ses dix doigts.*
A soft job.	*Une place de tout repos.*
The demands of labour.	*Les revendications ouvrières.*
To make an application for....	*Faire une demande pour....*
The unemployment problem.	*La question du chômage.*
To go in procession.	*Défiler en cortège.*
To enter into negotiations.	*Engager des négociations.*
To come to an agreement with....	*Se mettre d'accord avec....*
To make reserves (*or* reservations)	*Faire des réserves.*
With certain reservations.	*Sous certaines réserves.*
With all proper reserves.	*Sous toutes réserves.*
It is of no consequence.	*Cela ne tire pas à conséquence.*
To draw one's month's pay.	*Toucher son mois.*
To be head over ears in work.	*Avoir du travail par-dessus la tête.*
A work that does not pay.	*Un travail qui ne rapporte pas.*
To make short work of....	*Expédier rapidement (une tâche).*
To set to work.	*Se mettre au travail.*
Task / Piece - work. / wage.	*Le travail / salaire à la tâche. / aux pièces.*
To refer to an agreement.	*Invoquer un contrat.*
To enquire into....	*Faire une enquête sur....*
To reject the demands.	*Repousser les revendications.*
« No hands wanted. »	« *On n'embauche pas.* »
To go on strike.	*Se mettre en grève.*

2. LES MÉTIERS. L'INDUSTRIE

Trades. Industry.

■ NOMS

A. Les métiers.

a trāde	*une profession, un métier* (1).
a **spec**ialist	*un spécialiste.*
an **op**erative / a **crafts**man / an *art*isan	*un artisan.*
the b[u]ilding trade	*la corporation du bâtiment.*
a wood**cutt**er	*un bûcheron.*
a **car**penter	*un charpentier.*
a **join**er	*un menuisier.*
the bench	*l'établi.*
a saw	*une scie.*
a plāne	*un rabot.*
a brāce	*un vilebrequin.*
an **auger**[1]	*une tarière.*
sawdust	*de la sciure.*
chips	*des copeaux.*
a **lock**smith	*un serrurier.*
a **glā**zier	*un vitrier.*
a pāne	*une vitre.*
pŭtty	*du mastic.*
a house-**paint**er	*un peintre.*
a **dec**orātor	*un décorateur.*
a plum[b]er	*un plombier.*
a gas**fitt**er	*un gazier.*
an elec**tri**cian	*un électricien.*
a cart[w]rī[gh]t	*un carrossier.*
a wheelwrīght[2]	*un charron.*
the axle	*le moyeu.*
the **fell**ōe	*la jante.*
a spōke	*un rayon.*
a **cab**inet-**mā**ker	*un ébéniste.*
a **turn**er	*un tourneur.*
a **coop**er	*un tonnelier.*
a **black**smith	*un forgeron.*
a **farr**ier	*un maréchal-ferrant.*
the **smi**thy	*la forge.*
the **an**vil	*l'enclume.*

a sledge-**hamm**er	*un marteau.*
a **cut**ler	*un coutelier.*
a **copp**ersmith	*un chaudronnier.*
a **tin**smith	*un ferblantier.*
a **tink**er	*un rétameur.*
a **gun**smith	*un armurier.*
a **gold**smith / a **sil**versmith	*un orfèvre.*
a **jew**eller[3]	*un joaillier.*
a clock-/watch-maker	*un horloger.*
a **gild**er[4]	*un doreur.*
a **pott**er	*un potier.*
a [k]nīfe-**grīnd**er	*un rémouleur.*
a **tann**er	*un tanneur.*
a **sadd**ler	*un sellier.*
a horse-**dēal**er	*un marchand de chevaux.*
a **shoe**māker	*un cordonnier.*
a **boot**māker	*un bottier.*
an awl[5]	*une alène.*
blacking	*du cirage.*
a **furr**ier	*un fourreur.*
an em**broid**erer	*un brodeur.*
em**broi**dery	*de la broderie.*
a [k]**nitt**er	*une tricoteuse.*
a [k]**nitt**ing-**machine** or needle	*une machine ou aiguille à tricoter.*
a stitch	*1. un point. 2. une maille (de tricot, etc.).*
a mesh	*une maille* (filet).
a **laun**dress	*une blanchisseuse.*
a **wash**erwoman	*une blanchisseuse de gros.*
a **laun**dry	*une blanchisserie.*
starch	*de l'amidon.*

1. ɔːgə. — 2 hwiːlrait. — 3. dʒuːələ — 4. g dur. — 5. ɔːl.

(1) Le mot *profession* ne s'emploie que pour les *professions libérales*.

a flat ī[r]on	*un fer à repasser.*
a milliner	*une modiste.*
millinery	*les articles de modes.*
a hatter	*un chapelier.*
a haberdasher	*un mercier.*
a clēaner	*un dégraisseur.*
a dȳer	*un teinturier.*
a basket-maker	*un vannier.*
a brushmaker	*un brossier.*
a wool-carder	*un cardeur.*
a wēaver	*un tisserand.*
a matērial / a fabric	*un tissu.*
a wēaving-loom	*un métier à tisser.*
a spinner	*un filateur.*
a spinning-wheel	*un rouet.*
a skein	*un écheveau.*
a shuttle	*une navette.*
a līnen-drāper	*un marchand de confections.*
a hōsier	*un bonnetier.*
a tāilor	*un tailleur.*
a dressmāker	*une couturière.*
a sēamstress	*une couturière (à la journée).*
the sewing[1]-machine	*la machine à coudre.*
a needle	*une aiguille.*
thrĕad	*du fil.*
a reel of cotton	*une bobine de fil.*
a thimble	*un dé.*
scissors[6]	*des ciseaux.*
a stātioner	*un papetier.*
stātionery	*de la papeterie.*
a bookseller	*un libraire.*
a bookshop	*une librairie.*
a printer (3)	*un imprimeur.*
a pedlar / a hawker[2]	*un colporteur.*
a rag-and-bōne man	*un chiffonnier.*
an ī[r]onmonger / a hardwāre dēaler	*un quincaillier.*
a furniture dēaler	*un marchand de meubles.*
an uphōlsterer	*un tapissier.*
a hair-dresser	*un coiffeur.*
a perfūmer	*un parfumeur.*
a cōal-merchant	*un charbonnier.*
a gardener	*un jardinier.*
a market-gardener	*un maraîcher.*
a miller	*un meunier.*
a bāker	*un boulanger.*
a pāstry-cook	*un pâtissier.*
a confectioner	*un confiseur.*
confectionery	*la confiserie.*
a wīne-merchant	*un négociant en vins.*
a brewer[3]	*un brasseur.*
a publican	*un cabaretier.*
a distiller	*un distillateur.*
a butcher[4]	*un boucher.*
a pork-butcher	*un charcutier.*
a fishmonger	*un marchand de poissons.*
a pōulterer	*un marchand de volailles.*
a drȳsalter	*un marchand de salaisons.*
a grōcer	*un épicier.*
a greengrōcer / a fruiterer[5]	*un fruitier*
a costermonger	*un marchand des quatre saisons.*

B. L'industrie. — *a*) Le personnel.

industry	*l'industrie.*
works (1)	*une usine* (2).
a mill / mills (*pl.*)	*une fabrique.*
a (*manū*)factory	*une manufacture.*
*manū*facture	*1. la fabrication. 2. un produit manufacturé.*
a *manū*facturing town	*une ville industrielle.*
a *manū*facturer	*un fabricant.*

1. souiŋ. — 2. hɔːkə. — 3. bruːə. — 4. butʃə. — 5. fruːtərə. — 6. ss = z.

(1) Le mot *works* s'emploie assez fréquemment comme singulier et le mot *mill* assez fréquemment au pluriel.

(2) Il semble que la langue anglaise réserve le mot : *works* aux usines où la force et les produits chimiques jouent un rôle essentiel; *mill* aux usines où la fabrication s'opère au moyen de nombreux engrenages et courroies de transmission; (*manu*)*factory* aux usines où la main de l'homme jouait autrefois (ou joue encore) un rôle plus grand que la machine.

(3) Voir ch. XVI, 2 : Le livre, la presse.

a mill-ō[w]ner / a manufacturer	*un industriel, un usinier.*
a technician / a technicist[1]	*un technicien.*
a (civil) enginēer	*un ingénieur.*
enginēering	*1. le travail de l'ingénieur. 2. la construction des machines.*
a mechanic[1]	*un mécanicien.*
the hands	*le pers[1]. ouvrier.*
a mill- / factory- hand	*un ouvrier d'usine.*
a mill- / factory- girl	*une ouvrière d'usine.*
a workshop	*un atelier.*
the ōversēer	*le chef d'atelier.*
an estimate	*un devis.*
a tender	*un soumissionnement.*

b) Usines et fabriques.

the division of lābour	*la division du travail.*
the setting-up / the fitting-up	*l'installation (d'une usine).*
the equipment	*l'équipement. / l'installation.*
an engīne / a machīne[2]	*une machine (1).*
the machinery / the plant	*l'outillage.*
lūbricātion	*le graissage.*
lūbricāting-oil	*l'huile de graissage.*
the fittings	*les appareils. / les accessoires.*
a process	*un procédé.*
an *apparātus*	*un appareil. / un dispositif.*
a sāfety-devīce	*un dispositif de sûreté.*
the output	*le rendement. / la production.*
electrical works	*une usine électrique.*
gas works	*une usine à gaz.*
chemical works	*une usine de produits chimiques.*
i[r]on works	*une forge.*
steel works	*une aciérie.*
smelting works	*une fonderie.*
glass works	*une verrerie.*
dȳe works	*une teinturerie.*
sōap works	*une savonnerie.*
a boot factory	*une fabrique de chaussures.*
a hat factory	*une fabrique de chapeaux.*
a stocking factory	*une fabrique de bas.*
saw mills	*une scierie.*
spinning mills	*une filature.*
wēaving mills	*une usine de tissage.*
cotton mills	*une usine de coton.*
silk mills	*une fabrique de soieries.*
cloth mills	*une fabrique de drap.*
pāper mills	*une papeterie.*
sugar mills	*une raffinerie de sucre.*
oil mills	*une huilerie.*
a foundry	*une fonderie.*
a smelter / a founder	*un fondeur.*
a chimney- / smōke- stack	*une cheminée.*
a girder[3]	*une poutre métallique.*
the furnace	*le foyer. / le fourneau.*
a boiler	*une chaudière.*
a blast-furnace	*un haut fourneau.*
a stēam- / power- hammer	*un marteau-pilon.*
a flatting- / rōlling- mill	*un laminoir.*
the shaft	*l'arbre de couche.*
a gēar[4]	*un engrenage.*
a connecting-rod	*une bielle.*
a (drīving)-belt	*une courroie de transmission.*
a valve	*une soupape.*
a throttle-valve	*une soupape d'étranglement.*

1. ch = k. — 2. məʃiːn. — 3. gəːdə. — 4. g dur.

(1) *Engine* = machine (productrice d'énergie). *Machine* = machine (productrice de travail).

a **wĭnd**lass	*un treuil.*	a nut	*un écrou.*
a crāne	*une grue.*	a **rĭ**vet	*un rivet.*
a screw[1]	*une vis.*	a fīle	*une lime.*

C. L'électricité (1).

elec**tri**city (1)	*l'électricité.*	an ac**cū**mūlātor (battery)	*une batterie d'accumulateurs.*
a power-stātion	*une usine génératrice.*	the(e**lec**tric)wīre	*le fil (électrique).*
a **dȳ**namo	*une dynamo.*	a līve-wīre	*un fil électrisé.*
a **tur**bīne	*une turbine.*	an **in**sūlātor	*un isolant.*
an in**duc**tion-coil	*une bobine.*	a handle	*une manette.*
the **cur**rent	*le courant.*	a switch	*un commutateur.*
a cell	*un élément de pile.*	the **switch**board	*le tableau de distribution.*
a **bat**tery (of cells)	*une pile.*	a fūse	*un plomb, un fusible.*
a **stor**age-battery	*un accumulateur.*	a short **cir**cuit[2]	*un court-circuit.*
		a circuit-**breā**ker	*un coupe-circuit.*

■ ADJECTIFS

in**dus**trial	*industriel.*	(un) a**vāil**able	*(in) disponible.*
in**dus**trious	*travailleur, actif.*	self-**act**ing / auto**ma**tic	*automatique.*
in**gē**nious	*ingénieux.*	**duc**tīle	*ductile.*
practical	*pratique.*	**flex**ĭble / **plī**able	*flexible.*
indis**pen**sable to sb. / for sth.	*indispensable à qq. / à qch.*	**mall**eable	*malléable.*
a**dap**ted to	*approprié à.*	red-hot / white-hot	*chauffé au rouge. / chauffé au blanc.*
tra**di**tional	*traditionnel.*	fire-proof	*incombustible.*
standard	*normal, type.*	water-proof	*imperméable.*
mŏdel	*modèle.*	noise-proof	*insonore.*
detri**men**tal	*nuisible. préjudiciable.*	(in a) rough (state)	*(à l'état) brut.*
ex**pē**rienced	*expérimenté.*	raw	*non travaillé.*
skilled	*spécialisé (ouvrier).*	man**ū**factured	*manufacturé.*
unskilled	*non spécialisé.*	ma**chine-fin**ished	*usiné.*

■ VERBES

to carry on (a trade)	*exercer (un métier).*	to fit up	*aménager, installer.*
to **ten**der (for)	*soumissionner (pour).*	*to make	*fabriquer.*
to con**tract** for sth.	*prendre qch. en adjudication.*	*to saw	*scier.*
to yiēld	*produire, rapporter.*	to plāne	*raboter.*
*to set up	*établir, monter.*	to **ham**mer	*marteler.*
		to turn	*tourner (le bois).*
		to notch	*faire des encoches.*

1. skruː. — 2. səːkɪt.

(1) Voir aussi ch. XVII, 3 : La Radio.

to nāil	*clouer.*	to plaster	*plâtrer.*
to glue[1]	*coller.*	to whītewash	*badigeonner.*
to varnish	*vernir.*	to pāper	*tapisser.*
to warp	*se gondoler, gauchir.*	to card	*carder.*
		*to spin	*filer.*
to assay (1)	*analyser (un métal).*	*to wēave	*tisser.*
		*to sew[2]	*coudre.*
to smelt	*fondre (un métal).*	to stitch	*piquer* / *faire un point.*
*to cast	*couler.*	to hem	*ourler.*
to harden	*durcir.*	to mend	*réparer.*
to temper	*tremper.*	to patch	*rapiécer.*
to forge	*forger.*	to darn	*repriser.*
to rōll	*laminer.*	*to [k]nit	*tricoter.*
to sōlder	*souder.*	to embroider	*broder.*
to fīle	*limer.*	to starch	*empeser.*
to rivet	*river*	to ī[r]on	*repasser.*
to burnish	*brunir, polir.*	to trim	*garnir, orner.*
to tin	*étamer.*	to dȳe	*teindre.*
to sharpen	*aiguiser.*	to clēan	*nettoyer.*
*to put in (a pane)	*poser (un carreau).*	*to grīnd	*1. moudre.* / *2. aiguiser.*
*to put on (a lock)	*poser (une serrure).*	to [k]nēad	*pétrir.*
		to brew[3]	*brasser.*
to tan	*tanner.*	to distil	*distiller.*
to pāint	*peindre.*	*to slay	*abattre (un animal).*
*to sweep	*1. balayer.* / *2. ramoner*	*to shoe[4]	*ferrer un cheval.*

LOCUTIONS

Everyone to his trade.	*Chacun son métier.*
He is a carpenter by trade.	*Il est charpentier de son état.*
As mad as a hatter.	*Fou à lier.*
The manufacturing industries.	*La grande industrie.*
The smaller industries.	*La petite industrie.*
To be on the staff of....	*Faire partie du personnel de....*
Articles of English manufacture.	*Des articles de fabrication anglaise.*
A mining engineer.	*Un ingénieur des mines.*
An electrical engineer.	*Un ingénieur électricien.*
The ironmaster.	*Le maître de forges.*
To blow the fuses.	*Faire sauter les plombs.*
A fuse has blown.	*Un plomb a sauté.*
To set a machine going.	*Mettre une machine en mouvement.*
A bad workman finds fault with his tools.	*Un mauvais ouvrier n'a jamais de bons outils.*
A good workman is known by his chips.	*A l'œuvre, on connaît l'artisan.*
Nothing like leather!	*Vous êtes orfèvre, M. Josse!*
To French polish.	*Vernir au tampon.*

1. gluː. — 2. son. — 3. bruː. — 4. ʃuː.

(1) Voir aussi ch. XI, 2 : Les métaux.

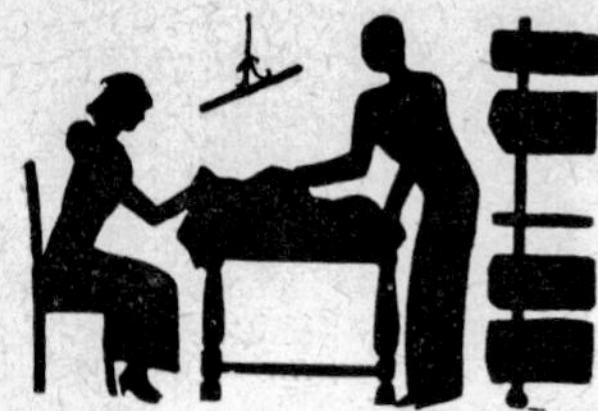

3. LE COMMERCE LES AFFAIRES

Trade. Business.

■ NOMS

A. Une maison de commerce.

trāde, commerce	*le commerce.*
hōme trade	*comm. intérieur.*
fore[ig]n trade	*comm. extérieur.*
business[1] (*sing.*)	*les affaires.*
[w]hōlesāle trade	*comm. de gros.*
rētāil trade	*comm. de détail.*
*im*portātion	*l'importation.*
*ex*portātion	*l'exportation.*
imports	*les importations.*
exports	*les exportations.*
free trade	*le libre échange.*
a prodūcer	*un producteur.*
a merchant	*un négociant.*
a dēaler	*un commerçant.*
a [w]holesāle dēaler / a [w]holesāler	*un marchand en gros.*
a retail dealer	*un détaillant.*
a rētailer	*un débitant.*
a (business) firm	*une maison de commerce.*
a business (1)	*une affaire, un fonds.*
the stȳle	*la raison sociale.*
the stock-in-trade	*le fonds de commerce.*
the goodwill	*l'achalandage, la clientèle.*
a shop	*une boutique, un magasin.*
a shopkeeper	*un boutiquier.*
stores (*gén. pl.*)	*un grand magasin.*
a wārehouse	*un dépôt, un entrepôt.*
the shop-window	*la vitrine, l'étalage.*

a trāding-company	*une société commerciale.*
the hĕad-offīce	*le siège social.*
a branch	*une succursale.*
a joint-stock company	*une société par actions.*
a limited (līability) company	*une société à responsabilité limitée (anonyme).*
a director	*un administrateur.*
the Board of Directors	*le Conseil d'Administration.*
the manager	*le directeur.*
the managing-director	*l'administrateur délégué.*
a power of attorney[2]	*un plein pouvoir, procuration.*
the cashier	*le caissier.*
the cashier's office *or* desk	*la caisse.*
the secretary	*le ou la secrétaire.*
the tȳpist	*la dactylographe.*
the tȳpe[w]rīter	*la machine à écrire.*
advertīsing	*la publicité.*
a department	*un rayon.*
the hĕad	*le chef (de rayon).*
the shopwalker	*l'inspecteur.*
a shop -boy / -girl	*un(e) commis(e).*
a delivery-man	*un livreur.*
a customer	*un (e) client (e).*
the custom / the connection	*la clientèle.*

1. biznes. — 2. ətə:ni.

(1) Dans ce sens, pluriel : *businesses.*

B. L'achat et la vente.

political economy	*l'économie politique.*
the supplȳ and the demand	*l'offre et la demande.*
competition	*la concurrence.*
the prodūcer	*le producteur.*
the consūmer	*le consommateur.*
the middleman	*l'intermédiaire.*
the market	*le marché, la place.*
the requīrements	*les besoins (du marché).*
the raw matērial	*la matière première.*
buying and selling	*l'achat et la vente.*
goods (*pl.*) / merchandīse (*sing.*) / ware(s)	*des marchandises.*
a commodity	*une denrée.*
trash, rubbish	*de la camelote.*
a purchase[1]	*un achat.*
a sāle	*une vente.*
clēarance-sale	*vente de soldes.*
auction-sale / sale by auction	*vente aux enchères.*
an auctionēer	*un commissaire-priseur.*
the seller	*le vendeur.*
the b[u]ȳer	*l'acheteur.*
an ōpening	*un débouché.*
the turnōver	*le chiffre d'affaires.*
a bargain	*une affaire avantageuse.*
the cost	*le coût.*
the cost prīce	*le prix de revient.*
whōlesāle price	*prix de gros.*
retāil price	*prix de détail.*
purchase price	*prix d'achat.*
selling-price	*prix de vente.*
the current- / market- price	*le prix courant.*
a price-list	*un prix-courant.*
a catalogue	*un catalogue.*
the stock	*la provision, le stock.*
a monopoly	*un monopole.*
a trust	*un trust.*
a corner	*un accaparement.*
cōoperative stores	*une coopérative.*
a commercial traveller	*un voyageur de commerce.*
a hawker[2] / a pedlar	*un colporteur.*
an order	*une commande, un ordre.*
a sample	*un échantillon.*
a pattern	*un échantillon (modèle).*
the forwarding	*l'expédition.*
a consī[g]nment	*un envoi. une expédition.*
a shipment	*une expédition par navire.*
the sender / the consī[g]ner / the shipper	*l'expéditeur.*
the carr[i]age	*le transport.*
the packing	*l'emballage.*
the wei[gh]t	*le poids.*
the frei[gh]t	*le fret.*
the delīvery	*la livraison.*
a delay	*un retard.*
a damage	*une avarie. un dégât.*
a complāint	*une plainte.*
a clāim	*une réclamation.*
the Chāmber of Commerce	*la Chambre de Commerce.*
damages	*des dommages-intérêts.*
a rēduction	*une réduction.*
a rēbāte	*un rabais.*
an insurance[2]	*une assurance.*
fīre-insurance	*l'assurance-incendie.*
līfe-insurance	*l'assurance sur la vie.*
the insurance policy	*la police d'assurance.*
the insurance prēmium	*la prime d'assurance.*

C. La comptabilité.

bookkeeping	*la comptabilité.*
single-entry, double-entry, bookkeeping	*comptabilité en partie simple. partie double.*
an account	*un compte.*
the account books	*les livres.*
the ledger	*le grand-livre.*

1. pəːtʃəs. — 2. hɔːkə. — 3. inʃuərəns

the debit the de[b]tor-sīde	*le doit.*
the credit the creditor-sīde	*l'avoir.*
the bookkeeper the accountant	*le comptable.*
stock-tāking	*l'inventaire.*
the balance-sheet	*le bilan.*
the auditor	*le vérificateur.*
the outlay	*la mise de fonds.*
the recēi[p]ts	*les recettes.*
the expenses	*les dépenses.* *les frais.*
ōverhead or trade (expenses, charges)	*les frais généraux.*
sundry expenses or sundries	*frais divers.*
a tax	*un impôt.*
the tax on turnōver	*l'impôt sur le chiffre d'affaires.*
the līcence (1)	*la patente.*
the profit	*le bénéfice.*
the loss	*la perte.*
the profit and loss account	*le compte de profits et pertes.*
the fāilure the bankruptcy	*la faillite.*
the fraudūlent bankruptcy	*la banqueroute frauduleuse.*
the payment	*le paiement.*
the settlement	*le règlement.*
payment in advance	*paiement d'avance.*
cash payment	*paiement comptant.*
an instalment	*un acompte.*
the instalment system	*la vente à tempérament.*
hīre-purchase system	*le système de location-vente.*
the credit	*le crédit.*
the (dāte of) matūrity the falling dūe	*l'échéance.*
an extension of time	*une prolongation d'échéance.*
the solvnecy	*la solvabilité.*
the insolvency	*l'insolvabilité.*
a demand nōte	*un avertissement.*
the invoice	*la facture d'envoi.*
a bill	*une facture (ae paiement).*
the collection	*l'encaissement.*
a rēpayment rēimbursement rēfund	*un remboursement.*
a rēcēi[p]t	*un reçu.*
a recēi[p]t in full	*une quittance pour solde.*

D. La Bourse. — La Banque.

the Stock-Exchānge	*la Bourse.*
on 'Chānge	*en Bourse.*
a brōker	*un courtier.*
a stock-brōker	*un agent de change.*
brōkerage	*le courtage.*
a transaction	*une opération.*
the bulls[1]	*les haussiers.*
the bears[2]	*les baissiers.*
a bull transaction	*une opération à la hausse.*
a bear transaction	*une opération à la baisse.*
capital	*le capital.* *des capitaux.*
secūrities stocks and shāres	*des valeurs.* *des titres.*
a certificate a bond	*un titre.*
the Consols (2)	*les rentes d'État.*
a shāre	*une action.*
share-capital	*capital actions.*
a debenture a bond	*une obligation.*
a lottery bond aprēmium bond	*une obligation à lots.*
the redeemable stock	*le capital-obligations.*
a shārehōlder	*un actionnaire.*
a bondhōlder	*un obligataire.*
provident fund	*fonds de réserve.*
sinking fund	*— d'amortis[t].*
fore[ig]n exchānge stock	*des devises étrangères.*
an investment	*un placement.*
the interest	*l'intérêt.*
the rāte	*le taux.*
the bank-rāte	*le taux de l'escompte.*

1. bulz. — 2. bɛəz.

(1) En particulier pour les *public houses*, cabarets.
(2) Abrév. de : *consolidated debts or funds*

a dĭvĭdend	un dividende.
a (dividend) warrant / coupon	un coupon de dividende.
specūlātion	la spéculation.
gambling	le jeu.
a specūlātor	un spéculateur.
a gambler	un joueur.
the money-market	le marché financier.
« the Ring »	le marché officiel (au Stock Exchange).
the tendency	la tendance.
a fall, a drop, a declīne	une baisse.
a rīse, an advance	une hausse.
sale for the account	vente à terme.
a fluctūātion	une fluctuation.
a quōtātion	une cote, un prix.
the share list	la cote (des prix).
ūsury[1]	l'usure.
a ūsurer	un usurier.

banking	la Banque.
a bank	une banque.
a banker	un banquier.
a credit establishment	un établissement de crédit.
a bank of issūe	une banque d'émission.
the Land Bank	le Crédit Foncier.
a mor[t]gage	une hypothèque.
an advance	une avance.
a lōan	un prêt, un emprunt.
an advance on secūrities	un prêt sur titres.
call money	les prêts au jour le jour.
a g[u]aranty	une garantie.
a secūrity	une caution.
a discount	un escompte.
a deposit	un dépôt.
a withdra[w]al[2]	un retrait (d'argent).
a current account, an account current	un compte-courant.
the pass-book	carnet de banque.
a deposit account	un compte de dépôts.
a de[b]t	une dette.
the Consolidāted De[b]t	la Dette publique en rentes.
the flōating debt	la dette flottante.
a de[b]tor	un débiteur.
a claim	une créance.
a creditor	un créancier.
the rāte of exchānge	le taux du change.
a draft[3]	une traite.
the drawer[2]	le tireur.
the drawee	le tiré.
a bill of exchange	une lettre de change.
a promissory nōte	un billet à ordre.
an I. O. U. (1)	une reconnaissance de dette.
a cheque (for £ 50)	un chèque (de £ 50).
a crossed cheque	un chèque barré.
a cheque-book	un carnet de chèques.
the bearer[4]	le porteur.
the payee	le bénéficiaire.
a transfer	un virement.
the clēaring-house	la chambre de compensation.

E. La richesse et la pauvreté.

wĕalth (2)	la richesse.
a rich man, a wĕalthy man	un riche.
riches (*pl.*)	des richesses.
property, possessions, hōldings	des biens. des propriétés.
a fortune	une fortune.

1. juːʒuri. — 2. draw = drɔː. — 3. draːft. — 4. bɛərə.

(1) Mis pour : *I owe you* : je vous dois.
(2) Notez la différence entre : *wealth* : la richesse (publique ou particulière), l'opulence, — *riches* : des richesses, des biens. — *richness.* : la richesse (du sol, de l'ornementation, du style, des couleurs, etc).

capitalism	*le capitalisme.*
a capitalist	*un capitaliste.*
landed property	*biens fonciers.*
rēal estāte	*biens immobiliers. immeubles.*
personal estāte	*biens mobiliers, meubles.*
property / ō[w]nership	*la propriété.*
the proprīetor / the ō[w]ner	*le propriétaire. (en gén.).*
an upstart	*un parvenu.*
a profiteer	*un profiteur.*
competency / competence	*l'aisance.*
affluence	*l'opulence.*
sūperabundance	*la surabondance.*
income	*le(s) revenu(s).*
revenūe	*les revenus d'Etat. les recettes budgétaires.*
thrift	*l'économie.*
sāvings	*des économies.*
the Sāvings Bank	*la Caisse d'Epargne.*
a sāfe	*un coffre-fort.*
a crīsis / a depression	*une crise.*
a boom	*une hausse rapide*
a slump	*un effondrement des prix.*
the world depression	*la crise mondiale.*
impŏverishment	*l'appauvrissement.*
pŏverty (1)	*la pauvreté.*
a poor man	*un pauvre.*
a pauper[1]	*un indigent.*
pauperism	*l'indigence*
need	*le besoin*
destitūtion	*la misère.*
a beggar	*un mendiant.*
mendīcity / beggary	*la mendicité.*
a[l]ms[2] (*s. et pl.*)	*l'aumône. des aumônes.*
the Poor-Rate	*la taxe des pauvres.*
a reliēf-fund	*1. une caisse de secours. 2. une souscription publique (en faveur de sinistrés).*
a pawn[3]	*un gage (titres, bijoux).*
a pawn-brōker	*un prêteur sur gages.*
a pawn-ticket	*une reconnaissance de dépôt.*

■ ADJECTIFS

chēap	*(à) bon marché.*
dēar	*cher.*
expensive	*cher, coûteux.*
valūable	*de valeur.*
worthless	*sans valeur.*

goods	marchandises
genūine	*authentiques.*
adulterāted	*falsifiées.*
second-hand	*d'occasion.*
fashionable	*à la mode.*
up-to-dāte	*dernier cri.*
out-of-fashion	*démodées.*
shop-soiled	*défraîchies.*
fragīle	*fragiles.*
perishable	*périssables.*

market	marché
active / brisk	*actif.*
ēasy	*facile.*
strong / stĕady / firm	*soutenu.*
rīsing	*en hausse.*
b[u]oyant	*effervescent.*
quiet	*calme.*
slack	*mou.*
limited	*limité.*
unchānged	*inchangé.*
falling	*orienté à la baisse.*
depressed	*languissant.*
wēak	*faible.*

1. pɔːpə. — 2. ɑːmz. — 3. pɔːn.

(1) *Poorness* : médiocrité, insuffisance.

high price	prix *élevé.*	**rĕgistered** shares	actions *nominatives.*
lōw price	prix *bas.*	**ord**inary shares	actions *ordinaires.*
moderate price	prix *modéré.*	**prĕf**erence / prēf**erred** shares	actions *de préférence. privilégiées.*
fair price	prix *raisonnable.*	dē**ferred** shares	actions *différées.*
average price	prix *moyen.*	**listed** shares	actions *admises à la cote.*
pro**hibi**tive price	prix *exorbitant.*		
re**dūced** price	prix *réduit.*		
fixed price	prix *fixe.*		

simple interest	intérêt *simple.*	**bus**iness-like	*1. actif, précis, énergique. 2. conforme à la correction commerciale.*
compound interest	intérêt *composé.*	fair	*équitable, loyal.*
sāfe invest**ment**	*placement sûr.*	unfair	*déloyal, incorrect.*
gilt-edged secūrities	*valeurs de père de famille.*	**ques**tionable	*discutable.*
re**deem**able at par	*remboursable au pair.*	rich, wĕalthy	*riche.*
dūe	*échu.*	**prod**igal	*prodigue.*
over**drawn** (account)	*(compte)* désapprovisionné, *découvert.*	ex**trav**agant	*extravagant.*
mor[t]gaged	*hypothéqué.*	needy	*nécessiteux.*
re**pay**able at call	*remboursable sur demande.*	(in) **sol**vent	*(in) solvable.*
dis**hon**oured	*impayé. protesté.*	**pen**niless	*sans le sou.*
gross profit	*bénéfice brut.*	[w]**retch**ed	*malheureux, misérable.*
net profit	*bénéfice net.*	**des**titūte	*indigent.*
prosperous	*prospère.*	**pŏ**verty-**strick**en	*tombé dans la misère.*
thrīving	*florissant.*		

VERBES

*to go into trade	*se mettre dans le commerce.*	to puff one's wares	*vanter sa marchandise.*
*to set up in business	*s'établir dans les affaires.*	to go shopping	*aller faire des emplettes. courir les magasins.*
*to **dēal** in...	*faire le commerce de...*	*to put up for sale	*mettre en vente,*
*to deal wholesale and retail	*faire le gros et le détail.*	*to put up for auction	*mettre aux enchères.*
to carry on a business	*exercer un commerce.*	to re**tīre** from business	*se retirer des affaires.*
*to b[u]ȳ wholesale	*acheter en gros.*	to turn over (one'sbusiness)	*céder (son fonds).*
to* sell on retail	*vendre au détail.*	to **or**der	*commander.*
to* sell cash	*vendre au comptant.*	to **can**cel (an order)	*annuler (une commande).*
to* sell on credit	*vendre à crédit.*	to pack up	*emballer.*
to* sell at a loss / at a sacrifice.	*vendre à perte.*	to **for**ward	*expédier.*
		to **im**port	*importer.*
to **ad**vertīse	*faire de la publicité.*	to **ex**port	*exporter.*
		to ship	*embarquer, expédier (par navire).*
*to keep as shop	*tenir un magasin.*		
to **can**vass	*faire la place.*	to de**lĭ**ver	*livrer.*

to allow a discount off the price	*faire un escompte sur le prix.*
*to pay (cash, ready money)	*payer (comptant).*
*to rēpay	*rembourser.*
*to spend	*dépenser.*
*to bid	*mettre une enchère.*
*to **out**bid sb.	*surenchérir sur qq.*
to [k]nock down	*adjuger.*
*to keep the books	*tenir les livres.*
*to make an entry into...	*passer écriture à...*
to carry **for**ward	*reporter.*
to make up, / to clōse } an account	*arrêter un compte.*
to **bal**ance an account	*balancer un compte.*
to **au**dit	*vérifier (les comptes).*
*to pay off, / to re**deem** } a mortgage	*purger une hypothèque.*
to ad**vance** (money)	*avancer (de l'argent), faire une avance.*
to **bor**row (from)	*emprunter (à).*
*to lend (on **in**terest)	*prêter (à intérêt).*
to de**pos**it	*déposer, mettre en dépôt.*
to **is**sūe / to rāise } a lōan	*émettre un emprunt.*
to re**deem** (bonds)	*amortir des obligations.*
*to stand se**cū**rity for sb.	*se porter caution pour qq...*
to answer for sb.	*répondre pour qq.*
*to b[u]ȳ on a fall	*acheter à la baisse.*
to **cor**ner	*accaparer, faire l'accaparement de.*
*to draw (a bill) on sb.	*tirer, faire traite sur qq.*
to cash	{ *encaisser.* / *toucher.*
*to get... **cashed**	*faire toucher, faire encaisser.*
*to with**draw** (money)	*retirer (de l'argent).*
to trans**fer**	*faire un virement, virer.*
to pawn	*engager (des titres, des bijoux).*
*to ōver**draw** one's account	*tirer à découvert.*
to stop **pay**ment	*cesser ses paiements.*
to fīle one's pe**ti**tion (in bankruptcy)	*déposer son bilan.*
*to go bankrupt	*faire faillite.*
to ad**judge** (*or*) ad**jū**dicate sb. bankrupt	*déclarer, prononcer qq. en faillite.*
to be thrōwn upon the **par**ish	*tomber à la charge de la commune.*

■ LOCUTIONS

The commercial world.	*Le monde du commerce.*
Small tradespeople.	*Le petit commerce.*
To do big business.	*Faire de grosses affaires.*
The business hours.	*Les heures ouvrables.*
The stock-in-hand.	*Les marchandises en magasin.*
The cash-in-hand.	*L'argent en caisse.*
Please pay at the desk.	*Veuillez payer à la caisse.*
To give sb. a free hand.	*Donner carte blanche à qq.*
He is { a queer / an ugly } customer!	*C'est un { drôle de citoyen! / mauvais coucheur!*
« The Trade ».	*Le commerce des vins, bières et spiritueux.*
The supply does not answer the demand.	*L'offre ne répond pas à la demande.*
There is no demand for these articles.	*Ces articles ne sont pas demandés.*
Goods sent on sale or return.	*Marchandises envoyées à condition.*
You've got good value for your money.	*Vous en avez bien pour votre argent.*

The carrying trade.	*Le commerce des transports.*
Carriage paid.—Carriage forward.	*(En) port payé. — (En) port dû.*
Carriage free.—Delivered free.	*Franco de port. — Livraison franco.*
Free on board.— F. O. B.	*Franco à bord.*
Free on rail.— F. O. R.	*Franco gare.*
To give sth. into the bargain.	*Donner qch. par-dessus le marché.*
Packing extra.	*Emballage en sus.*
For immediate delivery.	*A livrer de suite.*
Cash on delivery. — C. O. D.	*Payable à la livraison.*
To be paid for on delivery.	*Livraison contre remboursement.*
Sale for cash, on credit.	*Vente au comptant, à crédit.*
Rubbishy goods.	*Des marchandises de rebut.*
To talk trash.—To talk rubbish.	*Dire des riens, des bêtises. — Parler pour ne rien dire.*
A cause for complaint.	*Un motif de plainte.*
To put in a claim.	*Faire une réclamation.*
To sue sb. for damages.	*Poursuivre qq. en dommages-intérêts.*
To recover damages.	*Obtenir des dommages-intérêts.*
Our turnover shows an increase on last year('s).	*Notre chiffre d'affaires est en augmentation sur (celui de) l'an dernier.*
At cost price.	*Au prix coûtant.*
On no account.	*A aucun prix.*
I have learnt it to my cost.	*Je l'ai appris à mes dépens.* / *Je suis payé pour le savoir.*
To make a corner in wheat.	*Accaparer les blés.*
Payable at maturity.	*Payable à l'échéance.*
To give sb. credit.	*Faire crédit à qq.*
To take stock.	*Faire l'inventaire.*
To draw up a balance-sheet.	*Dresser un bilan.*
A dead-loss.	*Une perte sèche.*
An invoice / An agreement } in { duplicate. / triplicate.	*Une facture / Un contrat } en { double / triple } exemplaire.*
A counterfoil-book.	*Un carnet à souches.*
A fraudulent balance-sheet.	*Un faux bilan.*
To put capital into....	*Mettre des capitaux dans....*
A company with a capital of....	*Une société au capital de....*
The called-up, paid-up capital.	*Le capital appelé, versé.*
The registered capital.	*Le capital social.*
The working capital.	*Les fonds de roulement.*
The security department.	*Le service des titres (dans une banque).*
Gilt-edged securities.	*Valeurs de tout repos (dorées sur tranches).*
A drop in wools.	*Une baisse sur les laines.*
Kaffirs.	*Les valeurs sud-africaines.*
To return... with usury.	*Rendre... avec usure.*
The Old Lady of Threadneedle Street.	*La Banque d'Angleterre.*
The weekly Bank return.	*Le bilan hebdomadaire de la Banque.*
To have a banking account / *or* to bank } with...	*Avoir un compte en banque chez...*
A short loan.	*Un prêt à court terme.*
To be in debt.	*Avoir des dettes.*
To run into debt.	*Faire des dettes.*
To be head over ears in debt.	*Être criblé de dettes.*
To be out of debt.	*N'avoir plus de dettes, ne plus rien devoir.*
The rich and the poor.	*Les riches et les pauvres.*

To get rich.	*S'enrichir.*
To be well-off (*or* well-to-do).	*Avoir de la fortune.*
To be in easy circumstances.	*Être dans l'aisance.*
To be badly off, to be in straits. To be in reduced circumstances.	*Être dans la gêne.*
To make a fortune.	*Faire fortune.*
To live { in dire poverty. in dire straits.	*Vivre dans une { grande détresse. misère noire.*
To be rolling in wealth.	*Être tout cousu d'or.*
He is worth millions.	*Il est riche à millions.*
The income-tax.	*L'impôt sur le(s) revenu(s).*
To live within one's income.	*Ne pas dépenser plus que ses revenus.*
To squander one's patrimony.	*Dissiper son patrimoine.*
To give alms to sb.	*Faire l'aumône à qq.*
To enjoy a decent competency.	*Jouir d'une modeste aisance.*
To live in modest comfort.	*Vivre dans une honnête aisance.*
To be liberal in business.	*Être large en affaires.*
That's not business-like.	*Cela n'est pas régulier.*
A round sum.	*Un compte rond.*
In round figures.	*En chiffres ronds.*
It's given away.—It's dirt cheap.	*C'est pour rien! c'est donné!*
He got it for a trifle, *or* for a mere nothing.	*Il a eu cela pour une bouchée de pain.*
Prices { are sagging. are becoming easier.	*Les prix fléchissent.*
Money is plentiful.	*L'argent abonde.*
How is business?	*Comment vont les affaires?*
Business is slack.	*Les affaires ne marchent pas.*
An overdue draft.	*Une traite en souffrance.*
An overdrawn account.	*Un compte sur lequel on a tiré à découvert.*
A wildcat scheme.	*Une affaire véreuse.*
Payable to bearer, at 3 months' date.	*Payable au porteur, à 3 mois.*
Short-dated,— long-dated, paper.	*Papier court, papier long.*
A short-dated, a long-dated bill.	*Une traite à courte, longue échéance.*
He has turned over the business to his partner.	*Il a cédé l'affaire à son associé.*
£ 20 a month, with board and lodging.	*£ 20 par mois, logé et nourri.*
That clerk is not worth his salt.	*Cet employé ne vaut pas le pain qu'il mange.*
To keep the prices down.	*Empêcher les prix de monter.*
To make everything square.	*Pour mettre tout en ordre, pour régler tout.*
That makes us square.	*Maintenant nous sommes quittes.*
I can't afford to pay more than £ 10 for it.	*Je ne peux pas y mettre plus de 10 livres.*
Our stock is running short.	*Notre stock s'épuise.*
To run short of an article.	*Commencer à être à court d'un article.*
By the widest computation.	*En calculant très largement.*
To keep to a limit of £ 100.	*Se tenir dans les limites de £ 100.*
Retail price laid down by the manufacturer.	*Prix imposé par le fabricant.*

■ QUELQUES FORMULES COMMERCIALES

We beg to inform you that... (1)	*Nous avons l'honneur de vous informer que....*
We beg to acknowledge receipt of....	*Nous avons l'honneur de vous accuser réception de....*
Your letter of the 6th. inst. (2)....	*Votre lettre du 6 courant....*
Your letter of the 25 th. ult. (2)....	*Votre lettre du 25 dernier....*
Your favour of... to hand *or* duly reached us.	*Votre honorée du... nous est dûment parvenue.*
On receipt of your favour of....	*Au reçu de votre honorée du....*
With reference to / (*abrév.*) Re our letter of....	*Nous référant à / Comme suite à notre lettre du....*
We are in a position to....	*Nous sommes à même de...*
We shall let you know in due course.	*Nous vous le ferons savoir en temps voulu.*
Read and approved.	*Lu et approuvé.*
Until further notice.	*Jusqu'à nouvel avis.*
Unless you hear to the contrary	*Sauf avis contraire.*
At your earliest convenience.	*Dès qu'il vous sera possible*
Thanking you in anticipation.	*En vous remerciant d'avance.*
Hoping to hear from you.	*Dans l'espoir de vous lire.*
Awaiting your kind reply	*En attendant votre réponse.*
p. t. o. (please turn over).	*Tournez s. v. p.* ou *Voir au dos.*
« To be kept in a cool place »	« *A tenir au frais.* »
« To be kept dry »	« *Craint l'humidité.* »
« With care. »	« *Fragile.* »
« This side up. »	« *haut.* »
« This side down. »	« *bas.* »
Business is business.	*Les affaires sont les affaires.*
Two of a trade never agree	*Deux hommes du même métier ne s'entendent jamais.*
Good wares make quick markets.	*Bonne marchandise se vend vite.*
Poverty is no crime.	*Pauvreté n'est pas vice.*
Contentment is better than riches.	*Contentement passe richesse.*
Plenty is no plague.	*Abondance de biens ne nuit pas.*
Ill-gotten goods seldom prosper.	*Bien mal acquis ne profite jamais.*
A good name is better than riches.	*Bonne renommée vaut mieux que ceinture dorée.*
Keep thy shop and thy shop will keep thee.	*Entretiens ta boutique et ta boutique t'entretiendra.*
He that goes a'borrowing goes a'sorrowing.	*Qui emprunte se prépare des ennuis.*

(1) Abréviation de *we beg leave to,* nous demandons la permission de...
(2) Abréviations de *instant* et *ultimo* qui ne s'écrivent jamais en entier.

4. POSTE ET CORRESPONDANCE

Post and correspondence.

■ NOMS

A. La poste, le télégraphe, le téléphone.

the Universal Pōstal Union	*l'Union postale universelle.*
the Pōstal and Telegraph Service	*les P. et T.*
the pōstmaster	*le receveur.*
pōst / māil	*la poste.* / *le courrier.*
air-mail	*la poste aérienne.*
parcel-pōst	*la poste des colis.*
a pōst-offīce	*un bureau de poste.*
the General Pōst-Office. (G. P. O.)	*la Grande Poste.*
the hĕad pōst-office	*le bureau central.*
a branch-office	*un bureau auxiliaire.*
a mail-bag	*un sac de dépêches.*
the parcels office	*le bureau des messageries.*
the pōst-office dīrectory	*l'annuaire des téléphones.*
a clerk[1]	*un employé.*
a pōstman	*un facteur.*
a letter-box	*une boîte aux lettres.*
a pillar-box	*une borne-boîte.*
the collection	*la levée.*
the delīvery	*la distribution.*
the dĕad-letter office	*le « rebut ».*
telegraphy	*la télégraphie.*
telegraph	*le télégraphe.*
a telegraph pōst *or* pōle	*un poteau télégraphique.*
a telegraph wīre	*un fil télégraphique.*
wīreless telegraphy	*la télégraphie sans fil.*
a telegraph form	*une formule de télégramme.*
a cāble(gram)	*un câblogramme.*
a telegram / a wīre	*un télégramme.*
*tele*vision	*la télévision.*
tele*phōne*	*le téléphone.*
a telephōne girl	*une téléphoniste.*
the telephōne box	*la cabine téléphonique.*
the telephōne exchānge	*le central téléphonique.*
a trunk līne	*une ligne interurbaine.*
the recēiver	*le récepteur.*
the hook	*le crochet.*
a (telephōne) call	*un appel, une communication.*
the phōne number / the call number	*le numéro de téléphone (1).*
a lōcal call	*une communication urbaine.*
a trunk call	*une communication interurbaine.*

B. La correspondance. — Les timbres.

correspondence	*la correspondance.*
a letter	*une lettre.*
a pōstcard	*une carte postale.*
a picture pōstcard	*une carte illustrée.*

1. klaɪk.

(1) Les numéros de téléphone s'appellent chiffre par chiffre, 0 appelé comme la lettre O. — 6970 = six, nine, seven, o. — 4002 = four, double o, two.

a letter-card	*une carte-lettre.*
a cōde	*un code.*
the sender	*l'expéditeur.*
the addressee	*le destinataire.*
nōte-pāper	*du papier à lettres.*
the front-pāge	*le recto.*
the back-pāge	*le verso.*
a circūlar	*une circulaire.*
an applicātion, a request (for)	*une demande de. pour.*
news (*gén. sing.*), tīdings (*pl.*)	*des nouvelles.*
an announcement, a nōtificātion	*une annonce.*
a dēlay	*un retard.*
the conclūsion, the end	*la fin (de la lettre).*
the formal ending	*la formule de politesse.*
the signature[1]	*la signature.*
a pōstscript	*un post-scriptum.*
the envelōpe, the cŏver	*l'enveloppe (lettre ou petit paquet).*
the [w] rapping	*l'enveloppe (paquet, colis).*
the address	*l'adresse.*
a rĕgistered letter	*une lettre recommandée, chargée.*
a remittance	*un envoi d'argent.*
a pōstal order	*un bon de poste.*
a money-order, a pōst-office-order	*un mandat-poste.*
the payee	*le destinataire (mandat).*
printed matter	*des imprimés.*
the printed-pāper rāte	*le tarif des imprimés.*
a [w]rapper	*une bande.*
a (pōstage-) stamp	*un timbre (-poste).*
the pōstmark	*le cachet d'oblitération.*
a letter-balance	*un pèse-lettres.*
the pōstage, the fee	*le port. l'affranchissement.*
registrātion fee	*affranchissement recommandé.*
the extra pōstage	*la surtaxe.*
the sorting	*le tri.*
a stamp-collection	*une collection de timbres.*
a collector	*un collectionneur.*
philately	*la philatélie.*
a philatelist	*un philatéliste.*
an album	*un album.*
a varīety	*une variété.*
a surcharge	*une surcharge.*
a misprint	*une erreur.*
the water-mark	*le filigrane.*
a sēries[2]	*une série.*

■ ADJECTIFS

pōstal	*postal.*
telegraphic	*télégraphique.*
telephŏnic	*téléphonique.*
wīreless	*sans fil.*
registered	*recommandé.*
stamped	*timbré.*
pōstpaid	*affranchi.*
carriage paid	*port payé.*
pōstfree	*franco de port.*
urgent	*pressé, urgent.*
illĕgible	*illisible.*
un[k]nō[w]n	*inconnu.*
dĕad letter, unclāimed letter	*lettre au rebut*
postmarked	*oblitéré.*
indented	*dentelé.*
perforāted	*perforé.*
surcharged	*surchargé.*

■ VERBES

to sī[g]n	*signer.*
to fōld up	*plier.*
to clōse	*fermer.*
*to stick	*coller.*
to address	*adresser.*
to sēal	*cacheter.*
to take to the post-office	*porter à la poste.*

1. signətʃə. — 2. siəri:z.

to stamp	*timbrer.*
to pōst (a letter)	*mettre une lettre à la poste.*
to **post**mark	*obliterer.*
to drop into the letter-box	*jeter dans la boîte.*
to **rĕ**gister	*recommander.*
to have (a letter) registered	*faire recommander (une lettre).*
to sort	*trier.*
to col**lect** } the letters	*lever, distribuer les lettres.*
to de**lĭ**ver } the letters	
to re**mit**	*remettre.*
to hand	*remettre de la main à la main.*
to dis**patch** }	*expédier.*
*to send off }	
to **for**ward	*1. expédier.* *2 faire suivre.*
to wīre	*télégraphier.*
to **tel**ephōne	*téléphoner.*
to lift the rēcēiver	*décrocher le récepteur.*
to rē**plā**ce the recēiver	*raccrocher le récepteur.*
*to put sb. throu[gh]	*mettre qq. en communication.*
to switch sb. on to another number	*brancher qq. sur un autre n°.*
to switch off }	*couper (la communication).*
to cut off }	
to ring up } on the phōne	*appeler qq. au téléphone.*
to call up } on the phōne	
to phōne for sb.	*demander qq. par téléphone.*
to **cī**pher }	*chiffrer.*
to **cō**dify̅ }	
to dē**cī**pher	*déchiffrer.*
to cāble	*câbler.*

■ LOCUTIONS

Post-time.	*L'heure du courrier.*
By return of post.	*Par retour du courrier.*
To miss the post.	*Manquer la levée.*
To open one's mail.	*Ouvrir son courrier.*
No delivery on Sundays.	*Pas de distribution le dimanche.*
To send... by post, by book-post.	*Envoyer... par la poste, comme imprimé.*
To send by parcel-post, by air-mail.	*Envoyer... par colis-postal, par avion.*
Whose signature does this letter bear?	*De qui cette lettre porte-t-elle la signature?*
To put a letter { in an envelope. / under cover.	*Mettre une lettre sous enveloppe.*
The right top-corner of the envelope.	*Le coin en haut et à droite de l'enveloppe.*
Herewith. — Enclosed.	*Ci-joint. — Ci-inclus.*
" See overleaf. "	« *Voir au verso.* »
By way of postscript.	*En post-scriptum.*
" Local. "	« *En ville.* » *E. V.*
" Printed matter. "	« *Imprimés.* »
" To be called for. " }	« *Poste restante.* »
" Poste restante. " }	
" Private " *or* " Confidential. "	« *Personnelle.* »
" Care of " *or* " c/o. "	« *Aux bons soins de....* »
" Please forward. "	« *Prière de faire suivre.* »
Are you on the (tele)phone?	*Avez-vous le téléphone?*
To answer the phone.	*Répondre au téléphone.*
To fill up a form.	*Remplir une formule.*
" You are through. "	« *Vous êtes en communication.* »
" Hold the line. " }	« *Ne quittez pas.* »
" Hold on. " }	
" Don't cut me off. "	« *Ne coupez pas.* »
" Line engaged. "	« *Pas libre.* »

XIX
LA SOCIÉTÉ. — LA RELIGION.
Society. — Religion.

I. — LA VIE SOCIALE
Social life.

NOMS

society	*la société.*
an introduction	*1. une introduction. 2. une présentation.*
a recommendation	*une recommandation.*
an invitation	*une invitation.*
the host (ess)	*l'hôte (sse), qui reçoit.*
a g[u]est	*un hôte, un invité.*
an acceptance	*une acceptation.*
a refusal	*un refus.*
a visit / a call	*une visite.*
a visiting-card	*une carte de visite.*
a reception / a party	*une réception.*
the welcome / the reception	*l'accueil, la réception.*
the at-home day	*le jour de réception.*
an evening party	*une soirée.*
a greeting / a bow[1]	*un salut.*
a curtsey	*une révérence.*
a handshake	*une poignée de mains.*
a trouble[2]	*un dérangement, un ennui.*
an excuse / an apology	*une excuse.*
a congratulation	*une félicitation.*
a meeting	*une rencontre.*
an interview	*un entretien. une entrevue.*
the / an acquaintance	*la / une connaissance.*
connection (*sg.*) / relations (*pl.*) / dealings (*pl.*)	*des relations (d'amitié, etc.).*
an appointment	*un rendez-vous.*
good manners (*pl.*)	*le savoir-vivre.*
the dealing(s)	*la façon d'agir. le procédé.*
the attitude	*l'attitude.*
sociability	*la sociabilité.*
propriety	*la bienséance. la correction.*
briskness / high spirits (*pl.*)	*l'entrain.*
a rumour / a report	*un bruit, une rumeur.*
a gossip	*un commérage, un cancan.*
scandal	*1. scandale. 2. médisance.*
a ta[l]ker	*un causeur.*
a chatterer / a prater	*un bavard.*
a bore	*un importun. un raseur.*

1. bau. — 2. trʌbl.

a tŏpic	un sujet de conversation.
a fad a hobby	une marotte. un dada.
a sēcret	un secret.
a tēase	une taquinerie.
a blunder	une gaffe.
(high) socīety	le beau monde, le grand monde.
the higher / upper classes	la haute classe.
the lower classes	la basse classe.
the middle classes	la cl. moyenne.
the higher middle class	la haute bourgeoisie.
the lower middle class	la petite bourgeoisie.
a sphēre a circle a set	un milieu. un monde. une sphère
our fellow crēatures	le prochain.
celebrity	la célébrité.
fāme	la renommée
an intrūder	un intrus.
an upstart	un parvenu.

a mistāke	une méprise.
a misunderstanding	un malentendu.
a slī[gh]t	un affront.
a ruffle	une brouille.
a quarrel[1]	une dispute.
a rupture	une rupture.
an intrig[ue][2]	une intrigue.
an intrig[u]er[2] a schēmer[3]	un intrigant.
an adventurer	un aventurier.
an adventuress	une aventurière.
a sharper	un escroc.
a shark	un chevalier d'industrie.
a petitioner	un solliciteur.
a parasīte	un pique-assiette.
a cadger	un tapeur.
rīvalry	la rivalité.
a rīval	un rival.
a set	un clan.
a clique[2]	une coterie.
a rēpūte a rĕpūtātion	une réputation.
prestige[2]	le prestige.

■ ADJECTIFS

(un)sōciable	(peu) sociable.
gentlemanly	distingué.
lādy-līke	distinguée.
refīned	raffiné.
select	choisi.
mixed	mêlé.
patronīzing	protecteur.
inflūential	influent.
disrĕpūtable	de mauvaise réputation.
formal ceremōnious	cérémonieux.
stiff-necked	collet monté, guindé.
(fam.) starchy fussy	faiseur d'embarras.

haughty[4]	hautain.
insinūāting insinūātive	insinuant.
prēpossessing	engageant.
winning	séduisant.
allūring	provocant. séduisant.
provocative aggressive	provocant. aggressif
intrūsive obtrūsive	importun.
touchy[5]	susceptible.
grumbling peevish	grognon, grincheux.
gruff	bourru, brusque.
churlish, surly	bourru, revêche.

■ VERBES

*to pay sb. a visit to call on sb.	faire une visite à qq.
to call for sb.	passer chercher qq.
to return sb.'s visit	rendre sa visite à qq.
to bow[6] to sb.	saluer qq.
to introdūce	présenter qq.

1. kwɔrəl. — 2. i = iː. — 3. skiːmə. — 4. hɔːti — 5. tʌtʃi. — 6. bau.

to be at home	recevoir (j. de réception).	to inconvēnience	gêner, embarrasser.
to entertāin	recevoir (amis, invités).	to intrūde upon sb. / to bother sb	importuner qq.
to welcome	accueillir.	to bore	ennuyer.
to assōciāte (with sb.)	fréquenter qq.	to be bored	s'ennuyer.
to invīte	inviter.	to accost sb.	aborder / accoster qq.
to address sb.	adresser la parole à qq. / s'adresser à qq.	to snub	rabrouer.
		to pass oneself off as...	se faire passer pour....
to usher sb in	annoncer qq.	to pretext / to plēad	prétexter
to send in one's name	se faire annoncer.	*to take lēave (of)	prendre congé (de).
to make (or fix) an appointment with sb.	donner rendez-vous à qq. / prendre rendez-vous avec qq.	*to take a French leave	filer à l'anglaise.
		to condescend to....	condescendre à....
to apologīze (for)	s'excuser de....	*to withdraw	se retirer
to detāin	retenir.	to get rid of....	se débarrasser de....
to disturb	déranger.		

■ LOCUTIONS

A man about town.	Un oisif élégant.
A letter of introduction / recommendation from.	Une lettre d'introduction / de recommandation de la part de....
On the recommendation of....	Sur la recommandation de....
To meet with a refusal.	Essuyer un refus.
A formal call	Une visite de cérémonie.
He is not at home to anyone.	Il ne veut recevoir personne.
To go to a party.	Aller en soirée.
To bow (low) to sb.	Faire un (grand) salut à qq.
To return a bow.	Rendre un salut.
To drop sb. a curtsey.	Faire une révérence à qq.
The trouble I am giving you	Le dérangement que je vous cause.
To make sb.'s acquaintance.	Faire la connaissance de qq.
To strike up an acquaintance with.	Lier connaissance avec....
A chance acquaintance.	Une connaissance de rencontre.
To improve on acquaintance.	Gagner à être connu.
To raise a scandal	Causer du scandale.
To talk scandal.	Dire des médisances.
By appointment.	Sur rendez-vous.
To keep an appointment	Être exact à un rendez-vous.
The conversation drags.	La conversation languit.
To do all the talking	Faire tous les frais de la conversation.
It is the talk of the town.	On ne parle que de cela dans la ville.
It is common talk.	Tout le monde le sait.
Rumour has it that....	Le bruit court que....
To set a rumour afloat.	Faire courir un bruit.
To let sb. into the secret.	Mettre qq. dans le secret.
To have no secrets from sb.	N'avoir point de secret pour qq.
To pick a quarrel with sb.	Chercher querelle à qq.
The upper ten (thousand).	L'élite de la société.
To go into society.	Aller dans le monde.
High life.	La vie mondaine.
Society gossips.	Les échos mondains.

It is not done in company.	*Cela ne se fait pas en société.*
Humble folk, common folk.	*Les petites gens.*
To know sb. by repute, by reputation.	*Connaître qq. de réputation.*
To be in good, bad repute.	*Avoir une bonne, mauvaise réputation.*
To be reputed as....	*Avoir une réputation de....*
To have a reputation for eloquence.	*Avoir une réputation d'éloquence.*
To assume a solemn countenance.	*Se donner des airs solennels.*
To be on good, bad terms with sb.	*Être en bons, mauvais termes avec qq.*
To be on visiting terms with sb.	*Fréquenter qq. régulièrement.*
To wave to sb.	*Saluer qq. de la main.*
To associate with bad company.	*Avoir de mauvaises fréquentations.*
To come uninvited.	*Venir sans avoir été invité.*
Allow me to introduce myself.	*Permettez-moi de me présenter.*
Allow me to introduce you to Mr. M.	*Permettez-moi de vous présenter à Mr. M.*
To bid sb. welcome.	*Souhaiter la bienvenue à qq.*
To keep sb. to dinner.	*Retenir, garder qq. à dîner.*
To treat sb. in an off-hand manner.	*Traiter qq. sans façons.*
To feel nervous in sb.'s presence.	*Se sentir intimidé en présence de qq.*
What sort of manners are these?	*Qu'est-ce que c'est que ces manières-là?*
He has no manners.	*Il n'a pas de savoir-vivre.*
I beg your pardon.	*(Je vous demande) pardon!*
To stand on ceremony.	*Faire des façons.*
To make a fuss.	*Faire des embarras.*
To make a fuss about sth.	*Faire des histoires au sujet de qch.*
To look down on sb.	*Regarder qq. du haut de sa grandeur.*
To put sb. or sth. on the black list.	*Mettre qq. ou qch. à l'index.*
To bid sb. farewell.	*Dire adieu à qq.*
To wave sb. farewell.	*Faire adieu de la main à qq.*
To go to see sb.—To look sb. up.	*Aller voir qq.*
To pop in at sb,'s (house).	*Faire une apparition chez qq.*
You are quite a stranger!	*On ne vous voit plus!*
To take advantage of.... / To avail oneself of....	*Profiter de....*
To shake hands with sb.	*Serrer la main à qq.*
A hearty handshake.	*Une cordiale poignée de mains.*

2. L'ÉTAT ET LE GOUVERNEMENT

The state and the government

■ NOMS

A. La patrie.

the native country / land	*le pays natal. la patrie.*
the mother country	*la mère patrie.*
pātriotism	*le patriotisme*
a pātriot	*un patriote.*
the nătionality	*la nationalité.*
a territory	*un territoire.*
a fellow-countryman / countrywoman	*un compatriote. une compatriote.*
a fore[ig]ner / an ālien	*un étranger.*
nătionalīzātion / năturalizātion	*la naturalisation.*
a păcifist	*un pacifiste.*
păcifism	*le pacifisme.*
the rīsing generātion	*les jeunes générations.*
ūnion	*l'union.*
concord	*la concorde.*
liberty	*la liberté.*
equality	*l'égalité*
fraternity	*la fraternité.*
public welfāre / well-bēing	*le salut / le bien public.*

B Les divers régimes.

a government	*un gouvernement.*
a regime	*un régime.*
a stāte	*un état.*
a stātesman	*un homme d'État.*
politics (*pl.*)	*la politique.*
a policy	*une politique.*
a politician	*un politicien.*
a sovere[ig]n	*un souverain.*
sovere[ig]nty	*la souveraineté.*
power	*le pouvoir.*
tȳranny	*la tyrannie.*
a tȳrant	*un tyran.*
a monarchy[1]	*une monarchie.*
a monarch[1]	*un monarque.*
an empīre	*un empire.*
an emperor	*un empereur.*
an empress	*une impératrice.*
a kingdom	*un royaume.*
the Ūnīted Kingdom	*le Royaume-Uni.*
a king	*un roi.*
a queen	*une reine.*
the queen-mother	*la reine mère.*
majesty	*la majesté.*
the thrōne	*le trône.*
the prēdecessor	*le prédécesseur.*
the successor	*le successeur.*
the accession (to)	*l'avènement (à).*
the coronātion	*le couronnement.*
royalty	*1. la royauté. 2. membre(s) de la famille royale.*
a vīceroy	*un vice-roi.*
a prince	*un prince.*
a princess	*une princesse.*
the [h]eir-apparent	*l'héritier présomptif.*
the Prince-Consort	*le Prince Consort.*
a lādy-in-wāiting *or* māid of honour	*une dame d'honneur de la Reine.*
a co[u]rtier	*un courtisan.*
the retinūe	*la suite.*
a subject	*un sujet.*
a rank	*un rang.*
a distinction	*une distinction.*
an order	*un ordre.*
a decorātion	*une décoration.*
the Order of the Garter	*l'Ordre de la Jarretière.*

1. — ch = k

the Order of the Bath (1)	*l'Ordre du Bain.*	the **president**	*le président.*
the **Lē**gion of Honour	*la Légion d'Honneur.*	a dic**tā**tor	*un dictateur.*
a **dig**nity	*une dignité.*	dic**tā**torship	*la dictature.*
a **dig**nitary	*un dignitaire.*	**com**mūnism	*le communisme.*
a de**moc**racy	*une démocratie.*	**bol**shevism	*le bolchevisme.*
a **dem**ocrat	*un démocrate.*	**nă**tionalī**zā**tion	*la nationalisation.*
a rē**pub**lic	*une république.*	exprō**priā**tion	*l'expropriation.*
a re**pub**lican	*un républicain.*	**fas**cism	*le fascisme.*
		a fascist stāte	*un état fasciste.*

C. La Cour d'Angleterre.

The Court of St. James's.	*La Cour d'Angleterre.*
His **Ma**jesty (H. M.) the King. (2)	*Sa Majesté le Roi.*
Her **Ma**jesty (H. M.) the Queen.	*Sa Majesté la Reine.*
Their **Ma**jesties.	*Leurs Majestés.*
His **Roy**al **High**ness (H. R. H.) / Her Royal Highness (H. R. H.)	*Son Altesse Royale (S. A. R.).*
The Prince of Wales.	*Le Prince de Galles.*

the rē**gā**lia	*les insignes royaux.*	a **vī**[s]count	*un vicomte.*
the s[c]eptre and the orb	*le sceptre et l'orbe.*	a **vī**[s]countess	*une vicomtesse.*
the crown	*la couronne.*	a **bar**on	*un baron.*
a dūke	*un duc.*	a **bar**oness	*une baronne.*
a **dŭ**chess	*une duchesse.*	a **bar**onet (3)	*un baronet.*
a **mar**quis[1]	*un marquis.*	a [k]nī[gh]t (3)	*un chevalier.*
a **mar**chioness[2]	*une marquise.*	a **pēer**	*un pair (membre de la Chambre des Lords).*
an earl[3]	*un comte (anglais).*	a **pē**eress	*une pairesse.*
a count	*un comte (étranger).*	**pē**erage	*1. la pairie. 2. les pairs.*
a **coun**tess	*une comtesse.*	a lord (4)	*un lord.*
		a lādy (5)	*une « lady ».*

D. L'administration (civile).

the Civil Service	*l'Administration (civile).*	an ap**point**ment	*une nomination.*
a **cĭ**vil **ser**vant / an official	*un fonctionnaire.*	the ōath of al**lē**g[i]ance	*le serment de fidélité.*
		the au**thor**ities	*les autorités.*

1. maːkwis. — 2. maːʃənis. — 3. əːl.

---

(1) Autres ordres : the Order of the Thistle (ordre écossais) ; — the British Empire;— the Order of St. Michael and St. George; — the Star of India; — the Order of the Indian Empire; — the Order of Merit, etc.

(2) « By the Grace of God, of Great Britain, Ireland and of the British Dominions beyond the seas, King, Defender of the Faith, Emperor of India. »

(3) Le titre de *knight*, non héréditaire, est indiqué par l'appellation *Sir* qui doit toujours être suivi du prénom : *Sir William Green.* Le titre de *Baronet*, héréditaire, est indiqué par l'abréviation *Bt.* ou *Bart.* précédée de la désignation particulière au knight. : *Sir Thomas Bridgewater*, **Bart.**

(4) Le titre de « *Lord* » est donné à :
1° un marquis, comte, vicomte, baron;
2° (suivi du prénom ou du nom de famille) au fils cadet d'un duc ou marquis;
3° certains dignitaires ou fonctionnaires officiels.

(5) Le titre « *Lady* » est donné à :
1° la femme d'un *Lord*;
2° la fille d'un *Lord*, suivi de son prénom : Lady Jane;
3° la femme d'un *baronet* ou *knight*, devant le nom de famille : **Lady Green, Lady Bridgewater.**

the attribūtions the powers	*les attributions (pouvoir).*	a carēer	*une carrière.*
the province the competence	*les attributions (fonction, compétence).*	the Cabinet	*le Ministère.*
responsibility	*la responsabilité.*	a Secretary of State	*un Secrétaire d'État.*
a (public) office	*une fonction (publique).*	a Minister	*un Ministre.*
the salary	*le traitement.*	finance(s)	*les finances.*
a pension	*une pension.*	the budget	*le budget.*
a rētiring pension	*une retraite.*	the army *or* the nāvy estimates	*le budget de la guerre* ou *de la marine.*
a pensioner	*un retraité.*	taxātion	*les impôts.*
		a tax	*un impôt.*
		sēcret-service money	*les fonds secrets.*
a rēvulsion (1)	*un revirement.*	disturbances	*des désordres.* *des troubles.*
a coup d'état	*un coup d'état.*	a barricāde	*une barricade.*
a revolūtion	*une révolution.*	an outrage (against)	*un attentat (contre).*
a ringlēader	*un meneur.*		
a rīot	*une émeute.*		

LOCUTIONS

Unity is strength. United, we stand; divided, we fall.	*L'union fait la force.*
The League of Nations.	*La Société des Nations.*
The Head of the Government.	*Le chef du gouvernement.*
The affairs of State.	*Les affaires d'État.*
To go into politics.	*Se lancer dans la politique.*
A front-rank politician.	*Un politicien de premier plan.*
We should not consider it good policy to....	*Nous ne considérerions pas comme de bonne politique de....*
The party in power.	*Le parti au pouvoir.*
To assume power, the crown.	*Prendre le pouvoir, la couronne.*
To come into office.	*Prendre le pouvoir* (ministre).
Long live the King!	*Vive le Roi!*
In the King's name.	*Au nom du roi. — De par le roi.*
He wouldn't call the King his cousin.	*Le roi n'est pas son cousin.*
I told him in my best King's English.	*Je lui ai dit dans mon anglais le plus pur.*
To send sb. to Kingdom come.	*Expédier qq. dans l'autre monde.*
To hold a court.	*Donner une réception à la cour.*
To go to court.	*Se rendre à la cour.*
In court dress.	*En habit, en robe de cour.*
To pay one's court to the King.	*Faire sa cour au roi.*
To curry favour to a minister.	*Faire sa cour à un ministre.*
To court (*or* to woo) a young lady.	*Faire sa cour à une jeune femme.*
O. H. M. S. (on His Majesty's Service).	*Pour le service de S. M.* (*franchise postale*).
Red tape (2).	(*La routine de*) *l'Administration.*
That does not lie within my competence, *or* province, *or* powers.	*Cela n'entre pas dans mes attributions.*
On his own responsibility.	*Sous sa propre responsabilité.*
To assume the responsibility of....	*Prendre la responsabilité de....*
To involve sb.'s responsibility.	*Engager la responsabilité de qq.*

(1) Voir aussi ch. XVI, 3 : l'Histoire.
(2) Allusion au ruban (*tape*) avec lequel on ficelle les dossiers.

To draw a salary.	*Toucher un traitement.*
To retire on a pension.	*Prendre sa retraite avec pension.*
Old-age pensions.	*Les retraites pour la vieillesse.*
To take up a career.	*Embrasser une carrière.*
To introduce the budget.	*Présenter le budget.*
The Riot Act.	*La loi sur les attroupements.*
To read the Riot Act.	*Faire les sommations réglementaires.*

E. Le Ministère anglais.

The chief departments and members of the Cabinet are :

the Prīme Minister. the **Pre**mier.	*le Président du Conseil.* *le Premier Ministre.*
the **Chan**cellor of the Exchequer.	*le Chancelier de l'Echiquier (Ministre des Finances).*
the Lord Chancellor.	*le Ministre de la Justice.*
the Lord Keeper of the Great Sēal.	*le Garde des Sceaux.*
the Hōme Office.	*le Ministère de l'Intérieur.*
the Hōme **Sec**retary.	*le Ministre de l'Intérieur.*
the **For**eign Office.	*le Ministère des Affaires Etrangères*
the **Sec**retary for **For**eign **Affairs**. the **For**eign Secretary.	*le Ministre des Affaires Etrangères.*
the **Ad**miralty.	*le Ministère de la Marine.*
the First Lord of the Admiralty.	*le Ministre de la Marine.*
the War Office.	*le Ministère de la Guerre.*
the Secretary for War *or* War Secretary.	*le Ministre de la Guerre.*
the Air Office.	*le Ministère de l'Air.*
the Air Secretary.	*le Ministre de l'Air.*
the Colōnial Office.	*le Ministère des Colonies.*
the Colōnial Secretary. the Secretary for the **Col**onies — for **Scot**land, —for **In**dia,— for the Dominions.	*le Ministre des Colonies — de l'Écosse, — de l'Inde, — des Dominions.*
the Board of Trāde.	*le Ministère du Commerce.*
the Board of *Edūcā*tion.	*le Ministère de l'Éducation nationale.*
the Board of Works and Public Buildings.	*le Ministère des Travaux publics.*
the **Pres**ident of the Board of Trāde, Edūcātion, etc...	*le Ministre du Commerce, de l'Éducation nationale, etc.*
the **Min**istry of Agri**cul**ture and **Fish**eries.	*le Ministère de l'Agriculture et des Pêcheries.*
the Ministry of Health, of **Lā**bour, of **Pen**sions, of **Trans**ports.	*le Ministère de l'Hygiène, du Travail, des Pensions, des Transports.*
the Post-Master **Gen**eral.	*le Ministre des P. T. T.*
the **Chan**cellor of the **Dŭch**y of **Lan**caster	*(représente le roi en tant que Duc de Lancastre.)*
the Master of the Rōlls.	*le Conservateur des Archives judiciaires.*

F. Relations internationales.

dipl**ō**macy	*la diplomatie.*	a **dip**lomat a dipl**ō**matist	*un diplomate.*
the *Diplo***matic** Service	*la Diplomatie.*	an **em**bassy	*une ambassade.*

the French, the British embassy	*l'ambassade de France, d'Angleterre.*	the instructions	*les directives.*
an ambassador	*un ambassadeur.*	the nātionals	*les ressortissants (d'un état).*
a legātion	*une légation.*	the flag	*le drapeau.*
a (minister) *plenipotentiary*	*un ministre plénipotentiaire.*	the swastika	*la croix gammée.*
the credentials	*les lettres de créance.*	an allīance	*une alliance.*
the letters of recall	*les lettres de rappel.*	an allȳ	*un allié.*
a consul	*un consul.*	n[e]ūtrality	*la neutralité.*
the consūlate	*le consulat.*	a neūtral	*un neutre.*
an interpreter	*un interprète.*	autonomy	*l'autonomie.*
the (Pāpal) Nunciō[1]	*le Nonce (du Pape).*	cō-*op*erātion	*la coopération.*
the embassy dispatch-bag	*la valise diplomatique.*	non-intervention / non-interfērence	*la non-intervention.*
		a conference	*une conférence, un congrès.*

G. La Constitution. — Le Parlement.

the Constitūtion.	*la Constitution.*
a *con*stitūtional government.	*un gouvernement constitutionnel.*
Parl[i]ament.	*le Parlement.*
The Houses of Parl[i]ament	*les Chambres du Parlement.*
the House of Lords / the Upper House.	*la Chambre des Lords. / la Chambre Haute.*
the House of Commons. / the Lower House.	*la Chambre des Communes. / la Chambre Basse.*
the Lord High Chancellor.	*le Prés^{t} de la Ch. des Lords.*
the Spēaker.	*le Prés^{t} de la Ch. des Communes.*
the wool-sack.	*le siège du Lord High Chancellor.*
the māce (1).	*la masse d'armes.*
Black-Rod (2).	*le messager officiel de la Chambre des Lords.*
the Sergeant-at-Arms.	*« l'Huissier » de la Chambre des Communes.*
the Trĕasury Bench.	*le banc du Gouvernement.*
the Opposition Benches.	*les bancs de l'opposition*

the lobbies	*les couloirs.*	a member of Parl[i]ament (an M. P.)	*un membre de la Ch. des Communes.*
a committee	*une commission.*	a lēader	*un chef de parti.*
the Committee of Ways and Mēans	*la Commission du Budget.*	a depūty	*un député.*
a select committee	*une commission d'enquête.*	the Chāmber of Depūties	*la Chambre des Députés.*
the chairman	*le président (d'une commission, etc.).*	the Sĕnate[2]	*le Sénat.*
the chairman by sēniority	*le président d'âge.*	a sĕnator	*un sénateur.*
		the Chāmber of Rēpresentatives	*la Chambre des Représentants.*

1. nʌnʃiou. — 2. senət.

(1) Placée devant le Speaker pendant les séances, symbolise l'autorité.
(2) Ainsi nommé parce qu'il porte un *bâton d'ébène* surmonté d'un lion d'or, insigne de ses fonctions d'huissier de l'Ordre de la Jarretière.

the general election (*sg.*)	*les élections générales.*
an elector	*un électeur.*
an electress	*une électrice.*
an electoral ward / a constitūency	*une circonscription électorale.*
the constitūents	*les électeurs (d'un M. P.).*
the platform	*le programme électoral.*
a sēat	*un siège (au Parlement).*
pōlling	*le vote.*
the pōll	*le scrutin.*
legislātion	*la législation.*
a legislātor	*un législateur.*
a bill	*un projet de loi.*
a money (*or* financial) bill	*un projet financier.*
a law / an act of Parl[i]-ament	*une loi.*
an order	*un décret.*
an order-in-council	*un décret-loi.*
a dēcree	*un arrêté.*
the session	*la session.*
a sitting	*une séance.*
the ōpening-address	*le discours d'ouverture.*
the order of the day	*l'ordre du jour.*
the deliberātion	*la délibération.*
the debāte	*la discussion.*
a resolūtion	*une décision.*
an amendment	*un amendement.*
the acceptance	*l'acceptation.*
the rejection	*le rejet.*
the division	*le vote (sur un projet).*
the trībūne (1)	*la tribune.*
franchīse	*le droit de vote.*
vōte	*le vote.*
the ūniversal suffrage	*le suffrage universel.*
woman suffrage	*le droit de vote des femmes.*
a plebiscite	*un plébiscite.*
a party	*un parti.*
a ballot	*un tour de scrutin.*
the ballot box	*l'urne.*
the majority	*la majorité.*
the mīnority	*la minorité.*
the second ballot	*le scrutin de ballottage.*
the ayes	*les votes pour.*
the nōes	*les votes contre.*
parl[i]amentary oratory	*l'éloquence de la tribune.*
an orator	*un orateur.*
his māiden speech	*son 1er discours à la Chambre.*
a question / an interpellātion	*une interpellation.*
an interpellator	*un interpellateur.*
a call to order	*un rappel à l'ordre.*
a vōte of confidence	*un vote de confiance.*
a vōte of diffidence	*un vote de méfiance.*
an interruption	*une interruption*
an incident	*un incident.*
the parl[i]amentary recess	*les vacances parlementaires.*
the breāking up	*la clôture de la session.*
the fall	*la chute (du ministère).*
a cabinet crīsis	*une crise ministérielle.*
the dissolūtion	*la dissolution.*

■ ADJECTIFS

pātriotic	*patriotique.*
nātive	*du pays natal.*
nātional	*national.*
fore[ig]n	*étranger.*
cosmopolitan	*cosmopolite.*
ūnanimous	*unanime.*
political	*politique.*
republican	*républicain.*
democratic	*démocratique*
(dis)ūnīted	*(dés)uni.*
pūblic	*public.*
sēcret	*secret.*
popūlar	*1. populaire. 2. aimé.*
unpopūlar	*impopulaire.*
sōcialist	*socialiste.*
parl[i]amentary	*parlementaire.*
fascist	*fasciste.*

(1) N'existe pas au Parlement anglais, chaque orateur parlant de sa place et étant censé s'adresser au Président.

impērial	*impérial.*
royal	*royal.*
kingly	*royal, digne d'un roi.*
princely	*princier.*
majestic	*majestueux.*
stātely	*imposant.*
conservative	*conservateur.*
lĭberal	*libéral.*
lābour	*travailliste.*
impērious	*impérieux.*
despotic	*despotique.*

absolute	*absolu.*
unrestricted	*absolu, sans restrictions.*
autocratic	*autocratique.*
hereditary	*héréditaire.*
autonomous self-governing	*autonome.*
constitūtional	*constitutionnel.*
(il)lēgal	*(il)légal.*
(in)eligible	*(in)éligible.*
crushing ōverwhelming	*écrasant.*

■ VERBES

to love	*aimer (sa patrie).*
to protect	*protéger.*
to devōte oneself	*se dévouer.*
to sacrifīce (oneself)	*(se) sacrifier.*
to fraternīze	*fraterniser.*
to contribūte to	*contribuer à.*
to be *instrū*mental in...	*contribuer pour beaucoup à....*
to injure[1] to prejūdice	*nuire à.*

to betray	*trahir.*
to disown to deny̅	*renier.*
to stir up	*ameuter (la foule).*
to *disūnīte* to divīde	*désunir.*
to revōlt	*se révolter.*
*to rīse agāinst	*se soulever contre....*
to nāturalīze to nātionalīze	*naturaliser.*

to succeed sb.	*succéder à qq.*
to ascend the thrōne	*monter sur le trône.*
to crown[2]	*couronner.*
to rei[g]n	*régner.*
to govern	*gouverner.*
to abdicāte	*abdiquer.*
to rēsī[g]n	*démissionner.*
to pension off	*mettre à la retraite.*
to remove from office to dismiss from office	*révoquer.*
to recall	*rappeler (un ambassadeur).*
to replāce	*remplacer.*
to *sū*persēde	*supplanter.*
to vōte	*voter.*
to elect	*élire.*
to be returned (an M. P.)	*être élu (député).*
to blackball to rēject	*blackbouler.*

to appoint	*nommer (à un poste).*
to accredit	*accréditer.*
to amend	*amender.*
to modify̅	*modifier.*
to support to back	*soutenir.* *appuyer.*
to enact	*mettre en vigueur (une loi).*
to promulgāte	*promulguer.*
to prorōgue	*proroger.*
to repēal	*abroger.*
to suppress	*supprimer.*
to summon	*convoquer.*
*to sit	*siéger.*
to decīde	*décider.*
to pass, to carry	*adopter.*
to rēject	*repousser.*
to pōst up	*afficher.*
to tax	*imposer, taxer.*
to breāk up	*se séparer.*
to dissolve	*dissoudre.*

1. indʒə*. — 2. kraun.

(1) Voir aussi ch. XII, 2 : L'Administration municipale.

LOCUTIONS

To send sb. on an embassy.	*Envoyer qq. en ambassade.*
Ambassador to the Court of St. James's.	*Ambassadeur auprès du roi d'Angleterre.*
The conference has come to a { dead-lock. / standstill. }	*La conférence est arrivée à un point mort.*
The high contracting parties.	*Les hautes parties contractantes.*
The political body (*or* body politic).	*Le corps politique.*
The legislature.	*Le pouvoir législatif.*
The executive (power).	*Le pouvoir exécutif.*
The judicial power.	*Le pouvoir judiciaire.*
To make { arrangements / provisions } for....	*Prendre ses dispositions pour....*
To stand for Parliament.	*Se présenter à la députation.*
A heavy poll.	*Un nombre considérable de votants.*
To head the poll.	*Venir en tête du scrutin.*
He is sure to get in.	*Il est sûr de passer, d'être élu.*
A narrow majority.	*Une faible majorité.*
A bare majority.	*Une majorité de qq. voix à peine.*
That might cost him his seat.	*Cela pourrait lui coûter son siège.*
The speech from the Throne (1).	*Le discours de la Couronne.*
To open, to adjourn the meeting.	*Ouvrir, ajourner la séance.*
To close, to dissolve the meeting.	*Lever la séance.*
To move a resolution.	*Présenter une résolution.*
To pass an amendment.	*Adopter un amendement.*
To put (*or* move) the previous question.	*Poser la question préalable.*
To put a question to vote.	*Mettre une question aux voix.*
The House goes into committee.	*La question est renvoyée à la commission.*
To pass, to reject a bill.	*Adopter, repousser un projet de loi.*
The bill was rejected at the second reading.	*Le projet a été repoussé en deuxième lecture.*
To come to a division.	*Passer au vote.*
To carry a division.	*Avoir la majorité.*
Without a division.	*A l'unanimité.*
To take / To call } a division on the question.	*Passer au vote sur la question.*
To pass an act, to pass a law.	*Voter une loi.*
The ayes, the noes have it.	*La majorité, la minorité l'emporte.*
To rise to a point of order.	*Se lever pour demander l'application du règlement.*
To rise to order	*Se lever pour demander un rappel à l'ordre.*
To call sb. to order.	*Rappeler qq. à l'ordre.*
To ask for a vote of confidence.	*Poser la question de confiance.*
Things are { turning out well, badly.	*Les choses tournent bien, mal.*
Things are { taking a bad turn.	*Les choses tournent mal.*
The turning point.	*Le moment critique.*
To come into effect.	*Entrer en vigueur*
The wire-pullers.	*Ceux qui tiennent les ficelles dans les coulisses politiques.*

(1) Lu par le roi, à l'ouverture de la session parlementaire, en présence de la famille royale, des Ministres et des deux Chambres réunies.

3. LA JUSTICE

Justice.

NOMS

A. Le droit et les divers tribunaux.

law	*le droit.*
the jūrisprūdence	*la jurisprudence.*
a jūrist a jūrisconsult a lēgal expert	*un jurisconsulte.*
a cōde	*un code.*
the court	*la cour.*
a tribūnal	*un tribunal.*
a Justice of the Peace (a J. P.)	*un juge de paix.*
the police-court *or* Petty sessions	*le tribunal de simple police.* (aussi *tribunal correctionnel*).
the cĭvil court	*le tribunal civil.*
the Lord High Chancellor	*le Ministre de la Justice.*
the Crĭminal Investigātion department (C. I. D.)	*la police secrète.*
the Bench	*la Magistrature.*
a magistrāte	*un magistrat.*
a magistracy	*une magistrature.*
a judge (2)	*un juge.*
the informing officer the examining magistrāte	*le juge d'instruction.*
the public prosecūtor	*le ministère public.*
the Queen's Counsel (Q. C.)	*l'avocat de la Couronne.*
an usher	*un huissier.*

the County Court	*le tribunal de 1re instance.*
the Assīzes	*les Assises.*
the Quarter Sessions (1)	*la session trimestrielle des Assises.*
the appēal	*l'appel.*
the Court of Appēal	*la Cour d'Appel.*
the Hīgh Court of Justice	*la Cour suprême.*
the jūrisdiction	*la juridiction.*
the jūdicial ărea	*le ressort judiciaire.*
the record-office	*le greffe.*
the clerk (of the Court)	*le greffier.*
the Bar	*le barreau.*
forensic oratory	*l'éloquence du barreau.*
an attorney	*un avoué.*
the Attorney General	*l'Attorney Général* (3).
a barrister a counsel	*un avocat.*
a lawyer	*un avoué.* *un notaire.*
a solicĭtor	*un solicitor* (4).
the jūry	*le jury.*
a jūror	*un juré.*
the foreman (of the jūry)	*le chef du jury.*
the jūry-box	*le banc des jurés.*
truth	*la vérité.*

(1) Tenues par les *County-Magistrates* dans les comtés, ou par le *Recorder* dans les grandes villes.

(2) Les « Judges » sont au nombre de 12 à 20; ils jugent les affaires civiles ou criminelles les plus importantes. *Mr. Justice X.* M. le Juge X. (siégeant à la *High Court*).

(3) Ses fonctions correspondent, dans une certaine mesure, à celle de Procureur général près la Cour de Cassation. Il fait, de droit, partie du Ministère.

(4) Ses fonctions tiennent à la fois de celles de l'avoué et du notaire. Il peut aussi plaider.

B. Différentes sortes de délits et délinquants.

an **offence**	*un délit.*
*mis*dēmēanour	*un délit, un crime.*
an **offender**	*un délinquant.*
a **tres**passer	*1. un délinquant. 2. qui pénètre sans droit sur une propriété.*
a crīme	*un crime.*
the **second offence**	*la récidive.*
an old **offender**	*un récidiviste.*
a **crim**inal	*un criminel.*
an ha**bit**ual criminal	*un repris de justice.*
a brēach of the peace	*un délit contre l'ordre public.*
a breach of trust	*un abus de confiance.*
the breach of **promise**	*la rupture de promesse de mariage.*
drunkenness	*l'ivrognerie.*
a **drunk**ard[1]	*un ivrogne.*
vāgrancy	*le vagabondage.*
a **vā**grant	*un vagabond.*
a tramp	*un chemineau.*
a theft / a **rob**bery / a **lar**ceny	*un vol.*
a **petty** larceny	*un larcin.*
a **con**fidence trick	*un vol à l'américaine.*
pocket-**pick**ing	*le vol à la tire.*
house-**breāk**ing	*le vol avec effraction.*
burglary	*le cambriolage.*
shop-**lift**ing	*le vol à l'étalage.*
a **rob**ber, a thiēf (*pl.* thiēves)	*un voleur.*
a **pick**pocket	*un voleur à la tire.*
a shop-**lifter**	*un voleur à l'étalage.*
a **hīgh**wayman	*un voleur de grand chemin.*
a **hool**igan	*un apache.*
a **burg**lar / a house-breāker	*un cambrioleur.*
a pōacher	*un braconnier.*
smuggling	*la contrebande.*
a **smug**gler	*un contrebandier.*
a **male**factor	*un malfaiteur.*
a **scoun**drel / a rōgue, a **ras**cal	*un chenapan. / un coquin.*
an ac**com**plice	*un complice.*
a recēiver	*un recéleur.*
recēiving and concēaling	*le recel.*
swǐndling	*l'escroquerie.*
a swǐn**dle**	*une escroquerie.*
a swǐndler	*un escroc.*
em**bezz**lement	*détournement (de fonds).*
a **for**gery	*un faux (signature, chèque).*
a **for**ger	*un faussaire.*
blackmāil	*le chantage.*
a **black**māiler	*un maître-chanteur.*
assault and **bat**tery	*coups et blessures. voies de fait.*
an **out**rāge	*un attentat.*
manslāu[gh]ter	*homicide involontaire.*
a **mur**der	*un meurtre. un assassinat.*
a **mur**derer	*un assassin.*
a **par**ricīde	*un parricide.*
arson	*le crime d'incendie volontaire.*
a **trēa**son	*une trahison.*
a **trāi**tor	*un traître.*
perjūry	*le parjure.*
a **per**jūrer	*un parjure.*
brībery	*la corruption.*
a brībe	*un pot de vin.*

C. L'enquête.

a cāse / a briēf	*un procès (affaire).*
a **sus**pect	*un suspect.*
the **finger**prints	*les empreintes digitales.*
a **report**	*un procès-verbal.*
a com**plāint**	*une plainte.*
procēdure[2]	*la procédure.*
a (law)sūit[3] / an **action**	*un procès (poursuite).*
the **trīal**	*le procès (d'un inculpé).*
a dis**pūte**	*un litige*
*li*tigātion	*des litiges.*
the **par**ties	*les parties (en procès).*

1. drʌŋkəd. — 2. prəsiːdʒə. — 3. sjuːt.

the **plaint**iff	*le plaignant.*
the **pros**ecūtor	*le demandeur.*
the de**fend**ant	*le défendeur.*
the *pros*e**cū**tion	*1. la poursuite. 2. la partie plaignante.*
the de**fence**	*la défense.*
an ar**rāng**ement	*une transaction.*
a **com**promīse	*un compromis.*
a de*nun*ci**ā**tion	*une dénonciation.*
an inqu**ī**ry / enqu**ī**ry	*une enquête.*
a ([w]rit of) **sum**mons	*une assignation. une citation à comparaître.*
a **war**rant	*un mandat.*
the search warrant	*le mandat de perquisition.*
the sēals	*les scellés.*
sēizure[1]	*la saisie.*
dis**tress**	*la saisie (pour loyer).*
forfēiture[2]	*la confiscation.*
the warrant for ar**rest**	*le mandat d'arrêt.*
the ar**rest**	*l'arrestation.*
the **pris**oner	*le détenu.*
the re**mand**	*le renvoi (à une autre audience).*
the de**ten**tion under re**mand**	*la détention préventive.*
the bāil	*la mise en liberté provisoire sous caution.*
a de**faulter**	*un contumace.*

D. Les débats d'une affaire criminelle.

the Law Courts	*le Palais de Justice.*
the Old **Bāi**ley	*la Cour d'Assises à Londres.*
the court-room	*la salle d'audience.*
the Grand **Jū**ry	*la Chambre des mises en accusation.*
the **in**quest	*l'enquête*(1) *après mort violente.*
the g[u]ilt	*la culpabilité.*
the ar**rāi[g]n**ment	*la mise en jugement.*
the pro**cēed**ings / the **hēar**ing	*les débats, l'audience.*
the **ō**pening	*l'ouverture.*
an ad**journ**ment / a **put**ting off	*un ajournement.*
the ac**cūsed**	*l'accusé, l'inculpé.*
the dock	*la barre des prévenus.*
the charge	*l'accusation.*
the in**dī[c]t**ment	*l'acte d'accusation.*
the im**pēach**ment	*l'acte d'accusation (politique).*
the ex*amin***ā**tion	*l'interrogatoire.*
a **wit**ness	*un témoin.*
an eye-witness	*un témoin oculaire.*
the witness-box	*la barre des témoins.*
the **ev**idence	*le témoignage. la déposition.*
the ōath	*le serment.*
an **al**ibī	*un alibi.*
a proof	*une preuve.*
a pōst-**mor**tem examination	*une autopsie.*
the ex**pert's** re**port**	*l'expertise.*
the cross-examination	*le contre-interrogatoire* (2).
a *con*tra**dic**tion	*une contradiction.*
the ad**mis**sion	*l'aveu.*
the **ev**idence for the *prose***cū**tion	*les témoins à charge.*
the **ev**idence for the de**fence**	*les témoins à décharge.*
the Public **Prose**cūtor's charge	*le réquisitoire.*
the **coun**sel for the defence	*le défenseur.*
the **coun**sel's speech	*la plaidoirie.*
a **judg**ment	*un jugement.*
the **ver**dict	*le verdict.*
the ac**quit**tal	*l'acquittement.*

1. siːʒə. — 2. fɔːfitʃə.

(1) Menée par le *Coroner*.
(2) Que les avocats font subir à la partie adverse ou à ses témoins pour essayer de les faire mettre en contradiction avec eux-mêmes.

the **sen**tence	*la sentence.* *la condamnation.*
a **pun**ishment / a **pen**alty	*une peine.*
the First **Offen**ders Act	*la loi de sursis.*
pres**crip**tion / *lim*i**tā**tions	*la prescription.*
a fīne	*une amende.*
the costs	*les dépens.*
damages	*les dommages et intérêts.*
the **tor**ture[1] / the rack	*la torture.*
the **pill**ory	*le pilori.*
the **prĭ**son / the gaol[2] / the jāil[2]	*la prison.*
the im**prĭ**sonment	*l'emprisonnement.*
solitary con**fīne**ment	*la réclusion.*
the cat o'nīne tāils	*le fouet* *le chat à 9 queues.*
a cell	*une cellule.*
the trĕad-mill	*le moulin de discipline.*
hard **lā**bour	*le travail disciplinaire.*
pēnal **ser**vitūde (for līfe)	*les travaux forcés (à perpétuité).*
*trans*por**tā**tion	*la déportation.*
a **con**vict	*un forçat.*
the dĕath-sentence	*la sentence de mort.*
death **pen**alty / **cap**ital **pun**ishment	*peine de mort.* / *peine capitale.*
the ap**pēal** for **mer**cy / the pe**ti**tion for re**priēve**	*le recours en grâce.*
the re**priēve**	*la commutation de peine.*
the **par**don	*la grâce.*
the death-**war**rant	*l'ordre d'exécution.*
the *exe*cū**tion**	*l'exécution.*
a gaoler, jāiler	*un geôlier.*
the *exe*cū**tioner** / the **hang**man	*le bourreau.*
the **gal**lows (*pl.*)	*la potence.*
the **gib**bet	*le gibet.*
death by **hang**ing	*la pendaison.*
the **scaf**fold	*l'échafaud.*
the **gui**[l]**lo**tine	*la guillotine.*
the stāke	*le bûcher.*

■ ADJECTIFS

jū**di**cial	*judiciaire.*
competent	*compétent.*
g[u]**il**ty of	*coupable de...*
innocent / not guilty (of)	*innocent (de).*
(un)**law**ful	*(il)licite, (il)légal.*
law-a**bī**ding	*respectueux des lois.*
punishable	*punissable.*
(un)**pun**ished	*(im)puni.*
*im*pre**scrip**tible / *in*de**fēa**sible	*imprescriptible.*
in**ā**lienable / intrans**fer**able	*inaliénable.*
ex**ten**ūāting **cir**cumstances	*circonstances atténuantes.*
*ag*gra**vā**ting circumstances	*circonstances aggravantes.*
for līfe	*1. à perpétuité.* *2. inamovible.*
for a term of years	*à temps.*
(un)**brī**bable	*(in)corruptible.*
villainous	*scélérat* (adj.).

■ VERBES

to watch (sb.)	*surveiller (qq.).* *épier qq.*
to track (sb.) / to shădow (sb.)	*pister, suivre (qq.).*
to charge (with) / to accūse (of)	*accuser (de)....*
to im**pēach**	*accuser (un politicien).*
to in**dī**[c]**t** / to ar**rāi**[g]**n** / to com**mit** for trīal	*mettre en accusation.*
to be brought up for trīal	*passer en jugement.*
to trȳ	*juger (un accusé, une affaire).*
to de**fault**	*faire défaut.*
to sub**pōe**na[3]	*notifier une citation (à un témoin).*
to call sb. as witness	*citer qq. comme témoin.*
*to take the ōath / to be sworn in	*prêter serment.*

1. tɔːtʃə. — 2. dʒeil. — 3. sʌbpiːnə.

*to swear[1]	*jurer*	to plēad	*plaider.*
to **commit perjūry**	*faire un faux serment.*	to dis**charge** / to ac**quit**	*acquitter.*
*to give **evidence**	*prêter témoignage.* / *faire sa déposition.*	to re**mand**	*renvoyer.*
to stāte on ōath	*déclarer sous serment.*	to **sen**tence sb. (to death)	*condamner qq. (à mort).*
to exa**mī**ne	*interroger.*	to lodge an appēal	*en appeler, interjeter appel.*
to cross-examīne	*interroger contradictoirement.*	to be fīned	*être condamné à une amende.*
to ad**mit** / to con**fess**	*avouer.*	to **par**don / to re**prīeve**	*grâcier.*
to de**nȳ** (the charge)	*nier.*	to trans**port**	*déporter.*
to brībe	*corrompre.*	to **e**xecūte	*exécuter.*
to de**fend**	*défendre.*	to hang (*rég.*)	*pendre.*
		to e**ject** / to e**vict**	*expulser (un locataire).*
		to **ban**ish	*bannir.*

■ LOCUTIONS

To do sb. justice.	*Rendre justice à qq.*
To take the law into one's own hands	*Se faire justice soi-même.*
To study (*or* to read) for the bar.	*Faire son droit.*
The jury-panel.	*La liste des jurés.*
To empanel the jury.	*Dresser la liste des jurés.*
A gang of thieves.	*Une bande de voleurs.*
Thieves! Stop thief!	*Au voleur, arrêtez-le!*
To come to blows.	*En venir aux coups.*
To commit an assault.	*Commettre une agression.*
To take a bribe.	*Se laisser corrompre.*
He was accessory to the crime.	*Il est impliqué dans le crime.*
Accessory { before / after } the fact.	*Complice par { instigation. / assistance.*
To lodge a complaint against sb.	*Porter plainte contre qq.*
An action at law.	*Une action en justice, un procès.*
To go to law.	*Aller en justice, avoir un procès*
The case { at issue, under dispute, / in litigation. }	*Le cas en litige.*
To bring a suit (*or* an action), / To take legal proceedings, / To institute legal proceedings against sb.	*Intenter une action contre qq.*
By legal process.	*Par voies légales.*
To bring sb. to trial.	*Mettre qq. en jugement.*
To set up (*or* to institute), / To hold (*or* to conduct), an inquiry.	*Ouvrir, / Mener, une enquête*
To issue (*or* to serve) a summons on sb.	*Notifier une citation à qq.*
To come to a compromise.	*Aboutir à un compromis.*
To agree to a transaction.	*Accepter une transaction.*
To search sb.'s premises.	*Perquisitionner chez qq.*
To affix, — to remove the seals.	*Poser, — lever les scellés.*
To levy a distress.	*Opérer une saisie.*
To issue a warrant against....	*Lancer un mandat d'arrêt contre...*
To place under arrest.	*Mettre en état d'arrestation.*

1. swɛə.

To offer bail.	*Demander sa mise en liberté provisoire.*
To let sb. out on bail. To bail sb.	*Mettre qq. en liberté provisoire sous caution.*
To be caught in the act (*or* red-handed).	*Être pris en flagrant délit.*
Arrested on a charge of....	*Arrêté sous l'inculpation de....*
A sworn statement (*or* affidavit)	*Une déclaration sous serment.*
To produce an alibi.	*Fournir un alibi.*
Hearing in camera.	*Audience à huit clos.*
« Certified true copy. »	« *Pour copie conforme.* »
To find { against / for } the accused. To return a verdict of { guilty / not guilty.	*Rapporter un verdict { contre / en faveur de } l'accusé.*
With benefit of the First Offenders Act.	*Avec sursis.*
To raise a defence under the statute of limitations.	*Invoquer la prescription.*
Under penalty of death.	*Sous peine de mort.*
To go to prison, —to go to jail.	*Aller en prison.*
To be put in (*or* into) prison.	*Être mis en prison.*
To break prison.	*S'échapper de prison.*
Black Marīa.	*La voiture cellulaire.*
To have a gallows-look.	*Avoir une mine patibulaire.*
A jail-bird.—A gallows-bird.	*Un gibier de potence.*
To serve a sentence.	*Purger une condamnation.*
To be on the track of....	*Être sur la piste de...*
To be on the wrong track.	*Faire fausse piste.*
To take divorce proceedings against....	*Intenter une action en divorce contre....*
To give sb. in charge.	*Livrer qq. à la police.*
To answer a charge.	*Répondre d'une accusation.*
To call sb. to witness that....	*Prendre qq. à témoin que....*
To put sb. on oath. To administer the oath to sb.	*Faire prêter serment à qq.*
To relieve / To release } sb. from his oath.	*Délier qq. de son serment.*
To break one's oath.	*Violer son serment.*
To declare sth. on oath.	*Déclarer qch. sous serment.*
To take sb.'s evidence.	*Recueillir la déposition de qq.*
To ply sb. with questions.	*Presser qq. de questions.*
What have you to say in reply?	*Qu'avez-vous à répondre?*
To make a clean breast of it.	*Avouer tout.*
To pass sentence of 3 years' imprisonment on sb.	*Condamner qq. à 3 ans de prison.*
To pass the sentence (of death).	*Prononcer la sentence (de mort).*
To lodge an appeal with the Supreme Court.	*Se pourvoir en cassation.*
To fine sb. £ 20.	*Condamner qq. à £ 20 d'amende.*
To quash a sentence on appeal.	*Casser un jugement en appel.*
To be ordered to pay costs.	*Être condamné aux dépens.*
To bind sb. over.	*Enjoindre à qq. de se tenir à la disposition de la justice.*
Opportunity makes the thief.	*L'occasion fait le larron.*
A fault confessed is half redressed.	*Faute avouée est à moitié pardonnée.*
To swear to speak the truth.	*Jurer de dire la vérité.*
Black Marīa.	*Le « panier à salade ».*

4. LA RELIGION

Religion.

■ NOMS

A. Les diverses religions.

a religion	*une religion.*	jūdāism	*le judaïsme.*
God	*Dieu.*	a jew[3]	*un juif.*
a god	*un dieu.*	Isrāel	*Israël.*
a goddess	*une déesse.*	an isrāelīte	*un israëlite.*
a dĕmigod	*un demi-dieu.*	Mōses	*Moïse.*
an īdol	*une idole.*	Chrīst	*le Christ.*
īdolatry	*l'idolâtrie.*	Jēsus-Chrīst	*Jésus-Christ.*
an īdolater	*un idolâtre.*	Chrīstianity	*le Christianisme.*
impīety	*l'impiété.*	a Chrīstian	*un chrétien.*
a sacrifīce	*un sacrifice.*	Chrīstendom	*la chrétienté.*
a victim	*une victime.*	a martyr[4]	*un martyr.*
a pāgan / a hēathen	*un païen.*	martyrdom	*le martyre.*
		a sāint	*un saint.*
pāganism / hēathenism	*le paganisme.*	sanctity / hōliness	*la sainteté.*
polythēism	*le polythéisme.*	the hālo	*l'auréole.*
mythology	*la mythologie.*	a conversion	*une conversion.*
a bacchant[1]	*une bacchante.*	a convert	*un converti.*
a nymph	*une nymphe.*	an apostasy	*une apostasie.*
a faun	*un faune.*	an apostate	*un apostat.*
a satyr	*un satyre.*	a renegāde	*un renégat.*
islamism	*l'islamisme.*	a (Rōman) catholic	*un catholique.*
Mahomet	*Mahomet.*		
a Mussulman	*un musulman.*	catholicism	*le catholicisme.*
a Mohammedan / a Mahometan / a Moslem	*un mahométan.*	a protestant	*un protestant.*
		protestantism	*le protestantisme.*
		a sect (1)	*une secte.*
the Koran	*le Coran.*	orthodoxy	*l'orthodoxie.*
buddhism[2]	*le bouddhisme.*	a schism[5]	*un schisme.*
brahmanism	*le brahmanisme.*	a pūritan	*un puritain.*

B. Le dogme.

faith	*la foi.*	an unbēliēver	*un incroyant.*
a bēliēf	*une croyance.*	incredūlity	*l'incrédulité.*
a dogma	*un dogme.*	scepticism[6]	*le scepticisme.*
a doctrine	*une doctrine.*	a sceptic[6]	*un sceptique.*
a bēliēver	*un croyant.*	an āthēist	*un athée.*

1. ch = k. — 2. u = u. — 3. dʒuː. — 4. maːtə. — 5. sizm. — 6. sc = sk.

(1) Nombreuses en Angleterre : Presbyterians, Quakers (Society of Friends), Methodists, Baptists, Unitarians, etc.

a free-**thinker**	*un libre penseur.*
fa**nat**icism	*la fanatisme.*
a fa**nat**ic	*un fanatique.*
sūper**stit**ion	*la superstition*
a ghōst a **phan**tom	*un fantôme.*
măgic	*la magie.*
a mă**gĭ**cian	*un magicien.* *une magicienne.*
wĭtchcraft	*la sorcellerie*
a **wĭ**zard a **sor**cerer	*un sorcier.*
a **sor**ceress a witch	*une sorcière.*
the Bīble	*la Bible.*
Hōly **Scrip**ture	*l'Ecriture sainte.*
*in*spi**rā**tion	*l'inspiration.*
a **proph**et	*un prophète.*
a **proph**ecy	*une prophétie.*
tra**di**tion	*la tradition.*
*rev*e**lā**tion	*la révélation.*
the Old **Testa**ment the New **Testa**ment	*l'Ancien Testament* *le Nouveau Testament.*
the **Gos**pel	*l'Evangile.*
the **lib**erty of **con**science	*la liberté de conscience.*
a pro**fes**sion of faith	*une profession de foi.*
an a**pos**[t]le	*un apôtre.*
a dis**cī**ple	*un disciple.*
the Cross the **Hō**ly Rood	*la Croix.*
the crūci**fix**ion	*le crucifiement.*
the **stā**tions of the Cross	*le chemin de croix.*
the **pen**itent, the im**pen**itent thiēf	*le bon,* *le mauvais larron.*
Hĕaven	*le Ciel.*
limbō	*les limbes.*
Purgatory	*le Purgatoire.*
Hell	*l'Enfer.*
the **dĕ**vil	*le diable.*
a fiēnd	*un démon.*
a **rep**robāte	*un réprouvé.*
the damned	*les damnés.*
a com**mand**ment	*un commandement.*
re**li**gious **prac**tices *or* ob**ser**vances	*les pratiques religieuses.*
worship[2]	*l'adoration.*
*ven*e**rā**tion	*la vénération.*
an *in*vo**cā**tion	*une invocation.*
a **sac**rilege	*un sacrilège.*

the Cre**ā**tor	*le Créateur.*
the cre**ā**tion	*la création.*
the Al**mī**[gh]ty	*le Tout-Puissant.*
om**nip**otence	*la toute-puissance.*
per**fec**tion	*la perfection.*
a **mys**tery	*un mystère.*
a **mir**acle	*un miracle.*
Providence	*la Providence.*
the **Hō**ly Ghōst	*le Saint-Esprit.*
the Mes**sī**ah	*le Messie.*
the Re**deem**er	*le Rédempteur.*
the re**demp**tion	*la rédemption.*
the **Sā**viour	*le Sauveur.*
the **Par**adīse	*le Paradis.*
the **Vir**gin **Mā**ry	*la Vierge Marie.*
the Blessed **Vir**gin	*la Sainte Vierge.*
an **arch**āngel[1]	*un archange.*
a **g[u]ar**dian-**ān**gel	*un ange gardien.*
the o**rig**inal sin	*le péché originel.*
the **del**ūge the Greāt Flood	*le déluge.*
the *In*car**nā**tion	*l'Incarnation.*
the **Pas**sion	*la Passion.*
the Mount *or* the Garden of **Ol**ives	*le Mont* ou *le Jardin des Oliviers.*
(Mount) **Cal**vary	*le Calvaire.*
dam**nā**tion	*la damnation.*
the e**lect**	*les élus.*
the **bless**ĕd	*les bienheureux.*
*im*mor**tal**ity	*l'immortalité.*
sal**vā**tion	*le salut.*
the *res*ur**rec**tion	*la résurrection.*
the as**cen**sion	*l'ascension.*
the **fāith**ful	*les fidèles.*
an **in**fidel	*un infidèle.*
a **her**esy	*une hérésie.*
an **her**etic	*un hérétique.*
fallacy, dē**lū**sion	*l'erreur.*
in*fal*li**bil**ity	*l'infaillibilité.*
excommuni**cā**tion	*l'excommunication.*
the re**mis**sion	*la rémission.*
a **blas**phemy	*un blasphème.*
an *im*pre**cā**tion	*une imprécation.*
a curse	1. *une imprécation* 2. *une malédiction*
fast	*le jeûne.*
Lent	*le Carême.*
a **sac**rament	*un sacrement.*
baptism **chrĭs**[t]ening	*le baptême.*

1. ch = k. — 2. wəɪʃip.

- the Hōly Com**mū**nion / the Lord's **Supp**er — *la communion.*
- *con*firm**ā**tion — *la confirmation.*
- **pen**ance — *la pénitence.*
- con**fess**ion — *la confession.*
- the con**fess**or — *le confesseur.*
- a **pen**itent — *un pénitent.*
- a sin — *un péché.*
- a **sin**ner — *un pécheur.*
- a **dĕad**ly sin — *un péché mortel*
- a temp**tā**tion — *une tentation.*
- con**trĭ**tion — *la contrition.*
- *ab*so**lū**tion — *l'absolution.*
- a (**plē**nary) in**dul**gence — *une indulgence (plénière).*
- a **pray**er — *une prière.*
- the Lord's prayer — *l'oraison dominicale.*

C. Le clergé et les ordres.

- the clergy — *le clergé.*
- a **cler**gyman / an ecclē**sias**tic / a **cler**ic — *un ecclésiastique.*
- the Pōpe — *le Pape.*
- the **pā**pacy — *la papauté.*
- a **car**dinal — *un cardinal.*
- a **bish**op — *un évêque.*
- an arch**bish**op — *un archevêque.*
- a **bish**opric — *un évêché,*
- an arch**bish**opric — *un archevêché, (diocèse).*
- the bishop's, *or* archbishop's, palace — *l'évêché* ou *l'archevêché (résidence).*
- the **mī**tre — *la mitre.*
- the **crō**sier[1] — *la crosse.*
- a **dī**ocēse — *un diocèse.*
- a **can**on — *un chanoine.*
- a priēst — *un prêtre.*
- a **par**son / a **min**ister / a **cler**gyman — *un pasteur (prot.).*
- a **par**ish — *une paroisse.*
- a **par**ishioner — *un paroissien.*
- the **vĭ**car — *le curé.*
- the **cū**rate — *le vicaire.*
- a **dē**acon — *un diacre.*
- a **cas**sock — *une soutane.*
- a **prē**acher — *un prédicateur.*
- a **rab**bī — *un rabbin.*
- the Chiēf Rabbī — *le Grand-Rabbin.*
- the (holy) orders — *les ordres.*
- a **mon**astery — *un monastère.*
- a **con**vent — *un couvent.*
- a **nun**nery — *un couvent (de femmes).*
- an **ab**bey — *une abbaye.*
- the **ab**bot — *l'abbé.*
- a monk / a **frī**ar — *un moine.*
- the **prī**or — *le prieur.*
- a *Bene***dict**ine (monk) — *un bénédictin.*
- a Car**thū**sian (monk) — *un chartreux.*
- a **Ca**pūchin frīar — *un capucin.*
- a **jes**ūit — *un jésuite.*
- a nun — *une religieuse.*
- a **sis**ter — *une sœur.*
- a **her**mit — *un ermite.*
- **mys**ticism — *le mysticisme.*
- a vow[2] — *un vœu.*
- the frock — *le froc.*
- the cowl[3] — *le capuchon.*
- the veil — *le voile.*
- an as**cet**ic — *un ascète.*
- a *mor*tifi**cā**tion — *une mortification.*
- the hair-shirt — *le cilice.*

D. Le culte.

- public worship — *le culte.*
- the high-**al**tar — *le maître-autel.*
- Our **Lā**dy — *Notre-Dame.*
- the **Lā**dy-**chap**el — *la chapelle de la Vierge.*
- a pew[4] — *un banc d'église.*
- the church-**ward**en's pew — *le banc d'œuvre (du conseil de fabrique).*
- the (di**vīne**) service — *l'office (divin).*
- the **bur**ial[5]-service — *l'office des morts.*
- a **cer**emony — *une cérémonie.*
- a procession — *une procession.*
- the **sur**plice — *le surplis.*
- the cōpe — *la chape.*
- the **can**opy — *le dais.*
- the **crū**cifix — *le crucifix.*
- the **mon**strance / the os**ten**sory — *l'ostensoir.*
- the **tab**ernacle — *le tabernacle.*

1. krouʒə. — 2. vau. — 3. kaul. — 4. pjuː. — 5. beriəl.

a mass	*une messe.*
high-mass	*la grand'messe.*
a low-mass	*une messe basse.*
the lectern	*le lutrin.*
the missel	*le missel.*
the book of Common Prayer	*le rituel (Eglise anglicane).*
the breviary	*le bréviaire.*
the sexton	*le sacristain.*
the verger	*le bedeau.*
the vestry	*la sacristie.*
an altar-boy	*un enfant de chœur.*
the pulpit	*la chaire.*
pulpit oratory	*l'éloquence de la chaire.*
a sermon	*un sermon.*
a parable	*une parabole.*
the choir[1]	*le chœur (chanteurs).*
a chorister[2]	*un choriste.*
a [p]salm[3]	*un psaume.*
a canticle	*un cantique.*
a hym[n]	*un hymne.*
a litany	*une litanie.*
the ciborium / the pyx	*le ciboire.*
the hōst	*l'hostie.*
the censer	*l'encensoir.*
incense	*de l'encens.*
hōly water	*l'eau bénite.*
the aspergill / the sprinkler	*le goupillon.*
the font (*sing.*)	*les fonts baptismaux.*
the poor-box / the a[l]ms-box	*le tronc pour les pauvres.*
the bell	*la cloche.*
the hand-bell	*la sonnette.*
the bell-ringer	*le sonneur.*
the confessional-box	*le confessionnal.*
a relic	*une relique.*
a reliquary	*un reliquaire.*
a shrīne	*1. un reliquaire. 2. un sanctuaire.*
a pilgrim	*un pèlerin.*
a pilgrimage	*un pèlerinage.*

■ ADJECTIFS

pāgan / hēathen(ish)	*païen.*
jewish[4]	*juif.*
christian	*chrétien.*
catholic	*catholique.*
Rōman catholic	*catholique romain* (1).
protestant	*protestant.*
bĭblical	*biblique.*
(un)bēlīēving	*(in)croyant.*
(in)credūlous	*(in)crédule*
orthodox	*orthodoxe.*
heretical	*hérétique.*
sūperstitious	*superstitieux.*
divīne	*divin.*
hĕavenly	*céleste.*
infernal / hellish	*infernal.*
fiēndish / dīabolic(al) / devilish	*diabolique.*
ecclēsiastical	*ecclésiastique.*
religious	*religieux.*
lāic, lay	*laïque.*
temporal	*temporel.*
spiritual	*spirituel.*
almī[gh]ty / omnipotent	*tout-puissant.*
eternal	*éternel.*
immortal	*immortel.*
perfect	*parfait.*
infallible	*infaillible.*
immacūlate	*immaculé.*
chōsen, elect	*élu.*
damned	*damné.*
sinning	*pécheur.*
repentant	*repentant.*
penitent	*pénitent.*
vēnial	*véniel.*
meritorious	*méritoire.*
salūtary	*salutaire.*
pīous	*pieux.*
impīous	*impie.*
mystic(al)	*mystique.*
fervent	*fervent.*
hōly	*saint.*
sācred / consecrāted	*sacré, consacré.*
sūpernatural	*surnaturel.*
ineffāceable[5]	*ineffaçable.*
sacrilēgious	*sacrilège.*
miracūlous	*miraculeux.*

kwajə. — 2. ch — k. — 3. sa:m. — 4. dʒu:iʃ. — 5. ea = ə.

(1) Opposé à protestant.

■ VERBES

to bēliēve (in)	*croire (à, en).*
to rēvēal	*révéler.*
to profess	*professer.*
to adore to worship[1]	*adorer.*
to invōke	*invoquer.*
to venerāte	*vénérer.*
to glorifȳ	*glorifier.*
to prāise	*louer.*
to pray	*prier.*
to give ēar to	*exaucer.*
to dēifȳ to divinīze	*diviniser.*
to īdolīze	*1. idolâtrer.* *2. aimer jusqu'à l'idolâtrie.*
to sacrifīce	*sacrifier.*
to incarnāte	*incarner.*
to become incarnāte	*s'incarner.*
to sin (against)	*pécher (contre).*
to trespass (against)	*1. offenser qq.* *2. enfreindre (une loi).*
to transgress	*transgresser*
to commit	*commettre.*
to repent (sth.)	*se repentir (de qch.).*
to atōne for	*expier.*
to convert	*convertir.*
to become converted (to)	*se convertir (à).*
to baptīze to chrĭs[t]en	*baptiser.*
to confess	*1. confesser qq.* *2. confesser, avouer.* *3. se confesser.*
to confess one's sins	*se confesser.*
to absolve[2] (from)	*absoudre (de).*
to redeem	*racheter.*
to confirm	*confirmer*
to commūnicāte	*communier.*
to fast	*jeûner.*
to exhort	*exhorter.*
to celebrāte	*célébrer.*
to sanctifȳ	*sanctifier.*
to bēatifȳ	*béatifier.*
to canonīze	*canoniser*
to prēach	*prêcher.*
to bless	*bénir.*
to martyr[3]	*martyriser.*
to torture to torment	*torturer.*
to stōne	*lapider.*
to flog	*flageller.*
to crūcifȳ	*crucifier.*
to recant	*abjurer*

■ LOCUTIONS

Please God.	*Plaise à Dieu. — S'il plaît à Dieu.*
D. V.	*(Deo volente), s'il plaît à Dieu.*
As handsome as a young Greek God.	*Beau comme un Dieu, comme l'Amour.*
By Jove!—Holy Moses!	*Grands Dieux! sapristi!*
Thank goodness!	*Dieu merci!*
For goodness' sake.	*Pour l'amour de Dieu.*
Goodness knows that..., whether.	*Dieu sait que..., si....*
My goodness! Good gracious!	*Grand Dieu! bonté divine*
To make a god of sb. or sth.	*Se faire un Dieu de qq. ou qch.*
He would try the patience of a saint.	*Il lasserait la patience d'un saint.*
A matter of faith.	*Un article de foi.*
To die in the faith.	*Mourir pieusement.*
Worthy of belief.	*Digne de foi.*
It is beyond all belief.	*C'est à n'y pas croire.*
To the best of my belief.	*Selon ma propre conviction.*
There is not the ghost of a chance left.	*Il ne reste pas l'ombre d'une chance.*
A prophet of evil.	*Un prophète de malheur.*
To work a miracle.	*Faire, opérer un miracle.*
The Kingdom of Heaven.	*Le royaume des cieux.*

1. wəːʃip. — 2. s = z. — 3. maːtə.

It is heaven on earth.	*C'est le paradis sur terre.*
The Earthly Paradise. The Garden of Eden.	*Le Paradis terrestre.*
He won't get away with it.	*Il ne l'emportera pas en paradis.*
To live a hell of a life.	*Vivre une vie d'enfer.*
To go through one's purgatory here below.	*Faire son purgatoire sur terre.*
To suffer the pains of hell.	*Souffrir comme un damné.*
To make the sign of the cross.	*Faire le signe de la croix.*
The Salvation Army.	*L'Armée du Salut.*
He had taken it for gospel truth.	*Il avait pris cela pour parole d'Evangile.*
To be between the devil and the deep sea.	*Être entre le marteau et l'enclume.*
As ugly as sin.	*Laid comme les 7 péchés capitaux.*
My darling sin.	*Mon péché mignon.*
To say one's prayers.	*Faire ses prières.*
To say one's beads.	*Dire, égrener son chapelet.*
His Holiness Pope Pius XII.	*S. S. le Pape Pie XII.*
The Holy Father.	*Le Saint Père.*
To take orders.	*Entrer dans les ordres.*
The Society of Jesus.	*La Compagnie de Jésus.*
The Whitefriars.	*Les Carmes.*
The Greyfriars.	*Les Franciscains.*
The Blackfriars.	*Les Dominicains.*
The parish church.	*L'église paroissiale.*
To take the vows.	*Prononcer ses vœux.*
To take a vow of poverty.	*Faire vœu de pauvreté.*
To fulfil, to break a vow.	*Accomplir, violer un vœu.*
The taking of the veil.	*La prise de voile.*
To throw one's frock away.	*Jeter le froc aux orties.*
To go to church, to mass.	*Aller à l'église, à la messe.*
To ascend the pulpit.	*Monter en chaire.*
To speak from the pulpit.	*Parler en chaire.*
The seven-branched candlestick.	*Le chandelier à sept branches.*
The Last Supper.	*La Cène.*
God-fearing.	*Profondément religieux.*
God-forsaken.	*Lamentable, misérable.*
To be religious.	*Avoir de la religion.*
An infernal racket (*or* row).	*Un bruit infernal.*
To have a miraculous escape.	*Échapper par miracle.*
Died fortified with the rites of the Church.	*Décédé muni des sacrements de l'Eglise.*
The Lords spiritual.	*Les évêques qui siègent à la Chambre des Lords.*
To christen a child Peter.	*Baptiser un enfant sous le nom de Pierre.*
To go to / To return from } confession.	*Aller à / Revenir de* } *confesse.*
Hallowed be Thy name.	*Que Votre nom soit sanctifié.*
To practise what one preaches.	*Prêcher l'exemple.*
God bless you!	*Que Dieu vous bénisse!*
A fasting day.	*Un jour de jeûne et d'abstinence.*
As we forgive them who trespass against us.	*Comme nous pardonnons ceux qui nous offensent.*
He is more sinned against than sinning.	*Il est plus à plaindre qu'à blâmer.*
Talk of the devil and he will appear.	*Quand on parle du loup, on en voit la queue.*
It is not the cowl that makes the friar.	*Ce n'est pas l'habit qui fait le moine.*

XX

LA DÉFENSE NATIONALE

National Defence.

I. L'ARMÉE DE TERRE

The land forces.

■ NOMS

A. Organisation de l'armée.

the military forces	*les forces militaires.*
the land forces	*l'armée de terre.*
military service	*le service militaire.*
compulsory service	*le service obligatoire.*
the hōme forces	*l'armée métropolitaine.*
the standing *or* regūlar army	*l'armée permanente.*
the regular army reserve	*la réserve.*
the territorial force	*la milice territoriale.*
the War Offīce	*le Ministère de la Guerre.*
the War Secretary the Secretary for War	*le Ministre de la Guerre.*
the Army Council	*le Conseil Supérieur de la Guerre.*
the General-Staff	*l'Etat-Major Général.*
a staff-officer	*un officier d'Etat-Major.*
an order, a command	*un ordre, un commandement.*
the recrūiting-office	*le bureau de recrutement.*
fitness for service	*l'aptitude au service.*
enlistment, rē-enlistment	*l'engagement, le rengagement.*
a recrūit. — a voluntēer	*une recrue. — un engagé volontaire.*
(on) a { war / pēace } footing	*(sur) le pied de { guerre / paix.*
the (tōtal) strength	*l'effectif (total).*
a reserve officer	*un officier de réserve.*
the commission	*le brevet (d'officier).*
a promōtion	*un avancement.*
the resignātion	*la démission.*
the (fīnal) discharge	*la libération (définitive).*
infantry	*l'infanterie.*
a foot-sōldier, an infantryman	*un fantassin.*
a grenadier	*un grenadier.*
līght infantry, the rīflemen	*les chasseurs à pied.*
cavalry. — a trooper	*la cavalerie. — un cavalier.*
the Foot-G[u]ards	*la Garde à pied.*

the Horse-G[u]ards, " the Blues "	*la Garde à cheval.*
the Līfe-G[u]ards	*la Garde du Corps.*
a **lan**cer. — a dra**goon**	*un lancier. — un dragon.*
the Dragoon-G[u]ards	*les Dragons de la Garde.*
ar**til**lery. — an artilleryman	*l'artillerie. — un artilleur.*
a gunner	*un canonnier.*
a ma**chine**-gunner	*un mitrailleur.*
a sapper. — a pīonēer	*un sapeur. — un pionnier.*
the Royal (Corps of) Enginēers (R. E.)	*le Génie.*
an engineer	*un soldat du génie.*
the Intel**li**gence De**part**ment	*le Bureau des Renseignements (2e Bureau).*
*mō*torī**zā**tion, *mech*anī**zā**tion[4]	*la motorisation.*
a **ū**nit	*une unité.*
the troops	*les troupes.*
an army-corps[1]	*un corps d'armée.*
an (infantry-) di**vi**sion	*une division (d'infanterie), D. I.*
a bri**gāde**. — a **re**giment	*une brigade. — un régiment.*
a **squad**ron. — a bat**ta**lion	*un escadron. — un bataillon*
a **com**pany. — a pla**toon.**	*une compagnie. — une section.*
a squad	*une escouade.*

LOCUTIONS

To take (*or* as**sū**me) command (of).	*Prendre le commandement (de).*
To be in command (of).	*Avoir le commandement (de).*
Fit for service.	*Bon pour le service.*
To be on the **ac**tive list.	*Être en activité.*
Promotion { by sē**ni**ority. / by se**lec**tion.	*Avancement { à l'ancienneté. / au choix.*

To rē**sī**[g]**n** one's commission.
To **ten**der / To send in } one's resig**nā**tion.
} *Donner sa démission.*

NOMS

B. La hiérarchie.

the **hī**erarchy[2]	*la hiérarchie.*
the rank	*le grade.*
a su**pē**rior, — a sub**or**dinate	*un supérieur, — un subordonné.*
an officer	*un officier.*
a **sub**altern (1)	*un officier subalterne.*
a (field)-marshal	*un maréchal.*
e **gen**eral	*un général d'armée.*
a lieu**ten**ant-**gen**eral (2)	*un général de corps d'armée.*
a **mā**jor-general	*un général de division.*
a brigadier	*un général de brigade.*
a **col**onel[3]	*un colonel.*
a lieu**ten**ant (2)-**col**onel	*un lieuteant-colonel.*
a **mā**jor	*un commandant (chef de bataillon).* / *un chef d'escadron.*
a **cap**tain	*un capitaine.*
an **ad**jūtant	*un capitaine adjudant-major.*

1. kɔː; pl. *corps. pr* kɔːz. — 2. haiəraːki. — 3. kəːnl. — 4. ch = k.

(1) Dans l'armée anglaise, les lieutenants et sous-lieutenants. *Fam*[t] : a sub.
(2) En anglais, *pr.* leftenənt. — En américain, *pr.* ːljutenənt.

a lieutenant	*un lieutenant.*
a second (*or* sub-) lieutenant	*un sous-lieutenant.*
a non-commissioned officer an N. C. O.	*un sous-officier.*
a warrant-officer (1)	*sous-officier breveté.*
R. S. M. — 1st W. O. (Regiment Sergeant-major. — First Warrant-Officer)	*Adjudant-chef.*
R.Q.M.S.—2nd W. O. (Regt Quartermaster-sergeant)	*Adjudant.*
Coy. S. M. (Company sergeant-major)	*Sergent-chef.*
Coy. Q. M. S. (Comp. Quartermaster-sergeant)	*Sergent-fourrier.*
a sergeant[2]	*un sergent, maréchal des logis.*
the colour-sergeant	*le sergent porte-fanion.*
a recruiting-sergeant	*un sergent-recruteur.*
a corporal	*un caporal, un brigadier.*
a lance-corporal	*un soldat de 1re classe.*
a prīvate	*un soldat de 2e classe.*
a sōldier	*un soldat.*
an orderly	1. *un planton.* 2. *un ordonnance.*
the Royal Military Academy of Wool[w]ich	*l'École Militaire (artillerie et génie).*
the Royal Military Academy of Sandhurst	*l'École Militaire (infanterie et cavalerie).*
a cadet	*un élève d'une école militaire.*
the Staff-College	*l'École Supérieure de Guerre.*
the Medical Service, the Royal Army Medical Corps (R. A.M.C.)	*le Service de Santé.*
a military surgeon an army medical officer (M. O.)	*un médecin militaire.*
a veterinary-officer	*un vétérinaire.*
the Royal Army Service Corps (R. A. S. C.)	*le train des équipages et le service des subsistances militaires.*
the Commissāriat	*l'Intendance.*
a quarter-master general	*un intendant-général (divisre).*
a paymaster	*un officier payeur, capne trésorier.*
an interpreter	*un interprète.*
an army chaplain	*un aumônier militaire.*
the military band	*la musique militaire.*
a drum	*un tambour (instrument).*
a drummer	*un tambour (homme).*
a būgle	*un clairon (instrument).*
a būgler	*un clairon (homme).*
the drum-major	*le tambour-major.*
a badge. — a stripe	*un insigne. — un galon.*
a collar-patch, a tab	*un écusson.*
an epaulet	*une épaulette.*

LOCUTIONS

To hōld a rank.	*Détenir un grade.*
Temporary / Substantive rank.	*Grade à titre temporaire. / définitif.*

(1) Sous-officiers nommés en vertu d'un « warrant » (brevet) délivré par le Ministère et qui ont droit à certaines prérogatives. — (2) saːdʒənt.

An officer rīsen from the ranks. A ranker.	*Un officier sorti du rang.*
To be prōmōted.	*Monter en grade, être promu.*
To be gazetted.	*Être inscrit à la London Gazette.*

■ NOMS

C. Habillement et équipement.

clōthing	*l'habillement.*
the e**quip**ment, the **out**fit	*l'équipement.*
accoutrement(s)	*grand équipement, fourniment.*
(field) kit	*équipement (de campagne).*
a kit inspection	*une revue d'équipement.*
(in) { full regi**men**tals / full **ū**niform / full dress }	*(en) grand uniforme.*
(in) un**dress**	*(en) petite tenue.*
regū**lā**tion dress	*tenue d'ordonnance.*
field-service **ū**niform heavy marching-order	*tenue de campagne.*
in plain clōthes, in **muf**ti	*en civil, en tenue bourgeoise.*
the **greāt**cōat	*la capote d'infanterie.* *le manteau de cavalerie.*
the jacket	*la veste, le dolman, la tunique.*
the **tū**nic	*la tunique (de petite tenue, hommes).*
the **for**age (*or* fa**tigue**)-cap	*le bonnet de police.*
the **hel**met. — the **vī**sor	*le casque. — la visière.*
a pith helmet	*un casque colonial.*
the **bear**skin (-cap)	*le bonnet à poil (de la Garde)*
a cocked hat. — a plume	*un bicorne. — un panache.*
rīding-boots	*des bottes de cheval.*
puttēes. — **legg**ings	*bandes molletières. — jambières.*
the **stir**rup	*l'étrier.*
the spurs. — the **rō**[w]el	*les éperons. — la mollette.*
a wāistbelt, a s[w]ordbelt	*un ceinturon.*
the Sam Browne belt	*ceinturon et baudrier réunis.*
a **car**tridge-box (*or* -pouch)	*une cartouchière.*
the [k]napsack	*le havresac.*
the **hav**ersack	*la musette.*
the slings, the straps	*les bretelles, les courroies.*
a mess-tin, — a water-bottle	*une gamelle, — un bidon.*
a **dix**ie, a camp-kettle	*une marmite (de campement).*
a mug, a tin-cup	*un quart, un gobelet.*
the { **ī**dentity / ī*den*tifi**cā**tion } disk	*la plaque d'identité.*
the pay	*la solde, le prêt.*
(on) half-pay	*(en) demi-solde.*
a gas-mask	*un masque à gaz.*

■ NOMS

D. L'armement. Le tir.

armament	*l'armement.*
an arm, a **wĕa**pon	*une arme, un engin.*
the lance (-shaft)	*la (hampe de) lance.*
a s[w]ord. — a sābre	*une épée. — un sabre.*
the shēath, the **scabb**ard	*le fourreau.*
a bayonet	*une baïonnette.*

Fīre-arms	*Les armes à feu.*
a gun	*1. un canon. — 2. un fusil.*
a rifle	*un fusil rayé, une carabine.*
a **car**bīne	*un mousqueton,*
a Lewis-gun a Bren-gun	*un fusil-mitrailleur.*
the barrel	*le canon (du fusil, etc.).*
a **pis**tol	*un pistolet.*
a (regu**lā**tion-) re**volver**	*un révolver (d'ordonnance).*
a ma**chine** gun[1]	*une mitrailleuse.*
A tommy-gun	*une mitraillette.*
a ball-cartridge	*une cartouche à balle.*
a blank-cartridge	*une cartouche à blanc.*
a cartridge-belt	*une bande de cartouches (pour mitrailleuse).*
the re**port**	*(le bruit de) la détonation.*
a marksman, a crack shot	*un excellent tireur.*
Ordnance	*L'artillerie* (en général). *les bouches à feu.*
a piece of ordnance	*une pièce d'artillerie.*
an ordnance factory	*une manufacture d'artillerie.*
light, heavy foot, horse field, **moun**tain **fort**ress, siēge **nā**val } artillery	*l'artillerie* { *légère, lourde.* *à pied, montée.* *de campagne, de montagne.* *de forteresse, de siège.* *navale.*
a gun (1), a **can**non	*un canon.*
a { heavy, light field, mountain long-rānge } gun	*un canon* { *long, court.* *de campagne, de montagne.* *à longue portée.*
a quick-**fī**ring gun a quick-**fī**rer	*un canon à tir rapide.*
the muzzle. — the b**reech**	*la bouche. — la culasse.*
the gun-**carr**[i]age	*l'affût de canon.*
the limber	*l'avant-train.*
the **wag**gon-limber	*l'avant-train de caisson, la prolonge.*
an am**mū**nition waggon	*un caisson de munitions.*
a **bat**tery	*une batterie.*
the gun-crew (*or* -de**tach**ment)	*les servants.*
a gunner. — a drīver	*un canonnier. — un conducteur.*
a gun-**ser**vant (*or* -number)	*un servant.*
a gun-layer. — a gun-firer	*un pointeur. — un tireur.*
a howitzer[2]	*un obusier.*
a trench-**mor**tar	*un mortier de tranchée.*
a bom[b]-thrō[w]er	*un lance-bombes.*
hand-grē**nāde**. — rīfle-grēnāde	*grenade à main. — grenade à fusil.*
a flāme-pro**ject**or	*un lance-flammes.*
a tank. — the **cat**erpillar	*un char de combat. — la chenille.*
an armoured car	*une auto blindée.*
Shooting, fīring	*Le tir.*
the rīfle-rānge	*le champ de tir.*
the **tar**get[3]	*la cible, l'objectif.*
gunnery. — canno**nāde**	*le tir au canon. — la canonnade.*
the (ef**fect**ive) range	*la portée (efficace).*

1. məʃiːn. — 2. hauitsə. — 3. g *dur*.

(1) Le calibre des canons est désigné soit par le diamètre de l'obus : *a 6-inch gun* (canon de 150), *a* 15-*inch gun* (canon de 380), soit par le poids de l'obus : *a* 6-*pounder gun* (canon de 37), *a* 12-*pounder gun* (canon de 76), etc,

a **discharge**	*une décharge.*
a **volley**, a **salvo**	*une salve.*
rānging. — aiming, laying	*le réglage. — le pointage.*
a range-fīnder. — a range-tāker.	*un télémètre. — un télémétreur.*
the kick	*le recul (fusil).*
the **recoil**	*le recul (canon).*
a jam, a jamming	*un enrayage.*
a hit. — a miss	*un coup au but. — un coup manqué.*
a **trīal** shot	*un coup d'essai.*
an obs**er**ving-stātion (*or* -pōst)	*un observatoire.*
marking	*le repérage.*
the burst, the bursting	*l'éclatement.*
the dēv**iā**tion, the **er**ror	*l'écart.*
Mūnitions (*gén. pl.*) ammūnition (*sing.*)	*Les munitions.*
a munition-**fac**tory	*une fabrique de munitions.*
a munition-worker	*un(e) ouvrier(e) de munitions.*
a gun-factory (*or*-foundry)	*une fonderie de canons.*
a **proj**ec**tīle**, a **miss**īle.	*un projectile.*
powder, gunpowder	*la poudre (à canon).*
a gunpowder-factory (*or* -mill)	*une poudrerie.*
a powder-maga**zine**	*une poudrière.*
smōkeless powder	*de la poudre sans fumée.*
a cannon-ball, a round shot	*un boulet de canon.*
a spent bullet *or* stray bullet	*une balle morte, perdue.*
grāpe-shot, cāse-shot	*de la mitraille.*
a līve shell	*un obus chargé.*
a **shrap**nel-shell, — a gas-shell	*un obus à balles, — un obus à gaz.*
a blīnd-shell	*un obus non éclaté.*
the fūze *or* fūse	*la fusée.*
the **dē**tonātor	*le détonateur, le percuteur.*
a bom[b]	*une bombe.*
a mīne. — a **counter**-mīne	*une mine. — une contre-mine.*
the mīne-**chā**mber	*le fourneau de mine.*
a pe**tard**, a blast	*un pétard.*
a **Bick**ford fuse	*un cordeau Bickford.*
a shell-hōle. — a **crā**ter	*un trou d'obus. — un entonnoir.*
a **rock**et	*une fusée.*
a **sig**nal-līght (*or* -rocket)	*une fusée-signal.*
a light-rocket, a Very light a star-shell, a flāre	*une fusée éclairante.*

LOCUTIONS

To bear arms.	*Être dans l'armée, servir.*
To take up arms.	*Prendre les armes.*
To lay down one's arms.	*Mettre bas les armes.*
To draw one's sword.	*Tirer l'épée.*
To shēathe one's sword.	*Remettre l'épée au fourreau.*
A sword-thrust.	*Un coup d'épée.*
A sabre-cut.	*Un coup de sabre.*
Sword in hand.	*Sabre au poing.*
With drawn swords.	*L'épée nue, — sabre au clair.*
To put to the sword.	*Passer au fil de l'épée.*
By fire and sword.	*Par le fer et par le feu.*
To fix bayonets.	*Mettre baïonnette au canon.*
To unfix bayonets.	*Remettre la baïonnette.*
With fixed bayonets.	*Baïonnette au canon.*
Within gunshot.	*A portée de fusil.*

Within range. — Out of range.	*A portée. — Hors de portée.*
Beyond the range of the guns.	*Hors de portée des canons.*
To bring a gun into action.	*Mettre une pièce en batterie.*
To **limb**er up, — to un**limb**er.	*Amener, — décrocher l'avant-train.*
To wheel a battery into line.	*Amener une batterie en ligne.*
To **unmask** a battery.	*Démasquer une batterie.*
To sīlence a battery.	*Réduire une batterie au silence.*
To lay a gun.	*Pointer un canon.*
To **find**, — to **correct**, the range.	*Régler, — rectifier, le tir.*
To **fire** point blank.	*Tirer à bout portant.*
To fire { blank (cartridge) / ball cartridge	*Tirer { à blanc. / à balle.*
Without firing a shot.	*Sans tirer une cartouche.*
To run short of ammunition.	*Être à court de munitions.*
To lōad / To fīre } with { grāpe. / case-shot.	*Charger / Tirer } à mitraille.*
A **d**ȳnamīte cartridge.	*Une cartouche de dynamite.*
To blast.	*Faire sauter (un rocher, etc.).*
To blow up (*or* to spring) a mine.	*Faire sauter une mine.*

NOMS

E. La vie à la caserne.

a **garr**ison (-town)	*une (ville de) garnison.*
the Soldiers' Hōme	*le foyer du soldat.*
the Officers' Club	*le Cercle Militaire (des officiers).*
" the Sēnior " Ūnīted Service Club	*le Cercle Militaire à Londres.*
the **barr**acks (*pl.*)	*la caserne, le quartier.*
the barrack-room	*la chambrée.*
the arm-rack	*le râtelier d'armes.*
a sleeping-bag	*un sac de couchage.*
the **pack**ing, the pack	*le paquetage.*
the soldier's mess	*l'ordinaire.*
the officers' mess	*le mess des officiers.*
the mess-corporal	*le caporal d'ordinaire.*
the can**teen**	*la cantine.*
the **sut**ler, the canteen-keeper	*le cantinier.*
the **reveille**[1]	*le réveil, la diane.*
the ta**ttoo**[2]	*la retraite.*
the lights out	*l'extinction des feux.*
the rōll-call, — the rōll	*l'appel, — la feuille d'appel.*
the dūty-roster, duty-list	*le tableau de service.*
day-duty, — night-duty	*service de jour, — serv. de nuit.*
the orderly officer	*l'officier de service.*
the g[u]ard-room	*le corps de garde.*
the new (*or* relīēving) guard	*la garde montante.*
the old (*or* coming off) guard	*la garde descendante.*
a **sen**try	*une sentinelle.*
the fa**tigue**-duty	*la corvée (travail).*
the fatigue-party	*la corvée (hommes).*
the sick-list	*l'état (liste) des malades.*
the **infirm**ary	*l'infirmerie.*
the **gen**eral **hos**pital	*l'hôpital militaire.*
an in**spec**tion	*une inspection, une revue.*
rounds	*une ronde.*
a (night-) pa**trōl**	*une patrouille (de nuit).*
the patrōl-lēader	*le chef de patrouille.*
the orderly-room	*la salle des rapports.*

1. rəveli. — 2. tətuː

a rēquest, an applicātion	*une demande.*
a lēave,—a furlough	*une permission, — un congé.*
a sick-leave	*un congé de convalescence.*
a scrimshanker, a shirker	*un tireur au flanc.*
a defaulter	*un homme puni.*
the defaulters' room	*la salle de police.*
confīnement (to barracks)	*la consigne.*
ōpen arrest,—clōse arrest	*les arrêts simples, — de rigueur*
espionage.—a spȳ	*l'espionnage. — un espion.*
a deserter	*un déserteur.*
trēason.—a trāitor	*la trahison. — un traître.*
the court-martial	*le conseil de guerre.*
the fīring-party	*le peloton d'exécution.*

■ LOCUTIONS

To be garrisoned in a town.	*Être en garnison dans une ville.*
To barrack at...	*Être caserné à...*
To mess together.	*Faire popote ensemble.*
To sound the reveille, the tattoo.	*Sonner le réveil, la retraite.*
To beat the lights out.	*Battre l'extinction des feux.*
To call (over) the roll.	*Faire l'appel.*
To answer the roll (-call).	*Répondre à l'appel.*
To be absent from roll-call.	*Manquer à l'appel.*
To be on duty, on guard.	*Être de service, de garde.*
To come off sentry.	*Quitter la faction.*
On duty covered by orders.	*En service commandé.*
To pōst, to reliēve, a sentry.	*Poser, relever une sentinelle.*
To mount guard, to stand sentry.	*Monter la garde.*
To go on rounds, on a patrol.	*Faire une ronde, une patrouille.*
To go the rounds.	*Faire la ronde.*
To draw up a report.	*Rédiger un rapport.*
To report sick.	*Se faire porter malade.*
To make an application for...	*Faire une demande pour...*
All leave is stopped.	*Toutes les permissions sont supprimées.*
To scrimshank, to shirk.	*Tirer au flanc.*
To confine sb. to barracks.	*Consigner qq.*
To be / To place sb. } under arrest.	*Être / Mettre qq. } aux arrêts.*
To desert.	*Déserter.*
To go over to the enemy.	*Passer à l'ennemi.*
To be court-martialled.	*Passer en conseil de guerre.*
To shoot sb.	*Fusiller qq.*
To report sb. deserter.	*Porter qq. déserteur.*

■ NOMS

F. L'exercice. La marche.

" The awkward squad "	*« Les bleus ».*
drilling	*l'exercice.*
discipline	*la discipline.*
the drill (*or* parāde)-ground	*le champ de manœuvres.*
a drill-sergeant	*un sergent instructeur.*
the front, the rēar rank	*le premier, le second rang.*
a fīle	*une file.*
the rank and file	*la troupe (hommes et caporaux).*
marching	*la marche.*
the step.—the pāce	*le pas. — l'allure.*
quick step, quick march	*le pas accéléré.*
double (*or* double-quick) time	*le pas gymnastique.*

charging pace	*le pas de charge.*
a (forced) march	*une marche (forcée).*
the marching rate	*la vitesse de marche.*
a marching song	*une chanson de marche.*
in route colum[n]	*en colonne de route.*
the (hourly) halt	*la halte (horaire).*
the halting-place	*(le lieu de) l'étape.*
a pile of arms	*un faisceau d'armes.*
the autumn (*or* army) manœ̄ūvres	*les grandes manœuvres.*
the schēme of manoeuvres	*le thème des manœuvres.*
the **umpīre**	*l'arbitre.*
the **review**, the **parāde**	*la revue.*
the march past	*le défilé.*

■ LOCUTIONS

To drill.	*Faire l'exercice.*
To fall in.	*Former les rangs.*
To fall into rank *or* line.	*Se mettre en rangs.*
To stand at attention.	*Être au garde à vous.*
To come to attention.	*Se mettre au garde à vous.*
On a single line.—In single rank.	*Sur un seul rang.*
Dressed in a line.	*En rang.*
To draw up in a line. / To dress.	*S'aligner.*
Forward! march!	*En avant! Marche!*
To close up.	*Serrer les rangs.*
To advance { in serried ranks. / in close array.	*Avancer en rangs serrés.*
To fall out.	*Quitter les rangs.*
To break off, to dismiss.	*Rompre les rangs.*
To be { in step. / out of step.	*Être / Ne pas être* } *au pas.*
To fall out of step.	*Perdre le pas.*
To change step.	*Changer le pas.*
To mark time.	*Marquer le pas.*
To march in quick time.	*Marcher au pas accéléré.*
To quicken, to slacken pace.	*Accélérer, ralentir, l'allure.*
At the double.	*Au pas gymnastique.*
To march abrĕast,—in column.	*Marcher de front, — en colonne.*
To lēad the march.	*Ouvrir la marche.*
To bring up the rear.	*Fermer la marche.*
To halt.	*Faire halte.*
To pile, to unpile arms.	*Former, rompre les faisceaux.*
Take off packs!	*Sac à terre!*
Put on packs!	*Sac au dos!*
Troops on manoeuvres.	*Des troupes en manœuvres.*
To hold a review.	*Passer une revue.*
To march past.	*Défiler (devant...).*

■ ADJECTIFS

military	*militaire.*	called up	*appelé.*
voluntary	*volontaire.*	put back / ad**journ**ed	*ajourné.*
com**pul**sory	*obligatoire.*		
līable to	*astreint à.*	**mō**bilīzed	*mobilisé.*
sōldierlīke	*militaire (attitude, conduite).*	excūsed from (fatigue)	*exempt de (corvée).*
		de**tail**ed for	*désigné pour.*

adequate	*judicieux, proportionné.*
drawn by	*attelé de.*
provīded / equipped } with	*muni de.*
armed with	*armé de.*
armoured	*blindé.*
mōtorīzed / mechanīzed	*motorisé.*
up-to-dāte	*moderne.*
bullet- / bomb- / shell- } proof	*à l'épreuve des balles, bombes, obus.*

■ NOMS

G. La guerre sur terre.

1. La guerre de mouvement.

war	*la guerre (en gen.).*
the world war	*la guerre mondiale.*
warfare	*la guerre (opérations).*
open (*or* field) warfare	*la guerre de mouvement.*
arming.—disarmament	*les armements. — le désarmement.*
the Disarmament **Con**ference	*la Conférence du Désarmement.*
the *mō*bilīzā̄tion	*la mobilisation.*
the contending forces	*les armées combattantes.*
the command (in chiēf)	*le commandement (en chef).*
the (General) Headquarters	*le (Grand) Quartier Général.*
an alliance.—an allȳ	*une alliance,— un allié.*
the enemy.—the oppōnent	*l'ennemi. — l'adversaire.*
the enemy forces	*les troupes ennemies.*
the **out**breāk of hostilities	*l'ouverture des hostilités.*
a **com**batant	*un combattant.*
a snīper	*un tireur caché.*
a shirker.—(*fam.* a cuthbert)	*un embusqué.*
the **thē**atre / the fiēld } of *oper*ā**tions**	*le théâtre des opérations.*
the war-zōne	*la zone des armées.*
strategy.—a **stra**tegist	*la stratégie. — un stratège.*
tactics.—a tactician	*la tactique. — un tacticien.*
the ordnance survey-map	*la carte d'état-major.*
*re*con**noi**tring, scouting	*les opérations de reconnaissance.*
a recon**na**issance	*une reconnaissance.*
a reconnoitring party	*un groupe de reconnaissance.*
a scout	*un éclaireur.*
invāsion.—occūpā**tion**	*invasion. — occupation.*
the ad**vanced** guard } of the army	*l'avant-garde* } *de l'armée.*
the main (body) } of the army	*le gros* } *de l'armée.*
the rēar-guard } of the army	*l'arrière-garde* } *de l'armée.*
the **bi**vouac.—the camp	*le bivouac. — le camp.*
the can**ton**ment.—the quarter	*le cantonnement. — le logement.*
the **bil**lets	*le logement (chez l'habitant).*
the **bil**leting-paper (*or* order)	*le billet de logement.*
sup**plȳ**ing, vi[c]**t**[u]alling	*l'approvisionnement.*
revi[c]t[u]alling, re**plen**ishment	*le ravitaillement (vivres, munitions).*
food supplīes.—rā**tions**	*les vivres. — les vivres du sac.*
the emergency (*or* " īron ") rations	*les vivres de réserve.*
*re*quisition(ing), *comman*dē**er**ing	*la réquisition.*
the field-kitchen	*la cuisine roulante.*
the point, the van } of advanced guard.	*la pointe, la tête* } *d'avant garde.*
the main (body) } of advanced guard.	*le gros* } *d'avant garde.*
the { prē**cau**tionary / sāfety } measures	*les mesures* { *de précaution. / de sûreté.*

a screen of troops	*un rideau de troupes.*
a protective detachment	*un détachement de sûreté.*
the covering troops	*les troupes de couverture.*
an outpōst.—a picket	*un avant-poste. — un petit poste.*
a (flank-) patrōl	*une patrouille (de flanc).*
a look-out (man)	*un guetteur.*
the parōle.—the countersī[g]n	*le mot d'ordre. — de ralliement.*
the alarm, the alert	*l'alerte.*
information, intelligence	*des renseignements.*
the intelligence service	*le service des renseignements.*
an intelligence officer	*un officier de renseignements.*
a campāi[g]n	*une campagne.*
the front.—the rēar	*le front. — l'arrière.*
the flank.—the flank-guard	*le flanc. — la flanc-garde.*
the offensive.—the dēfensive	*l'offensive, — la défensive.*
the assāilant, the aggressor	*l'agresseur.*
a battle	*une bataille.*
the fighting-line	*le front de combat.*
an attacking movement	*un mouvement offensif.*
a feint	*une feinte, une fausse attaque.*
a counter-attack	*une contre-attaque.*
a fight, an action	*un combat.*
a hand-to-hand fight	*un (combat) corps à corps.*
an engāgement, an encounter	*un engagement, une rencontre.*
a skirmish, a brush	*une escarmouche.*
a skirmisher	*un tirailleur.*
skirmishing	*le combat de tirailleurs.*
a stratagem of war	*une ruse de guerre.*
an ambush, an ambuscāde	*une embuscade.*
camouflage	*le camouflage.*
a surprīse attack. — a rāid	*un coup de main. — un raid.*
the prōgress, the advance	*la progression, l'avance.*
a rush forward	*un bond en avant.*
a surrounding / an enveloping / an encircling movement	*un mouvement enveloppant.*
the assault *or* storming of...	*l'assaut de...*
the assaulting / the storming colum[n] *or* party	*la colonne d'assaut.*
the breāk-through	*la percée.*
a fire of musketry	*un feu de mousqueterie.*

fire	feu
independent	*à volonté.*
volley	*par salves.*
long rānge	*à longue portée.*
short rānge	*à courte distance.*
slow	*lent.*
brisk / sharp	*vif.*
hĕavy	*nourri, violent.*
running	*roulant.*
stĕady	*soutenu.*
desultory / dripping	*inégal.*
unsteady / straggling	*irrégulier.*
accūrate	*précis.*
direct	*direct.*
plunging	*plongeant.*
grāzing	*rasant.*
enfilāde / rāking	*d'enfilade.*
point-blank	*à bout portant.*
rāging	*furieux.*
overwhelming	*écrasant.*
dĕadly / galling	*meurtrier.*

Gas attack. — To gas.	*Attaque par les gaz. — Gazer.*
Asphyxiāting (*or* lēthal) gas.	*Gaz asphyxiant.*
Tēar gas.	*Gaz lacrymogène.*

resistance	*la résistance.*
rēinforcement(s)	*des renforts.*
the charge in compact formātion	*la charge en rangs serrés.*
a success, a victory	*un succès, une victoire.*
the vanquisher, the conqueror[3]	*le vainqueur.*
the vanquished	*les vaincus.*
the conquest[4]	*la conquête.*

a meddley a scrimmage	*une mêlée.*	a dēfēat	*une défaite.*
		the downfall	*la débâcle.*
confūsion	*la confusion.*	the collapse	*l'effondrement.*
panic	*la panique.*	a straggler a laggard	*un traînard.*
a rout	*une déroute.*		
the rētrēat	*la retraite.*	the pursūit	*la poursuite.*
a rēverse	*un revers.*	a massacre	*un massacre.*
a fāilure[1]	*un échec.*	a slau[gh]ter	*une tuerie.*

a helter-skelter flīght a disorderly retreat	*une débandade.*
a runaway	*un fuyard*
a hērō, a hēroine	*un héros, une héroïne.*
hĕroism	*l'héroïsme.*
a fēat, an exploit	*un exploit.*
a feat of arms	*un fait d'armes.*
heavy losses (*or* casualties)[2]	*de lourdes pertes.*
the first-aid field-outfit the field-dressing	*le paquet de pansement.*
a dressing-station.	*un poste de secours.*
a field-hospital	*une ambulance de campagne.*
a clēaring-hospital	*un hôpital d'évacuation.*
an ambūlance-train	*un train sanitaire.*
a stretcher	*un brancard.*
a stretcher-bearer	*un brancardier.*
a medical orderly	*un infirmier.*
the cōm[b]ing out (*fam.*)	*la récupération.*
a prisoner	*un prisonnier.*
the questioning	*l'interrogatoire.*
a stātement	*une déclaration.*
īdentifying, īdentificātion	*l'identification.*
the morale (of the troops)	*le moral (des troupes).*
captivity	*la captivité.*
the handling *or* trēatment of...	*le traitement de....*
a rētaliātion camp	*un camp de représailles.*
To fight like a hero.	*Se battre en héros.*
The sērious cāses. The sevērely wounded.	*Les grands blessés.*
Reported missing.	*Porté manquant.*
A Blī[gh]ty (wound) (1)	*La « bonne blessure ».*
A war cripple.	*Un mutilé de guerre.*
Killed in action.	*Tué à l'ennemi.*
The Unknown Warrior	*Le Soldat Inconnu.*
To take (sb.) prisoner	*Faire (qq.) prisonnier.*
The ex-service men.	Les anciens combattants.

1. feiljə. — 2. kæʒjuəltiz. — 3. qu = k. — 4. qu = kw

(1) *Blighty*, argot pour le « pays ». — *Blighty wound* : une blessure qui entraîne l'évacuation du blessé.

■ LOCUTIONS

In time of war, in wartime.	*En temps de guerre.*
To go to war.	*Partir en guerre.*
To be at war (with)...	*Etre en guerre (avec...)*
To declare war upon (*or* to)...	*Déclarer la guerre à...*
To wage war on (*or* upon, against.)	*Faire la guerre à...*
To mōbilīze.	*Mobiliser.*
When the war broke out...	*Quand la guerre a éclaté...*
To take the field .	*Entrer en campagne.*
To bring an army into the field.	*Mettre une armée en campagne.*
To gain, to yiēld, to lose ground.	*Gagner, céder, perdre du terrain.*
To stand (*or* keep) one's ground.	*Conserver ses positions.*
To *re*con**noi**tre, to ex**plore**.	*Reconnaître.*
To in**vāde** a country.	*Envahir un pays.*
To **bi**vouac.—To quarter.	*Bivouaquer. — Cantonner.*
To lay out (*or* pitch) the camp.	*Dresser, établir le camp.*
To strīke (*or* break up) the camp.	*Lever le camp.*
To **bil**let.	*Loger chez l'habitant.*
To go into winter-quarters.	*Prendre ses quartiers d'hiver.*
To *re*quisition, to *comm*an**dēer**.	*Réquisitionner.*
To pa**trōl**.	*Faire une patrouille.*
To give, to sound the alarm.	*Donner, sonner l'alarme.*
An old cam**pāi**[g]ner.	*Un vétéran, un vieux briscard.*
To be at, to go to the front.	*Être, aller au front.*
To as**sūme**, to take the offensive.	*Prendre l'offensive.*
To carry out an offensive.	*Mener une offensive.*
To take in reverse, in the rear.	*Prendre à revers.*
A { pitched / decīsive / drawn } battle.	*Une bataille { rangée. / décisive. / indécise.*
To **dē**ploy.	*(Se) déployer.*
Drawn up in battle ar**rāy**.	*En (formation de) bataille.*
In the thick of the battle.	*Au fort de la mêlée.*
To search the ground.	*Fouiller le terrain.*
To give battle.	*Livrer bataille.*
To come into action.	*Engager le combat.*
To attack on the flank.	*Attaquer de flanc.*
A direct, front(al) attack.	*Une attaque de front.*
A flank, smart, desperate attack.	*Une attaque, de flanc, vive, acharnée.*
An unexpected attack.	*Une attaque à l'improviste.*
To launch an attack.	*Lancer une attaque.*
To bear the brunt of the attack.	*Supporter le choc de l'attaque.*
To defend (to the last).	*Défendre (jusqu'à la dernière extrémité).*
To dis**pūte** the ground inch by inch.	*Défendre le terrain pied à pied.*
To fight at a *dis*advantage.	*Lutter dans des conditions d'infériorité.*
To fight against crushing odds.	*Lutter contre une supériorité écrasante.*
A fight to the **fi**nish.	*Un combat à outrance.*
In skirmishing order.	*En tirailleurs.*
To lay an ambush.	*Tendre, dresser une embuscade.*
To lie in ambush.	*Se tenir en embuscade.*
To camou**flage**.	*Camoufler.*
To raid a position.	*Faire un raid dans une position.*
To pro**gress**, to ad**vance**.	*Progresser.*
To rush a poistion.	*Enlever... par un coup de main.*

To **surround**, to hem in.	*Cerner, entourer, envelopper.*
To storm a position.	*Se lancer à l'assaut d'une position*
To carry a position by storm.	*Emporter une position d'assaut.*
To break through a line of defence.	*Enfoncer une ligne de défense.*
The dānger zōne.	*La zone dangereuse.*
A fire-swept ground.	*Un terrain battu.*
A dĕad ground.	*Un espace mort.*
To *en*fil**āde**.	*Prendre en enfilade.*
To riddle with bullets.	*Cribler de balles.*
To disāble a gun.	*Mettre une pièce hors de service.*
An unserviceable gun.	*Un canon hors de service.*
To re**sist** / To with**stand** } an attack.	*Résister à une attaque.*
To **off**er a { **stubborn** / **dogged** } resistance	*Opposer une résistance { opiniâtre / acharnée.*
To hōld out, to hōld on.	*Résister. — tenir bon.*
To check.	*Enrayer, arrêter (une attaque, etc.).*
To break down the resistance.	*Briser la résistance.*
To rēin**force**.	*Renforcer.*
To sound the charge.	*Sonner la charge.*
To come to clōse quarters.	*En venir au corps à corps.*
To gain a footing in....	*Prendre pied dans....*
To give way.	*Lâcher pied.*
To gain a victory over....	*Remporter une victoire sur....*
To carry the day.	*Remporter la victoire.*
The day is ours.	*La victoire est à nous.*
To **con**quer (sth. from...)	*Conquérir (qch. sur...).*
To **van**quish.	*1. vaincre. — 2. venir à bout de....*
To sub**dūe**.	*Subjuguer, soumettre.*
To suffer a defeat.	*Subir une défaite.*
To dē**fēat**, to bēat.	*Défaire, vaincre, battre.*
To beat the **en**emy back.	*Repousser l'ennemi.*
To beat sb. hollow.	*Battre qq. à plates coutures.*
To ōver**throw**. — To col**lapse**.	*Abattre. — S'effondrer.*
To throw the troops into disorder.	*Jeter la confusion parmi les troupes.*
Panic-stricken.	*Pris de panique.*
The **en**emy was { routed. / put to flight. }	*L'ennemi fut mis en déroute.*
The **reb**els were in full flight.	*Les rebelles étaient en pleine déroute.*
To fall back, to with**draw**.	*Reculer, se replier.*
To withdraw one's troops.	*Ramener ses troupes en arrière.*
To sound, to beat the retreat.	*Sonner, battre la retraite.*
To beat a retreat, — to retreat.	*Battre en retraite.*
To cut the enemy's retreat.	*Couper la retraite à l'ennemi.*
To pur**sūe**, to harry the **en**emy.	*Poursuivre, harceler l'ennemi.*
To press hard upon / To be in hot pursuit of } the **en**emy.	*Poursuivre l'ennemi de près.*

NOMS

2. La guerre de position.

trench warfare	*la guerre de tranchées.*
a **sec**tor	*un secteur.*
an ad**vanced** trench	*une tranchée de première ligne.*
a sup**port** trench	*une tranchée de soutien.*
a com*mū*ni**cā**tion-trench	*un boyau.*
a shelter. — a dug-out	*un abri. — une cagna.*
a **par**apet, a brĕastwork	*un parapet.*
a **sand**bag	*un sac à terre.*
a **loop**hōle	*un créneau, une meurtrière.*

a **periscōpe**	*un périscope.*
no man's land	*l'espace inoccupé entre deux tranchées adverses.*
a stāke	*un piquet, un pieu.*
a barbed-wīre en**tangle**ment	*un réseau de (fils de fer) barbelés.*
a lis[t]ening-pōst	*un poste d'écoute.*
a mopper-up (*fam.*)	*un nettoyeur de tranchées.*
mopping-up (*fam.*)	*le nettoyage de tranchées.*
a sap	*une sape.*

■ LOCUTIONS

To dig out a trench.	*Creuser une tranchée.*
To go into the trenches.	*Monter aux tranchées.*
To leave the trenches.	*Quitter les tranchées.*
To have trench-feet.	*Avoir les pieds gelés.*
A bullet-shield.	*Un pare-balles.*
A splinter-proof shield.	*Un pare-éclats.*
To clear a trench. (*fam.* to mop up).	*Nettoyer une tranchée.*

■ NOMS

3. La guerre de siège.

a fort.—a **fort**let	*un fort. — un fortin.*
a **fort**ress.—a **strong**hōld	*une forteresse. — place forte.*
a fortifīed **ā**r**ē**a	*un camp retranché.*
cōast-de**fence**	*les fortifications maritimes.*
a **ram**part, a **bul**wark	*un rempart.*
a **batt**lement	*un créneau.*
(ferro-) **con**crēte	*du béton (armé).*
a siēge	*un siège.*
siēge warfare	*la guerre de siège.*
the bēsiēger.—the bēsiēged	*l'assiégeant. — les assiégés.*
an en**trench**ment, re**trench**ment	*un retranchement.*
investment	*investissement.*
shelling, bom**bard**ment	*bombardement.*
scāling, *es*ca**lāde**	*escalade.*
a brēach	*une brèche.*
a **batt**ering-ram	*un bélier.*
a scāling-ladder	*une échelle d'assaut.*
a sally, a **sor**tie	*une sortie.*
the taking *or* **cap**ture of...	*la prise de...*
the **en**tering into...	*l'entrée dans...*
the re**liēf** of...	*la délivrance de...*
ca*pit*ū**lā**tion,—e*vac*ū**ā**tion	*capitulation, — évacuation.*
the terms of the sur**ren**der	*les conditions de la reddition.*
plunder, **pill**age, looting	*pillage.*
a **pill**ager, looter, **plun**derer	*un pillard.*
the booty	*le butin.*
a **hŏs**tage.—a **ran**som	*un otage. — une rançon.*
forced *con*tri**bū**tion	*contributions de guerre.*

■ LOCUTIONS

To **forti**fȳ.—to en**trench**.	*Fortifier. — retrancher.*
To lay siege to...	*Mettre le siège devant...*
To raise the siege.	*Lever le siège.*
To **invest**.	*Investir.*
To shell, to bom**bard**.	*Bombarder.*
To **bat**ter down (a wall).	*Battre (un mur) en brèche.*
To pound.—To annīhilāte.	*Pilonner. — Anéantir.*

To form, to ōpen a brēach.	*Faire brèche.*
To scāle, to escalāde.	*Escalader.*
To make a sally.	*Faire une sortie.*
Sortie by force.	*Sortie en masse.*
To rāze a fortress.	*Raser une forteresse.*
To starve into surrender.	*Réduire par la famine.*
To bring sb. to terms.	*Forcer qq. à capituler.*
To surrender on terms.	*Se rendre par capitulation.*
To surrender unconditionally.	*Se rendre sans conditions.*
To capture, to take.	*Capturer, s'emparer de...*
To wāste, to lay wāste.	*Dévaster, ravager.*
The devastāted areas.	*Les pays dévastés.*
To plunder, to loot, to sack.	*Piller.*
To ransack.	*Saccager, piller.*
To hōld sb. to ransom.	*Mettre qq. à rançon.*
To ransom sb.	*Payer la rançon de qq.*
To reliēve.	*Débloquer, délivrer.*

■ ADJECTIFS

tactical	*tactique.*
stra**tegic**(al)	*stratégique.*
pro**tec**ted	*protégé.*
de**fend**ed	*défendu.*
unprotected de**fence**less	*sans défense.*
war**lī**ke	*guerrier.*
martial	*martial.*
hērōic(al)	*héroïque.*
fortifīed	*fortifié.*
entren**ched**	*retranché.*
water-tīght	*étanche à l'eau.*
air-tīght	*étanche à l'air.*
stēam-tīght	*étanche à la vapeur.*
gas-tīght	*étanche au gaz.*
offensive	*offensif.*
defensive	*défensif.*
defensible	*susceptible de défense.*
murderous	*sanglant.*
dĕadly	*meurtrier.*
un**hurt** unscāthed un**in**jured	*indemne.*
wounded	*blessé.*
killed	*tué.*
missing	*disparu, manquant.*
sheltered	*abrité.*
camou**flaged**	*camouflé.*
ad**vanced**	*avancé (poste).*
sunken	*enterré (tranchée, route, etc...)*
dug up	*bouleversé.*
desolate drēary	*désolé.*
dĕvastāted	*dévasté.*

2. LA MARINE

The navy.

■ NOMS

A. Le personnel.

the **Ad**miralty	*le Ministère de la Marine.*
the Board of the Admiralty the Lords **Commissioners** of the Admiralty	*le Conseil supérieur de la Marine.*
the First Lord of the Admiralty (*amér.* the Secretary for the Navy)	*le Ministre de la Marine.*
the nāvy the **nā**val forces	*la marine de guerre.*
the Naval **College**	*l'Ecole Navale.*
a naval officer	*un officier de marine.*
Admiral of the **Fleet**	*Amiral de la Flotte.*
admiral	*amiral.*
vīce-admiral	*vice-amiral.*
rēar-admiral	*contre-amiral.*
pōst-admiral	*major de la flotte.*
admiral sūperin**tendent**	*préfet maritime.*
commodore (1)	*commodore.*
captain	*capitaine de vaisseau.*
flag-captain	*commandant du vaisseau-amiral.*
com**man**der	*capitaine de frégate.*
lieutenant-commander	*capitaine de corvette.*
lieu**ten**ant (2)	*lieutenant de vaisseau.*
sub-lieutenant,—(*am.* **ensī**[g]n)	*enseigne.*
midshipman (*fam.* middy)	*aspirant.*
enginēer officer	*officier mécanicien.*
paymaster	*commissaire de la marine.*
fleet-**sur**geon	*médecin en chef.*
the crew, the hands	*l'équipage.*
on war es**tab**lishment	*effectif sur le pied de guerre.*
on peace establishment	*effectif sur le pied de paix.*
the Royal **Marine** Light **In**fantry the **Marines**	*l'Infanterie de Marine.*
a **sāi**lor (*fam.* a **blue**jacket)	*un marin, un matelot.*
a jacktar	*un mathurin.*
lēading **sēa**man	*matelot de 1re classe.* *quartier-maître.*
second-class **petty** of**ficer**	*second-maître.*
chiēf petty officer	*premier-maître.*
the petty officers	*les maîtres, la maistrance.*
a **boats**[w]ain[1]	*un maître d'équipage.*
a **coxs**[w]ain[2]	*un patron de chaloupe.*
a **sig**nalman	*un timonier (signaux).*
a **helms**man	*un timonier (barre).*
a **gun**ner	*un canonnier.*
a **ship('s)** boy	*un mousse.*
the **chief-engi**nēer	*le maître mécanicien.*

1. bousn. — 2. kɔksn.

(1) Grade intermédiaire entre capitaine de vaisseau et contre-amiral.
(2) *pr. angl.* leftenent; — *pr. amér.* ljutenent.

a trimmer	*un soutier.*
a (leading) stōker	*un chauffeur (breveté).*
an **armourer**	*un armurier.*
the steward[1]	*le commis aux vivres.*
the cook	*le maître-coq.*
a mūtiny, a mūtinēer	*une mutinerie, un mutin.*

■ LOCUTIONS

To go to sea.	*Se faire marin.*
To sail before the mast. To berth forward.	*Servir comme simple matelot.*
To walk the (quarter-) deck.	*Être officier.*
To man (a ship).	*Mettre un équipage (sur un navire).*
The ship has her full **complement**.	*Le navire a son effectif au complet.*
To pipe up all hands.	*Commander tout le monde sur le pont.*
All hands on deck!	*Tout le monde sur le pont!*
To muster (all hands).	*Faire l'appel.*
To discharge, to pay off.	*Licencier, renvoyer.*
To be a good sailor. To have sea-legs.	*Avoir le pied marin.*
An old sea-dog, an old salt.	*Un vieux loup de mer.*
A swab, a lubber.	*Un marin d'eau douce.*
He is in the horse-marines.	*C'est un amiral suisse.*

■ NOMS

B. Navires et bateaux.

the fleet	*la flotte.*
a **squadron**	*une escadre.*
a **warship**, a man-of-war	*un navire de guerre.*
the **flag**ship	*le vaisseau-amiral.*
a **batt**leship	*un cuirassé.*
an (armoured-) crūiser	*un croiseur (cuirassé).*
a battle-cruiser	*un croiseur de bataille.*
a scout (*or* scouting vessel)	*un éclaireur.*
a torpēdo-boat	*un torpilleur.*
a (torpedo-boat) destroyer	*un contre-torpilleur.*
a **gun**boat	*une canonnière.*
a **sub**marine	*un sous-marin.*
a U-boat	*un sous-marin allemand.*
an aircraft-carrier a mother-ship	*un navire porte-avions.*
a mīne-layer	*un mouilleur de mines.*
a mine-sweeper	*un dragueur de mines.*
a cōast-de**fence** ship	*un garde-côte.*
a **sur**vey vessel	*un navire hydrographe.*
a **hos**pital ship	*un navire-hôpital.*
a **training** ship	*un navire-école.*
a cōaster, a cōasting ship	*un caboteur.*
a tow-boat, a tug-boat a towing-boat	*un remorqueur.*
a trawler[2]	*un chalutier.*
a **col**lier. — a **cut**ter	*un charbonnier. — un cotre.*
a **schoo**ner. — a **whā**ler	*une goélette. — une baleinière.*
the Admiral's barge	*le canot de l'amiral.*
a **pinn**ace, a launch	*un grand canot.*
a long-boat	*une chaloupe.*
a stēam-launch	*un canot à vapeur.*
a mōtor-launch	*un canot automobile.*

1. stjuːəd. — 2. trɔːlə*.

to lower (*or* set out) a boat	*mettre un canot à la mer.*
a hulk	*un vieux sabot.*
a submarine a**wash**	*un sous-marin en surface.*

NOMS

C. La construction des navires. — Le port.

the Direc**tor** of Nāval Cons**truc**tion	*le Directeur des Constructions navales.*
a naval **ar**chitect[1]	*un ingénieur du génie maritime.*
a ship-b[u]ilding yard	*un chantier de construction.*
a naval **dock**yard	*un chantier de l'Etat, un arsenal.*
the stocks, the slip-dock the b[u]ilding-slip	*la cale de construction.*
the launch *or* launching	*le lancement.*
the trīals	*les essais.*
the grāving, the rē**fit**ting	*le radoub.*
a wet (*or* flooding) dock	*un bassin à flot.*
a dry (*or* grāving) dock	*un bassin de radoub.*
a ship-owner	*un armateur.*
a ship-brōker	*un courtier maritime.*
the rōads (*pl.*), the **road**stĕad	*la rade.*
a port, a **har**bour	*un port.*
a naval port	*un port militaire.*
the port of **re**gistry	*le port d'attache.*
the outerport	*l'avant-port.*
the harbour **en**trance	*l'entrée du port.*
the harbour-master	*le capitaine du port.*
a pīlot	*un pilote.*
a lighthouse. — a light-ship	*un phare. — un bateau-phare.*
a pier[2], a jetty	*une jetée, une digue.*
a **breāk**water	*un brise-lames.*
a dredger	*une drague.*
an **an**chorage[5]	*un mouillage.*
a (mooring-) b[u]oy	*une bouée (d'amarrage).*
a bēacon	*une balise.*
the bill of hĕalth	*la patente de santé.*
quarantine[3]	*la quarantaine.*
a quay[4], a wharf	*un quai.*
the **an**choring[5] berth	*le poste de mouillage.*
the mooring berth	*le poste d'amarrage.*
the landing-stāge	*l'embarcadère* ou *le débarcadère.*
a docker	*un débardeur.*
a **der**rick	*un mât de charge.*
a crāne	*une grue.*

LOCUTIONS

To lay a ship on the stocks. To lay down a ship.	*Mettre un navire en chantier.*
A ship { under construction. A ship { on the stocks.	*Un navire en construction.*
To launch a ship.	*Lancer un navire.*
To e**quip**, to fit out.	*Équiper.*
To caulk. — To rē**fit**.	*Calfater. — Radouber.*
A ship { under rē**pair**. A ship { in dry dock.	*Un navire en radoub.*
To stow.	*Arrimer.*
The maiden voyage.	*Le premier voyage d'un navire.*
In the roads.	*En rade.*

1. aːkitekt. — 2. piːə. — 3. kwɔrəntiːn. — 4. kiː. — 5. ch = k.

To call at a port.	*Faire escale dans un port.*
To go ashore.	*Aller à terre.*
To enter (*or* to come into) harbour.	*Entrer dans le port.*
To lēave port. To clēar the harbour.	*Quitter le port.*
To quarantine a ship.	*Mettre un navire en quarantaine.*
To berth a ship.	*Amener un navire à quai.*
To moor, to make fast.	*Amarrer.*
To moor / To berth } alongsīde a quay.	*Accoster le long d'un quai.*
To change berth.	*Changer de mouillage.*

■ NOMS

D. Les diverses parties du navire.

the hull	*la coque.*
the keel	*la quille.*
the hōld	*la cale.*
the bow[1]. — the bows	*l'avant. — les bossoirs.*
the stem	*l'étrave.*
the stern. — the poop	*l'arrière. — la poupe.*
the bulwarks	*les bastingages.*
the hand-rail	*la rambarde.*
the forecastle[2]	*le gaillard d'avant.*
the quarter-deck	*le gaillard d'arrière.*
the counter	*la voûte.*
the taffrail	*(la lisse de) couronnement.*
the stern-pōst	*l'étambot.*
the upper deck	*le pont supérieur.*
the lower deck	*le pont inférieur.*
the main deck	*le pont principal.*
the hurricane deck	*le pont de manœuvre.*
the flȳing (-off) deck	*le pont d'envol.*
the wāist	*le pont entre les gaillards.*
between decks	*l'entrepont.*
the bridge	*la passerelle* (de commandement).
the rudder	*le gouvernail.*
the helm the tiller	*la barre.*
the (steering-) wheel	*la roue du gouvernail.*
the wheel-house	*le kiosque de timonerie.*
the tiller-rōpes	*les drosses du gouvernail.*
the capstan	*le cabestan.*
an anchor[3]	*une ancre.*
sheet- anchor	*ancre de veille.*
bower- anchor	*ancre de bossoir.*
kedge- anchor	*ancre à jet.*
the fluke	*la patte d'ancre.*
the hawsehōles	*les écubiers.*
a chain. — a link	*une chaîne. — un anneau.*
the screw, the propeller	*l'hélice.*
the funnel	*la cheminée.*
a three-funneller	*un navire à 3 cheminées.*
an air-shaft, a ventilātor	*une manche à air.*
the fog-horn	*la sirène.*
the awning[4]	*la tente.*
a hatchway, a hatch	*une écoutille, un panneau.*
a skȳlight	*une claire-voie.*
the companion (-hatch)	*le capot.*
the gangway	*la coupee.*

1. bau. — 2. fouksl. — 3. ch = k. — 4. ɔːnin.

the fore-ladder	*l'échelle d'avant.*
stern-ladder	*de poupe.*
companion-ladder	*de commandement.*
gangway-ladder	*de coupée.*
accommo**dā**tion-ladder	
quarter-ladder	*de dunette.*
bridge-ladder	*de passerelle.*
Jācob's ladder	*de revers.*
the **dā**vits	*les daviers.*
the flag	*le drapeau, le pavillon.*
a **flag**staff	*un mât de pavillon.*
the flag locker	*le coffre à pavillons.*
the jack	*le pavillon de beaupré.*
the **ensī**[g]n	*le pavillon de poupe.*
a **pennant, a pennon**	*une flamme.*
the Blue Pēter	*le pavillon de partance.*
the Yellow Jack	*le pavillon de quarantaine.*
white ensī[g]n	*pavillon de marine de guerre.*
blue ensī[g]n	*pavillon de marine de réserve.*
red ensī[g]n	*pavillon de marine marchande.*
the admiral's flag	*le pavillon de l'amiral.*
the Ūnion Jack.	*le pavillon britannique.*
the Star-spangled banner / the « Stars and Strīpes »	*le pavillon des États-Unis.*
the **rig**ging. — to rig	*le gréement. — gréer*
the foremast	*le mât de misaine.*
the main mast	*le grand mât.*
the **miz**(z)en mast	*le mât d'artimon.*
the topmast	*le mât de hune.*
the bowsprit	*le mât de beaupre.*
the top	*la hune.*
a spar	*un espar.*
the (main) yard	*la (grande) vergue.*
a yard-arm	*un bout de vergue*
a squāre sail	*une voile carrée.*
a la**tēen** sail	*une voile latine.*
the upper sails	*les voiles hautes.*
the lower sails / the courses	*les basses voiles.*
the main sail	*la grand'voile.*
the mizzen	*la misaine.*
the **top**sail	*le hunier.*
a jib	*un foc.*
a studding sail	*une voile de bonnette.*
the stays	*les étais.*
the backstays	*les galhaubans.*
the shrouds	*les haubans.*
the broadsīde	*le flanc (du navire).*
a port-hōle, — a scuttle	*un sabord, — un hublot.*
the **en**gine-room	*la chambre des machines.*
the stōke-hōld	*la chaufferie.*
the **fur**nace, — the **boiler**	*le foyer, — la chaudière.*
the (cōal-) bunker	*la soute à charbon*
fūel-oil *or* oil-fūel	*le mazout.*
the drīving-shaft	*l'arbre de couche.*
the draught[1]	*le tirant d'eau.*
the dis**plā**cement	*le déplacement.*
the **ton**nage	*le tonnage.*

1. draft.

the water-līne the flōating-line	*la ligne de flottaison.*
a **bulk**head	*une cloison.*
a **cab**in	*une cabine.*
a berth	*une couchette,* (par ext.) *cabine.*
a **hamm**ock	*un hamac.*
a locker	*un coffre.*
the **stee**rage	*l'avant-carré.*
the ward-room	*le carré des officiers*
the gunroom	*le carré des officiers subalternes.*
the **mid**shipmen's berth	*le poste des aspirants.*
the chart-house	*la chambre des cartes, la ch. de veille*
the steward's room	*la cambuse.*
the **gall**ey	*la cuisine.*
the store-room	*la soute aux provisions.*
the water-tank	*le réservoir d'eau.*
the **cock**pit	*le poste des blessés.*
the sick-bay	*l'hôpital de bord.*
the sail-locker	*la soute aux voiles.*
the tackle (*sing.*)	*les agrès.* *les apparaux.*
a cāble	*un câble.*
a rōpe	*un cordage.*
a coil	*un rouleau (de cordage).*
a knot	*un nœud.*
a fast a painter	*une amarre.*
a reef	*un ris.*
a block	*une poulie.*
a (boat-) hook	*une gaffe.*
a handspīke	*un anspect.*
canvas	*de la toile à voile.*
ōakum	*de l'étoupe.*
tar	*du goudron.*
tar**paul**in	*de la toile goudronnée.*
a cask	*un tonneau.*
a barrel	*un baril.*
a pail a bucket	*un seau.*
a life-b[u]oy a life-belt	*une bouée* *une ceinture* } *de sauvetage.*
ballast	*le lest.*
bilge-water	*l'eau de cale*

■ LOCUTIONS

From stem to **stern.**	*De l'avant à l'arrière, de bout en bout.*
From aft forward .	*De l'arrière à l'avant.*
Stern foremost.	*En marche arrière.*
Down in the hold.	*A fond de cale.*
The { fore- / aft- } hold.	*La cale* { *avant.* / *arrière.*
Amidships.	*Au milieu du navire.*
To go (*or* to come) on **deck.**	*Monter sur le pont.*
A three-decker	*Un navire à 3 ponts.*
To be at the wheel.	*Tenir le gouvernail.*
A single- / A twin- } screw steamer.	*Un vapeur à* { *une hélice.* / *deux hélices.*
To **an**chor.	*Mouiller.*

To be, to lie, to ride at anchor.	*Être à l'ancre.*
To cast, to weigh anchor.	*Jeter, lever l'ancre.*
To drag the anchor.	*Chasser sur l'ancre.*
To foul an anchor.	*Engager une ancre.*
" Keep off the propellers. "	*« Attention aux hélices ».*
To batten down the hatches.	*Condamner les panneaux.*
To hoist up a signal, a flag.	*Hisser un signal, un pavillon.*
To haul down the flag.	*Amener, hâler le pavillon.*
To fly the flag of....	*Naviguer sous le pavillon de...*
To half-mast the flag.	*Mettre le pavillon en berne.*
To wave, to stream / To flutter } in the wind.	*Flotter au vent.*
To dress ship.	*Pavoiser.*
Flags fore and aft.	*Grand pavois.*
Masthead flags.	*Petit pavois.*
To sling / To unsling } a hammock.	*Accrocher / Décrocher } un hamac.*
To set sail / To get under sail } for...	*Mettre à la voile / Faire voile } pour.*
To work the sails.	*Manœuvrer les voiles.*
To hoist the sails.	*Hisser les voiles.*
To take in the sails.	*Carguer les voiles.*
To take down the sails.	*Amener les voiles.*
To furl, to unfurl the sails	*Ferler, déferler les voiles.*
To crowd on all sails.	*Faire force de voiles.*
To shorten sails.	*Diminuer de voiles.*
In full sail. / With all sails set. / Under full canvas.	*Toutes voiles dehors.*
To square the yards.	*Brasser les vergues.*
To heave to.	*Mettre en panne.*
To lie to.	*Être à la cape.*
To sail under bare poles.	*Naviguer à mâts et à cordes.*

■ NOMS

E. La navigation.

the log-book	*le livre du bord.*	the lĕad / the **fath**om-līne	*la sonde.*
the **binn**acle	*l'habitacle.*		
the **com**pass	*la boussole.*	the *navigā*tion-līghts	*les feux de navigation.*
the needle	*l'aiguille.*		
starboard	*tribord.*	the rīding-lights	*les feux de position.*
port	*bâbord.*		
a **tel**escōpe	*un télescope.*	a **search**light	*un projecteur.*

a sound-locāting *apparā*tus	*un appareil de repérage par le son.*
the handling	*la manœuvre (du navire).*
the depth of water	*la profondeur d'eau.*
a fathom	*une brasse (env. 1 m. 83).*
15 fathom deep	*15 brasses de fond.*

the course	*l'itinéraire.*	the wāke	*le sillage.*
the log-line	*la ligne de loch.*	pitching	*le tangage.*
a knot	*un nœud (env. 15 m.). par.ext. mille marin.*	rōlling	*le roulis.*
		the morning-gun	*le coup de diane (réveil).*
a (**naut**ical) mīle	*un mille marin* (1 852 m.).	the ēvening-gun	*le coup de retraite.*

the watch (1)	*le quart.*
the **muster** rōll	*la feuille d'appel.*
puff of wind	*bouffée de vent.*
gust of wind	*coup de vent.*
fair wind	*bon vent.*
wind right **aft**	*vent en poupe.*
head wind	*vent debout.*
baffling wind	*brise folle.*
a lēak	*une voie d'eau.*
a collision	*un abordage.*
an **in**jury	*une avarie.*
damage (*sg.*)	*des dégâts.*
a squall	*une rafale, un grain.*
a gāle	*une bourrasque.*
a storm	*une tempête.*
a **hur**ricane	*un ouragan.*
a lull	*une accalmie.*
dĕad calm	*calme plat.*
a ship[w]**reck**	*un naufrage.*
a wreck	*une épave.*
the wreckage	*les débris.*
a ship a**drift**	*un navire à la dérive.*
a disābled ship	*un navire désemparé.*
a dis**tressed** ship a ship in dis**tress**	*un navire en détresse.*
the dis**tress**-signal (S. O. S.)	*le signal de détresse.*
a ship on fire	*un navire en feu.*
a **der**elict	*un navire abandonné.*
flotsam,—**jet**sam	*épaves flottantes, — jetées à la côte.*

■ LOCUTIONS

To draw fifteen feet of water.	*Avoir quinze pieds de tirant d'eau.*
To cōal (ship).	*Faire son plein de charbon.*
To go on board.	*Monter à bord.*
To em**bark**.	*(S') embarquer (voyageurs).*
To ship.	*Embarquer (marchandises).*
To *dis*em**bark**, to land.	*Débarquer (voyageurs).*
To un**lōad**, to un**ship**.	*Débarquer (marchandises).*
To get up steam.	*Mettre sous pression.*
About to sail.	*En partance.*
Bound for...	*A destination de...*
A ship { outward / hōmeward } bound.	*Un navire en route { pour l'étranger. / pour son port d'attache.*
To handle the ship.	*Manœuvrer le navire.*
To get under way *or* under steam.	*Appareiller.*
To have steerage-way.	*Avoir de la place pour évoluer.*
To sail, to steam away for...	*Partir pour...*
To steer.	*Diriger.*
To steer for..., to make for...	*Se diriger vers, mettre le cap sur.*

(1) Chaque quart dure 4 heures. — *Morning watch* (de 4 h. à 8 h.); — *forenoon watch* (de 8 h. à 12 h.); — *afternoon watch* (de 12 h. à 16 h.); — *1st dog watch* (de 16 h. à 18 h.) et *2d dog watch* (de 18 h. à 20 h.), ces deux derniers de 2 heures chacun pour permettre aux hommes de dîner après ou avant le quart; — *first watch* (de 20 h. à 24 h); — *middle watch* (de 0 à 4 h.). A chaque demi-heure de quart, on sonne une cloche; d'où les expressions : *to strike 4 bells* (2 h., 6 h., 10 h.), *to strike 6 bells* (3 h., 7 h., 11 h.), etc.

To steer north.	*Mettre le cap au nord.*
Dead south.	*Droit vers le sud.*
Right ahead.	*Droit debout.*
To put off to sea.	*Prendre la mer.*
To stand out to sea. To sheer off.	*Prendre le large.*
At sea, out at sea.	*En mer.*
In the open sea,—in the offing.	*En pleine mer, — au large.*
To plough the waves.	*Fendre les flots.*
To have sea-room.	*Avoir de l'espace devant soi.*
To make hĕadway.	*Avancer, progresser.*
To crowd on steam.	*Filer à toute vapeur.*
With all steam up. Full steam ahead.	*A toute vapeur.*
To throw (*or* to heave) the log.	*Jeter le loch.*
To strēam the log.	*Filer le loch.*
To do, to go, to steam 30 knots.	*Filer, faire* 30 *nœuds.*
To come on watch.	*Prendre le quart.*
To keep watch.	*Faire le quart.*
Land ahead!—land ho!	*Terre à l'avant!*
Sail ho!	*Navire en vue!*
To sail in company.	*Naviguer de conserve.*
To draw alongside.	*Accoster (un navire).*
To cruise.	*Croiser, faire une croisière.*
To follow in the wake of...	*Suivre les traces de...*
To steer clear of...	*Passer au large de...*
To give a ship a wide berth.	*Passer bien au large d'un navire.*
To alter course.	*Changer de route.*
The side, stern, starboard, mast-head, light.	*Le feu de côté, de poupe, de tribord, de tête de mât.*
To wĕather a cāpe.	*Doubler un cap.*
Off the Isle of Wight.	*Au large de l'île de Wight*
To beat about.	*Louvoyer.*
To tack about.	1. *Virer vent debout*; 2. *Louvoyer.*
To pīpe.	*Siffler (pour les commandements).*
To stand off and on.	*Louvoyer (parall à la côte).*
To have the wind aft.	*Filer vent arrière.*
To sail before the wind.	*Avoir le vent en poupe.*
To sail close to the wind.	*Serrer le vent, naviguer au plus près.*
To hug the shore,—the wind.	*Longer la côte, — serrer le vent.*
To beat to windward.	*Tirer des bordées, louvoyer.*
To veer.	*Virer (vent arrière).*
To be broadside on....	*Présenter le côté a....*
To have the wind on the beam.	*Présenter le travers au vent.*
To sail in the teeth of the wind.	*Naviguer contre fort vent.*
Under the lee of...	*A l'abri de...*
A lee shore.	*Une côte sous le vent.*
To be on a lee-shore.	*Être au vent d'une côte.*
To windward.—to leeward.	*Exposé au vent, — sous le vent.*
To be becalmed.	*Être au calme.*
In heavy weather.	*Par gros temps.*
To rōll.—To pitch.	*Rouler. — Tanguer.*
To be the sport of the waves.	*Être le jouet des flots.*
To drift,—to break adrift.	*Dériver.*
To ship a sea.	*Embarquer un paquet de mer.*
To ride out a gale.	*Étaler une bourrasque (au mouillage).*
To spring / To fother } a leak.	*Faire / Boucher } une voie d'eau.*
To have a list.	*Pencher, donner de la bande*
To throw sth. overboard.	*Jeter qch. par-dessus bord.*

To lurch, to broach to.	*Faire une embardée.*
To be washed overboard.	*Être enlevé par une vague.*
To fall overboard.	*Tomber à la mer.*
A man overboard!	*Un homme à la mer!*
To be lost at sea.	*Disparaître dans un naufrage.*
To swamp.	*Engloutir.*
To collide with, to run into.... To run foul of....	*Aborder, entrer en collision avec....*
To strike, to heel.	*Talonner.*
With all lights out.	*Tous feux éteints.*
To capsize.	*Chavirer.*
To heel over.	*Se retourner complètement.*
To be shipwrecked.	*Faire naufrage.*
To be dashed to pieces.	*Se briser.*
To founder,—to sink.	*Couler.*
Lost with all hands (on board).	*Perdu corps et biens.*
To run aground.	*S'échouer.*
To be stranded.	*Être jeté à la côte.*
A ship high and dry.	*Un navire échoué à sec.*
A ship aground on a sand bank.	*Un navire échoué sur un banc de sable.*
A ship on her beam-ends.	*Un navire sur le flanc.*
To set aflōat.	*Renflouer.*
The ship is overdue.	*Le navire a du retard.*
To tow, to tug.	*Remorquer.*

■ NOMS

F. Armements et munitions.

the **armour**	*la cuirasse.*
the armour-plāte	*la plaque de blindage.*
the conning-tower	*le blockhaus (cuirassé).* *le capot (sous-marin).*
a turret.	*une tourelle.*
a turret-gun	*un canon de tourelle.*
a bow-chāser.	*un canon de chasse.*
a stern-chāser.	*un canon de retraite.*
a gun-**tier**[1]	*une batterie.*
a gun-deck.—a gun-port.	*un pont de batterie. — un sabord.*
a broadside-fire	*un tir de batterie, une bordée.*
a turn-table	*une plaque tournante.*
a hoist	*un monte-charge.*
a tor**pē**do	*une torpille.*
a torpedo-tūbe	*un tube lance-torpilles.*
a torpedo-net	*un filet pare-torpille.*
a flōating, submarine mine	*une mine flottante, sous-marine.*
a drifting mine	*une mine dérivante.*
a mag**net**ic mine	*une mine magnétique.*
a mine-field	*un champ de mines.*

■ LOCUTIONS

Naval, submarine warfare.	*La guerre navale, sous-marine.*
To armour.	*Blinder.*
Sēaled orders.	*Ordres sous pli cacheté.*
A sea battle.	*Un combat naval.*
To beat. to sound general quarters.	*Battre, sonner le branle-bas.*
All hands to quarters!	*Tout le monde à son poste!*
To clear (the deck) for action.	*Faire le branle-bas de combat.*
To bear down upon the enemy.	*Se porter contre l'ennemi.*

1. tiə.

To run a gun out.	*Mettre une pièce en batterie.*
To run a gun in.	*Rentrer une pièce.*
To pour in a broadside.	*Lâcher une bordée.*
To fire on either broadside.	*Tirer des deux bords.*
To sink a ship without (previous) warning.	*Couler un navire sans avertissement (préalable).*
To torpedo.	*Torpiller.*
To launch a torpedo.	*Lancer une torpille.*
To disāble.	*Désemparer.*
To put out of action.	*Mettre hors de combat.*
To chāse.	*Poursuivre.*
To fight yard-arm to yard-arm.	*Combattre bord à bord.*
To lay a mine.	*Mouiller une mine.*
To strike one's flag.	*Abaisser son pavillon, se rendre.*
A block**āde**. — To block**āde**.	*Un blocus. — Bloquer.*
A prīze.	*Une prise.*
The prīze-court.	*Le tribunal des prises.*

ADJECTIFS

shipshāpe	*bien rangé.*	seaworthy	*en état de naviguer.*
armoured	*cuirassé.*	foul[1]	1. *sale, dégoûtant.* 2. *encrassé (canon, machine).* 3. *engagée (ancre), engorgée (pompe).*
handy	*maniable.*		
water-tight	*étanche.*		
rusty	*rouillé.*		
damaged	*avarié.*		
disābled	*désemparé.*		
mūtinous	*révolté*		
seamanlike	*digne d'un vrai marin.*		

1. faul.

3. L'ARMÉE DE L'AIR (1)

The Air Force.

■ NOMS

air warfare	*la guerre aérienne.*
āērial defence	*la défense aérienne.*
the Air Service	*l'aéronautique militaire.*
the Royal Air Force (R. A. F.)	*l'aviation militaire.*
the aerial fleet	*la flotte aérienne.*
an air-force regiment	*un régiment d'aviation.*
an air-station	*une base aérienne.*
a battle-plāne, a fighter.	*un avion de combat.*
a bom[b]ing plane, a bom[b]er.	*un avion de bombardement.*
a chāser	*un avion de chasse.*
a bombing squadron	*une escadrille de bombardement.*
a scouting plane	*un avion de reconnaissance.*
air-scouting	*l'exploration aérienne.*
air-photography	*la photographie aérienne.*
the Balloon Service Corps	*le corps d'aérostiers militaires.*
an observation-balloon	*un ballon d'observation.*
a sausage-balloon, a " Ruppert "	*une saucisse.*
an air-officer	*un officier aviateur.*
marshal of the R. A. F.	*maréchal de l'air.*
air chief-marshal	*général d'armée*
air-marshal	*général de corps d'armée.*
air vice-marshal	*général de division.*
air commodore	*général de brigade.*
group-captain	*colonel.*
wing-commander	*lieutenant-colonel.*
squadron-leader	*commandant.*
flight-lieutenant	*capitaine.*
flying-officer	*lieutenant.*
pilot-officer	*sous-lieutenant.*
the crew	*l'équipage.*
the pīlot	*le pilote.*
an observer	*un observateur.*
a bom[b]er	*un bombardier.*
an air fight *or* raid	*un combat* ou *raid aérien.*
an air attack	*une attaque aérienne.*
a bombing raid	*un raid de bombardement.*
the aim, the objective	*l'objectif.*
an entraining station	*une gare d'embarquement.*
a dētraining station	*une gare de débarquement.*
a rēfilling station	*une gare de ravitaillement.*
a marshalling yard	*une gare de triage.*
an aerial bomb	*une bombe d'avion.*
an incendiary bomb	*une bombe incendiaire.*
a poison(ous) gas bomb	*une bombe toxique.*

(1) Voir aussi : Ch. XIII. 3 : Avion, ballon, dirigeable.